魏华仙 著

A Collection of Historical Events in the Song Dynasty

宋史拾穗

中国社会科学出版社

图书在版编目（CIP）数据

宋史拾穗 / 魏华仙著 . —北京：中国社会科学出版社，2019.7（2020.1 重印）
ISBN 978 - 7 - 5203 - 4495 - 1

Ⅰ.①宋…　Ⅱ.①魏…　Ⅲ.①中国历史—研究—宋代
Ⅳ.①K244.07

中国版本图书馆 CIP 数据核字（2019）第 101176 号

出 版 人	赵剑英
责任编辑	宋燕鹏
责任校对	冯英爽
责任印制	李寡寡

出　　版	中国社会科学出版社
社　　址	北京鼓楼西大街甲 158 号
邮　　编	100720
网　　址	http://www.csspw.cn
发 行 部	010 - 84083685
门 市 部	010 - 84029450
经　　销	新华书店及其他书店
印刷装订	北京市十月印刷有限公司
版　　次	2019 年 7 月第 1 版
印　　次	2020 年 1 月第 2 次印刷
开　　本	710×1000　1/16
印　　张	22.5
插　　页	2
字　　数	380 千字
定　　价	99.00 元

凡购买中国社会科学出版社图书，如有质量问题请与本社营销中心联系调换
电话：010 - 84083683
版权所有　侵权必究

序　　言

　　20世纪60年代出生的人是幸运的：不仅赶上了高考，而且连工作和住房（包括简单家具）都是分配的，自己要做的仅是服从分配、听从安排而已。这可能让今天的大学生们羡慕不已，但其中的酸甜滋味经历过的人都知道。

　　我读大学时的专业选择就是"服从调剂"后的结果。我填报的第一志愿是中文，第二志愿是英语，高考历史成绩也只有六十多分，所以一直到现在都纳闷怎么把我录取到历史系的。但本科阶段我基本上确立了中国古代史为我的兴趣范围或方向，参加工作后也一直从事中国古代史课的教学。不过确立两宋这一具体时段则是进入河北大学宋史中心师从李华瑞教授攻读博士学位以后的事。

　　因为太愚钝，我一直认为作历史研究是需要积累和阅历的，其中年岁的增长很重要，否则根本无法理解历史时期的人和事。所以我过了而立之年去读硕士，不惑之年才获得博士学位。先是携子攻读，后又"抛夫弃子"，过了一段"壮烈"日子。如今，日子倒是安定了，年岁也大大增长了，可对历史时期的人和事的研究却没啥长进，忝列历史专业行列甚感汗颜！

　　本论文集主要收入我读博及进入四川师范大学历史文化与旅游学院工作以来所撰写的有关宋代历史部分的论文共25篇，按照文章内容大致分为宋代经济、生活、环境与灾害三大类六个部分。

　　上编宋代经济。这是我读博期间所关注的问题，共有6篇文章。我的博士学位论文选择的是宋代消费经济，华瑞师特别教导要在以生产为基础的前提下思考消费问题，这是这部分文章的缘起。从内容看，主要涉及花卉种植与消费、节日市场与宋代官府消费举措、纸币的发行等方面，试图从生产、流通、货币、消费几方面展现宋代所产生的变化。其中《宋代四川纸币的发行及其命运的启示》一文是在当今人民币增发的感触下对宋代纸币发行所作的分析思考。

中编宋代生活，又分三个部分：其一，消费。这是我读博期间所思所写，包括5篇文章。北宋东京的节日活动丰富多彩，节日市场十分活跃，但消费主要以吃穿为主，娱乐消费也日渐增长。北宋都城的肉类消费具有品种多样、货源充足、消费量大、等级差别明显、腌制肉水平高超等特点，都城居民的肉类消费需求支撑了宋代养殖业、畜牧业等生产以及贩运贸易等流通，进而促进了宋代社会经济的发展。宋代纸制品从军事武器到生活器具，应有尽有，纸张消费最大特点是轻巧的竹纸、楮皮纸的出现和应用以及废旧纸的再利用。宋代花卉也出现了食用、药用、制香、制茶等实用性消费特征，与花卉的广泛种植相辅相成。其二，节日。这部分有4篇文章，多是我在首都师范大学博士后流动站期间思考和关注的问题，到四川师范大学工作后主持了省教育厅重点课题"唐宋节日比较研究"，指导了2007级两位研究生作相关研究，后来他们写出的硕士学位论文获得答辩委员会通过（毛现华《宋代节日生活研究》；李霞《唐宋节日比较——以诞节、端午节、冬至节为中心》），顺利毕业走上工作岗位。我们的主要观点是：以官方节日和民间传统节日划分唐宋节日类别更能凸显此时期的节日结构特点，其中由官员们参与庆贺的官方节日的出现是唐宋节日文化的新特点，尤其是宋真宗和宋徽宗二帝新创了11个官方节日，体现了官僚政治力量的增强，对后世因事建节意识及节日经济功能影响巨大。其三，房产。这部分只有3篇文章，是我读博期间思考过但未深入研究的领域，工作后继续作了些探讨，主要考察了宋代的赐宅和灾民住房安置问题。另外，指导了两位研究生作有关研究：2010级的梅波《宋代租房现象研究》，2011级的何少华《宋代官员住房研究》。他们的文章获得了答辩老师的一致好评，其中梅波的文章还被评为校级优秀硕士学位论文。

三个部分从消费的物品、消费的时间节点和住房等几个侧面探讨了宋人的日常生活。

下编宋代环境与灾害。这部分包括5篇文章，有读书心得，如《〈鸡肋编〉的生态环境史料价值》和《从〈夷坚志〉看宋代南方地区的生态环境》；也有对学界研究热点的关注。指导多位硕士研究生在学位论文选题时选择这一领域，他们是：2008级刘双怡《农业自然灾害与宋代粮食安全——以水、旱、蝗灾为中心》，2009级王宇飞《宋诗与宋代灾害探研》，王志航《宋代的荒政思想》，2010级邢娜《宋代饥荒探研》，徐瑶《宋代四川灾害研究》，罗先勇《自然灾害与宋代政治初探》。其中刘双怡的学位论文获得校级优秀论文奖，毕业后顺利考上博士研究生。

附录所写的是两位历史人物，一位是历史上有名的铁面御史赵抃。他一生仕宦43年，最高做到了参知政事的官职，但他百分之八十以上的时间是在地方度过的，所以我们探讨了他为官地方时的政绩。另一位是以考古发现的墓志铭为主要材料而展现的北宋末南宋初时期庶民居士一生修行、持家、助国的情况。

本书分类排序均以文章发表的时间先后为准，每篇文章后面都注明原发表时间和期刊名称，与他人合作的也予以标明。

目 录

上编 宋代经济

专业化与商业化：宋代的花卉种植业 ……………………（3）
  一 宋代花卉种植品种之多 …………………………（4）
  二 宋代花卉种植技术之先进 ………………………（5）
  三 宋代几大花卉种植基地 …………………………（9）
  四 宋代花卉种植的专业化和商业化 ………………（11）
  五 结语 ………………………………………………（12）

宋代花卉的商品性消费 ………………………………………（13）
  一 宋代花卉商品性消费的具体表现 ………………（14）
  二 宋代花卉商品性消费与宋代花卉种植业 ………（24）

两宋都城节日商品市场 ………………………………………（27）
  一 宋代节日市场意识 ………………………………（27）
  二 宋代都城节日商品市场概况 ……………………（31）
  三 宋代都城节日商品市场特征 ……………………（39）
  四 宋代都城节日商品市场与平常市场的关系 ……（41）

官府力量与宋代成都节日市场 ………………………………（43）
  一 宋代成都官府对节日消费的举措 ………………（43）
  二 宋代成都节日市场 ………………………………（52）
  三 宋代成都节日市场特征 …………………………（59）

宋代政府与节日消费 …………………………………………（62）
  一 宋代政府对节日消费的举措 ……………………（62）

二　宋代政府对节日酒消费市场的干预……………………（68）
　　三　宋代政府对节日消费的影响……………………………（70）
　　四　余论……………………………………………………（73）
宋代四川纸币的发行及其命运的启示………………………（74）
　　一　北宋时期四川纸币——交子的发行及其演变…………（74）
　　二　南宋时期四川纸币——钱引的发行及其消亡…………（79）
　　三　宋代交子的兴亡对当今我国货币政策的启示…………（83）

中编　宋代生活

北宋东京节日消费……………………………………………（89）
　　一　东京城市居民一年所过主要节日及其简单来历………（89）
　　二　东京城市居民节日的主要活动…………………………（92）
　　三　节日消费市场……………………………………………（97）
　　四　节日消费特征及其意义…………………………………（102）
试析北宋东京的肉类消费……………………………………（105）
　　一　畜产类……………………………………………………（105）
　　二　水产类……………………………………………………（111）
　　三　家禽野味类………………………………………………（114）
　　四　余论………………………………………………………（114）
试论宋代的纸制品……………………………………………（117）
　　一　宋代纸制品的种类、制作和使用………………………（118）
　　二　宋代纸制品分析…………………………………………（130）
宋代纸消费特点初探…………………………………………（133）
　　一　注重轻巧的竹纸和楮纸…………………………………（133）
　　二　注重长幅纸………………………………………………（134）
　　三　注重废旧纸的利用………………………………………（137）
宋代花卉的实用性消费………………………………………（141）
　　一　食用………………………………………………………（141）
　　二　药用………………………………………………………（145）
　　三　制花酒……………………………………………………（147）

四　制茶 …………………………………………………（149）
　　五　制香 …………………………………………………（151）
宋真宗与宋代节日 ……………………………………………（155）
　　一　宋真宗时期对传统节日的重视 ……………………（155）
　　二　宋真宗时期新创节日 ………………………………（157）
　　三　结语 …………………………………………………（163）
诸庆节：宋代的官方节日 ……………………………………（165）
官方节日：唐宋节日文化的新特点 …………………………（174）
　　一　唐宋时期节日分类概说 ……………………………（174）
　　二　唐代官方节日的首创 ………………………………（177）
　　三　宋代官方节日的继承和发展 ………………………（181）
　　四　唐宋时期官方节日出现的意义 ……………………（184）
由唐入宋：圣节地方进献的变化 ……………………………（186）
　　一　唐代圣节时的地方进献 ……………………………（186）
　　二　宋代圣节地方进献的变化 …………………………（188）
　　三　宋代圣节地方进献变化之因 ………………………（196）
从《夷坚志》看宋代房产诸形态 ……………………………（200）
　　一　租赁 …………………………………………………（200）
　　二　买卖 …………………………………………………（205）
　　三　自建 …………………………………………………（207）
　　四　皇帝赐予 ……………………………………………（210）
宋代赐宅简论 …………………………………………………（212）
　　一　宋代享有赐宅的特殊人群 …………………………（212）
　　二　宋代赐宅来源及其特点 ……………………………（218）
　　三　赐宅对宋代国家与社会的影响 ……………………（224）
宋代灾民住房安置略论 ………………………………………（230）
　　一　灾害中的房屋被毁概况 ……………………………（230）
　　二　宋代灾民住房安置措施 ……………………………（235）
　　三　结语 …………………………………………………（245）

下编　宋代环境与灾害

《鸡肋编》的生态环境史料价值 …………………………………（249）
　　一　气候 ………………………………………………………（250）
　　二　动植物 ……………………………………………………（256）
　　三　宋代自然环境的破坏及其灾难 …………………………（261）
试论宋代对野生动物的捕杀 ……………………………………（265）
　　一　宋代捕杀野生动物概况以及野生动物分布区域的变化 …（265）
　　二　宋代捕杀野生动物的经济原因 …………………………（270）
　　三　宋代捕杀野生动物的深远影响 …………………………（279）
从《夷坚志》看宋代南方地区的生态环境 ……………………（282）
　　一　林木资源的生存状况及其利用 …………………………（282）
　　二　野生动物的出没 …………………………………………（288）
　　三　宋代南方地区生态环境的变化及其影响 ………………（291）
北宋治河与自然环境——以河防物料梢芟为中心 ……………（294）
　　一　梢芟在河防中的作用 ……………………………………（295）
　　二　梢芟的来源 ………………………………………………（299）
　　三　河防梢芟的使用对自然环境的影响 ……………………（304）
宋代四川地区饥荒述论 …………………………………………（311）
　　一　宋代四川地区饥荒概况 …………………………………（311）
　　二　宋代四川地区饥荒成因 …………………………………（314）
　　三　宋代官府对四川地区饥荒的应对 ………………………（319）
　　四　结语 ………………………………………………………（323）
附录一　"民思不忘"：北宋为官地方的赵抃 …………………（324）
附录二　四川泸州合江县新发现《宋故侯居士墓志铭》释略 ……（339）
　　一　标点及注释墓志铭全文 …………………………………（339）
　　二　墓志铭的撰写者黄皋 ……………………………………（341）
　　三　墓志铭的主要内容 ………………………………………（342）
　　四　结语 ………………………………………………………（347）
后　记 ……………………………………………………………（350）

上编

宋代经济

专业化与商业化：宋代的花卉种植业

花卉种植在我国历史悠久，但在唐以前种植量较少，主要限于宫廷和豪门贵室的宅院之中，中唐以前的诗人也很少以花作为诗的题材。中唐以后，随着粮食商品化程度的逐步提高，花卉种植逐渐从农桑种植中分离出来，形成一种新的专业性种植行业。花卉业得到发展，长安有了专门从事花卉交易的场所——花市。诗人们咏花诗歌不胜枚举，翻开《全唐诗》，中唐以后的咏花诗便随处可见，如郑谷《感兴》诗："禾黍不阳艳，竞栽桃李春。翻令力耕者，多作卖花人。"[①] 从中可看出农民纷纷转产种花卖花，向我们展示了当时市场的一个侧面：鲜花需求量增大，种花的经济效益高于种粮。而白居易的《买花》诗更是将花市交易、花价、护花、赏花等情况作了细致的描写[②]。这说明，花卉种植已在唐中后期开始成为农业种植中的一个经营部门，鲜花已成为商品进入消费领域。

但是，种花业的兴盛却是在宋代。在我国现存古代文献典籍中，宋人温革所辑《分门琐碎录》是一部记载农桑花木种艺技术的综合书籍，其在理论上的最大贡献就是第一次将花卉种植纳入了农业经济之中。此后，南宋末年吴攒所撰的《种艺必用》也将花卉种植列为重要的农业栽培项目，从而在理论上使花卉种植进入了农业科学的殿堂。目前学术界对宋代花卉种植业已有所探讨，但研究成果比较零散，或是在讲到农业经济时稍稍提及，或是就某一具体花卉品种或花卉种植基地加以研究[③]，尚缺乏对宋代

---

① （唐）郑谷：《感兴》，（清）彭定求等编：《全唐诗》卷六七四，中华书局1979年版，第7768页。

② （唐）白居易：《买花》，《全唐诗》卷四二五，第4688页。

③ 比如：陈平平关于宋代牡丹品种的研究（参见其《宋代牡丹品种和数目研究之三》，《中国农史》2003年第1期）、汪圣铎关于宋代鲜花消费和花卉种植基地——马塍的研究［参见其《宋代种花、赏花、簪花与鲜花生意》，《文史知识》2003年第7期；《南宋都城的花卉基地——马塍》，载《宋辽金元史研究》（韩国）第八号，2003年2月］。

花卉种植业进行全面评价。本文拟在吸收已有成果的基础上，对宋代花卉种植业的整体特点做一综合性的考论，不妥之处，敬请方家指正。

一　宋代花卉种植品种之多

见于《全唐诗》中的花卉仅有 66 种[1]。而宋代的花卉种类，据南宋陈景沂所著《全芳备祖》记载有 300 余种之多，其中具体的每一种花卉又有许多品种，如牡丹花，隋唐时期品种较少，据喻衡、王连英等统计有 23 个[2]。宋代牡丹品种明显增加，据欧阳修《洛阳牡丹记》称"牡丹名九十余种"，详细记述了 24 个品种及其来历。陈平平根据宋代现存的 7 种牡丹谱录以及宋人文集笔记等书的记载进行了统计，认为 7 种牡丹谱录中记载的牡丹品种数目 191 个，宋人文集笔记中记载的牡丹品种有 55 个，两项合计，宋代牡丹品种达 246 个[3]。宋代芍药的种植中心在扬州，品种达 39 种[4]，而孔武仲又计扬州单是"御衣黄"之下名色好的就有 33 种[5]，周叙说洛阳有芍药 41 种[6]。菊花的栽培也异常繁荣，范成大在《菊谱》中称"东阳人家菊图多至七十余种，淳熙丙午范村所植正得三十六种"[7]。而史铸《百菊记谱》则载菊花品种达 160 个以上[8]，宋代仅卢寿地区就有菊花品种 88 种之多[9]。再如兰花，宋王贵学《王氏兰谱》记载品种已有 22 个，

---

[1] 潘家齐编著：《全唐诗精华分类鉴赏集成》，《植物部（一）·花卉门》，河海大学出版社 1989 年版，第 553—589 页。

[2] 参见陈俊愉，程绪珂主编《中国花经》，《各论·牡丹》，上海文化出版社 1990 年版，第 116—121 页。

[3] 陈平平：《宋代牡丹品种和数目研究之三》，《中国农史》2003 年第 1 期。

[4] （宋）王观：《扬州芍药谱》，文渊阁四库全书（以下简称四库本）第 845 册，台湾"商务印书馆"1986 年版，第 10 页。

[5] （宋）孔文仲等著；孙永选点校：《清江三孔集》，《孔武仲集》，《扬州芍药谱·并序》，齐鲁书社 2002 年版，第 288 页。

[6] （宋）周叙：《洛阳花木记·芍药》，（明）陶宗仪编《说郛三种》卷二六，上海古籍出版社 2012 年版，第 461 页。

[7] （宋）范成大撰，孔凡礼点校：《范成大笔记六种》，《菊谱·序》，中华书局 2002 年版，第 269 页。

[8] （宋）史铸：《百菊集谱》，四库本第 845 册，第 48 页。

[9] 吴存浩：《中国农业史》，警官教育出版社 1993 年版，第 843 页。

并分为紫兰和白兰两大类，等等，不一而足。可以说宋代花卉品种超过以往任何朝代。而花卉品种的增加，一方面是自然变异所致，如史正志《菊谱》中说："白菊一二年多有变异者，余在二水植大白菊百余株，次年尽变为黄花。"[1] 另一方面更为重要的则是人工培育的结果。

二 宋代花卉种植技术之先进

宋代花卉种植技术最值得称道的是引种和嫁接技术。引种包括以下几种情况。

其一，对野生花卉的引种。欧阳修在其《洛阳牡丹记》中称："魏花者，千叶肉红花，出于魏相仁溥家。始樵者于寿安山中见之，以卖魏氏，……其后破亡，花传民家甚多，有人数叶（瓣）者，云者七百叶。"[2] 可见它是由卖柴者从山中掘来卖给魏氏，魏氏再治圃栽培的。同书又记："细叶，麓叶寿安者，皆千叶肉红，花出寿安县锦屏山中。"

其二，跨区域的引种。欧阳修《洛阳牡丹记》载："鞓红者，单叶深红，花出青州。……自青州以驼驮其种，遂传洛中。"周师厚《洛阳牡丹记》也记："岳山红，……本出于嵩岳。""玉蒸饼，千叶白花也。本出延州，及流传到洛，而繁盛过于延州时。"陆游《天彭牡丹谱·花品序第一》记载："崇宁（1102—1106年）中州民宋氏、张氏、蔡氏，宣和中（1119—1125年）石子滩杨氏，皆尝买洛中新花以归，自是洛花散于人间，花户始盛。"

其三，对国外新品种的引种。南北朝时的嵇含在《南方草木状》中记载："耶悉茗花、末利花，皆胡人自西国移植于南海，南人怜其芳香，竞植之。"[3] 其后，如素馨、海棠之类不断传入，丰富了我国花卉品种。宋代陈思在《海棠谱》中甚至说："以海为名者，悉从海外来。"[4] 余靖在提到

---

[1] （宋）史正志撰：《菊谱》，四库本第845册，第29页。
[2] （宋）欧阳修撰，李逸安点校：《欧阳修全集》卷二五《洛阳牡丹记》，中华书局2001年版，第1099页。
[3] 嵇含：《南方草木状》，中华书局1985年版，第1页。
[4] （宋）陈思：《海棠谱》卷上，丛书集成初编本，中华书局1985年版，第5页。

广州西园的景致时说："石有群星象，花多外国名"①，而为"岭北"所无有。

引种野生花卉，通过人工改变其生活环境，从而促使花卉发生变异而得到新品种，宋人对此已有很深的认识并取得了很大的成功。而地区间的引种和对国外新品种的引种则是地区间、国内外相互交流的结果，它有助于快速得到和传播花卉新品种。

刘蒙认为："花大者甘菊，花小而苦者为野菊，若种园蔬肥沃之处，复同一体，是小可变大，苦可变为甘也。如是则单叶变而为千叶，亦有之矣。"②这就是说，人工的作用是花卉产生重大变异的主要因素，又说："今二花（牡丹，芍药）生于山野，类皆单叶小花。至于园圃肥沃之地，载锄粪养，皆为千叶，然后大花千叶，变态百出。"范成大也明确指出："人力勤，土又膏沃，花亦为屡变。"③同时宋人还认识到了由于各地水土不一，栽培条件和栽培技术又不尽相同，由此导致的花卉有机体变异情况也不尽相同，出现了千姿百态的局面。王观就曾说："今洛阳之牡丹，维扬之芍药，受天地之气以生，而小大浅深，一随人力之工拙，而移其天地所生之性，故奇容异色，间出于人间。"④

利用嫁接法来繁殖新的花卉品种，在宋代以达到得心应手、无花不接、不接不佳的地步。陆游就说："栽接剧治，各有其法，谓之弄花。其俗有'弄花一年，看花十日'之语。"⑤说明宋人对种花所费精力和辛苦。欧阳修记洛阳牡丹嫁接时说："大抵洛人家家有花，而少大树者，盖其不接则不佳。"⑥《咸淳临安志》提道："杭城茶花，有嫁接一本，花开十色。"⑦《分门琐碎录》记有将黄色菊花与白色菊花靠接，使植株开花半数

---

① （宋）余靖：《武溪集》卷一《寄题田侍制广州西园》，《宋集珍本丛刊》第3册，线装书局2004年版，第179页。
② （宋）刘蒙：《菊谱》，四库本第845册，第19页。
③ 《范成大笔记六种》，《菊谱·序》，第269页。
④ （宋）王观：《扬州芍药谱》，四库本第845册，第1页。
⑤ （宋）陆游：《天彭牡丹谱》，（宋）欧阳修等著，王云整理点校《洛阳牡丹记》（外十三种）《风俗记第三》，宋元谱录丛编，上海书店出版社2017年版，第22页。
⑥ 《欧阳修全集》卷二五《洛阳牡丹记》，第1102页。
⑦ （宋）潜说友：《咸淳临安志》卷五八《物产》，宋元方志丛刊，中华书局1990年（以下凡用此版本的，不再写出版社名称和时间），第3874页。

黄花，半数百花。① 《百菊集谱》有类似记载："黄白二菊各披去一边，皮用麻皮扎合，其开花则半黄半白。"现代植物学表明，砧木与接穗嫁接的相互作用，使得由接穗而成活的植株，成为遗传学上所谓的嵌合体，其中的部分枝条花色性状倾向于砧木，而另一部分枝条花色性状则倾向于接穗，尤其是在不同种间的植物嫁接时，这种变异更为明显②。又如海棠，"京师江淮尤竞植之，每一本价不下数十金，胜地名园，目为佳致"，但其中的南海棠，"核生者长迟，逮十数年方有花，都下接花工，多以嫩枝附梨而赘之，则易茂矣"。③ 这是依附他花而产生一树二花的技术。另外，花工还采用了药物嫁接的技术："洛中花工，宣和中，以药壅培于白牡丹，如玉千叶，一百五，玉楼春等根下。次年，花作浅碧色，号欧家碧，岁贡禁府，价在姚黄上。"④ 甚至达到百花可接，愈接愈奇的地步，《续墨客挥犀》卷七《接百花》记："百花皆可接，有人能于茄根上接牡丹。则夏花而色紫；接桃枝于梅上，则色类桃而冬花；又于李上接梅，则香似梅而春花；投莲的于靛瓮中，经年植之则花碧，用栀子水渍之则花黄。"⑤ 可见，宋人嫁接技术之高超。另外，宋人还对花果嫁接时间、品种进行了总结："春分和气尽，接不得；夏至阳气盛，种不得。立春正月中旬，宜接樱桃、木樨、徘徊黄、蔷薇。正月中旬，宜接桃、梅、李、杏、半丈红、腊梅、梨、枣、栗、柿、杨柳、紫薇。二月上旬，可接紫笑、绵橙、匾橘。以上种接，并于十二月间，沃以粪壤两次，至春时，花果自然结实。立秋后，可接金林檎、川海棠、黄海棠、寒毯、转九红、祝家棠、梨叶海棠、南海棠。以上接法，并要接时，将头与本身，皮对皮，骨对骨，用麻皮系缠，上用箬叶宽覆之。如萌芽稍长，即撤去箬叶，无有不成也。"⑥ 欧阳修和周师厚都讲到洛阳牡丹在秋天嫁接。

宋代还有利用温室种花以使花卉反季节生长的技术，如临安附近的种

---

① 温革撰，化振红点校：《〈分门琐碎录〉校注》，巴蜀书社2009年版，第121页。
② 舒迎澜：《古代花卉》，农业出版社1993年版，第111页。
③ （宋）沈立：《海棠记》，载陈思《海棠谱》卷上，第1—2页。
④ （宋）张邦基撰，孔凡礼点校：《墨庄漫录》卷二《洛中花工以药壅培花》，中华书局2002年版，第63页。
⑤ （宋）彭乘辑撰，孔凡礼点校：《续墨客挥犀》卷七《接百花》，中华书局2002年版，第486页。
⑥ （宋）张世南撰，张茂鹏点校：《游宦纪闻》卷六，中华书局1981年版，第54页。

花基地马塍，"园人多工于种接，为都城之冠"。① 周密也说："马塍艺花如艺粟，橐驼之技名天下。往往发非时之品，真足以侔造化、通仙灵。凡花之早放者，名曰堂花，其法以纸饰密室，凿地作坑，緷竹置花上，粪土以牛溲硫黄，尽培溉之法。然后置沸汤于坑中，少候，汤气熏蒸，则扇以微风，盎然盛春融淑之气，经宿则花放矣。若牡丹、梅、桃之类无不然，独桂花则反是，盖桂必凉而后放，法当置之石洞窦涧，暑气不到处，鼓以凉风，养以法气，竟日乃开。此虽揠而助长，然必适其寒湿之性而后能臻其妙。"②

这种半密室半地窖式温室，日暖与地温并用，火煨与汤蒸兼施，增加地温与提高气温皆重，把花卉栽培完全置于人工提供的立体气候之中，从而达到使花卉反季节生长及开花的目的，真不愧为"侔造化，通仙灵"之术，是宋代花圃业先进技术的最高代表，充分体现了人类改造自然和控制植物生长的主观能动作用。

引种和人工嫁接技术的提高，为市场提供了丰富的花卉品种，而且花卉价格也随之逐渐降低，如彭州牡丹"双头红初出时，一本花取直至三十千，祥云初出亦直七八千，今尚两千"③。花卉价格的降低有利于扩大花卉消费范围，同时，使花卉变异加快。欧阳修就曾感叹洛阳牡丹"四十年间花百变"，刘蒙在其《菊谱》中描写了35个菊花品种后说："余尝怪古人之于菊，虽赋咏嗟叹见于文词，而未常说其花怪异如吾谱中所记者，疑古之品未若今日之富也。今遂有三十五种，又尝闻于莳花者云，花之形色变异如牡丹之类，岁取其变以为新。今此菊亦疑所变也。今之所谱，虽自谓甚富，然搜访有所未至，与花之变异层出，则有待于好事者焉。"刘氏也感到由于花变异之快，所以要完全统计花之品种是件很难的事。孔武仲也记扬州芍药："一岁而小变，三岁而大变，卒与常花无异。"④ 综上所述，我们不得不惊叹宋人花卉种植技术之先进。⑤

---

① （宋）施谔撰：《淳祐临安志》卷九《诸坞》，宋元方志丛刊，第3313页。
② （宋）周密撰，张茂鹏点校：《齐东野语》卷一六《马塍艺花》，中华书局1983年版，第304—305页。
③ （宋）陆游：《天彭牡丹谱》，《洛阳牡丹记》（外十三种），《风俗记第三》，第22页。
④ （宋）吴曾撰，刘宇整理：《能改斋漫录》卷一五《芍药谱》，《全宋笔记》第五编第四册，大象出版社2012年版，第180页。
⑤ 本节内容参考了杨直民《两宋精湛的花卉种植技艺》，《农史研究》1983年第1期。

三 宋代几大花卉种植基地

漆侠先生指出："花圃，原来是贵族、官僚、封建主庄园的附庸，到宋代也成为独立的商业性的农业。"[1] 确实，宋人种植花卉是为了出卖而不是为自我欣赏。由于宋代的花卉消费主要集中在一些大城市，因此，围绕着这些花卉消费中心各地因地制宜形成了许多著名的花卉生产基地。

首先，洛阳是著名的花都，所产牡丹为"天下第一"，所有花圃皆种植牡丹，其中的天王院"无他池亭，独有牡丹数十万本"，因而有"花园子"之称[2]。苏舜钦有诗云："韩君问我洛阳花，争新较旧无穷已。今年夸好方绝伦，明年更好还相比。"[3] 司马光诗云："洛邑牡丹天下最，西南土沃得春多。一城奇品推安国，四面名园接月波。"[4] 可见，牡丹遍布洛阳全城，日新年异，成为人们喜爱的花种。

其次，其他花卉也各领风骚。如菊花，刘蒙就说："洛阳风俗大抵好花，菊品之数，比他州为盛。"芍药之产，仅次于扬州，"芍药天下比以维扬为称首，然而，知洛之所植，其名品不减维扬"[5]。再如梅花，也颇著名，有江梅、椒萼梅、绿萼梅、千叶黄香梅等优良品种[6]。邵博对洛阳花品有一个总结："今洛阳良工巧匠，批红判白，接以他木，与造化争妙，故岁岁益奇且广。桃、李、梅、杏、莲、菊各数十种；牡丹、芍药至数百种；而又远方异卉，如紫兰、茉莉、琼花、山茶之属，号为难植，独植之洛阳，辄与其土产无异，故洛中园圃花木，有至千种者！"[7]

洛阳东南的维扬，古称陈州，是另一牡丹产地，北宋时该地种植的牡

---

[1] 漆侠：《中国经济通史》（宋代经济卷），经济日报出版社1999年版，第184页。
[2] （宋）李格非：《洛阳名园记》，丛书集成初编本，中华书局1985年版，第7页。
[3] （宋）梅尧臣：《宛陵集》卷二五《韩钦圣问西洛牡丹之感》，四库本第1099册，第190页。
[4] （宋）司马光：《传家集》卷十一《又和安国寺及诸园赏牡丹》，四库本第1094册，第113页。
[5] （宋）周师厚：《洛阳花木记》，《洛阳牡丹记》（外十三种），第109页。
[6] （宋）朱弁撰，孔凡礼点校：《曲洧旧闻》卷三《韩景文赠梅并提绿萼亭》，中华书局2002年版，第125页。
[7] （宋）邵博撰，刘德权、李剑雄点校：《邵氏闻见后录》卷二五《李氏仁丰源》，中华书局1983年版，第197—198页。

丹，比洛阳还盛且多，"园户种花如种黍粟，动以顷计"①，可见其花卉种植面积之大。蜀的彭州也是盛产牡丹的地方，"彭州又曰牡丹乡，花月人称小洛阳"②；蜀地海棠也很盛，宋人陈思《海棠谱》序中说："蜀花称美者，有海棠焉。"并说蜀州海棠可与洛阳牡丹相抗衡。陆游在《剑南诗稿》中写有蜀中风物的诗词1100多首，其中专咏或兼及海棠的有40首。从这些诗中我们看到，当时成都故燕王宫、碧鸡坊、合江园、东城、锦江两岸和私人园林赵园、张园、施园，都是以海棠的繁雄著名。甚至于连洪雅这样一个偏僻山区小县也"地富海棠"，"惜其繁艳为一隅之滞卉"③。

扬州是芍药产地，以"芍药名于天下"，"非特以多为夸也，其敷腴盛大而纤丽巧密，皆他州不及"，"洛阳牡丹俱贵于时"④。苏州的菊花，"城东西卖花者所植弥望"⑤。"吴下栽梅特盛，其品不一"⑥。潜说友《咸淳临安志》卷三十《塍田埂》载："东西马塍，在余杭门外，土细宜花卉，园人工于种接，都城之花皆取给焉。"⑦叶适的诗写道："马塍东西花百里，锦云绣雾参差起。长安大车喧广陌，问以马塍云未识……"⑧，从中可见，马塍种花之多，面积之大。

再次，广州城西九里的地方，也是一个种花基地，种植面积大，被称为"花田"，主要是培植外来奇花异卉，如茉莉及素馨等⑨。

最后，宋代花卉作为重要经济作物，环绕鲜花消费的主要市场——大城市，各地因地制宜形成了各具特色并颇具规模的商品花卉生产基地。各类花卉基地中以牡丹为最，中原地区就有洛阳、陈州，四川有天彭，东南有浙东、苏州等栽培中心，而以洛阳牡丹甲天下；此外，四川昌州被誉为海棠香国，洪雅也以盛产海棠出名；杭州、嘉应、苏州等太湖流域栽种梅花，盛况空前，初步形成了"南梅北杏"的局面；杭州茶花也极驰名，国

---

① 《墨庄漫录》卷九《陈州牛氏缕金黄牡丹》，第251页。
② （宋）汪元量：《水云集》卷一《彭州歌》，四库本第1188册，第268页。
③ （宋）陈思：《海棠谱》卷上，第1页。
④ 《清江三孔集·孔武仲集》，《扬州芍药谱·并序》，第287页。
⑤ （宋）范成大：《吴郡志》卷三十《土物下》，宋元方志丛刊，第922页。
⑥ 《范成大笔记六种·梅谱·序》，第252页。
⑦ 《咸淳临安志》卷三十《塍田埂》，第3640页。
⑧ （宋）叶适：《水心集》卷七《赵振文在城北厢两月无日不游马塍，作歌美之，请知振文者同赋》，四库本第1164册，第126页。
⑨ （宋）陈景沂编辑：《全芳备祖》卷25《花部》，农业出版社1982年版，第697页。

内引种栽培十分活跃；开封、杭州、广州的茉莉闻名于世；扬州盛产芍药；湖州、杭州一带盛产莲花；洛阳、虢州的菊花闻名江北，徽州、吴门、石湖、吴中的菊花名噪江南；临安、苏州则为全国菊花栽培中心；浙江钱塘、临安、萧山一带多产水仙花；兰花的著名产区是宜兴、杭州、绍兴、温州、涪州，而以漳州兰胜于诸州。回眸两宋的花卉业，真令人有"花木缀百城，芳香飘万户"的慨叹。

四 宋代花卉种植的专业化和商业化

宋代出现了以种花为业的专业户。所谓种花专业户是指那些从农桑生产中分离出来的专门从事花卉种植的农民，又被称为园户或花户，他们种花的目的不是自我欣赏，而是出卖，以此为生计。他们掌握有养花技术，善于嫁接。前说陈州"园户植花如种黍粟，动以顷计"[①] 即是典型。花都洛阳有不少以种花、接花为生者。扬州"种花之家，园舍相望。最盛于朱氏、丁氏、袁氏、徐氏、高氏、张氏，余不可胜计，畦分亩列，多者数万根"[②]。而尤以朱氏之园所种芍药"最为冠艳，南北二圃所种几乎五六万株"。"种花之家，园舍相望"，可见花户之多。彭州花户尤盛，"皆以接花为业，大家好事者皆竭其力以养花，而天彭之花遂冠两川。今惟三井李氏、刘村母氏、城中苏氏、城西李氏花特盛，又有余力治亭馆，已故最得名，至花户连畛相望，莫得其姓氏也"[③]。

虽然如此，陆游还是在之后提及种"祥云"的王氏，种浅色燕脂楼的勾氏，种深色燕脂楼的宋氏，种欧家碧的欧氏，等等。

既然花卉种植已成为商品生产，它就必然要受到市场规律的支配，所以花户们为了使自己的产品在市场上能卖个好价钱，便十分重视提高种植技术，刻意培育珍稀品种。这也是前述宋代嫁接技术提高的经济原因，"花户岁益培接，新特间出"[④]。宋代园户大多也是具有一技之长的接花工，

---

① 《欧阳修全集》卷二五《洛阳牡丹记》，第1096—1103页。
② 《清江三孔集·孔武仲集》，《扬州芍药谱·并序》，第287页。
③ （宋）陆游：《天彭牡丹谱》，《洛阳牡丹记》（外十三种），《花品序第一》，第18页。
④ （宋）陆游：《天彭牡丹谱》，《洛阳牡丹记》（外十三种），《花释明第二》，第22页。

如洛阳"接花工尤著者一人谓之门园子，豪家无不邀之"。这一接花工就因有精湛的接花技术而得以出入豪室之家，同时，通过他的嫁接技术使花卉出现变异，满足市场上消费者的需求，当然也给种花人家带来了丰厚利润，"姚黄一接头直钱五千，秋时立券买之，至春见花乃归其直"，[1] 在鲜花交易中出现了预先订购的情形。宋代甚至开始了收费赏花。陈州园户牛家出现了一支变异的牡丹，"牛氏乃以缕金黄名之"，并将其圈护起来，"于门首，遣人约止游人，人输十金，乃得入观，十日间，其家数百千"[2]。由此可见，宋代园户不仅仅精于种植，而且具有很强的经济头脑，善于利用珍稀品种为自己带来高额回报。陆游则明确指出彭州花户"种花以侔利"。由于种花经济效益高于种粮，甚至还出现了花工买地种花的情况，欧阳修《洛阳牡丹记》《花释名第二》记载："有民门氏子者，善接花，以为生，买地于崇德寺前，治花圃。"[3]

五　结语

以上是我们对宋代花卉种植业所做的概论，从中不难看出宋代花卉种植业的特点：在商业利益的驱动下，花卉种植从传统的农桑种植业中分离了出来，成为一个新型的独立的商业性种植行业，为卖而种，因此不得不受市场价值规律的制约，这就促使花户熟练掌握种植、嫁接、管理等技术，不断培育新的花色品种，同时还要讲究规模效应和行销策略。总之，与宋代商品经济和城市消费的发展互为因果，宋代花卉种植业和花卉消费非常兴盛，有力地推动了中国园艺栽培、嫁接、管理等技术的进步和种植业专业化、商品化的进程。

[原文发表于（韩）《庆尚史学》2004年第20期]

---

[1]　《欧阳修全集》卷二五《洛阳牡丹记》，第1102页。
[2]　《墨庄漫录》卷九《陈州牛氏缕金黄牡丹》，第251页。
[3]　《欧阳修全集》卷二五《洛阳牡丹记》，第1100页。

宋代花卉的商品性消费

所谓商品性消费，主要指通过市场买卖来实现花卉消费目的的方式，它是与非商品性消费方式相对而言的。宋代不经过市场买卖而采取一些超经济手段来实现的花卉消费方式始终存在，其具体表现形式有地方贡花和强取两种，主要是皇宫贵族和官僚凭借其手中特权而享有的一种消费方式。① 但由于其不经过市场，不受价值规律约束，对于种花户来说虽然减少了竞争压力，但同时也就减少了使自己立足生存的动力。随着统治者奢侈欲望的膨胀，他们对花户的勒索也不断加剧，最终使花户破产，所以这一途径对宋代花卉业的发展所起的作用是阻碍的、消极的。但这不是本文所要探讨的重点。那么，宋代花卉的商品性消费情况是怎样的？它对宋代花卉种植业又产生了什么样的作用呢？这是目前学界探讨得不多也不够的问题，② 我们拟从以下方面进行讨论。

---

① 《墨庄漫录》卷二《洛中花工以药壅培花》，第63页；卷四《西京进花之始》，第130页；卷六《赐馆职西京牡丹花及南库酒》，第186页；卷九《东坡罢扬州万花会》，第239页；（宋）苏轼撰，华东师范大学古籍研究所点校注释：《仇池笔记》卷上《万花会》，华东师范大学出版社1983年版；（宋）江少虞：《宋朝事实类苑》卷六《风俗杂志·洛阳贡花》，上海古籍出版社1981年版，第791页；《曲洧旧闻》卷九《李君锡罢洛中花会》等均有记载。

② 笔者所见主要有：漆侠《宋代经济史》中"（宋代）养花业的发展"一节，对宋代花卉业发展的原因、花卉种植技术、园户的经营和生活状况等问题都作了较为系统的概述。林正秋《宋代生活风俗研究》中，以专章的篇幅讨论宋代花卉文化，涉及花卉中心与花市、花卉著作、花朝节及花会以及牡丹、芍药等具体花卉八种。汪圣铎：《宋代种花、赏花、簪花与鲜花生意》，《文史知识》2003年第7期；《南宋都城临安的花卉基地——马塍》，《宋辽金元史研究》（韩国）第八号，2003年12月。这些主要还是对宋代花卉生产、习俗等的探讨。

一 宋代花卉商品性消费的具体表现

（一）赏花付费

人们通过观看、闻嗅等方式欣赏花卉来获得感官上的愉悦、精神上美的享受以及轻松、美好的心情，有利于人的身心健康。宋人爱花风气浓厚，其中爱赏花即是表现之一。无论是皇宫贵族、文人雅士还是普通百姓都爱赏花。皇宫贵族及文人雅士赏花的去处自然是皇家园苑、私家园林；而一般百姓的赏花去处主要是官方园林、私家花圃、寺庙道观等地方。宋代官私园苑与前代最大的区别或者说进步就是定期开放，让市民观赏游玩。如汴京琼林苑、金明池基本上定于每年三月至四月八日开放，① 所谓许士庶"嬉游一月"。② 每当金明池开池前，由御史台在宜秋门贴出黄榜："三月一日，三省同奏圣旨，开金明池，许士庶游行，御史台不得弹奏。"③ "其他在京官司，不妨公事，任便宴游"。④ 可见，在"开池"期间，政府采取鼓励、招徕的措施，吸引市民前往游观。其他官私园林也纷纷效仿。因此京城元宵节后，士庶之家则相约上池、出城探春，唯恐有负于春色。他们往往去到玉津园、王太尉园、蔡太师园等官私园林赏花游乐。⑤ 汴京另一全民赏花热潮则是重阳节的赏菊，"九月重阳，都下赏菊有数种：其黄白色蕊若莲房曰万龄菊，粉红色曰桃花菊，白而檀心曰木香菊，黄色而圆者曰金铃菊，纯白而大者曰喜容菊；无处无之，酒家皆以菊花缚成洞

---

① （宋）孟元老撰，邓之诚注：《东京梦华录注》卷七《驾回仪卫》，中华书局1982年版，第199页。
② （宋）李焘：《续资治通鉴长编》（以下简称《长编》）卷九一，中华书局2004年版，第2103页。
③ （宋）周煇撰，刘永翔、许丹整理：《清波别志》卷中，《全宋笔记》第5编第9册，大象出版社2012年版，第159—160页。
④ （宋）陈元靓：《岁时广记》卷一八《上巳上·游金明》，丛书集成初编本，中华书局1985年版，第202页。
⑤ 《东京梦华录注》卷六《收灯都人出城探春》，第175页。

户。"① 九日不足，次日可再举行宴集赏菊，称为小重阳。② 由此可见汴京市民在重阳节时对菊花的喜爱。

花都洛阳居民的赏花更胜一筹。"岁正月梅已花，二月桃李杂花盛开，三月牡丹开，于花盛处作园圃，四方伎艺举集，都人士女载酒争出，择园亭胜地，上下池台间引满歌呼，不复问其主人。"③ 最盛是每当牡丹花王姚黄开时，"都人士女必倾城往观，乡人扶老携幼，不远千里"。④ 城里居民倾城出动，乡里人也千里迢迢赶来，为的是要一睹花王的风采。可见洛阳不仅仅是城里居民爱花、赏花，连农民也好花，且是经过长途颠簸而来。南宋人范公偁的《过庭录》载有河东的刘跛子连续十年来洛阳看花。河北大名人王荀龙也因赏花前来洛阳。⑤ 因此，说洛阳的特产是花、⑥ 士庶好花，一点不为过。

扬州芍药花开时，一些花园主人还装饰亭宇招徕游人参观，"朱氏当其花之盛开，饰亭宇以待来游者，逾月不绝，而朱氏未尝厌也"。⑦ 前来赏花者一月不绝，可见居民的赏花兴致之高。

南宋都城临安特定二月十五是为"花朝节"，"仲春十五日为花朝节，浙间风俗，以为春序正中，百花争放之时，最堪游赏，都人皆往钱塘门外玉壶、古柳林、杨府、云洞、钱湖门外庆乐、小湖等园，嘉会门外包家山王保生、张太尉等园，玩赏奇花异木。最是包家山桃开浑如锦障，极为可爱"。⑧ 居民在这一天到花木茂盛的官私园苑"玩赏奇花异木"。

由以上"都人士女载酒争出""倾城往观""乡人扶老携幼"等词语，我们已可看出宋代一般百姓浓浓的爱花赏花之情。

---

① 《东京梦华录注》卷八《重阳》，第216页。
② 《岁时广记》卷三五《重九中·再宴集》，第390页。
③ （宋）邵伯温撰，李剑雄、刘德权点校：《邵氏闻见录》卷一七，中华书局1983年版，第186页。
④ 《洛阳花木记》，第116页。
⑤ 《邵氏闻见录》卷一八，第202页。
⑥ （宋）太平老人《袖中锦》记载了二十多种产品，"皆为天下第一"，其中有"洛阳花"；（宋）陶谷撰，郑村声，俞钢整理《清异录》卷上记载天下有所谓"九福"即各地特有的名牌产品，其中有"洛阳花福"，《全宋笔记》第一编第二册，大象出版社2003年版，第22页。
⑦ （宋）王观撰：《扬州芍药谱》，参见（宋）欧阳修著，王云整理点校《洛阳牡丹记·外十三种》，第27页。
⑧ （宋）吴自牧撰，傅林祥注：《梦粱录》卷一《二月望》，山东友谊出版社2001年版，第15页。

然而，宋人赏花不同于前代，因而引起我们特别注意的还不是这种浓厚的赏花风气，而是出钱赏花。虽然我们目前还没有直接来自消费者方面赏花付费的史料，但是我们可从私家园林在开放期间收取游人门票费的史料中间接看到这点。"（魏花）初出时，人有欲阅者，人税十数钱，乃得登舟渡池，至花所。魏氏日收十数缗。"① "魏花初出时，园吏得钱，以小舟载游人往观，他处未有也。"② 牡丹花后魏花的种植地简直就是一个旅游的景点，游人付费后要登舟渡池才能到达植花地，欣赏"花后"的姿容，可见园户的良苦用心。"人税十数钱"就是游人为赏花而花的钱，我们来作一个大致的计算。假定游人每人应交门票费为 15 文，魏氏每天收入为十数缗，也假定为 15 缗，则每天前来赏花的人是 1000 人。这样的赏花规模在当时可谓盛况了，难怪"姚黄苑圃主人，是岁为之一富"。③ 张邦基也记载有陈州园户牛家出现了一枝变异的牡丹："牛氏乃以缕金黄名之"，并将其圈护起来，"于门首遣人约止游人，人输十金，乃得入观。十日间，其家数百千"。④ 说明园户很有经济头脑。如果说以上所举都是在花卉新品种出现，带有新奇、短暂和不定性的话，那么在平常里，游人入园赏花、游观也要付费则已成为当时的一种消费习惯。据张端义《贵耳集》记载，司马光在洛阳所建的小花园——独乐园园丁吕直"夏月游人入园，微有所得，持十千白公，公麾之使去。后几日，自建一井亭。公问之，直以十千为对，复曰：端明要作好人，直如何不作好人"。⑤ 单此材料，我们无从明了"微有所得"具体是多少，吕直拿十千给司马光，这"十千"是多长时间的门票费？

元人徐大焯记朱勔的种植园时说："游人给司阍钱二十文，任人游观，妇稚不费分文，故游女独多。"⑥ 游人给司阍（即看园人）钱二十文后，即任其入园游玩，可知这二十文即是门票费。再据刘攽记：时人游园时，会自便给管园人一些茶汤钱，而"洛中例，看园子所得茶汤钱，闭园日与主

---

① 《洛阳牡丹记·外十三种》，第 4 页。
② 《邵氏闻见录》卷一七，第 186 页。
③ （宋）蔡絛撰，冯惠民、沈锡麟点校：《铁围山丛谈》卷六，中华书局 1983 年版，第 117 页。
④ 《墨庄漫录》卷九《陈州牛氏缕金黄牡丹》，第 251 页。
⑤ （宋）张端义：《贵耳集》卷上，丛书集成初编本，中华书局 1985 年版，第 11 页。
⑥ （宋）徐大焯：《烬余录》乙编，《中国野史集成》（第十册），巴蜀书社 2000 年版，第 271 页。

人平分之"。① 似乎门票费的多少没有统一标准,或许是各园自定。但门票收入所得,园吏不得独吞,而是在闭园时与主人平分。这样我们就不难理解司马光独乐园的园吏吕直要给十千钱给主人司马光,主人不要,他就在园中建一井亭来还给主人的举动了(这倒是一个忠实的园吏)。我们姑且以每人每日 15 文②来计算一下吕直的看园门票收入,同时也以一月为限。一月 20 贯的收入,则平均每天收入为 666.66 文,又每人 15 文,则平均每天入园人数为 44.44 人,也就是每天 50 人左右。而独乐园还只是洛阳几十上百个园林中的小园林而已,根本不能与其他大臣园林相比,③ 可见当时在花开时洛阳赏花的人之多了,而且绝大部分是要付费的。

(二) 花卉价格的变化

花卉买卖交易,离不开价格。由于资料的分散及本人勤奋不够与水平有限,不能展示宋代花价的全貌,只能就所搜集到的材料作一初步探讨。现据此作一表。

宋代花价表 (一)

花名	地点	单位	价格	资料出处
(嫁接过的牡丹) 姚黄	洛阳	1 枝	5000 文	欧阳修《洛阳牡丹记》
(刚嫁接的牡丹) 魏花	洛阳	1 枝	5000 文	(后) 1000 文
魏花 (姚黄无卖者)	洛阳 (天王院)	1 枝	1000 文	李格非《洛阳名园记》
海棠	京师 (临安)、江淮	1 本	不下数十金	陈思《海棠谱》卷上
茉莉	临安	7 插	数十券	周密《武林旧事》卷三《都人避暑》
素馨	番禺	1 枝	2 文	周去非《岭外代答》卷九《花木·素馨花》
(牡丹) 双头红 (初出)	天彭	1 本	30000 文	陆游《天彭牡丹谱》
祥云 (初出)	天彭	1 本	7000—8000 文	(后) 2000 文
彭州牡丹	彭州	1 本	数万文	《蜀总志》

---

① (宋) 马永卿辑;(明) 王崇庆解,崔铣编行录;(清) 钱培名补脱文:《元城语录解》卷中,丛书集成初编本 1939 年版,第 32 页。
② 前引欧阳修记赏魏花牡丹才 15 文,依独乐园的状况及其主人的为人,假定为此数。
③ (宋) 李格非:《洛阳名园记》,第 14—15 页。

宋代主要产品价格表（二）[1]

商品名称	北宋时期 最低价—最高低	南宋时期 最低价—最高价	单位
土地	146—2500 文	2000—80000 文	1 亩
米	20—300 文	100—3400 文	1 斗
绢	800—3000 文	2000—10000 文	1 匹

在分析本表之前需说明两点：一是花的单位有"枝""插"和"本"，现均将之理解为"枝"或"束""株"；二是陈思《海棠谱》和周密《武林旧事》均写于南宋晚期，当时东南地区主要使用纸币——会子作货币。所以陈思这里的"不下数十金"很难理解，姑且将"金"理解为铜钱即"不下数十文"。"券"是纸币，又有旧会和新会（即十七界和十八界）的区别，其价格在南宋末年不停地跌落，最低跌至一贯折铜钱 50 文左右。[2]我们就假定每券 50 文，"数十券"则在 1500 文以上。

由表（一）可看出：一、花卉价格差别大。最高的初出双头红（牡丹）为 30 贯，最低的素馨只 2 文，相差 15000 倍。二、牡丹花在宋代依然为贵重的花。价格很高，北宋最高为每枝 5 贯。南宋最高为每枝 30 贯。不过考虑到南宋物价的上涨率，参照表（二），5 贯在北宋后期能买 2 亩上好土地，上好米 16 斗多，而 30 贯在南宋后期只能买 0.375 亩上好土地，不到 9 斗上好米。所以南宋牡丹花的实际价格不比北宋高。三、无论是北宋还是南宋，价高的牡丹往往都是新出的品种，且不同的品种、花叶的多少、颜色的不同，价格也就不同。如洛阳牡丹姚黄和魏花之间，天彭牡丹双头红和祥云之间价格的差别，尤其是后者相差三四倍。四、新品种推出一段时间后，市场消费量达到一定饱和度，价格也随之下降。彭州的单叶牡丹最后竟卖不出去。五、宋代牡丹价格的这种变化，说明其受市场价值规律的影响很大，商业性显著增强。而唐代牡丹价格则没出现这一变化过程，始终居高不下，"一株能顶得上百十石粮食的价格"，[3]与宋代不可同

---

[1] 本表摘自李华瑞《宋代画市场初探》，载邓广铭、王云海主编《宋史研究论文集》，河南大学出版社 1993 年版，第 389 页。

[2] 汪圣铎：《南宋各界会子的起讫、数额及会价》，《文史》第 25 辑，中华书局 1985 年版，第 129—144 页。

[3] 郭绍林：《说唐代牡丹》，《洛阳工学院学报》2001 年第 1 期，第 12—17 页。

日而语。六、南宋都城临安价贵的花除牡丹之外,其余则是来自闽广的茉莉花。"此花独闽中有之,夏开,白色妙丽"。① 后被海商运至临安,其特有的馨香赢得了临安居民的喜爱,七枝则需1500余文,平均每枝为214余文。而同为进口花且馨香的素馨在番禺一枝才值2文,与运至临安的茉莉价格相差100倍。七、花卉价格与人们的喜好有很大关系。如海棠花,"蜀花称美者,有海棠焉",连洪雅这样一个偏僻山区小县也"地富海棠",然而"惜其繁艳为一隅之常卉","蜀人不甚重"。信州弋阳县的海棠也有类似遭遇,"信州弋阳县海棠满山,村人至并花伐以为薪"。② 海棠在蜀地和信州弋阳的命运,一方面说明种得多反而贱,另一方面说明习俗不注重,当然更重要的是没有形成市场,因而没有流通。而在京师、江淮则不同了。由于有了消费市场,因而价格一下提升起来。

(三) 花卉市场的出现

市场是商品交换的场所与流通的载体。宋代花卉种植已经成为独立的商业性农业,以种花为业的专业户——花户或园户众多,种植规模大,获得经济价值高。因此,宋代花卉已具有商品生产和市场交换的性质,那么宋代花市的具体情况又怎样呢?

1. 各花卉种植区都有花市

洛阳,"都人抵暮游花市,以筠笼卖花"。③ 扬州,"开明桥之间、方春之月,拂旦有花市焉"。④ 成都有"二月花市"。⑤ 两浙地区有花市的城市有苏州⑥、湖州⑦、绍兴府⑧等。这些花市具有如下特点:其一,在花卉产区内,各自有自己的特色花卉,如洛阳牡丹、扬州芍药、成都海棠、苏州菊花及湖州、绍兴的牡丹等;其二,花市出现时间往往是在花盛开季节,

---

① (宋) 梁克家:《淳熙三山志》卷四一《土俗·物产》,宋元方志丛刊,第8256页。
② (宋) 庄绰撰,萧鲁阳点校:《鸡肋篇》卷下《各地佳种花果》,中华书局1983年版,第121页。
③ 《邵氏闻见录》卷一七,第186页。
④ 《扬州芍药谱》,第2页。
⑤ (宋) 赵抃:《成都古今记》,四库本第879册,第382页。
⑥ 王謇撰,张维民整理:《宋平江城坊考》,江苏古籍出版社1999年版,第7页。
⑦ (宋) 谈钥:《嘉泰吴兴志》卷二《坊巷》,宋元地方志丛刊,第4690页。
⑧ (宋) 施宿等:《嘉泰会稽志》卷四《衢巷》,宋元地方志丛刊,第6779页。

花过则散。洛阳"至花开时，张幕屋，列市肆，管弦其中，城中仕女，绝烟火游之，过花时则复为丘墟"。① 其三，这些花市没有固定地点，一般都是在花盛处临时搭建一个简易棚子，花过则拆掉；其四，花市融花卉买卖、游园、赏花娱乐及其他各种交易于一体。如洛阳牡丹盛开时，"士庶竞为游遨，往往于古寺废宅有池台处为市，并张幄帘，笙歌之声相闻；最盛于月坡堤、张家园、棠隶坊、长寿寺东街与郭令宅，至花落乃罢"。② 前引《邵氏闻见录》有类似记载："于花盛处作园圃，四方伎艺毕举，都人士女载酒争出，择园亭胜地，上下池台间引满歌呼，不复问其主人。抵暮游花市，以筠笼卖花，虽贫者亦戴花饮酒相乐。"可见由花市带动了饮食、娱乐等相关行业。其五，这种花市面向的主要是花卉产区及其附近城市的消费人群。

2. 都城花市繁盛

汴京，"是月（三月）季春，万花烂漫。牡丹、芍药、棣棠、木香，种种上市，卖花者以马头竹篮铺排，歌叫之声，清奇可听"。③ 卖花人以马头竹篮盛装时令鲜花，以一种特别的声音吆喝兜售，成为都市里一道独特的卖花景观。苏轼也记汴京每逢八、九、十月，菊花市场十分繁盛。"近时都下菊品至多，皆智者以他草接成，不复与时节相应，始八月尽十月，菊不绝于市，亦可怪也。"④ 这是经嫁接过的菊花，从前面所引汴京重阳节菊花热中可知，都人除观赏各种姿态的菊花外，还要吃菊花糕、饮菊花酒，用菊花作礼物赠送亲友等，都预示着都城不低的菊花消费量，自然菊花会连续数月不绝于市了。至于汴京花市的具体地点，《东京梦华录》里有三处记载：一是在东华门外，⑤ 这里市井最盛，价格也最贵。其原因是"禁中买卖在此"，凡饮食、时新花果、鱼虾等在这儿都有卖。因此这儿是鲜花市场的所在地；二是在州桥头街北，⑥ 这里有花果铺席，出售的花卉可能既有鲜花也有假花；三是在相国寺，⑦ 其中有花朵买卖，极有可能是

---

① （宋）李格非：《洛阳名园记·天王院花园子》，第7页。
② 《洛阳牡丹记·风俗记第三》，第4页。
③ 《东京梦华录注》卷七《驾回仪卫》，第199页。
④ 《百菊集谱》卷五《事实》，四库本第845册，第92页。
⑤ 《东京梦华录注》卷一《大内》，第32页。
⑥ 《东京梦华录注》卷二《宣德楼前省府宫宇》，第52页。
⑦ 《东京梦华录注》卷三《相国寺内万姓交易》，第88页。

假花或干花。

南宋临安城里,从花卉种类到花市设立都超过了汴京。"是月(三月)春光将暮,百花尽开,如牡丹、芍药、棣棠、木香、荼蘼、蔷薇、金纱、玉绣球、小牡丹、海棠、锦李、徘徊、月季、粉团、杜鹃、宝相、千叶桃、绯桃、香梅、紫笑、长春、紫荆、金雀儿、笑靥、香兰、水仙、映山红等花,种种奇绝。卖花者以马头竹篮盛之,歌叫于市,买者纷然。"① 这是在春暮百花尽开时节,小商贩沿街叫卖的情况。杭州地处南方,一年四季城里都鲜花不断。"四时有扑带朵花,亦有卖成窠时花、插瓶把花、柏桂、罗汉叶。春扑带朵桃花、四香、瑞香、木香等花;夏扑金灯花、茉莉、葵花、榴花、栀子花;秋则扑茉莉、兰花、木樨、秋茶花;冬则扑木春花、梅花、瑞香、兰花、水仙花、腊梅花。"② 可见,花卉买卖中最常见的方式是"扑卖",且花卉品种之丰富。销售中,用于簪戴的朵花、瓶插的把花及家养的盆栽成棵时花等分门别类,消费者可各取所需。杭州城里花卉除了这种沿街叫卖的、随地交易之外,还有固定地点的市场,称"花卉行""花朵市""官巷花市""城西花团",③ 其中官巷花市最大,不仅花木品种齐全,且还出售花朵工艺品,"所取奇异飞鸾凤,七宝珠翠、首饰花朵","所聚花朵、冠梳、钗环、领抹,极其工巧,古所无也。"中有"齐家、归家花朵铺",④ 是当时的名店。杭城另一热闹花市是和宁门外,如杨万里有"君不见内前四时有花卖,和宁门外花如海"⑤ 的诗句。可见,杭州花市比汴京更繁盛,花卉品种更丰富。

(四) 花卉买卖的兴盛

花苗的得来是通过买卖。欧阳修在其《洛阳牡丹记》中记:"魏家花者,千叶肉红花,出于魏相仁溥家。始樵者于寿安山中见之,斫以卖魏氏。"同书"风俗记"条又记:"春初时,洛人于寿安山中斫小栽子卖城

---

① 《梦粱录》卷二《暮春》,第26页。
② 《梦粱录》卷一三《诸色杂货》,第184页。
③ (宋) 西湖老人撰,周百鸣标点:《西湖老人繁胜录·诸行市》,王国平主编《西湖文献集成》,杭州出版社2004年版,第18页;(宋) 不著撰人:《都城纪胜·园苑》,四库本第590册,第10页。
④ 《梦粱录》卷一三《铺席》,第178页。
⑤ (宋) 杨万里:《诚斋集》卷二三《经和宁门外卖花市见菊》,四库本第1160册,第248页。

中，谓之山篦子，人家治地为畦塍种之，至秋乃接。"这都说明牡丹花是买来野生花苗经过培育而成的。以后栽种者日多，但也是购买花苗，"洛人惊蛰立名字，买种不复论家赀。比新较旧难优劣，争先擅价各一时。"①"买种不论家赀"，即不管贫富，只看花品种的优劣。范成大《吴船录》记："（眉州）城中荷花特盛，处处有池塘，他郡种荷者皆买种于眉。"眉州成了荷花苗的供应基地，远销他郡。扬州则是芍药花苗的供应基地，四方之人都携带金钱前去购买。"（花朵）敷腴盛大，而纤丽巧密，皆他州之所不及。……四方之人，尽皆赍携金帛，市种以归者多矣。"② 花苗（种）的买卖，也是宋代花卉消费商品性的一个表现。

前引都城里花市交易即有沿街叫卖、扑卖的方式，也有固定地点的方式，尤其是临安花卉需求量大，簪戴的朵花、盆栽的成棵时花、插瓶把花等各种不同用途的花卉四时不断，且"买者纷然"。临安市民喜欢新奇，所以新品种花卉的销路很好："又有钱塘门外溜水桥东西马塍诸圃，皆植怪松异桧，四时奇花，精巧窠儿，多为龙蟠凤舞，飞禽走兽之状，每日市于都城，好事者多买之，以备观赏也。"③ 钱塘门外的马塍成了都城临安的花卉供应基地。甚至还有见花鲜艳美丽，心生喜爱便买回家，如"临安丰乐桥侧，开机坊周五家，有女颇美姿容，尝闻市外卖花声，出户视之，花鲜妍艳丽，非常时所见者比，乃多与直，悉买之，遍插于房栊间，往来谛玩，目不暂释"。④ 当然节日依然是花卉买卖最兴盛的时候，如端午时，"城内外家家供养，都插菖蒲、石榴、蜀葵花、栀子花之类，一早卖一万贯花钱不啻，何以见得？钱塘有百万人家，一家买一百钱花，便可见也"。⑤ 这是对临安端午节鲜花消费量的一个估计，很难说这一数字的准确性，但我们从中可以看出临安居民通过市场买卖消费花卉的情况。前已述及汴京八、九、十月菊花市场的兴盛，临安重阳节"士庶之家，亦市一二株（菊）玩赏"。⑥ 农民在婚嫁等喜庆日子也买花："买花西舍喜成婚，持

---

① （宋）欧阳修撰，吴松弟整理：《四库家藏·欧阳修居士集》卷二《洛阳牡丹图》，山东画报出版社2004年版，第13页。
② 《能改斋漫录》卷一五《方物·芍药谱》，第180页。
③ 《梦粱录》卷一九《园囿》，第271页。
④ （宋）洪迈撰，何卓点校：《夷坚支丁》卷八《周女买花》，中华书局1981年版，第1033页。
⑤ 《西湖老人繁胜录·端午节》，第10页。
⑥ 《梦粱录》卷五《九月》，第48页。

酒东邻贺生子"①，"村村婚嫁花簇檐，庙庙祷祠神降语"②。官僚士大夫虽有因赏赐、赠送或索取等非商品性途径获得花卉，但也有一些人是自己买花。如陆游说他买天彭牡丹："予客成都六年，岁常得饷，然率不能绝佳。淳熙丁酉岁，成都帅以善价私售于花户，得数百苞，驰骑取之。至成都，露犹未晞。"③尽管每年都会得到不花钱的牡丹，但自己总感到不是最好的，最后还是以高价从花户那里买来的才了了自己的心愿。另外杨万里等宋代诗人的诗歌里有很多关于官员士大夫买花的诗句，因篇幅所限此不赘举。

城里有许多专靠卖花为生的人。陆游一首描写卖花翁的诗写道："君不见会稽城南卖花翁，以花为粮如蜜蜂，朝卖一株紫，暮卖一株红，屋破见青天，盎中米常空，卖花得钱送酒家，取酒尽时还卖花。"④孔平仲也有诗："清晨出古县，独遇卖花翁。芍药三数朵，琼苞出渐红。"⑤赵蕃《见卖梅花者，作卖花行二首》诗中有"来时才卖木樨花，卖到梅花未返家"⑥之句。宗伯仁则有"山下六七里，山前八九家。家家清到骨，只卖水仙花"⑦。这些诗句都是反映州县城里卖花人的生活，从中可知他们有卖多种品种花卉的，也有买单一品种花卉的，他们辛勤经营，但本少业小，所以生活清苦，但由此我们也可看出宋代不仅都城里花卉消费很盛，州县小城市也有一定量的花卉消费。

由上可见，宋代花卉市场在生产区和城市出现，价格随花卉品种、上市时间早晚、人们喜好程度等的不同而发生变化，花卉买卖兴盛，尤其是城市节日、农民婚庆等特殊日子里更盛，人们还出钱赏花。所有这些既为

---

① （宋）陆游撰，钱仲联校注：《剑南诗稿校注》卷三《岳池农家》，上海古籍出版社1985年版，第218页。
② 《剑南诗稿校注》卷七三《秋日村舍》，第4009页。
③ 《天彭牡丹谱》，《风俗记第三》，欧阳修等著，王云整理《洛阳牡丹记》（外十三种），第22页。
④ 《剑南诗稿校注》卷二三《城南上原陈翁以卖花为业得钱悉供酒资又不能独饮，逢人辄强与共醉，辛亥九月十二日偶过其门访之，败屋一间，妻子饥寒而此翁已大醉矣，殆隐者也为赋一诗》，第1706页。
⑤ 《清江三孔集》之《孔平仲集·发谷熟县寄扬州同寮》，第378页。
⑥ （宋）赵蕃：《淳熙稿》卷一八《见卖梅花者，作卖花行二首》，丛书集成初编，中华书局1985年版，第401页。
⑦ （宋）陈起编：《江湖小集》卷七十二《山下》，四库本第1357册，第559页。

宋人花卉商品性消费提供了条件，同时这本身也是其具体表现。

二 宋代花卉商品性消费与宋代花卉种植业

马克思早就说过：生产决定消费，即生产出消费的对象、消费方式及消费的动力；消费使生产出来的产品成为最后产品，消费创造出新的需要，创造出生产的动力。二者是相辅相成的辩证关系。对照此点，我们不难理解宋代花卉商品性消费对当时花卉种植所起的作用。宋代出现了从农桑生产中分离出来专门从事花卉种植的人户：所谓的种花专业户，又被称为园户或花户，他们种花的目的不是自我欣赏，而是出卖，以此为生。

首先，花户种花规模大。陈州"园户植花如种黍粟，动以顷计"，① 把种花与种粮并列，而且一种就是上顷的规模，不是以此为业的专业化种植哪有这样的规模。扬州"种花之家，园舍相望，最盛于朱氏、丁氏、袁氏、徐氏、高氏、张氏，余不可胜计。畦分亩列，多者数万根"。② 而尤以朱氏之园所种芍药"最为冠绝，南北二圃所种几乎五六万株"。"种花之家，园舍相望"，可见花户之多。所种花"畦分亩列""数万根"，甚至一家乃有南北两个园圃五六万株花卉，也完全是规模化生产了。彭州花户"今惟三井李氏、刘村母氏、城中苏氏、城西李氏花特盛，又有余力治亭馆，以故最得名，至花户连畛相望，莫得其姓氏也"。③ 虽然花户多得叫不出姓名来，陆游还是在其后提及种"祥云"的王氏，种"浅色燕脂楼"的勾氏，种"深色燕脂楼"的宋氏，种"欧家碧"的欧氏，等等。可见，彭州以种花为生的人之多，他们种植的目的直接就是"植花以侔利"。而且他们已积累了一定资本，除维持基本生活以及正常生产开销之外，还有余力修建亭馆。苏州"城东西卖花者所植弥望"④，表明卖花人都是种花人。南宋方岳《湖上》诗中有"马塍晓雨如尘细，处处筠篮卖牡丹"⑤。作者

---

① 《墨庄漫录》卷九《陈州牛氏缕金黄牡丹》，第251页。
② 《清江三孔集》之《孔武仲集·扬州芍药谱并序》，第287页。
③ 《天彭牡丹谱》，《花品序第一》，第18页。
④ （宋）范成大：《吴郡志》卷三《土物下》，宋元方志丛刊，第922页。
⑤ （宋）方岳：《秋崖集》卷一《湖上》，四库本第1182册，第142页。

对"马塍"作注说:"在钱塘西北,当时这带地方很多人家靠种花卖花过活。"

其次,花户都是掌握有专业养花技术,善于嫁接的接花工。花都洛阳有不少以种花、接花为生者,"接花工尤著者一人谓之门园子,豪家无不邀之"。① 接花工因有精湛的接花技术,连豪家贵戚也要邀请他。彭州花户,"皆以接花为业,大家好事者皆竭其力以养花,而天彭之花遂冠两川"。因为花卉种植成为商品生产之后,就必然要受到市场规律的支配,花户们为了使自己的产品能在市场上卖个好价钱,便十分重视提高种植技术,通过嫁接使花卉出现变异,培育珍稀品种。这便是宋代花卉嫁接技术提高的经济原因,"花户岁益培接,新特间出"②。这样既满足了消费者追求奇花异卉的要求,又为自己带来了丰厚的利润,"姚黄一接头直钱五千,秋时立券买之,至春见花乃归其直"。③ 这种新出的精品牡丹姚黄还要立契约预订才买得到。陈州园户牛家,因出现了一枝变异的牡丹,"牛氏乃以缕金黄名之",并将其圈护起来,"于门首,遣人约止游人,人输十金,乃得入观,十日间,其家数百千"。可见,珍稀品种给园户带来的收益之大。

再次,花户种花收益高于种田。从前述扬州花户牛氏一家有南北二圃,种植五六万株芍药可推知,其收入十分可观。而彭州花户还有余力修建亭馆。他们不仅用卖花所得换回粮食等生活必需品,甚至连女儿的嫁妆也是靠花卉收入置办,如南宋汪莘有诗云:"西湖日日可寻芳,楼上凭栏意未忘。斫取荷花三万朵,却作贫女嫁衣裳。"④ 宋人也明确说:"土人卖花所得,不减力耕。"⑤ 同时,也正是由于种花经济效益好,园户之间竞争激烈,乃至出现了用不正当手段打击对手的事情,"洛阳牡丹,岁久虫蠹,则花开稍小,园户以硫磺簪其穴,虫死,复盛大。其园户相妒,则以乌贼鱼骨刺花树枝皮中,花必死,盖牡丹忌此鱼耳。"⑥ 高额的经济效益吸引了

---

① 《洛阳牡丹记·风俗记第三》,第4页。
② 《天彭牡丹谱·花释名第二》,第22页。
③ 《洛阳牡丹记·风俗记第三》,第4页。
④ 汪莘:《孟秋朔日天台刘允叔和叔乡人陈思敬饯饮钱塘门外双清楼上》,(宋)陈思编,(元)陈世隆补:《两宋名贤小集》,四库本第1363册,第567页。
⑤ (宋)蔡戡:《定斋集》卷一八《重九日陪诸公游花田》,四库本第1157册,第747页。
⑥ (宋)王辟之撰,吕友仁点校:《渑水燕谈录》卷八《事志》,中华书局1997年版,第102页。

更多的人种花，甚至出现了一些专职花工买地种花的情况，欧阳修《洛阳牡丹记》云："有民门氏子者，善接花，以为生，买地于崇德寺前，治花圃。"

宋代花卉种植出现的这些新变化，一方面为花卉商品性消费提供了前提和内容；另一方面正是社会上各阶层人们通过市场买卖获取花卉的商品性消费方式的出现，使得花户经济收益增多，而这又反过来提高了他们的种植积极性，推动他们培植新品种、提高种植技术。因为消费者钟爱新奇花卉，新品种花卉无论是买卖还是入园观赏，其价格都高出一般花卉。这就有力地促进了花卉种植业向着良性的、商品经济发展的轨道发展。

（原文发表于《农业考古》2006年第1期）

两宋都城节日商品市场

节日商品市场是人们在节日期间开展习俗活动时，对食品、饰品、明器、娱乐品等的消费需求所带来的商机而形成的特殊市场，它既是城市商品市场体系的组成部分，又是其促进剂和亮点。长期以来，一方面，古代社会受城市坊市制度和商品经济发展的限制，人们节日所需物品主要是自己生产和制作，从而使人形成古代节日只有社会文化功能，没有经济功能的深刻印象；另一方面，我国学术界曾在相当长时间内出现了重政治史研究而轻经济史研究，经济史研究中又重生产、轻消费的研究倾向。所以在对传统节日的研究中，主要是对其习俗活动的探讨，而很少关注其经济意义。这种情况一直到20世纪80年代后才有所改变，一些学者在文章中论及宋代节日市场[1]，对宋代节日的经济功能也有了较多的讨论，但惜其并非专门探讨。

宋代商品经济已有很大发展，市民物质和文化生活水平都有了一定提高，同时传统节日也进入成熟、丰满时期，节日的经济功能和文化功能都有突出的展现。本文拟以宋代都城节日商品市场为视角，以期全面把握宋代节日的经济功能和市场发展。

一　宋代节日市场意识

伊永文先生说过："宋代城市中的政治性节日也将赏心乐事这一观念，像一条鲜明的红线贯穿其中。这也是由于宋代城市中市民阶层的不断壮

---

[1] 萧国亮、姜庆湘：《从〈清明上河图〉和〈东京梦华录〉看北宋汴京的城市经济》，《中国社会科学》1981年第4期；龙登高：《南宋临安的娱乐市场》，《历史研究》2002年第5期。

大,尚奢华、重游玩的风气的抬头,市民们竞相把节日里的赏心乐事作为表现富足的标志。"① 从中我们已经感受到了宋代节日里,从城市中吹出的一股强劲的消费之风。节日市场意识就是对节日消费习惯、消费心理的认识和把握,并在此指导下主动采取旨在获利的一些销售行为。那么,宋代哪些人群具有这一意识?他们又采取了怎样的销售行为?

(一) 宋代政府的节日市场意识

政府是新节日及其习俗活动的创立者,也是传统节日习俗的维护者。宋代由于商品经济的高度发展,全民的商业意识都有很大提高,政府自然更不例外。它把关系国计民生又获利丰厚的盐酒茶等商品规定为专卖品,由其垄断经营,就是突出表现。节日市场意识就是其商业意识的组成部分,在这一意识下的突出行为有二。

1. 官库酒的促销,垄断节日酒市场

酒是节日气氛的调节剂,既是饮品,又是礼品、祭品,是家家不可或缺的重要节日物品,消费量巨大。宋代酒由官府榷卖,官府主要通过控制酒的生产和销售来控制节日酒消费市场。

宋代都城酒楼林立,可只有正店才是官库所属,才可自行造酒卖酒,其余脚店或私人经营的小店则只能从正店取酒沽卖。正店与正店之间有竞争,因此它们都十分重视节日酒市场的销售活动。东京正店、临安官库一年两次的煮酒卖酒都放在节日时。② 南宋临安官库的迎煮仪式及促销方式远比北宋隆重。此外,临安酒库还利用元宵节张灯时进行促销,"诸酒库亦点灯球,喧天鼓吹,设法大赏,妓女群坐喧哗,勾引风流子弟买笑追欢"③。这一方面说明酒课在南宋财政中的地位更为重要,另一方面也说明南宋官府的节日市场意识比北宋有所增强。

2. 开放官方园林,鼓励游玩和买卖

北宋汴京有四大皇家园苑:宜春苑、琼林苑、玉津园、瑞圣园。东京人称为"四园苑";还有位于城西、顺天门外街北的金明池,又名西池;

---

① 伊永文:《行走在宋代的城市》,中华书局2005年版,第282页。
② 汴京四月八日浴佛节和中秋节的煮卖新酒;临安是清明节和中秋节煮卖新酒。
③ 《梦粱录》卷一《元宵》,第7页。

其中，金明池和琼林苑最大、最繁华。它们都定期面向公众开放，让市民观赏游玩，开放时间基本上定于每年三月一日至四月八日。刚开始时，人们多不知道，池内游人稀少。于是官府采取措施，一方面加大宣传力度，每当金明池开池前，由御史台在宜秋门贴出黄榜："三月一日，三省同奉圣旨，开金明池，许士庶游行，御史台不得弹奏"①。"其在京官司，不妨公事，任便宴游"②。另一方面又组织开展多种活动，如水戏表演、龙舟争标、关扑等。到宋神宗元丰初年，"每开一池日，许士庶扑博其中，自后游人益盛"③。"游人往往以竹竿挑挂终日关扑所得之物而归"，"虽风雨亦有游人，略无虚日矣"④。说明官府组织开展的这些活动达到了预期目的，金明池的"人气"旺盛了。

伴随着金明池、琼林苑开放后的旺盛人气而来的，则是这里饮食、娱乐、小商品交易、船只租赁等业的繁盛。

一些有眼光的商人或官员，早就在其周围建起了饭店、酒楼，"街东皆酒食店舍"；琼林苑"两傍有石榴园、樱桃园之类，各有亭榭，多是酒家所占"⑤。宝津楼宴殿南面有虾蟆亭，"亦是酒家占"⑥。如此多的酒家食店，竞争自然免不了，但它们各有自己经营的妙招，或者把饮食也作为关扑的对象，或者为游人加工鱼食。其办法是：在池子西边没有房屋、游人稀少的地方开辟一片水域，垂钓之人先买一个允许垂钓的牌子，再以高于市场价一倍的价钱购买其钓得之鱼，游人得到鱼后，"临水斫脍，以荐芳樽，乃一时佳味也"。既使游人尽了兴，又使酒家、金明池的管理者赚了钱，还在一定程度上保护了池里的鱼类，这种做法在现今一些旅游区还在施行。池内饮食店则主要以水产类、禽类菜肴为特色，以品种多样为取胜法宝。"池上饮食：水饭、凉水绿豆、螺蛳肉、饶梅花酒、查片、杏片、梅子、香药脆梅、旋切鱼脍、青鱼、盐鸭卵、杂和辣菜之类。"

由于观看争标，池子两边的位置也被具有商业头脑的人抢先占领，搭

---

① 《清波别志》卷中，第160页。
② 《岁时广记》卷一八《上巳上》，第202页。
③ （宋）金盈之撰，周晓薇点校：《醉翁谈录》卷三《三月》，辽宁教育出版社1998年版，第12页。
④ 《东京梦华录注》卷七《驾回仪卫》，第200页。
⑤ 《东京梦华录注》卷七《驾幸琼林苑》，第192页。
⑥ 《东京梦华录注》卷七《驾幸宝津楼宴殿》，第193页。

起彩棚，出租给游人，收取租金，"两边皆彩棚幕次，临水假赁，观看争标"。船只的租赁也很活跃，"宣、政间，亦有假赁大小船子，许士庶游赏，其价有差"①。

还有儿童玩具的买卖，"细民作小儿戏弄之具，而街卖者甚众，而龙船为最多，大率仿御座龙船及竞渡龙虎头船。其巨细工拙，不一制也"②。

可见，金明池和琼林苑开放，游人、艺人、商人、官员等纷纷登场，一时间这里成为最热闹的游乐场和最繁盛的商品交易市场。而这些经营活动的开展，是通过向官府缴税获得许可的。所以，官府开放园林的门票收入虽无法确知，但有税收收入则是肯定的。

真宗天禧二年（1018年），监察御史刘平上了一道奏折，称"金明池准例许士庶嬉游一月，今都城物价踊贵，民方望罢之"③。说明开池引起购买力兴盛，且已大大超出了东京城市的承受能力，同时更说明节日市场对城市经济产生了极大影响。

（二）商家的节日市场意识

如果说政府的节日市场意识主要集中在一些销量大的商品，以及利用大型游乐设施吸引游客以促进节日消费市场繁荣的话，那么，商家的节日市场意识则具有灵活、细小、琐碎等特点。

1. 提前备货，以在节日期间销售获利

元宵节时，汴京水果商人"预畜四方珍果，至灯夕街鬻。以永嘉柑实为上味，橄榄、绿橘，皆席上不可缺也。庆历中，金柑映日果不复来，其果大小如金橘，而色粉红。嘉祐中，花羞栗子皆一时所尚，又以纸帖为药囊，实干缕木瓜、菖蒲咸酸等物，谓之下酒果子"④。永嘉柑、金柑产于温州；金橘产于江西；橄榄、绿橘也产于南方。可见元夕京城水果市场所销水果是商人提前或贩运或批发来，小心保存，在节日期间投放市场。

浮梁人张世宁在淳熙癸卯（1183年）暮冬，"酿白酒五斗，欲趁新春

---

① 《东京梦华录注》卷七《池苑内纵人关扑游戏》，第199页。
② 《醉翁谈录》卷三《三月》，第12页。
③ 《长编》卷九一，第2103页。
④ 《岁时广记》卷一一《上元中》，第116页。

沽卖，除夕酒成"①。这是具有酿酒资格的人家在年节前酿酒，以在节日期间出售。临安赤山居民李三夫妻商议，在冬至节时宰杀自养的一头猪来卖，"比之常日，可赢得千百钱"，且"人争买肉，顷刻而尽"。② 这是他们基于冬至节人们猪肉消费增多、价钱好又销得快等市场特点而作出的决定。吴自牧也记："杭城内外，肉铺不知其几，皆装饰肉案，动器新丽。每日各铺悬挂成边猪，不下十余边。如冬年两节，各铺日卖数十边。……至饭前，所挂之肉骨已尽矣。"③ 商家的这种节日市场意识在宋代话本小说中也有反映，如话本《刎颈鸳鸯会》中写道，杭州府武林门外落乡村一名叫蒋淑珍的女子，在前夫死后再嫁给张二官为继室。张二官是个生意人，他在仲冬时节，收买杂货，租赁船只，装运到都城趁节发卖，④ 以获丰厚利润。其实，节日所需的食品、装饰品、玩具、明器、辟邪物品等，无一不是商家节前准备的结果。

2. 对节日物品的促销

和官府节日市场受市场价值规律、行业内部竞争等因素影响一样，商家节日市场竞争更为激烈，因而他们的促销方式也更多、更新颖。

总之，节日市场意识是对城市商品市场的总结和提升，它又反过来指导城市商品市场。不论是官府还是商家，在节前的备办货物，节中的销售策略都有一个共同的目的：利用节日这一特殊日子、特定习俗活动为载体，出售货物，获取利润。这样，一方面丰富了节日市场，为居民节日消费提供了对象；另一方面活跃了都城商品市场。

二 宋代都城节日商品市场概况

（一）上元节市场

1. 食品市场

"京师上元节食焦䭔最盛且久"，"凡卖䭔必鸣鼓、谓之䭔鼓。每以竹

---

① 《夷坚支丁》卷七《张方两家酒》，第1022页。
② 《夷坚三志辛》卷一〇《李三夫妻猪》，第1462页。
③ 《梦粱录》卷一六《肉铺》，第221页。
④ 欧阳健、萧相恺编订：《宋元小说话本集》（卷上），中州古籍出版社1987年版，第236页。

架子出青伞，缀装梅红镂金小灯毯儿，竹架前后亦设灯笼，敲鼓应拍，团团转走，谓之打旋，罗列街巷，处处有之"。① "都下（宣德门）卖鹌鹑骨饳儿，圆子䭔拍、白肠、水晶鲙、科头细粉、旋炒栗子、银杏、盐豉汤、鸡段……诸般市合，团团密摆"。② 从"最盛且久""罗列街巷，处处有之""团团密摆"等叙述看来，汴京节日食品货物充足，且买卖十分兴旺；销售方式奇特，卖䭔者以青伞、小红灯笼装饰自己的货摊，以有节奏的鼓声来吸引顾客。临安此节食品种类更多、更精致，其售卖方式与东京卖䭔又有不同，"皆用镂输装花盘架车儿，簇插飞蛾，红灯彩盝，歌叫喧阗"。少了有节拍的鼓声，代之以卖者如歌般的吆喝；注重对货摊的装饰，且注意到与灯节气氛的和谐。这些精美的食品深受达官贵人的喜爱，他们也直接从市场上宣唤购买，用以为馈送礼品。他们往往加倍酬直，"幕次往往使之吟叫，倍酬其直"。被宣进内宫的卖者，由于"既经进御，妃嫔内人而下，亦争买之，皆数倍得直"，因此"有一夕而至富者"。③ 可见皇宫经过市场消费的数量增多，还可看出上元节饮食市场以销售成品食品为主，因为"都人欲为夜宴，则绝无可往处，人多故也"④。

2. 装饰品市场

元夕观灯是此节最热闹的活动，也是妇女们能够参与的少数几个节日之一。她们在走出家门之前，无不穿上漂亮的新装、佩戴与节日气氛相协调的饰品，如用枣粒般大小的小灯球、小灯笼等来精心打扮自己。甚至连深坊小巷的妇女，也"绣额珠帘，巧制新装，竞夸华丽"⑤。节日服饰由以平常蔽体、保暖的自然功能为主上升为以展示家庭经济实力和地位、个人爱美心理以及满足节日喜庆要求等社会功能为主，"所谓车马往来，人看人者是也"。由于"合城妇女竞戴之"，以东京150万人为例，假如妇女居其半，则有75万人需求这些饰品，这是巨大的商机。不过汴京市上"卖玉梅、雪梅、雪柳、菩提叶及蛾蜂儿等，皆绘楮为之"⑥。而临安元夕之

---

① 《岁时广记》卷一一《上元中》，第116页。
② 《东京梦华录注》卷六《十六日》，第173页。
③ （宋）周密撰，傅林祥注：《武林旧事》卷2《元夕》，山东友谊出版社2001年版，第37页。
④ 《醉翁谈录》卷三《正月》，第11页。
⑤ 《东京梦华录注》卷六《十六日》，第173页。
⑥ 《岁时广记》卷一一《上元中》，第117页。

夜,"妇人皆带珠翠、闹蛾、玉梅、雪柳、菩提叶、灯球、销金合、蝉貂袖、项帕,而衣多尚白,盖月下所宜也"①。比汴京更为奢侈,不再满足于纸制饰品,还用上了销金合。

3. 灯市

汴京灯市在东华门,正月初即开市,灯的品种有十四五个,其中最繁杂的是棘盆灯。它以棘为垣,中间以木刻成仙佛、人物、车马之象,上面可以表演魔术之类,"自阙前皆趋东华门外,如水之趋下,辐之凑毂"②。临安的灯市主要集中在宣德门、梅堂、三间台等处,灯品种很多,且已形成各地方名牌灯,其中苏州灯最奇、最好,福州灯次之,新安灯再次之。灯市交易情况,据《西湖老人繁胜录》记,"沙河塘里最胜,街市扑卖尤多,纸灯不计数目,……灯火盈市,扑卖到元宵"。南宋姜夔曾有诗云:"……好灯须买不论钱,别有琉璃价百千,都下贵人多预赏,买时长在一阳前。"③ 说明质量上乘的灯价格昂贵,玻璃制的灯在当时被称为宝石灯,价格为一百贯,这些当然是富贵人家才买得起的灯,而广大的中下层居民还是只能买价格较低的纸灯,所以纸灯买卖不计其数。

食品、饰品、灯笼等构成了宋代都城上元节的特色商品市场,它们异彩纷呈,买卖兴盛,丰富了都城居民的节日生活。

(二) 寒食清明节市场

寒食和清明节原本为两个节日,隋以后,寒食禁火,清明改火,二者不仅日期接近,节日内容也相关联,实际上两节已融为一体了。宋吕希哲《岁时杂记》载:"清明节在寒食第三日,故节物乐事皆为寒食所包。"④ 寒食节由于禁火,所以这期间的饮食,一是提前准备,二是城里居民可从街市上购买或入店饮食。都城此时的饮食市场生意兴隆,汴京"坊市卖稠饧、麦糕、乳酪、乳饼之类"。稠饧是一种浓浓的糖食,商人在卖此食品时也有特殊的方式——吹箫吸引顾客。宋代诗人多有描写,如苏轼有"不比卖饧人,又有吹箫卖饧事"的诗句,梅圣俞诗云"千门走马将开榜,广

---

① 《武林旧事》卷二《元夕》,第39页。
② 《醉翁谈录》卷三《正月》,第10页。
③ (宋)姜夔:《白石道人诗集》卷下《观灯口号十首》,四部丛刊初编本。
④ 《岁时广记》卷一七《清明》引《岁时杂记》,第181页。

市吹箫尚卖饧"①，等等。

寒食清明节最重要的习俗活动之一是祭祖扫墓，"北人皆以此日扫祭先茔，经月不绝。俗有寒食一月节之谚"②。《东京梦华录》卷七《清明节》也记："凡新坟皆用此日拜扫。""自此三日（寒食至清明三日间），皆出城上坟，但一百五日最盛。"因此，祭品市场成了东京街头一景，"纸马铺皆于当街，用纸衮叠成楼阁之状"③。这既是京城铺席推销应节商品的惯用手法，据此也可见此节纸马等祭品需求量之大。

玩具市场种类丰富。东京"又造辒輧以卖，其长尺许，其大称之。以木为之者最精，亦有编竹为之者。其粗者桃花车儿，辕轮帘盖皆具，以木为牛，皆可运行，或为载土车、水车，其制不一"。"民间又卖小秋千，以悦儿童。团沙为女儿，立于上，亦可举之往来上下，又以木为之，而加彩画者甚精"④。临安西湖店铺里卖彩妆傀儡、莲船、战马、饧笙、鼗鼓、琐碎戏具，以悦童曹者，往往成市。

可以看出，寒食清明节的商品，在城内主要以食品、祭品为主；在郊外则主要以花果、玩具等土特产为主，因其轻便、有特色，适于游人就地享用或买回家作礼物赠送亲朋。这些城内城外商品共同构成了寒食清明节的特色市场。

（三）端午节市场

端午节的习俗活动围绕着驱恶除邪的目的展开，东京形成了特色市场——鼓扇百索市。"鼓"是端午节贵家把玩的物品，形制大小不一；扇子既是夏天需用之物，又可作玩赏品。"百索即朱索之遗事，本以饰门户，而今人以约臂"⑤。它们是应节物品，需求量很大。当时在东京潘楼下、丽景门外、阊阖门外、朱雀门外、相国寺东廊外、睦亲、广亲宅前等地都卖鼓扇百索，"富贵之家多乘车萃买，以相馈遗"⑥。

---

① 《岁时广记》卷十五《寒食上》，第 161 页。
② 《岁时广记》卷十五《寒食上》，第 155 页。
③ 《东京梦华录注》卷七《清明节》，第 178 页。
④ 《岁时广记》卷十六《寒食下》，第 175 页。
⑤ （宋）高承撰，许沛藻等点校：《事物纪原》卷八《百索》《遗扇》，中华书局 1989 年版，第 436 页。
⑥ 《岁时广记》卷二一《端午上》，第 235 页。

端午节的辟邪品主要是桃、柳、葵花、蒲叶、艾叶等，从五月一日至四日，东京居民家家购买插于门上。也挂张天师像，"合泥做张天师，以艾为头，以蒜为拳，置于门户之上"，市场上立即就有"都人画天师像以卖"①。说明市场来源于习俗，却又在传承中变异着习俗，引领时代潮流。

南宋临安端午节市场在货物种类、市场的繁盛程度等方面大大超过汴京。首先，百索市仍然红火，"扑卖诸般百索，少儿荷戴，系头子，或用彩线结，或用珠儿结"②；桃柳等避邪物仍是市民家家必买之物，"杭都风俗，自初一至端午日，家家买桃、柳、葵、榴、蒲叶、伏道，又并市茭、粽、五色水团、时果、五色瘟纸，当门供养。自隔宿及五更，沿门唱卖声，满街不绝"③。比汴京增加了食品、水果作供品，且卖者送货上门，商业服务意识更强。其次，饮食市场富有特色。粽子在南方稻作区和纪念屈原的习俗传承区更被认同，且在临安浓厚的商业意识熏陶下，它已成为市场新秀，"天下惟是都城将粽揍成楼阁、亭子、车儿、诸般巧样，开铺货卖，多作劝酒，名为巧粽"④。我们不得不惊叹杭城商人的审美水平及对消费者购物心理的了解，归根到底这是他们节日市场意识的体现。他们既不借助外物（如前面所述售卖节日食品时用鼓、箫等制造的声音），也不用自己吆喝来吸引顾客，只是用节日食品本身，通过自己的审美观和一双巧手，摆出"诸般巧样"，来吸引消费者的眼球。这种货品陈列方式我们今天在商场内外都还常常可见。从"楼阁""亭子""车儿"这些形状可知，市场上货物充足，销量可观。

同时，"福州新荔枝到，进上，御前送朝贵，遍卖街市。生红为上，或是铁色。或海船来，或步担到，直卖至八月，与新木弹相接"⑤。临安成了福州荔枝的重要消费区，资金雄厚的商贩用海船运载，缺少资金者则只能用步担辛苦搬运。销售时间从五月一直可到八月，共有三个月之久。

再次，临安人讲究享受的风气促成了鲜花市场的兴盛。"初一日，城内外家家供养，都插菖蒲、石榴、蜀葵花、栀子花之类，一早卖一万贯花

---

① 《岁时广记》卷二一《端午上》，第242页。
② 《西湖老人繁胜录》，第13页。
③ 《梦粱录》卷三《五月重午附》，第36页。
④ 《西湖老人繁胜录》，第13页。
⑤ 《西湖老人繁胜录》，第14页。

钱不啻。何以见得？钱塘有百万人家，一家买一百钱花，便可见也。"这里有习俗的力量，"虽小家无花瓶者，用小坛也插一瓶花供养，盖乡土风俗如此。寻常无花供养，即不相笑，惟重午不可无花供养"①。即端午节家中插花，已是大众消费习惯、刚性习俗，连贫穷人家也插花。此外，个人也以簪戴朵花打扮自己，"茉莉花盛开城内外，扑戴朵花者，不下数百人。每妓须戴三两朵……天寒，即上宅院亦买戴。盆种者，官员馈送诸府第"②。不仅妓女，贵戚也买戴，官员还买做礼物相互馈赠。但这种消费习惯背后的支撑力量则是经济能力，如茉莉花是由海商从闽广运至临安，价格昂贵，平均每朵达到 200 多文。③

总之，临安端午节市场"酒、果、香烛、纸马、粽子、水团，莫计其数"，且充斥着一股浓浓的富贵之气。

（四）乞巧节市场

乞巧节，又名七夕节，其中心内容是乞巧。宋代七夕乞巧习俗在城市尤为兴盛，参加者主要是妇女儿童。汴京"儿童辈特地新妆，竞夸鲜丽"④。临安"倾城儿童女子，不论贫富，皆著新衣"⑤。富贵之家搭建彩楼、亭榭，铺陈各种节物，安排家宴，之后妇女们对月乞巧。汴京形成了著名的乞巧市，《东京梦华录》卷八《七夕》记载尤详。市场上有形状各异的乞巧果子，有表现人们智慧、巧手的"水上浮""谷板""花瓜""种生"等，它们被商家早早准备好，节日当天"皆于街心彩蛛帐设出络货卖"。人们不用自己费力，只需出钱买回家，就可"得巧"。其中"种生"是"以绿豆、小豆、小麦于磁器内，以水浸之，生芽数寸，以红蓝彩缕束之"，就是后世的豆芽菜，只是此时还是一种装饰品。到南宋时，《岁时广记》卷二六《七夕上》"生花盆"条引《岁时杂记》载："京师每前七夕十日浸绿豆或豌豆，日一二回易水，渐长至五六寸许，其苗能自立则置小盆中，至乞巧可长尺许，谓之生花盆儿，亦可以为俎"，已是可食用的豆

---

① 《西湖老人繁胜录》，第 14 页。
② 《西湖老人繁胜录》，第 14 页。
③ 魏华仙：《宋代花卉的商品性消费》，《农业考古》2006 年第 1 期。
④ 《东京梦华录注》卷八《七夕》，第 208 页。
⑤ 《梦粱录》卷四《七夕》，第 41 页。

芽菜了。

京师人祭祀牛女,要先在案上铺陈楝叶,再放置果馔等祭品,这种楝叶也成了小商贩们走街串巷唱买的商品。

乞巧市上最多、最重要的商品还是此节的主角——摩睺罗。

摩睺罗,又写作磨喝乐、魔合罗等,是一种精致的泥娃娃,它来源于佛教,是佛教天龙八部之一的童佛,六岁出家成佛。宋代摩睺罗成为七夕时的吉祥物,民间、宫廷的玩偶,地方给朝廷的进贡品。正因为如此,其需求量大,市场异常活跃。

汴京卖摩睺罗的店铺很多,"七月七夕,潘楼街东宋门外瓦子、州西梁门外瓦子、北门外、南朱雀门外街及马行街内,皆卖磨喝乐,及小塑土偶耳。悉以雕木彩装栏座,或用红纱碧笼,或饰以金珠牙翠,有一对直数千者"①。所卖多为木制摩睺罗,加以精致装饰,很贵重,以至一对价值数千文。司马光有"土偶长尺余,买之珠一囊"②的诗句。金盈之也记:"京师是日多博泥孩儿,端正细腻,京语谓之摩睺罗,小大甚不一,价亦不廉,或加饰以男女衣服,有及于华侈者,南人目为巧儿。"其中潘楼街交易最盛,"七夕,潘楼前卖乞巧物,自七月一日车马嗔咽,至七夕前三两日,车马不通行,相次壅遏,不复得出,至夜方散。……自后再就潘楼。其次丽景、保康诸门及睦亲门外,亦有乞巧市,然终不及潘楼之繁盛也"③。

临安主要的摩睺罗市场,一是众安桥,"磨喝乐南人目为巧儿,今行在中瓦子后市街众安桥,卖磨喝乐最旺盛。惟苏州极巧,为天下第一。进入内庭者,以金银为之"④;二是御街,"御街扑卖摩睺罗,多著干红背心,系青纱裙儿,亦有著背儿,戴帽儿者,牛郎织女,扑卖盈市"⑤。与华贵的摩睺罗市场相对的是新荷叶市场,那是买不起摩睺罗的穷人们,用很少的钱买一张荷叶,让孩子拿在手上,装扮出摩睺罗的样子,自得其乐。宋代诗人许棐《泥孩儿》诗写道:"牧渎一块泥,装塑恣华靡。所恨肌体微,

---

① 《东京梦华录注》卷八《七夕》,第208页。
② (宋)司马光:《传家集》卷三《和公达过潘楼观七夕市》,四库本第1094册,第28页。
③ 《醉翁谈录》卷四《七月》,第15页。
④ 《岁时广记》卷二六《七夕》,第303页。
⑤ 《西湖老人繁胜录》,第15页。

金珠载不起。双罩红纱厨,娇立瓶花底。少妇初尝酸,一玩一心喜。潜乞大士灵,生子愿如尔。岂知贫家儿,呱呱瘦于鬼。弃卧桥巷间,谁或顾生死?人贱不如泥,三叹而已矣。"①这是对当时社会现实的深刻揭露。

另外,临安城内公子、王孙、贵族在七夕节时喜好玩的促织(即蟋蟀),也形成了一定的市场。《西湖老人繁胜录》记:"促织盛出,都民好养。"养促织的笼子各式各样,有银丝笼、有作楼台为笼、黑退光笼、瓦盆竹笼、金漆笼,板笼最多。由于"都人好养",有市场需求,所以"乡人争捉,人城货卖"。其市场"每日早晨多于官巷南北作市,常有三五十火斗者,乡民争捉入城货卖,斗赢三两个,便望卖一两贯钱。苔生得大,更会斗,便会有一两银卖,每日如此,九月尽,天寒方休"。原来,促织价格的确定是看其"斗力",能一举斗败两三只的,便有望卖一两贯钱。个儿大,斗力更强的甚至可卖到一两银的价钱。

(五) 年节市场

冬至节以后,人们就要张罗过年的事了,尤其是进入腊月后,年节气氛一天比一天浓厚,市场也一天比一天热闹。汴京"街市尽卖撒佛花、韭黄、生菜、兰芽、勃荷、胡桃、泽洲饧"。二十四日交年节后,"皆印卖门神、钟馗、桃板、桃符及财门钝驴、回头鹿马、天行帖子;卖干茄瓠、马牙菜、胶牙饧之类,以备除夜之用"②。这些多是年节所用的避邪物及食物。其中胶牙饧不仅华丽好看,而且据说还有固牢牙齿的作用,因此东京潘楼下,"从岁前卖此等物,至除夜,殆不通车马"③,可见其深受消费者的喜爱。南宋临安年节市场比汴京开始得更早,"都下自十月以来,朝天门外竞售锦装、新历、诸般大小门神、桃符、钟馗、狻猊、虎头,及金彩缕花、春贴幡胜之类,为市甚盛"④。到腊月二十四日交年节时,"此日市间及街坊叫买五色米食、花果、胶牙饧、箕豆,叫声鼎沸。……(二十五日后)街市扑买锡打春幡胜、百事吉斛儿,以备元旦悬于门首,为新岁吉

---

① (宋)陈起编辑:《江湖小集》卷七七许棐《泥孩儿》,四库本第1367册,第605页。
② 《东京梦华录注》卷一〇《十二月》,第249页。
③ 《岁时广记》卷四〇《岁除》,第440页。
④ 《武林旧事》卷三《岁晚节物》,第58页。

兆。其各坊巷叫卖苍术、小枣不绝。又有市爆仗、成架烟火之类"①。食品种类比汴京丰富，且增加了爆仗、烟火等新型娱乐物品。

以上是宋代都城重要节日商品市场情况，实际上立春时的小春牛市场、中元节的冥器物市场、中秋节的新酒、时令水果市场等，也都是十分活跃、很有特色的商品市场。从中我们可见宋代都城节日市场化之一斑，也可见宋代节日经济功能之突出。

三　宋代都城节日商品市场特征

（一）节日商品市场是节日特殊习俗与商品经济发展相结合的产物

传统节日总是有特定的习俗活动，而习俗活动又是通过制作、使用或消耗一些物品表现出来。这样，这些物品便具有了刚性的特点。德国经济学家施里特说："刚性在习俗的运行中具有极端的重要性，任何完全适应性的习俗，即使非常迟钝，都可能最适合减慢经济和其他的激励传输的速度。然而，在完全不同的方面，一个刚性的习俗可能引导经济力量。"② 这在今天很好理解，如大家熟知的端午节的粽子、中秋节的月饼，它们已经完全摆脱了"吃"的基本意义，变成了节日的符号和象征。自然每年粽子、月饼的销售，给生产者、商家带来的可观经济效益是不言自明的。

宋代在农业尤其是水果、蔬菜、花卉、林木、药材等经济作物种植，手工业如丝织业、造纸业等行业出现的商品生产，一方面为社会消费提供了丰富的、多样化的产品；另一方面由于其为卖而生产，加速了市场的形成和发展，从而改变了人们的消费方式。宋代都城由于其政治、军事、经济的特殊地位，常住人口和流动人口最多，商业最发达，人们的日常生活与市场本已紧密相连；而节日是人们日常生活的间断过程，其主要作用是调节和改善人们的人际关系、饮食生活，使身心得以休整。在当时的生产力水平和社会生活环境下，人们对节日的盼望及重视程度都大大超过今

---

① 《梦粱录》卷六《十二月》，第75—76页。
② ［德］埃克哈特·施里特：《习俗与经济》，长春出版社2005年版，第54页。

天，因而表现节日习俗活动的节食、节物存在刚性特点，形成了丰富多彩、繁盛一时的节日市场。也就是说，节日商品市场是由节日习俗这一文化背景作支撑，离开节日习俗，节日商品市场就与平常市场无异。

（二）节日商品市场的完整性

一是从节日种类来看，不论是时令性节日、纪念性节日，还是宗教祭祀性节日，都已形成较完备且很有特色的商品市场，其中上元节的灯市，端午节的鼓扇百索市、七夕节的巧儿市、中元节的冥器物市、中秋节的水果、酒市，年节的避邪物、娱乐品市等，尤为突出；二是从商品种类来看，大的方面可划分为节日食品、饮品、装饰品、明器物品、娱乐品等，其中每一类又可划分很多门类，价格差距也很大，满足各阶层人们的需求；三是从市场结构来看，既有固定地点、固定摊位的买卖，也有走街串巷、沿街叫卖的买卖。

（三）节日商品市场的短暂性和周期性

这里所说的短暂性，指由节日商品的生产时间及时效的短暂而引起节日商品市场的短暂性。由第二部分内容可以看到，每个节日市场都以出售当时所产或者当节所需的货物为主，因为商品的时令性和时效性都很强，节日一过便无人问津，节日市场也随之归于平静甚至不复存在，如东京金明池开放时的繁盛市场，吸引商人对其周围房屋的租赁热潮，但"博易场户、艺人勾肆、质库，不以几日解下，只至闭池，便典没出卖"[1]。不管你才租赁几天，到了闭池那天，都只好典卖出去。所以学界有人将节日市场称为"季节性集市"[2]。我们认为这并不恰当，因为季节性集市还应包括非节日市场，而且纵使是季节性，那也只是节日市场的一个特征而已，并非其全部。节日市场具有短暂性，但同时它又是年复一年、周而复始运行的，这也就意味着节日商品市场的周期性。

（四）娱乐品在节日商品市场中占据重要地位

娱乐品属于精神文化类物品，节日的作用及节日消费的特点决定了它

---

[1] 《东京梦华录注》卷七《三月一日开金明池琼林苑》，第182页。
[2] 段玉明：《中国寺庙文化》，上海人民出版社1994年版，第371页。

们在节日市场中的重要地位，它们或用做装饰品，如上元节妇女们佩戴的如枣粒般大小的小灯笼、小灯球，戴在头上的纸飞蛾，商人用来装饰货摊的小灯笼；端午节簪戴的鲜花；立秋时用来剪成花样插于鬓角的楸叶。或用作礼物，如立春时的春牛，开金明池和游西湖时的黄胖及众多"土宜"，端午节的百索。或用做儿童玩具，如开金明池时卖的小龙舡；寒食清明节的小车、小秋千及彩妆傀儡、莲船、战马、琐碎戏具等；七夕节的新荷叶、摩喉罗、促织；除夕的面具以及用作辟邪驱鬼的门神、桃符、日历和兼具多种作用的爆仗、烟火，等等。这些娱乐品种类丰富，制作有精粗，价格有高低，但不管它们是节日商品市场的主打品，还是节日市场的捎带品，都表明了节日商品市场本身的多层次性、丰富性，更为重要的是反映了宋代精神文化消费需求的提高。因为娱乐品属于享受性消费品，其需求弹性大，只有当生存需要基本满足之后，才可能出现。

四 宋代都城节日商品市场与平常市场的关系

宋代商品经济、海外贸易的发展，都城人口的增多，使得商业空前发展，经商之风盛行，传统的坊市制被打破，各种团行、酒楼、饭店、茶馆、药铺、勾栏、瓦肆、邸店、质库等分布于大街小巷，且交易繁盛。[①]两宋都城市场，若按时间划分有早市、昼市、夜市；其中夜市在《东京梦华录》《梦粱录》二书中都有专门记述，它冲破了季节和气候的限制，寒冬雨雪之时也通宵营业供应，它的出现及繁盛，是宋代都城商业繁荣的显著标志之一。若按开放的经常性与否，又可分为定期市和日常市，其中定期市是在一月或一年的固定时间开放，庙市、节日市场即属此类。北宋开封相国寺每月开放八次，引来万姓交易，就是一最大、最热闹的庙市，其规模之大，"中庭两庑可容万人，凡商旅交易，皆萃其中，四方趋京师以货物求售转售他物者，必由于此"[②]，实际上已是商品货物集散地。节日市场分散在一年中的不同时间，但它年复一年、周而复始，随当时社会经济

[①] 《东京梦华录笺注》卷二《东角楼街巷》，第145—163页；《梦粱录》卷一三《团行》《铺席》，第175—179页。

[②] （宋）王栐撰，诚刚点校：《燕翼诒谋录》卷二，中华书局1981年版，第20页。

的发展而变化。宋代都城商业的繁盛,在节日这一特殊时日也得到充分体现。周宝珠先生说:"商品经济也使许多古老的传统节日都为它服务,形成了以买卖节日用品为特色的专门市场。如正月十五上元灯节,东华门外的灯市;端午节,五月初有鼓扇百索市;七夕乞巧节,有七夕市等等。……中国古代的传统民俗节日,几乎无月不有,甚者一月数节。宋代东京商品经济正是充分利用这些节日,根据市民所需,形成各种有节日特色的市场,从而反映了东京城市经济的另一个重要方面。"[1] 商品经济的发展,使宋代节日的商业化、经济功能等特点突出表现出来,这是形成都城繁盛节日市场的基础,也是都城商业繁盛的又一显著标志。节日商品市场与平常市场,一方面互相区别,节日商品市场主要是买卖特定节日习俗活动所需的各类商品,而平常市场则无此限制;另一方面它们又互相联系、互相影响,节日商品市场是平时市场的开拓和创新,是平常市场的升华和亮点,而平常市场是节日商品市场的基础和延伸,它们共同推动了都城市场的繁荣,经济的发展。

(本文原发表于朱瑞熙等主编《宋史研究论文集》,上海人民出版社2008年版)

---

[1] 周宝珠:《宋代东京研究》,河南大学出版社1992年版,第259页。

官府力量与宋代成都节日市场

宋代成都，"蜀之都会，厥土沃腴，厥民阜繁，百姓浩丽，见谓天府。缣缕之赋，数路取赡；势严望伟，卓越他郡"[1]。无论在人口数量、经济文化发展水平等方面都处川蜀之首，是全国的一个重镇，备受朝廷重视。承载成都经济文化、风俗习惯内涵的节日则呈现出数量多、娱乐活动丰富多彩、人们物质和文化消费增多、市场化因素明显增强等特点。学界对宋代成都的游乐之风[2]、蚕市[3]有过探讨，但对其节日市场还不见专门讨论[4]，而对其进行系统梳理和探讨，不仅有助于成都城市史的研究，也有利于宋代区域史、四川史的研究，对成都现代经济、文化的发展也有一定参考价值。

一 宋代成都官府对节日消费的举措

节日消费是士庶个人根据自身的经济状况而选择的节日生活标准和采取的消费行为。其中，个人的经济收入虽然是起决定作用的方面，但节日又与平常有别，即它有特定的全民性的习俗活动及深刻的文化意义，所以节日消费又并非完全私人而具有公开的集体的特点。政府作为国家最高权力机关，对民间节日习俗既有顺应、维护和利用的一面，也有引导、修补甚或改变的一面。宋代成都官府对节日消费采取了哪些措施呢？

---

[1] （明）杨慎编，刘琳、王晓波点校：《全蜀艺文志》卷三〇《成都古今集序》（范百禄），线装书局2003年版，第792页。
[2] 陈世松：《宋代成都游乐之风的历史考察》，《四川文物》1998年第3期，第37—43页。
[3] 陈国堂：《宋代成都蚕市》，《成都大学学报》（社会科学版）2001年第2期，第49—65页。
[4] 如吴擎华《试论宋代四川市场》（载《中华文化论坛》2005年第4期，第97—102页）一文，把蚕市、药市作为特殊集市的市场类型，作了简单叙述。

（一）通过宴集活动使士庶集中消费

南宋人写的《岁华纪丽谱》开篇就说："成都游赏之盛，甲于西蜀，盖地大物繁而俗好娱乐。凡太守岁时宴集，骑从杂沓，车服鲜华，倡优鼓吹，出入拥导，四方奇技幻怪，百变序进于前，以从民乐，岁率有期，谓之故事。及期则士女栉比，轻裘袨服，扶老携幼，阗道嬉游。或以坐具列于广庭，以待观者，谓之遨床，而谓太守为遨头。"[①] 遨头即宴集活动的组织者。活动空间在官员们宴集的地点，还摆好坐凳（遨床）。活动内容是观看地方奇幻技艺、百变杂戏表演，以及官员们及其家人的华丽衣装、鲜洁车马，官员们出入有倡优鼓乐、吹拉弹唱引导的派头，等等。这些内容被固定下来，成为"故事"，吸引士庶百姓盛装打扮、扶老携幼前去观看这平常难得一见的稀奇，享受节日休闲的快乐时光。这种由官员们宴集而进行的节日活动，从新年伊始的正月元日一直持续到年末的冬至节，见表1。

表1 宋代成都节日官员宴集及士庶活动

日期	宴集地点	官员活动	士庶活动	资料来源
正月元日	安福寺	塔上燃灯，太守晚登塔眺望	燃香、拜塔、挂旗以禳兵灾	《岁华纪丽谱》、《成都遨乐诗 元日登安福寺塔》、《范石湖集》卷十七《丙申元日安福寺礼塔》
正月二日	早宴移忠寺，晚宴大慈寺	妓以新词送茶	扫墓、郊游	《岁华纪丽谱》、《成都遨乐诗 二日出城》、《范石湖集》卷十七《初三日出东郊碑楼院》
正月五日	五门		游蚕市	《岁华纪丽谱》《成都遨乐诗 五日州南门蚕》
上元节	早宴大慈寺，晚宴五门楼	观山棚变灯，残灯会	观灯、游赏	《岁华纪丽谱》、《成都遨乐诗 上元灯夕》、《鸡肋编》卷上、《岁时广记》卷一〇《州郡灯》
正月二十三日	圣寿寺，南宋时早宴祥符寺、晚宴信相院	奠献、登亭	民鬻农器	《岁华纪丽谱》《成都遨乐诗 二十三日圣寿寺前蚕市》

---

① 谢元鲁校释：《岁华纪丽谱》，《巴蜀丛书》第1辑，巴蜀书社1988年版，第99页。

续表

日期	宴集地点	官员活动	士庶活动	资料来源
正月二十八日	大智院	奠拜	游寺	《岁华纪丽谱》《成都遨乐诗 二十八日谒生禄祠游净众寺》
二月二日	宝历寺	游江	踏青、游观	《岁华纪丽谱》、《成都遨乐诗 二月二日·江会宝历寺》、《鸡肋编》卷上、《岁时广记》卷一《游蜀江》
二月八日	早宴大慈寺，晚宴金绳院		游药市	《岁华纪丽谱》、《成都遨乐诗 八日大慈寺前蚕市》、《岁时广记》卷一《售农用》
三月三日	万岁亭	射箭、泛舟	登山、郊游	《岁华纪丽谱》、《成都遨乐诗 三月三日登学射山》、《岁时广记》卷一八《出北门》
三月九日	早宴大慈寺，晚宴金绳院		游药市	《岁华纪丽谱》《成都遨乐诗 九日大慈寺前蚕市》
三月二十一日	鸿庆寺、大慈寺		摸石求子	《岁华纪丽谱》《成都遨乐诗 二十一日·海云山》
三月二十七日	净众寺、大慈寺	奠拜	拜庙、游蚕市	《岁华纪丽谱》
四月初	早宴移忠院，晚宴大慈寺	祭鬼、开西园	寒食节，上坟、西园游观	《岁华纪丽谱》、《鸡肋编》卷上
四月十九日	梵安寺	谒祠、观诸军骑射、游浣花溪	游观	《岁华纪丽谱》、《成都遨乐诗 四月十九日汎浣花溪》、《鸡肋编》卷上
五月五日	大慈寺		游市	《岁华纪丽谱》
六月伏日	江渎庙	泛舟避暑	临池张饮	《岁华纪丽谱》《成都遨乐诗 伏日会江渎池》
七月七日	大慈寺	登楼观夜市	乞巧	《岁华纪丽谱》、《岁时广记》卷二八《市药物》
七月十八日	大慈寺	散盂兰盆		《岁华纪丽谱》《成都遨乐诗 七月十八日大慈寺观施盂兰盆》

续表

日期	宴集地点	官员活动	士庶活动	资料来源
八月十五日	西园，南宋时大慈寺	玩月		《岁华纪丽谱》
九月九日	玉局观宣诏亭、晚宴五门	设棚屋，游观三日	游药市	《岁华纪丽谱》、《成都邀乐诗重阳日州南门药市》《岁时广记》卷三六《置药市》、《吸药气》、《鸡肋编》卷上
十二月冬至日	早宴金绳寺，晚宴大慈寺			《岁华纪丽谱》《成都邀乐诗 冬至朝拜天庆观会大慈寺》

由表1可知：一、全年所有节日中，除了除夕没有官员宴集外，其余节日都有宴集活动。庆历三年（1043年）七月，有臣僚上言："益州每年旧例，知州已下五次出游江，并山寺排当，从民邀乐。"① 但表1显示，五次是远远不止的。二、表中21个宴集日中，一天有早、晚两次宴饮的达7次，占了全部宴集活动的1/3。三、宴集活动多在寺院里进行，其中在大慈寺举行的最多，达12次，占了全年宴集活动的一半多；其次是五门、金绳院各3次，移忠寺2次。这是因为唐宋时期成都佛事鼎盛，寺庙林立，而大慈寺为唐玄宗时所建，唐僖宗、后蜀孟知祥、孟昶等都曾光临此寺，其规模之大，在同时代的海内名寺中，堪称首屈一指，因此成为宋代成都岁时游乐和官府廷宴首选之地。四、官员们宴集活动都有当时的风俗习惯基础，如元日在安福寺塔前张宴，"成都一岁故事始于此，士女大集拜（安福寺）塔下，然香挂旛以禳兵火之灾"②。又如三月二十一日宴于海云寺，吴中复《游海云寺唱和诗》王霁序云："成都风俗，岁以三月二十一日游城东海云寺，摸石于池中，以为求子之祥。太守出郊，建高旗，鸣笳鼓，作驰骑之戏，大宴宾从，以主民乐。观者夹道百重，飞盖蔽山野，欢讴嬉笑之声，虽田野间如市井，其盛如此。"③ 再如四月十九日游浣花溪，"成都之俗，以游乐相尚，而浣花为特甚。每当孟夏十有九日，都人士女，

---

① （清）徐松辑：《宋会要辑稿》刑法2之26，中华书局1967年版。
② （宋）范成大：《范石湖集》卷十七《丙申元日安福寺礼塔》，中国古典文学丛书，上海古籍出版社1981年版，第232页。
③ （宋）袁说友等编，赵晓兰整理：《成都文类》，中华书局2011年版，第187页。

丽服靓妆，南出锦官门，稍折而东行十里，入梵安寺，罗拜冀国夫人祠下，退游杜子美故宅，遂泛舟浣花溪之百花潭，因名其游与其日"。① 等等不一而足。地方官府的作用是顺应民风，又通过自己宴集时的助兴表演活动来聚集、引导民众，既丰富了士庶的节日游乐活动，又能掌控局面，及时处理一些违规乱法或扰乱治安的事件，还有"与民同乐"的氛围。同时，聚集的人流、过节的特殊气氛，也带来了集中消费的商机。

（二）宋代成都知府新增节日游乐活动

成都知府，按宋代称谓，应是知成都府。有宋一代，从宋太祖乾德三年（965年）任命"参知政事吕余庆权知成都府"②，到宋理宗淳祐元年（1241年）至五年（1245年）冯有硕权知成都府为止，276年间共任命了142位成都知府，其中北宋87位，南宋55位③。在任期间，新增节日游乐活动内容的成都知府主要有以下几位。

1. 张咏

张咏，号乖崖。他在太宗和真宗时两度出知成都，尤其是第二次知益州，保证了蜀地的稳定和发展，政绩突出，受到真宗的奖谕，称"咏在蜀，吾无西顾之忧"④。在节日活动方面，他主要增加了以下内容。

一、兴上元节残灯会。成都上元节放灯三夜，官府搭建山棚，制作变幻新奇的灯笼，举行灯会。"成都府灯山或过于阙前，上为飞桥山亭，太守以次，止三数人历诸亭榭，各数杯乃下。从僚属饮棚前，如京师棘盆处，缉木为垣，其中旋植花卉，旧日捕山禽杂兽满其中，后止图刻土木为之。蜀人性不兢，以次登垣，旋绕观览。"⑤灯山的壮美、繁复不减京师，其中"如繁杂绮罗街道灯火之盛，以昭觉寺为最"，而且"成都元夕，每夜用油五千斤"⑥。可见，成都的元宵节已成了狂欢节，元宵节时的成都已然不夜城。灯会结束后，由通判主持宴请灯会期间负责治安的都监，称

---

① 《成都文类》，第881页。
② 《长编》卷六，第148页。
③ 官性根：《宋代成都府政研究》，巴蜀书社2010年版，第9—19页。
④ （元）脱脱等：《宋史》卷二九三《张咏传》，中华书局1977年版，第9804页。
⑤ 《岁时广记》卷一〇《州郡灯》，第104页。
⑥ 《鸡肋编》卷上，第21页。

"残灯会"。它开始于张咏任职时,且初在十七日举行,南宋时已无固定日期。

二、正月二十三日圣寿寺设蚕市,使民鬻农器。

三、二月二日游江。二月二日是成都的踏青节,士庶百姓前往四郊游赏,但这也给"不法之徒"提供了机会,所以,"历政郡守,虑有强暴之虞,乃分遣戍兵,于岗阜坡冢之上,立马张旗望之。后乖崖公帅蜀,乃曰:虑有他虞,不若聚之为乐。乃于是日自万里桥以锦绣器皿,结彩舫十数只,与郡僚属官分乘之,妓乐数船,歌吹前导,名曰游江。于是郡人士女,骈于八九里间,纵观如堵,抵宝历寺桥,出宴于寺内。寺前剏一蚕市,纵民交易,嬉游乐饮,倍于往岁,薄暮方回"。① 张咏把原来分散在四处游赏的人们,通过增加官员僚属参加的游江活动聚集起来,变原来官府"监视"士民游赏为官员参与游赏,拉近了官民距离,丰富了节日游乐活动内容。张咏为此作诗道:

春游千万家,美女颜如花,三三两两映花立,飘飘似欲乘烟霞。我身岂比浮游辈,蜀地重来治凋瘵。见人非理即伤嗟,见人欢乐生慈爱。花间歌管媒春阳,花外行人欲断肠。更觉花心妒兰麝,风来绕郭闻轻香。昔贤孜孜戒骄荡,猖狂不是风流样。但使家肥存礼让,岁岁春光好游赏。②

诗的前四句描绘了成都春游的盛况,后面则写出自己作为地方长官的责任。因为他看到了"非理"的行为,想到了"花外断肠人",所以他要"治凋瘵",告诫巴蜀人民,不要骄荡和猖狂,而要勤奋生产、尊礼守法、相互谦让,只有这样,才能家富人旺,年年享受好春光。

四、令僧司作会。《东斋记事》记:"张尚书再任蜀,承甲午、庚子年后,户口凋丧。久之,乃谕僧司,令作大会,集四路僧,以观民心,与其登耗。是时,荐更乱离,人家稍复生业,公大喜。"③ 实际上这是利用佛教

---

① 《岁时广记》卷一《游蜀江》,第 11 页。
② (宋)张咏著,张其凡整理:《张乖崖集》卷二《二月二日游宝历寺马上作》,中华书局 2000 年版,第 18 页。
③ (宋)范镇撰,汝沛点校:《东斋记事》卷四,中华书局 1980 年版,第 34 页。

在民众中的影响，发挥僧徒从善修行的引导作用，聚集民心，安定社会秩序，恢复社会生产的举措。

张咏在蜀期间，充分了解蜀地风俗，并加以引导，他新增的这些活动，一直到南宋都在开展，所以韩琦说："蜀风尚侈，好遨乐，公（张咏）从其俗，凡一岁之内，游观之所与夫饮馔之品，皆著为常法，后人谨而从之则治，违之则人情不安。"① 张咏成为宋代治蜀名臣②。

2. 赵稹

赵稹，天禧元年（1017年）九月至四年（1020年）十一月知益州。他新增了寒食开西园，使士庶游观的活动。西园，或称西楼，本是后蜀权臣住宅，北宋灭蜀后，这里成为成都府路转运司的衙门楼阁，是成都规模最大、景色最美的园林。吕陶《净德集》卷十三《重修成都西楼记》曰："府署西楼，创建远矣，宅园林之胜地。登临阔视，可以极山川之秀景，燕闲高会，可以快风月之清意。岁之方春，物状尤异，红葩鲜妍，台榭交辉，绿树茂密，亭宇争荫。吾民来游，醉于楼下，实一方之伟观，四时之绝赏也。"是官员士大夫集会行乐的胜地。天禧三年（1019年），知州赵稹把这一胜地向成都士庶开放，从此，每年寒食节都开园张乐，"太守会宾僚凡浃旬，此最府廷游宴之盛"，到南宋甚至"自二月即开园，逾月而后罢"。③ 庄绰也记："成都自上元至四月十八日，游赏几无虚辰。使宅后圃名西园，春时纵人行乐。"④ 使得成都的节日游乐更加大众化。

3. 薛奎

薛奎，仁宗天圣四年（1026年）三月至六年（1028年）三月知益州。他一改知开封府时"为政严敏，击断无所贷"⑤ 而被称为"薛出油"的形象，"随其俗与之嬉游，作何处春游好诗十首，自号'薛春游'，欲换前所称也"。⑥ 他顺从蜀人正月二、三日上冢的习俗，率幕僚出城在大东门外置

---

① （宋）韩琦：《安阳集》卷五《张公神道碑铭》，四库本第1189册，第545页。
② 张其凡：《治蜀名臣张咏》，《西南师范大学学报》（哲学社会科学版）1988年第3期，第124—131页。
③ 《岁华纪丽谱》，第138页。
④ 《鸡肋编》卷上，第20页。
⑤ 《宋史》卷二八六《薛奎传》，第9630页。
⑥ 《东斋记事》卷三，第25页。

会①，以聚集郡人，引导和把握士庶的游乐。

4. 文彦博

文彦博，庆历四年（1044年）十一月至七年（1047年）三月知益州，受封文潞公。他在成都期间，继续举行张咏时的游乐活动，"僧司因用张公故事，请作朋会，公许之。四路州军人众，悉来观看，填溢坊巷，有践踏至死者，客店求宿，一夜千钱"。②僧司作会不仅吸引成都本地人参加，而且还有来自川峡四路各地的民众，以致出现了踩踏事故。但它也为商家带来了商机，旅店房间价格上涨就是典型例子。另有记载文潞公在成都宴集很多，仁宗派何郯去成都调查，结果何郯也常常参加文潞公的宴集而且大醉，"圣从还朝，潞公之谤乃息"。③文潞公还在成都江渎庙修建设厅，伏日在此宴会避暑，这是他新增的游乐活动，设厅后来成为一州名胜，"（江渎）庙前临清池，有岛屿竹木之胜，红蕖夏发，水碧四照，为一州之观"。④

5. 田况

田况，庆历八年（1048年）四月至皇祐二年（1050年）十一月知益州，实行以教育为先、惩罚在后的宽政，使"蜀人爱公，以继张忠定，而谓公所断治为未尝有误"⑤。他在蜀期间，也积极投身游乐队伍中，并以诗记下自己的所见和感受，力图纠正社会上对蜀人好游娱、无节制的印象和看法。"四方咸传蜀人好游娱无时，予始亦信然之。逮忝命守益，枳辕逾月，即及春游，每与民共乐，则作一诗以纪其事，自岁元徂景至，止得古律、长调、短韵共二十一章，其间上元灯夕、清明、重九、七夕、岁至之类，又皆天下之所共，岂曰无时哉？传之者过矣！蜀之士君子欲予诗闻于四方，使知其俗，故复序以见怀。"⑥他还将三月二十七日原在成都西小市桥举行的蚕市，移至大西门睿圣夫人庙前举行，使庙里祭祀朝拜与官员宴

---

① 《东斋记事》卷四，第35页。
② 《东斋记事》卷四，第34页。
③ 《邵氏闻见录》卷一〇，第101页。
④ （明）曹学佺：《蜀中名胜记》卷一引（宋）冯浩《设厅记》，丛书集成初编本，第9页。
⑤ （宋）王安石：《临川先生文集》卷九一《太子太傅田公（况）墓志铭》，中华书局1959年版，第942页。
⑥ 《成都文类》，第177页。

集和民众贸易活动相结合，此活动一直延续到南宋。

6. 宋祁

宋祁，嘉祐元年（1056年）八月至三年（1058年）十月知益州。关于他的任命还有一段故事："刘沆为集贤相，欲以刁约为三司判官，与首台陈恭公议不合，刘再三言之，恭公始允。一日，刘作奏札子，怀之，与恭公上殿，未及有言，而仁宗曰：'益州重地，谁可守者？'二相未对，仁宗曰：'知定州宋祁，其人也。'陈恭公曰：'益俗奢侈，宋喜游宴，恐非所宜。'仁宗曰：'至如刁约荒饮无度，犹在馆，宋祁有何不可知益州也？'刘公悯然惊惧，于是宋知成都，而不敢以约荐焉。"① 看来，宋祁"喜游宴"是朝廷所共知的事实，但仁宗还是坚持派他去成都，说明仁宗看重的是他的治理才干。宋祁到成都后，他的这一爱好的确得以发挥，同时，也给他带来了影响政治前途和身体健康的大小麻烦。"宋子京博学能文章，天资蕴藉，好游宴，以矜持自喜，晚年知成都府，带唐书于本任刊修，每宴罢，盥漱毕，开寝门，垂帘，燃二椽烛，媵婢夹侍，和墨伸纸，远近观者，皆知尚书修唐书矣，望之如神仙焉。多内宠，后庭曳罗绮者甚众，尝宴于锦江，偶微寒，命取半臂，诸婢各送一枚，凡十余枚皆至。子京视之茫然，恐有厚薄之嫌，竟不敢服，忍冷而归。"② 修唐书时众多内宠的服侍，使他好一番享受；可当天冷时，面对十几件衣服他却宁愿受冷而不敢穿一件，又使他好一阵烦恼。他新增了正月二日官员宴集结束后，使"妓以新词送茶"的活动内容。又因他在蜀奢侈过度，受到御史中丞包拯的弹劾而"不可任三司"。③ 不过，当他的讣告传至成都时，"士民哭于其祠者数千人"④，说明他还是深受蜀民拥戴的。

7. 赵抃

赵抃，他曾四次入蜀任官，其中三次在成都（一任转运使，二任知府）⑤。他为政简易，"以宽为治"，"惠利为本"⑥，不仅赢得了统治者的称

---

① （宋）魏泰撰，李裕民点校：《东轩笔录》卷一三，中华书局1983年版，第151页。
② 《东轩笔录》卷一五，第171页。
③ 《宋史》卷二八四《宋祁传》，第9598页。
④ 《邵氏闻见后录》卷一九，第147页。
⑤ 粟品孝：《赵抃与四川》，《成都大学学报》（社会科学版）1994年第1期，第31—35页。
⑥ 《宋史》卷三一六《赵抃传》，第10323、10325页。

誉，也使"蜀民歌之"①。在成都期间，赵抃也从俗游宴，一些节日活动规模甚至比以前大有增加，如正月二日的游江，"彩舫至增数倍"。但伏日的宴集规模却减小了，即由原来三伏俱宴改为只在初伏日举行了②。

以上官员都为成都节日游乐活动秩序的维护、内容的丰富，立下了大功，是成都传统节日文化的创造者。当然也有反面教材，如宋哲宗时任命蔡京知成都府，翰林学士梁焘反对，指出："今若用此人，必非成都幸。"但并未被采纳，后来，"京至成都，果以轻举妄作。盗发正昼，烧药市几尽。后又为万僧会，穷极侈丽，两川骚扰，齐集累日，士女离乱，恶少群辈杀人剽夺一日十数处云"。③蔡京在成都，不但没能聚集人气，新创游乐活动，甚至连原有的也被破坏和走样，北宋的末路也近了。

以上可见，宋代成都官府对节日消费的举措主要是：官员僚属积极参与、新增活动内容、维持安定秩序、聚集人气等方面，实际上是引导民众集中消费的有意尝试，也为节日市场的繁荣打下了基础。

二 宋代成都节日市场

英国经济学家约翰·希克斯指出："任何一种社会集会（如宗教节日）都能为贸易提供机会，贸易开始是偶然性的，但逐渐变为经常性的。带来的商品最初可能仅供节日期间个人消费或作为献给上帝的礼物，但如果参加者携带的物品不完全一样，他们会试着用带来的货物互相交换。它开始时纯粹是一种附带的副业，并且如果利益比较可观时，这种新的活动便会成长起来；而且可能发展很快，而与集会的最初动机大相径庭。宗教性的'收获的喜庆日'变成了乡村的定期市。"④节日之前的过节准备、节日期间的人潮涌动，加之官府通过宴集活动的有意引导，使得成都的节日交易异常活跃，节日喜庆日，变成了定期集市。大致情况见表2。

---

① （宋）郑獬：《郧溪集》卷二《龙图阁直学士知谏院赵抃可右谏议大夫参知政事制》，四库本第1097册，第113页。
② 《岁华纪丽谱》，第127、145页。
③ 《长编》卷四七三，第11259页。
④ （英）约翰·希克斯《经济史理论》，商务印书馆1987年版，第26页。

表 2　宋代成都节日市场

日期	贸易地点	市场名称（或贸易内容）	资料来源
正月五日	五门	蚕市贸鬻百货	《岁华纪丽谱》《成都遨乐诗》
正月二十三日	圣寿寺	蚕市鬻农器	《岁华纪丽谱》《成都遨乐诗》
二月二日	宝历寺	蚕市	《岁华纪丽谱》《岁时广记》
二月八日	观街	药市	《岁华纪丽谱》《成都遨乐诗》
三月三日		巫觋卖符于道	《岁华纪丽谱》
三月九日	观街	药市	《岁华纪丽谱》《成都遨乐诗》
三月二十七日	大西门睿圣夫人庙	蚕市	《岁华纪丽谱》《成都遨乐诗》
四月初	西园	寒食节酒垆、花市、茶房、食肆	《岁华纪丽谱》《成都遨乐诗》
五月五日	大慈寺	医人鬻艾、道人卖符珍货奇巧	《岁华纪丽谱》李之纯《大圣慈寺画记》
七月七日	锦江	夜市	《岁华纪丽谱》
九月九日	玉局观	药市	《岁华纪丽谱》

表 2 显示的都是比较成熟的定期集市，它们年复一年，周而复始的举行，在川蜀生产发展、商品流通中起着重要作用。首先是蚕市举行最多，一年达 5 次，其次是药市，达 3 次，其余既与节日物品的使用有关，也与社会发展的脉搏相连。

（一）蚕市

蜀地蚕桑业历史悠久，蚕市是在唐代末期出现的以买卖蚕器农具为主，兼有其他百货器物的集市[①]。起初并没固定时间，到五代前蜀时，固定为每年三月，且已"蜀人称其繁盛"[②]。到了宋代，蚕桑业进一步发展，成都附近的新繁县还出现了废蚕不养，专"鬻其桑叶，大获其利"[③] 的专业化趋势。成都蚕市交易也更频繁，每年从正月至三月共举行四五次，地

[①] （宋）司马光：《资治通鉴》卷二五三"乾符六年四月甲子条"胡三省注曰："（西川节度使崔安潜）出库钱千五百缗，分置三市（成都城中鬻花果、蚕器于一所，号蚕市；鬻香、药于一所，号药市；鬻器用者号十宝市）"。中华书局 1956 年版，第 8213 页。

[②] 傅璇琮、徐海荣、徐吉军主编：《五代史书汇编》（六），杭州出版社 2004 年版，第 3186 页。

[③] （宋）黄休复《茅亭客话》卷九《蚕馒头》，四库本第 1042 册，第 959 页。

点分散在西南边的五门、圣寿寺，东南边的宝历寺和西边的大西门睿圣夫人庙等，几乎囊括城市四周。同时，成都附近州县如眉州、金堂县、新繁县等也有蚕市，"蜀有蚕市，每年正月至三月，州城及属县循环一十五处"①，但繁荣程度不及成都。

苏辙《蚕市》诗写道："枯桑舒牙叶渐青，新蚕可浴日晴明。前年器用随手败，今冬衣着及春营。倾困计口卖余粟，买箔还家待种生。不惟箱篚供妇女，亦有鉏鏄资男耕。空巷无人斗容冶，六亲相见争邀迎。酒肴劝属坊市满，鼓笛繁乱倡优狞。蚕丛在时已如此，古人虽没谁敢更。异方不见古风俗，但向陌上闻吹笙。"② 从中可见，农民需要为开春后的生产和生活所作的准备有：养新蚕的工具，男子耕作的农具（鉏鏄），冬天的衣服，妇女的针织用品等。这些都须通过蚕市买来，资金来自变卖全家人基本口粮以外的余粮所得。

苏轼《和子由蚕市》诗进一步说："去年霜降砍秋荻，今年箔积如连山。破瓢为轮土为釜，争买不啻金与纨。"③ 题名为王十朋注云："荻、箔，乃荐蚕之具，瓢、轮、土釜乃缫丝之物。"④ 说明蚕市上所售货物以养蚕缫丝工具为主。此外，市上有农具，前述张咏在圣寿寺前设蚕市，目的就是"使民鬻农器"；也有琳琅满目的小商品，"齐民聚百货，贸鬻贵及时。乘此耕桑前，以助农绩资。物品何其多，碎琐皆不遗"⑤；还有花木、果实、草药，等等。既有"龙断争趋利"，"经年储百货，有意享千金"的大商人，也有"器用先农事，人声混乐音"⑥ 的小市民；蚕市还是人们邀亲朋、听鼓乐、行游乐的好去处，《岁时广记》卷一《鬻蚕器》引张仲殊词云："成都好，蚕市趁遨游。"由于众人聚集在蚕市，市上的酒店、食店客人满座。这些都表明，宋代成都的蚕市已是集蚕器、农具、粮食、百货等商品

---

① 《茅亭客话》卷九《鬻龙骨》，第956页。
② （宋）苏辙撰，曾枣庄、马德富点校：《栾城集》卷一《蚕市》，上海古籍出版社1987年版，第22页。
③ （宋）苏轼著，（清）冯应榴辑注，黄任轲、朱怀春点校：《苏轼诗集合注》卷四《和子由蚕市》，上海古籍出版社2001年版，第133页。
④ 题名为（宋）王十朋：《东坡诗集注》卷十四《和子由蚕市》，四库本第1109册，第272页。
⑤ 《成都文类》，第178页。
⑥ 《成都文类》，第179页。

买卖，酒店、食店等饮食消费以及鼓笛声乐等娱乐消费于一体的定期集市。

（二）药市

药市也出现于唐末。至宋每年二月八日、三月九日、九月九日于观街（玉局观前）、大慈寺举行，尤其是玉局观，陆游说："成都药市以玉局化为最盛，用九月九日。"① 大慈寺里"四方之人，至于此者，徒见游手末技，憧憧凑集，珍货奇巧，罗陈如市"②。同样是集贸易与游乐于一体的地方。

药市上所售以药物为多，这是因为川蜀春夏多雨潮湿，容易引起人们身体疾病；同时，盆地周围，大山环抱，药材资源丰富。宋祁有"西南岁多疡，卑湿连春夏……顾赖药石功"③ 的诗句。他还记："成都九月九日药市，芎与大黄如积，香溢于塵。"又说："大黄，蜀山多有之。"④ 大黄来自本地，也有来自西南边境少数民族地区的珍贵药材，"犀出永昌山谷及益州。今出南海者为上，黔蜀次之，此本草所载云。然世南顷游成都，药市间多见之。询所出，云'来自黎、雅诸蕃，及西和、宕昌'，亦诸蕃宝货所聚处"⑤。庄绰记："至重九药市，于谯门外至玉局化五门，设肆以货百药，犀麝之类皆堆积。"⑥ 药市上的犀角、麝香不仅很多，而且来自边远地区。《夷坚志》记，有广州人贩香药至成都售卖⑦，说明药市上还有来自两广地区的药物，成都药市已成为大西南药物集散中心。

正由于集市上药物多，药物所散发的药气也能治病。"成都九月九日为药市，诘旦，尽一川所出药草异物与道人毕集，帅守置酒行市以乐之，别设酒以犒道人。是日早，士人尽入市中，相传以为吸药气愈疾，令人康宁。是日雨，云有仙人在其中。张仲殊作望江南以咏之曰：成都好，药市

---

① （宋）陆游撰，李剑雄、刘德权点校：《老学庵笔记》卷六，中华书局1979年版，第80页。
② 《成都文类》，第868页。
③ （宋）宋祁《景文集》卷六《九日药市作》，丛书集成初编本，中华书局1985年版，第72页。
④ 《景文集》卷四七《川芎赞》，第608页。
⑤ （宋）张世南撰，张茂鹏点校：《游宦纪闻》卷二，中华书局1981年版，第12页。
⑥ 《鸡肋编》卷上，第21页。
⑦ 《夷坚志补》卷二《潘成击鸟》，第1734页。

宴游间，步出五门鸣剑佩，别登三岛看神仙，飘渺结灵烟。云影里，歌吹暖霜天，何用菊花浮玉醴，愿求朱草化金丹，一粒定长年。"① 苏轼也说："又如病人，游于药市，闻众药香，病自衰减。"② 说得有些玄，似乎有一定道理也未可知。此外，药市上也是百货杂陈，还能遇到宝物，"毗陵士大夫有仕成都者，九日药市，见一铜鼎，已破缺，旁一人赞取之。既得，叩何所用，曰：'归以数炉炷香环此鼎，香皆聚于中。'试之果然，乃名'聚香鼎'。初不知何代物而致此异"③。药市是成都仅次于蚕市的又一定期市场。

（三）酒市

酒是节日气氛的调节剂，既是饮品，又是礼品、祭品，是官员宴集、士庶家家不可或缺的重要节日物品，消费量巨大。节日里官员既以酒聚集人众，又大肆促销官库酒，如"浣花自城去僧寺凡十八里，太守乘彩舟泛江而下。两岸皆民家绞洛水阁，饰以锦绣。每彩舟到，有歌舞者，则钩帘以观，赏以金帛。以大舰载公库酒，应游人之家，计口给酒，人支一升。至暮遵陆而归。有骑兵善于驰射，每守出城，以奔骤于前。夹道作棚为五七层，人立其上以观，但见其首，谓之'人头山'，亦分男左女右。……（至重九）又于五门之下设大尊，容数十斛，置杯杓，凡名道人者，皆恣饮。如是者五日"④。官府利用人多集中的时候销售酒，用大舰装酒，其数量一定少不了，每个游人给一升酒，这应属于强制销售的一种方法；名道人则随便喝，就是现在的啤酒展销会也没有这样的促销力度。这一招果然很灵，四月十九日，成都倾城而出涌向浣花溪，水中彩舟密集、岸上人头攒动。"凡为是游者，架舟如屋，饰以缯彩，连樯啣尾，荡漾波间，萧鼓弦歌之声喧闹而作。其不能具舟者，依岸结棚，上下数里，以阅舟之往来。成都之人，于他游观或不能皆出，至浣花则倾城而往，里巷阗然。自旁郡观者，虽负贩乌荛之人，至相与称贷易资，为一饱之具，以从事穷日

---

① 《岁时广记》卷三六《吸药气》，第 399 页。
② （宋）苏轼撰，孔凡礼点校：《苏轼文集》卷十二《胜相院经藏记》，中华书局 1986 年版，第 388 页。
③ （宋）周煇撰，刘永翔校注：《清波杂志校注》卷十二《聚香鼎》，中华书局 1994 年版，第 520 页。
④ 《鸡肋编》卷上，第 21 页。

之游。府尹亦为之至潭上，置酒高会，设水戏竞渡，尽众人之乐而后返。"① 人们借贷也要游赏浣花溪，官府有"免费"酒饮或是很关键原因。

酒坊促销也颇具特色，《鸡肋编》卷上记："使宅后辅名西园，春时纵人行乐。初开园日，酒坊两户各求优人之善者，较艺于府会。以骰子置于合子中撼之，视数多者得先，谓之'撼雷'。自旦至暮，唯集戏一色。坐于阅武场，环庭皆府宅看棚。棚外始作高橙，庶民男左女右，立于其上如山。每诨一笑，须筵中哄堂，众庶皆噱者，始以青红小旗各插于垫上为记。至晚，较旗多者为胜。若上下不同笑者，不以为数也。"这属于"设法"销酒之法，"今用女倡卖酒命曰'设法'"②，酒坊为了丰厚酒利，还一再要求延长开放西园的时间，甚至一月之后，"或请于府展其日，府尹亦许之"。③

成都官员节日期间相互馈送酒的风气也很浓，赵抃说："臣伏见益、梓等路诸州军，每遇时序，或隔路，或邻近，更互送遗节酒，多差衙前急脚子驱逐递铺兵士，并役使百姓人夫，往来络绎，担擎劳苦，州县骚动，嗟叹之声，不绝道路。"④ 致使"衙前治厨传，破家相属也"⑤。赵抃对此进行了整顿。

正是由于节日酒所具有的特点，成都酒市活跃，形成了定期集市——十月酒市。华瑞师说："虽然现无更多的材料来说明成都酒市的基本盛况，但从成都酿酒业和酒课在北南宋时期均在全国名列前茅来推测，其繁华之状是可以想见的。"⑥ 实际上从上面的叙述中已可以看出成都酒市的繁华状况了。

（四）夜市

由于唐末以来不禁夜制度的实行，城市夜市兴起。宋代不仅都城夜市繁盛⑦，地方城市也出现夜市。成都夜市的繁盛就有上元节三夜放灯时的

---

① 《成都文类》，第881页。
② 《野客丛书》卷一五《设法》，第164页。
③ 《岁华纪丽谱》，第138页。
④ （宋）赵抃《清献集》卷九《乞止绝川路州军送遗节酒状》，四库本第1094册，第875页。
⑤ 《苏轼文集》卷一七《赵清献公神道碑》，第518页。
⑥ 李华瑞：《宋代酒的生产和征榷》，河北大学出版社1995年版，2001年第2次印刷，第293页。
⑦ 《东京梦华录注》卷二《州桥夜市》，卷三《马行街铺席》；《梦粱录》卷一三《夜市》。

灯市，寒食节开西园、四月十九日游浣花以及七月七日锦江的夜市等。《方舆胜览》卷五一《成都府路》引《成都志》载古诗："锦江夜市连三鼓，石室书斋彻五更。"说明锦江夜市早已有之。张咏在蜀时，时民间讹言云："有白头老翁午后食人男女。郡县譊譊，至暮，路无行人。公召犀浦知县，谓曰：'近讹言惑众，汝归县去，访市肆中归明人尚为乡里患者，必大言其事，但立证解来。'明日，果得之，送上州。公遂戮于市。即日怗然，夜市如故。公曰：'妖讹之兴，沴气乘之，妖则有形，讹则有声，止讹之术，在于诚断，不在乎厌胜。'"① 通过整顿治安，保证了夜市和人们的正常生活和交易。七月七日，成都府帅晚宴大慈寺设厅，暮登寺门楼观锦江夜市，已成为固定宴集活动，田况写有《七月六日晚登大慈寺阁观夜市》诗。到徽宗政和年间，此活动更盛，以至引起朝廷关注。"政和六年五月二十一日诏：访闻成都大慈寺门楼斜廊，安设鸱尾，沿袭五季专恣之弊，僭奢无度。其帅府监司，七夕率皆登历宴饮，无复忌惮，吏民聚观，不可以训。今后七夕排当登寺门事可罢。如更有以此亏违典礼者，仰帅臣禁止施行。"② 但没落实下去，因为到南宋时府帅七夕登寺楼观夜市的活动还在进行。

除以上四种成熟、活跃的定期集市外，宋代成都节日市场还有：寒食节开西园时，酒垆、花市、茶房、食肆等交易，过于蚕市；房租价格大涨；三月三日，巫觋卖符于道。苏轼诗写道："何人聚众称道人，遮道卖符色怒嗔。宜蚕使汝茧如瓮，宜畜使汝羊如麇。路人未必信此语，强为买服禳新春。道人得钱径沽酒，醉倒自谓吾符神！"③ 五月五日，医人鬻艾、道人卖符、朱索彩缕长命避灾之物等与节日习俗密切相关的商品市场。

总之，宋代成都节日市场丰富多彩，每月有市，"正月灯市，二月花市，三月蚕市，四月锦市，五月扇市，六月香市，七月宝市，八月桂市，九月药市，十月酒市，十一月梅市，十二月桃符市"。④

---

① 《张乖崖集》卷一二《语录》第130页。
② 《宋会要辑稿》刑法二之六十五。
③ 《苏轼诗集合注》卷四《和子由踏青》，第132页。
④ （宋）赵抃：《成都古今记》卷六二，陶宗仪等编《说郛三种》，上海古籍出版社1998年版，第2903页。

三 宋代成都节日市场特征

从上述中我们可以总结出宋代成都节日市场具有以下主要特征。

（一）以地方习俗及其消费风气为支撑

一个节日总是由特定的习俗活动所构成，而那些习俗活动又是通过制作、使用或消耗一些物品表现出来，这样，这些物品便具有了刚性的特点。德国经济学家施里特说过："刚性在习俗的运行中具有极端的重要性，任何完全适应性的习俗，即使非常迟钝，都可能最适合减慢经济和其他的激励传输的速度，然而，在完全不同的方面，一个刚性的习俗可能引导经济力量。"[①] 成都平原土地肥沃，又赖都江堰灌溉之利，自然条件十分优越，加上人民的勤劳，百姓基本生活需求容易得到满足。"（蜀）土植宜柘，茧丝织文纤丽者穷于天下。地狭而腴，民勤耕作，无寸土之旷，岁三四收。其所获多为遨游之费，踏青、药市之集尤盛焉，动至连月。好音乐，少愁苦，尚奢靡，性轻扬，喜虚称。"[②] "蜀俗奢侈，好游荡，民无赢余，悉市酒肉为声技乐"[③]。前述及四月十九日外地人借贷游赏浣花溪等，所记都是蜀人不积蓄、及时消费、尤喜遨游的习俗特点。而这样的习俗和消费风气，在以小农经济为主、讲究储蓄、节俭的社会里是会遭到非议的。所以，蜀人自己不愿承认，官员也力求为之辩解，殊不知正是蜀地好游乐、爱消费的习俗和风气，不仅带来了成都节日市场的活跃及其向定期市场发展，而且也带来了宋代四川经济的繁荣和发展。[④]

（二）官府力量的作用

宋代成都节日市场的繁荣在某种程度上可以说是官方力量推动的结果，这不仅表现在朝廷对此地风俗的认可和市场的保护，如大中祥符三年

[①] ［德］埃克哈特·施里特：《习俗与经济》，长春出版社2005年版，第54页。
[②] 《宋史》卷八九《地理五》，第2230页。
[③] 《宋史》卷二五七《吴廷祚传附吴元载》，第8950页。
[④] 贾大泉：《宋代四川经济述论》，四川省社会科学院出版社1985年版，第1—4页。

(1010年)三月,"辛巳,比部郎中蔡汶使西川还,言川、峡每春州县聚游人货药,谓之药市,望令禁止之。上曰:'远方各从其俗,不可禁也'"。① 而且表现在几乎所有有作为的地方长官都顺应民风,通过宴集、新增节日活动内容等措施,积极引导人们的游赏和消费,朝廷也给予宴集经费支助,主要有两项:一是酒课收入。北宋实行征酒税的法令,制度不很严密,淳化四年(993年)诏令:"诸州以茶、盐、酒税课利送纳资府,于是稍严密矣。"咸平四年(1001年)才规定了诸州每年应征的课额,但"藏之州县而已"。庆历二年(1042年)"初收增添盐、酒课利钱,岁三十七万四千一百三十余贯上京",才开始实行酒税上供中央政策。川蜀的榷酒是"取其税,不禁其私"②,所以,"榷酤之利有余,人乐于为役,公帑岁入亡虑千万贯有奇"③。这里的"千万贯"实有夸张,据《宋会要辑稿》食货19之16记,熙宁十年(1077年)前成都共28个酒务的酒税收入是439779贯,超过京师开封府的榷酒收入,在全国名列前茅。二是公使钱,又称公用钱,是各级官署的办公费,多用于饮宴厨传之费④。熙宁年间,定立各路州军公使钱额,"司农定诸州所用公使钱,奢俭各不中礼,甚至或至非理掊克,今当量入为出,随州郡大小立等,岁自二百贯至五千贯止。若三京、[西北]三路帅府、成都、杭、广自来所用多者,增其数。诏从之"。⑤ 可见,成都是自来所用公使钱特多的地区之一。市场秩序也由地方官府维持,如宋初知成都府的吕余庆上任后,"时盗四起,将士犹恃功骄恣,王全斌等不能禁。一日,药市始集,街吏驰报有军校被酒持刃,夺贾人物,余庆立命擒捕,斩之以徇,军中畏伏,民乃宁居。"⑥ 南宋庄绰也记:"府尹、监司,皆步行以阅(药市)。"地方官员还新创市场,如张咏正月二十三日在圣寿寺前设蚕市,"使民鬻农器";在四月游江时促销官酒;在七夕观夜市;……节日市场到处都有官府的身影,所以苏轼说:"蜀人衣食常苦艰,蜀人游乐不知还。千人耕种万人食,一年辛苦一春闲。

---

① 《长编》卷七三,第1658页。
② 《曾巩集·辑佚·议酒》,中华书局1984年版,第745页。
③ 《岁华纪丽谱》,第107页。
④ 汪圣铎:《两宋财政史》,中华书局1995年版,第482页。
⑤ 《长编》卷二一九,第5328页。
⑥ 《长编》卷六,第148页。

闲时尚以蚕为市，共忘辛苦逐欣欢"。① 蜀人的游乐并非在丰衣足食基础之上，这里仍是人多地少，仍需一年辛苦耕耘，农闲时的集市既是人们休闲游乐之地，又是准备来年生产生活必需品的时日。

正是由于宋代成都节日市场过多依赖于官府力量，所以官方政策的变化、地方官的行为必定使其受到影响，如嘉祐四年至六年（1059—1061年）知益州的王素开始着手裁减游宴开支费用，"益部会府宴设，岁费为钱数千万，取给牙校，习以为常，公为裁节，所损几半"②。熙宁变法，成都置市易务后，地方官的游宴费用继续减少，游赏不如当年了，"自新法颁行，酒坊为官所鬻，牙校虽得券钱不足自赡。乃者议置成都市易务，方游观时，人情懼然，减常岁之半。及浣花后，始闻罢去，乃复朋聚游江。今公使钱岁给三万贯，常廪廪虑不足"。③ 三万贯，是南宋时期成都地方官府游宴的费用，尽管已超出熙宁年间最高定额的六倍之多，但无法与北宋初年成都的游宴费用相提并论。熙宁之后，成都游宴规模大为缩减，如赵抃知成都时，原来三伏都宴集的成规也因公使钱的减少改为只在初伏举行了，自然，与游宴活动有关的士庶游赏、买卖活跃等都相应走样。到南宋末年，文天祥说："益州承平时，元夕宴游，其风流……而今不可复得矣。"④ 成都节日市场在经历北宋中后期及南宋前中期的发展繁荣之后，走向了衰弱。

[本文系提交2012年8月底在开封召开的宋史年会交流论文的修改稿，原发表于《四川师范大学学报》（社会科学版）2013年第1期]

---

① 《苏轼诗集合注》卷四《和子由蚕市》，第132—133页。
② 《乐全集》卷三七《王公神道碑铭》，四库本第1104册，第435页。
③ 《岁华纪丽谱》，第107页。
④ （宋）文天祥：《文山全集》卷下《衡州上元记》，丛书集成初编本，中华书局1985年版，第54页。

宋代政府与节日消费

宋代节日具有数量多、娱乐活动丰富多彩、人们物质和文化消费增多、市场化因素明显增强等特点。这除了宋代社会商品经济发展、城市人口增多、城市化步伐加快的根本原因之外，与宋代政府对节日的重视密不可分。政府在创设新节日、维护和"加工"传统节日习俗、规定节假、组织开展各种节日活动、营造节日气氛等方面，都起到了它作为国家最高权力机关对民风民俗所应有的引导和推动作用。同时，皇帝及其臣僚或者以统治者身份，或者以普通俗民身份积极地参与各项节日活动，"与民同乐"，这些使宋代几乎每个传统节日，无论是在都城还是在地方城镇，都是人山人海、热闹非凡，而且与社会经济发展相适应，节日期间人们消费水平有所提高，消费的物品种类及消费方式都发生了明显变化。但现有的有关宋代节日文化的研究中，似乎还没有专门对政府与节日的关系尤其是节日消费进行探讨。有鉴于此，我们拟作一尝试，主要探讨宋代政府对士庶节日消费有过怎样的举措，这些措施对社会消费风气、消费市场以及士庶节日生活产生了怎样的影响等，以期为今天的官方处理与传统节日的关系提供点滴借鉴。

一 宋代政府对节日消费的举措

（一）对士庶节日消费的政策性鼓励

节日消费是士庶个人根据自身的经济状况而选择的节日生活标准和采取的消费行为。其中，个人的经济收入虽然是起决定作用的方面，但节日又与平常有别，即它有特定的全民性的习俗活动及深刻的文化意义，所以节日消费又并非完全私人而具有公开的集体的特点。政府作为国家最高权力机关，对民间节日习俗既有顺应、维护和利用的一面，也有引导、修补甚或改变的一面。宋代政府对传统节日的态度在这方面表现特别明显，对士庶的节日消费主要采取了以下措施。

首先，允许士庶游玩，不禁各种买卖。北宋都城汴京在元旦、寒食、冬至三大节时，开封府发出允许士庶"关扑三日"的通告。关扑又称跌成、擷钱、拾博或跌博，是一种以铜钱为赌具的博戏活动。由于它集赌博、交易、游戏娱乐于一身，在宋代市井社会中十分流行，成为城市商业活动及岁时节日游艺活动的主要组成部分。但也正是由于它所具有的赌博特点，平常时日官府禁止开展此项活动。北宋时的关扑活动主要是在节日官府开禁的时间里进行，如上述三大节日时，汴京马行街、潘楼、州东宋门外、州西梁门外、踴路、州北封丘门外，州南一带，关扑的彩棚连成一片，里面铺陈冠梳、珠翠、头面、衣服、花朵、领抹、靴鞋、玩好等物，扑卖者的高声吟叫与彩棚间舞馆歌场传出的鼓乐笙歌，交相呼应。入夜，"贵家妇女，纵赏关赌，入场观看"。① 此外，还有元宵节，如"宣德门，元夜点照，门下亦置露台，南至宝箓宫，两边关扑买卖"。② 而最为热闹、物品最为丰富的关扑活动还是三月一日至四月八日开放金明池时。到宋神宗元丰初年，"每开一池日，许士庶扑博其中，自后游人益盛"。③ 扑博成为吸引游人前来的法宝，也是北宋政府在当时经济文化背景下，为营造都城大节的节日气氛所采取的一项举措，它不但丰富了市民的节日娱乐活动，也促进了节日市场的繁荣。

金明池在宋朝统一南方以后的和平时期里，由原来的国家水军训练基地逐渐转变为公众游乐场所，宋政府在这一转变过程中起了决定性作用，一方面，制定招来士庶游玩的优惠政策，"三月一日，三省同奉圣旨，开金明池，许士庶游行，御史台不得弹奏"。④ 并由御史台在宜秋门贴出黄榜告知市民。这就保证了官员在合法时间惬意游玩金明池而不致遭到"游宴无度""耽于游乐"之类的弹劾。另一方面，组织开展多种活动，主要有：水军的水阵表演和龙舟争标比赛；游客的关扑活动、民间艺人的演出以及

---

① 《东京梦华录注》卷六《正月》，第154页。
② 《东京梦华录注》卷六《十六日》，第173页。
③ 《醉翁谈录》卷三《三月》，第12页。
④ 《清波别志》卷中，第159—160页。

各种商业买卖活动等。这些活动已把金明池变成了最热闹的游乐场和最繁盛的商品交易市场,深深地吸引了京城士庶,以致俗谚有"'三月十八,村里老婆风发。'盖是日村姑无老幼皆入城也"①。"虽风雨亦有游人,略无虚日矣"。② 即使用现在的眼光去看,也应该说是政府组织的较为成功的节庆旅游活动。

南宋时关扑发生了很多变化:它不但已成为多数节日的节物买卖方式,而且也是市井街市随时可见的交易方式。

如果说北宋时期的节日消费市场主要由官方允许关扑和开放金明池而促成的话,那么,南宋政府则是以西湖游玩、龙舟比赛和钱塘江观潮等活动来激发节日消费市场的。临安地方政府一直很重视对西湖的治理,其中尤其值得注意的是"州府自收灯后,例于点检酒所开支关会二十万贯,委官属差吏倅雇唤工作,修葺西湖南北二山,堤上亭馆园圃桥道,油饰装画一新,栽种百花,映掩湖光景色,以便都人遊玩"。③ 这表明官府已有意识地关注节日旅游环境和市场。二月初八日西湖开始接纳游人,直至寒食清明节,官府举行龙舟赛,引得"湖山游人,至暮不绝",即使贫穷无钱者,"亦解质借兑,带妻挟子,竟日嬉游,不醉不归"。④ 官府还明确表示"凡游玩买卖,皆无所禁",于是一时间,各种日用商品、食品、娱乐品、伎艺人的表演等,纷纷呈现。到中秋节时的观潮更是上自皇帝郡僚,下至平民百姓的游乐活动高潮,其内容既有传统的海门观潮、祭祀潮神、祈求护佑,也有官府组织的水军海上竞技表演,更有潜水功夫十分了得的吴儿的弄潮踏浪;一方面是承欢龙颜,另一方面是取悦百姓。每当这些时候,买卖活动总是少不了,而且异常繁盛,"店舍经营,辐辏湖上,开张赶趁"。⑤ "江干上下十余里间,珠翠罗绮溢目,车马塞途,饮食百物皆倍穹常时,而僦赁看幕,虽席地不容闲也"。⑥ "都人士女,两堤骈集,几于无置足地。水面画楫,栉比如鱼鳞,亦无行舟之路,歌欢箫鼓之声,振动远近,其盛

---

① 《醉翁谈录》卷三《三月》,第12页。
② 《东京梦华录注》卷七《驾回仪卫》,第200页。
③ 《梦粱录》卷一《二月》,第13页。
④ 《梦粱录》卷一《八日祠山圣诞》,第15页。
⑤ 《西湖老人繁胜录》,第6页。
⑥ 《武林旧事》卷三《观潮》,第54页。

可以想见"。① 一点也不亚于近年来我国在黄金周时出现的涌入名胜景点的旅游潮。

其次，给予后宫及部分官员节料钱。节料钱是指在重要节日时朝廷给予后宫及部分官员的额外钱物。据文献记载，唐代已有节料钱②。宋代的节料钱出现的很早，在宋太祖征战上党李筠叛乱时，有赐给太后的诏书云："朕亲提六师，问罪上党。未有回日，今七夕节在近，钱三贯与娘娘充作剧钱，千五与皇后，七百与妗子充节料。"③ 南宋时岳珂看到这条材料后又作了记载。④ 从中可以了解到：一、宋代最初得到节料钱的人只有皇太后、皇后等后宫地位很高的女性；节日是七夕节，说明七夕与妇女乞巧节有关；二、节料钱的用处，皇太后的用作"剧钱"或"则剧钱"，据汪圣铎先生言，"则剧即杂剧"。皇后和妗子的只说用作节料，但不管怎么说，它是朝廷对后宫个人节日娱乐消费的支付。三、南宋时，民间士庶亦相效仿，在一年的三个大节时由家长发给家人钱，"纵之呼博"，可能是关扑之类的游戏，而且已"习尚已久"，说明南宋民间也很重视对节日个人消费的鼓励。四，后宫的节料钱后来成为其俸禄的一部分。⑤

南宋朝廷还在寒食、冬至、元旦（或端午节）三大节时赐予经筵官、讲读官等官员节料钱，⑥ 且数量比北宋增多。

再次，临安节日期间的官放赁屋钱。北宋灭亡后，"四方之民云集两浙，百倍于常"。有人估计临安的移民在其总户口中的比例甚至高达六七成，⑦ 尤其是成为南宋王朝的政治、经济、文化中心之后，大小官吏、应试举子、文人雅士、江商海贾等各类流动人口，或频繁出入或长期留住此地，致使人口陡然增加，产生了对住房的大量需求。然而受当时各种条件的限制，临安不可能在短期内新建大批房屋来满足新增人口的住房要求，

---

① 《武林旧事》卷三《西湖游幸》，第 47 页。
② （唐）李肇：《翰林志》，四库本第 595 册，第 300 页。
③ 《铁围山丛谈》卷一，第 3 页。
④ （宋）岳珂：《愧郯录》卷一五，四部丛刊续编本。
⑤ 吴以宁、顾吉辰：《中国后妃制度研究》（唐宋卷），华东理工大学出版社 1995 年版，第 267 页。
⑥ （宋）周必大：《文忠集》卷一七六，四库本第 1149 册，第 21 页；（宋）李心传《建炎以来朝野杂记》甲集卷九《中兴讲读官节料》，中华书局 2000 年版，第 180 页。
⑦ 何忠礼、徐吉军：《南宋史稿》第九章，杭州大学出版社 1999 年版；葛剑雄主编，吴松弟著：《中国人口史》第三卷，复旦大学出版社 2000 年版，第 577 页。

于是房屋租赁则成为解决这一问题的一个有效措施,房屋租赁业由此也成为临安城的重要行业之一。① 可正是由于房屋少,租房人多,供不应求,所以临安房屋租金相对于一般市民的收入来说偏高。有官吏感叹:"任京有两般日月,望月初请料钱,觉日月长;到月终供房钱,觉日月短。"有着固定收入的官吏尚且如此,那些每月收入只三贯或不及三贯的小商人就更感难以应付了,承租人交不起房租的事时有发生。因此,政府为防止矛盾的激化,便采取了在一些特殊时日免去若干房钱以及下令减低房租等措施,以解决房租过高问题,岁时节日期间的放免赁屋钱就是其措施之一。当时规定放免赁屋钱的节日主要有元旦、元宵节、冬至节;放免的时间是每节三日。②

这里特别应注意,不能把政府岁时节日的放免赁屋钱与救济性的蠲免房钱等同起来。宋代政府救济性蠲免房钱主要发生在冬季雨雪时节,这种救济性的蠲免与岁时节日时的放免尽管在对象上都是租赁房屋的人群,但在其他很多方面都不同。救济性的蠲免在时间上长于、在数量上也高于岁时节日的放免,据吴自牧《梦粱录》卷一八《恩霈军民》记载,蠲免时间从三天至半月不等,数量一贯只收七百。在蠲放目的上,救济性蠲免解决的是贫困百姓的居住、保暖及减少街头流浪等问题;岁时节日的放免房钱则是官府为营造一种宽松祥和的节日气氛,让更多的人参与到节日中来,刺激节日消费的政策性鼓励措施。由此我们说南宋政府比北宋政府更多地具有实效意识和节日经济意识。

以上可知,娱乐游玩已成为宋代节日里相当重要的活动内容,而且越是到后期,这种趋向越是明显。这既有节日习俗随着社会的发展而发展的自然原因,同时,官方的推动作用也是一个重要原因。宋代政府抓住了节日的本质特征——"乐",在集中人气、激发人们的节日热情上面花力气,利用国家公共资源,组织开展一些大型娱乐活动,并给予政策性鼓励,对后宫及部分官员的个人节日消费也赐予额外的钱物。而"乐"中本身又包含着商业买卖的市场因素,加上政府对节日期间各种商业买卖活动的许可,这样,一方面激发了士庶参加节日活动的积极性,有利于节日文化的

---

① 林立平:《唐宋之际城市租赁业初探》,《中国史研究》1988年第3期;田中初:《南宋临安房屋租赁述略》,《史林》1994年第3期。

② 《梦粱录》卷一《正月》、《元宵》,卷六《十一月冬至》,第1、6、75页。

发展；另一方面，娱乐和市场买卖相结合成为节日消费特征，也使传统节日的经济功能以崭新的面孔出现在我们面前。

（二）宋代皇宫的购买性节日消费方式

节日期间，宫中后苑自然会制作各种精美的应节食品、物品，供皇室及其亲贵戚里享用，但他们或者为追求"异味"，或者为显示地位，抑或又难以抵挡市场的诱惑，都或多或少地从市场取得节日消费物品。

如宣和年间元宵节时，徽宗率百官、宫嫔出城观灯赏戏，皇帝的看位前，就摆满了陈列着琳琅满目商品的售货摊，"都下（宣德门）卖鹌鹑骨饳儿、圆子䭔、拍白肠、水晶鲙、科头细粉、旋炒栗子、银杏、盐豉汤、鸡段、金橘、橄榄、龙眼、荔枝诸般市合，团团密摆。准备御前索唤……惟周待诏瓠羹贡余者，一百二十文足一箇，其精细果别如市店十文者"。① 这是为内廷宣买所设，既有元宵节的节食圆子、䭔，也有来自南方的水果金橘、橄榄、龙眼和荔枝。价格昂贵，就连满足皇宫需要后剩下的瓠羹，也还需 120 文足一份，其他精美果品也比市场上所卖相差 10 文。

临安元宵节时，"至二鼓，上乘小辇，幸宣德门，观鳌山。……内人及小黄门百余，皆巾裹翠蛾，效街坊清乐傀儡，缭绕于灯月之下。既而取旨，宣唤市井舞队及市食盘架。先是，京尹预择华洁及善歌叫者谨伺于外，至是歌呼竞入。既经进御，妃嫔内人而下，亦争买之，皆数倍得直，金珠磊落，有一夕而至富者"，② 可见皇帝一行取自市场不在少数。孝宗皇帝元宵节时更是堆垛现钱购买市食。宋高宗开春时节外出游幸西湖，也索买湖中小舟上所卖的食物，宋五嫂鱼羹就是因得到过皇帝的品尝而声名大振，"人所共趋，遂成富媪"。这种事情还较多，朱静佳的六言诗云："柳下白头钓叟，知不生长何年。前度君王游幸，买鱼收得金钱。"③ 可见，皇帝也曾从钓鱼翁处买过鱼。

皇宫里一些节物也有购自市场的，如端午节的鼓扇，"富贵之家多乘车萃买，以相馈遗"。④ 七夕的摩睺罗，虽然有后苑采办，但皇宫中仍有买

---

① 《东京梦华录注》卷六《十六日》，第 173—174 页。
② 《武林旧事》卷二《元夕》，第 36—37 页。
③ 《武林旧事》卷三《西湖游幸》，第 45 页。
④ 《岁时广记》卷二十一《端五上》，第 235 页。

卖摩睺罗的，"内庭与贵宅皆塑卖磨喝乐，又名摩睺罗孩儿，悉以土木雕塑，更以造彩装襕座，用碧纱罩笼之，下以桌面架之，用青绿销金桌衣围护，或以金玉珠翠装饰尤佳"，① 制作精美。

皇宫出游西湖时的划水荡舟，观潮的看位等也都通过租赁而来。

节日期间，皇宫成员的文艺欣赏也有来自市场的，如临安元宵节的舞队以民间自行组织为主，皇宫及官府欣赏，多是通过"点视"的方式招来舞队，被点到的舞队为其表演后，由官府支给钱酒油烛。因此，在皇宫附近总是云集很多伎艺之人，企盼能够沾上皇恩，"脆管清吭，新声交奏，戏具粉婴，鬻歌售艺者，纷然而集"。② 皇帝出行时，各种走街串巷的文化货郎——路歧人也闻声而至，尾随其后。

总之，皇宫节日消费往往具有品种多、数量大、价格贵的特点，给出售这些物品的人带来了可观的收益；更为重要的是皇宫的购买具有"名人示范效应"，有利于名牌产品的产生，对节日商品市场乃至整个城市市场的繁荣都起了良好的促进作用。

以上通过宋代政府对节日消费的政策性鼓励及皇宫购买性节日消费的考察，我们看到宋代政府对节日消费的重视和身体力行，既聚集了人气，丰富了节日习俗活动，活跃了节日气氛，又促成了节日消费市场的繁荣，同时，更加深了宋政府对节日市场的了解。由于商品经济的发展，全民商业意识的提高，加之宋代以军费、官费为主的财政压力一直很突出，宋政府不会对这一能带给它财源的存在视若无睹，它不会只满足于做裁判员、消费者，它还要做运动员、经营者，因为它手里掌握着节日市场中消费量最大、风险性最小、最容易获利的经营项目，这就是酒。

二　宋代政府对节日酒消费市场的干预

酒在节日里扮演着十分重要的角色，"今祭祀、宴飨、馈遗，非酒不行"，③ 既是饮品，又是礼品、祭品，特别是那些有着特殊含义的酒，如年

---

① 《梦粱录》卷四《七夕》，第41页。
② 《武林旧事》卷二《元夕》，第39页。
③ 《青波杂志校注》卷六《榷酤》，第235页。

节时的屠苏酒、椒柏酒，春、秋二社的社酒，端午节时的菖蒲酒或艾酒以及重阳节的菊花酒等，已经远远超出了酒的本来意义，凝聚着中华民族悠久的文化传统，因此家家不可或缺。宋代酒由官府榷卖，榷酒收入在财政中仅次于两税、榷盐而居第三位。如此高额的酒课却并非官府通过正常的市场买卖渠道实现，而是采取种种办法，最大限度地剥削生产者和消费者获得的。① 节日是酒的消费高峰期，消费量巨大，是实现酒课的大好时机，官府及其所属的酒楼酒店主要通过控制酒的生产和销售来控制节日酒消费市场。

对广大乡镇居民节日酒的消费，主要采取按人户分摊一定数量的酒，令其出钱到官府购买，如荆门军酒库及公使库在宋代三大主要节日元旦、寒食、冬至时，都印关子即便籴钞引或便钱券给居民，关子上面印有一百文到一贯等不同数字。居民持此关子到官库缴纳关子上规定的钱数，买取相应数量的酒。② 这是不顾百姓的意愿，价格由官府确定的强制性消费。

对城市节日酒的消费则通过煮卖新酒并极力促销的方式。汴京正店一年主要在两个节日时煮卖新酒：四月八日浴佛节和八月十五日中秋节。其中，中秋节时采取装修酒楼、悬挂彩色花样画竿和醉仙锦旗等方式促销新酒，且效果不错，至中秋节中午时，汴京城各酒店新煮的酒就被销售一空了。

南宋临安府所管辖的诸库，每年也是两次开煮新酒，只是具体时间各书记载不一，有清明前和中秋前的（《梦粱录》）、有四月初开煮，九月初开清的（《武林旧事》）、有寒食节前开沽煮酒，中秋节前后开沽新酒的（《都城纪胜》）。其迎煮仪式及促销方式远比北宋隆重。此外，临安酒库还利用元宵节张灯时进行促销，"诸酒库亦点灯球，喧天鼓吹，设法大赏，妓女群坐喧哗，勾引风流子弟买笑追欢"。③ 这一方面说明酒课在南宋财政中的地位更为重要，另一方面也说明南宋官府的节日市场意识比北宋增强。

宋代政府对节日酒市场的干预，其主观目的是促进酒的销售，实现酒课，增加财政收入，这当中自然包括有对广大生产者和消费者的沉重剥

---

① 李华瑞：《宋代酒的生产和征榷》，河北大学出版社 1995 年版，第 329—358 页。
② （宋）洪适：《盘洲文集》卷四九《荆门应诏奏宽恤四事状》，四库本第 1158 册，第 572 页。
③ 《梦粱录》卷一《元宵》，第 7 页。

削。但同时也应该看到，官府将促销酒与节日娱乐活动紧密结合起来，由打扮亮丽的妓女、社队鼓乐、杂技艺人以及三五个抬样酒、"布牌"人等组成的宣传促销队伍，走在大街上，其本身就颇具观赏性，它吸引了成千上万市民的眼球，既活跃了节日市场，也丰富了市民的节日娱乐活动。

三 宋代政府对节日消费的影响

（一）统治者对节日消费风气的提倡和引导

消费风气是人们在长期的社会生产和生活实践中所形成的一种消费习惯，它的形成与沿袭既有政治、经济、文化、历史的原因，也有消费心理的影响；既有民族性、阶层性、地区性的区别，也有个体性的差异。但统治者的提倡和引导则是使其趋于"大同"及产生变化的重要因素甚至是决定性的因素。

北宋中后期，由于商品经济的活跃，社会上各阶层竞相追逐商业利润，富有者纷纷向都城聚集，结果大大提高了都城的消费水平。而消费水平的提高又刺激了富人享受欲望的不断膨胀，随之兴办起来的各种行业和娱乐场所，又吸引了大批农业人口流向城市谋生，这又造成消费人口的高度集中，进而使人们的消费习惯和消费方式互相影响而发生改变，都城消费风气由初期的俭朴向中后期的奢华转变，始作俑者就是那些具有消费能力的上层贵族、官僚、富家大户。司马光说："宗戚贵臣之家，第宅园囿，服食器用，往往穷天下之珍怪，极一时之鲜明。惟意所致，无复分限。以豪华相尚，以简陋相訾。愈厌而好新，月异而岁殊。"[①] 他们豪奢的生活方式，形成了都城中"风尚奢靡"的世风。

造成这一现象的原因如上所述是多方面的，但仅就统治者在节日活动的影响来看，前面述及宋代凡是士民广泛参与的、娱乐活动丰富多彩的节日几乎都有皇帝、妃嫔、宗室、臣僚的参与，如元旦、元宵节、开金明

---

① （宋）司马光撰，李之亮笺注：《司马温公集编年笺注》卷二三《论财利疏》，巴蜀书社2009年版，第3册，第186页。

池、游赏西湖、中秋观潮等。此时往往是"富者炫耀，贫者效尤"，如汴京元旦时，"小民虽贫者，亦须新洁衣服，把酒相酬"。元夕，"深坊小巷，绣额珠帘，巧制新装，竞夸华丽"。临安，元旦时，"细民男女亦皆鲜衣，往来拜节"，"不论贫富，游玩琳宫梵宇，竟日不绝。家家饮宴，笑语喧哗。此杭城风俗，畴昔侈靡之习，至今不改也"。①春游西湖时，"赏心乐事之时，讵宜虚度？至如贫者，亦解质借兑，带妻挟子，竟日嬉游，不醉不归"。②中秋节时，"虽陋巷窭贫之人，解衣市酒，勉强迎欢，不肯虚度"。

宋代成都的游乐之风闻名全国，很多文人学者都有过描述。庄绰更具体地记述说："成都自上元至四月十八日，游赏几无虚辰。"③仔细分析有关材料，不难发现，这里的节日游玩活动大多最初由郡守及其僚属等官员开创，后被人们沿袭下来而成为习俗，这种风气发轫于唐末五代，兴盛于宋代。如蜀地风俗，以二月二日为踏青节，都人士女，络绎游赏，散在四郊。"历政郡守，虑有强暴之虞，乃分遣戍兵于冈阜坡冢之上，立马张旗望之"。这虽然也是郡守对节日活动的一种干预，但他是以节日活动的统治者和保护者身份出现的。在张咏知成都府时，始撤去戍兵，改为"聚之为乐"的方式，"乃于是日，自万里桥，以锦绣器皿，结彩舫十数只，与郡僚属官分乘之，妓乐数船，歌吹前导，命曰游江。于是郡人士女，骈集八九里间，纵观如堵"。④由此，太守及其僚属不仅是节日活动的组织者，也是参与者。张咏顺应蜀俗，"以从民乐"的做法，既安抚了民心，也使传统的娱乐活动走上了规范的轨道。据统计，宋代益州每年旧例，"知州以下五次出游江并山寺，排当从民遨乐"。⑤太守游江，朝廷还公费报销宴饮的开支。此后宋廷派往成都作太守的人，无不在任内竞相标榜倡导支持游乐。赵抃时，游江彩舫较之张咏时，"至增数倍"。可见，宋代成都的游乐风俗之盛，除了经济发展、城市繁盛的原因之外，官方的提倡、地方官的积极支持和参与是不容忽视的重要原因。

---

① 《梦粱录》卷一《正月》，第1页。
② 《梦粱录》卷一《八日祠山圣诞》，第15页。
③ 《鸡肋编》卷上，第20页。
④ 《岁时广记》卷一《春》"游蜀江"条，第11页。
⑤ 《宋会要辑稿》刑法二之二六。

（二）官方对节日消费市场的影响

主要表现在：**一是顺应时有市场**。从前所述可见，宋代无论是皇室还是官府，节日期间的物品及歌舞娱乐消费，都有取自市场的部分，而且比例在不断扩大。这是政府在社会经济发展、节日市场发达情况下，以消费者身份，顺应市场的体现。**二是控制节日酒消费市场**。这是官府利用其对酒的专卖特权，以经营者身份出现在节日市场上，煮卖新酒，并极力促销，一方面刺激节日消费市场，另一方面又控制节日酒消费市场以获取厚利。**三是通过组织开展一些节日游玩活动来活跃节日消费市场**。这是政府以组织者、决策者身份对节日市场进行引导和推动。如北宋时官府允许的节日关扑活动，既丰富了市民节日娱乐活动，也开辟了节日消费市场。

南宋官府则明确表示："凡游玩买卖，皆无所禁。"由此，节日期间的西湖内外，江潮翻滚的岸旁上下，到处是一派繁忙的买卖情景。岸上游人如织、店舍顾客盈满。一些临时性的店舍纷纷趁节开张，甚至在"路边搭棚卖酒食也，无坐处，又于赏茶处借坐饮酒"，① 皆因此时"饮食百物皆倍穹常时"，可见，饮食市场之红火。商品市场也不示弱，果蔬、美酒、戏具、闹竿、花篮、画扇等"湖中土宜"以及珠翠冠梳，销金彩段，犀钿、髹漆、织藤、窑器、玩具等物，无不罗列。船只与看位的租赁自然是此时的赚钱行业，"二月八及寒食清明，须先指挥船户，雇定船只。若此日分舫船，非二三百券不可雇赁。至日，虽小脚船亦无空闲者。船中动用器具，不必带往，但指挥船主一一周备。盖早出登舟，不劳为力，惟支篙钱耳"。② 船价虽贵，但船上服务倒很周到。中秋节观潮时，"十八日盖因帅座出郊，教习节制水军，自庙子头直至六和塔，家家楼屋，尽为贵戚内侍等雇赁作看位观潮"，"而僦赁看幕，虽席地不容闲也"。还有身怀特技，等待召唤的艺人队伍……

这一繁荣的节日消费市场的出现，虽然在很大程度上是官方政策的产物，如金明池里，"博易场户，艺人勾肆质库，不以几日解下，只至闭池，便典没出卖"。③ 不管租赁几天，到了闭池那天，都只好典卖出去。这种短

---

① 《西湖老人繁胜录》，第 8 页。
② 《梦粱录》卷一二《湖船》，第 169—170 页。
③ 《东京梦华录注》卷七《三月一日开金明池琼林苑》，第 182 页。

暂性特点免不了会给商家或投资者带来经济损失，但这也是节日本身所具有的消费集中、讲究物品的时效性等特点决定的。官方的组织、参与等干预措施对于节日消费市场的有序、繁荣起了重要的促进作用。

四　余论

以上我们主要考察了宋代政府在士庶节日期间的游玩、放免房屋租金、给后宫及部分官员节料钱等方面的政策性措施；对节日酒消费市场的干预以及对节日消费风气和节日消费市场的影响；等等。从中可看出，宋代政府对节日活动、节日消费风气起着主导、推动的作用，既体现统治者"爱臣民"、关心百姓节日生活、制造繁盛景象、标榜与民同乐的用意，也有控制市场、增加国家财政收入的目的；对节日消费市场既有顺应、利用的一面，也有控制、发展的一面。它在节日市场里分别扮演了消费者、经营者、组织者和决策者等不同角色，尽管角色扮演得有好有坏，但它丰富了宋代节日生活内容、推动了节日文化的发展、促进了节日消费市场的繁荣，使节日经济功能较前代更加明显，这一切既顺应了当时社会经济的发展，同时又反过来推动了城市商业乃至整个社会商品经济的发展。

（原文刊于《中国经济史研究》2010年第2期）

宋代四川纸币的发行及其命运的启示

宋代四川地区的纸币，是指宋太宗、宋真宗时期出现的交子，宋徽宗时期更名的钱引。它是迄今为止世界上出现的最早的纸币。交子的行用又以宋仁宗天圣元年（1023年）十一月为界分为两个阶段：之前的民办阶段，亦称私交子，包括民间自由发行和商人联合发行两个时期，主要在以成都为首的四川地区行用；之后的官办阶段，亦称官交子，主要由政府发行流通，除在四川地区行用以外，陕西、河东地区亦用。关于宋代交子（或钱引）的诸多问题，学界讨论颇多，成果颇丰。但就其与目前社会货币问题相联系，使人们从历史的教训中来审视我们正在面临以及将来还要面临的经济问题的讨论并不多，而这样的讨论是十分必要的。因为宋代纸币交子走完了从产生、发展到停用的全过程，具有对当今社会极为有益的经验和教训，对我们正面临的通货膨胀、人民币升值等压力问题以及人民币的前景乃至世界货币的走势等问题，都有极好的思维启发意义乃至解决办法取向。

一 北宋时期四川纸币——交子的发行及其演变

私交子阶段，交子实际上只是兑换券性质的代用品，其目的是替代不便携带的铁钱，所以还无所谓发行数量问题。天圣元年（1023年）十一月宋政府收回交子发行权后，交子转变为可兑换纸币，政府对它进行严格管理和控制，表现在：第一，规定发行数额，每界为1256340贯；第二，有一定发行准备金，一界是36万贯铁钱；第三，有一定流通时限：以两年为界，界满，持旧换新，每贯交 30 文手续费①。由于宋政府严格按照这些办法进行，所以四川地区发行的交子在相当长时期内保持了币值的稳定，甚至交子的币值比铁钱还高，"蜀人利交子之轻便，一贯有卖一贯一百者"。②

然而，这样的势头没能保持下去，宋政府从交子的发行中尝到了甜头，因为与铸造铜、铁钱相比，交子的成本低多了，"以今交子校之大钱，无铜炭之费，无鼓铸之劳，一夫挟纸日作十数万"。③ 于是很快把它作为解决国家财政困难的一个良法，交子被财政化了。

（一）借用交子解决陕西边防军费

陕西是宋、夏两国对峙的前沿，常年驻有大军。这里物产不丰，交通不便，军队的供应问题是宋统治者深感头疼的难题，为了缓和朝廷及陕西的财政负担，宋廷以交子为支付手段，在陕西沿边大力招纳入中。庆历七年（1047 年），大臣文彦博上奏和皇祐三年（1051 年）二月，三司使田况奏疏都谈到秦州从益州支借了 60 万贯交子，而且没有准备金。这开了不蓄本金，虚行印刷交子以解决财政困难的恶劣先河。

宋哲宗时期，由于陕西沿边军费开支增加，宋廷便以直接增加交子数额的办法来解决这个问题了。"绍圣以后，界率增造，以给陕西沿边籴买及募兵之用。少者数十万缗，多者或至数百万缗"。南宋末的《楮币谱》云："祖额，每界以一百八十八万六千三百四十为额，以交子入陕西转用故也。"④ 这里的 1886340 贯比天圣二年（1024 年）首放交子时的界额 1256340 贯多出 63 万贯，就是绍圣元年（1094 年）和元符元年（1098 年）两次增印交子的结果。到徽宗时，用兵取湟、廓、西宁等地，崇宁四年（1105 年）发行第 42 界交子，数额多达 2400 万贯，"崇、观间，陕西用兵，增印至二千四百三十万缗"，⑤ 相当于天圣祖额的 20 多倍。

---

① 关于交子的"界"还有三年一界的说法，见汪圣铎《两宋货币史》，社会科学文献出版社 2003 年版，第 618 页；贾大泉《交子界分的考察》，《四川金融》1996 年第 11 期。
② 《长编》卷三六六，第 8806 页。
③ 《宋史》卷三七八《胡交修传》，第 11678 页。
④ 《岁华纪丽谱》，第 226 页。
⑤ （宋）李心传撰，徐规点校：《建炎以来朝野杂记》甲集卷一六《四川钱引》，中华书局 2000 年版，第 364 页。但其注释中所记总数为二千四百六十七万缗。

（二）增印交子解决财政困难

宋朝财政危机在太宗时露出端倪，真宗景德年间（1004—1007年），财政亏空257.3万匹贯石两，首次出现入不敷出。以后，冗兵、冗官、冗费、侈靡之风等愈演愈烈。仁宗即位，"自天圣以来，帝以经费为虑，屡命官裁节，而有司不能承上之意，卒无所建明"。英宗治平二年（1065年），"内外入一亿一千六百十三万八千四百五，出一亿二千三十四万三千一百七十四，非常出者又一千一百五十二万一千二百七十八"，[①] 亏空高达1572.6万。神宗即位，"尤先理财"，推行新法，一度使财政危机有所缓和，但由于开拓河湟，恢复故土，在西北边疆连年用兵，所以不久又国用不足。熙宁年间，每年的收入全部用完，元丰八年（1085年）甚至还亏空941.7万贯[②]。大观三年（1109年），户部侍郎范坦言："户部岁入有限，支用无穷，一岁之入，仅了三季，余仰朝廷应付。今岁支遣，较之去年又费百万。"[③]

为了解决日益严重的财政危机，宋廷千方百计，而增印交子仍是重要办法之一。熙宁四年（1071年）正月，"赐提举成都府路常平司交子钱二十万缗为青苗本钱"[④]，同年二月，"赐交子十万缗为梓州路常平籴本"[⑤]，三月，"诏成都府路转运司支交子十万缗为梓州路常平籴本"[⑥]，元丰五年（1082年）十月，"梓州路转运司言：'泸州军兴及修造，所费不少，乞于成都府路给交子一十万缗。'从之"[⑦] 这些都为后来大量发行交子做了铺垫。熙宁五年（1072年），宋廷采纳监官戴蒙的建议，将每界交子行用期延长至四年，两界并用，实际上相当于每界发行额增加一倍，即251.2万贯。哲宗绍圣元年（1094年），成都路漕司言："'商人以交子通行于陕西，而本路乏用，请更印制。'诏一界率增造十五万缗。是岁，通旧额书

[①] 《宋史》卷一七九《食货下一》，第4353页。
[②] 《栾城后集》卷一五，第1329页。
[③] 《宋史》卷一七九《食货下一》，第4359页。
[④] 《长编》卷二一九，第5330页。
[⑤] 《长编》卷二二〇，第5348页。
[⑥] 《长编》卷二二一，第538页。
[⑦] 《长编》卷三三〇，第7954页。

放百四十万六千三百四十缗。"① 由于是两界并行，实际发行额为281.2万贯。至元符元年（1098年），又增四十八万道，把旧额提高到188.6万贯，两界并行，实际发行额为377.2万贯，相当于天圣祖额的三倍。不过，哲宗时期两次增印交子，一次是因成都路交子用于陕西，本路不够用而增发；另一次是为军费而增印，其数额都控制在50万贯以内，所以对社会造成的影响还是较小的。

宋徽宗时期，由于用兵西夏，收复湟、廓，又与辽、金作战，军费增加；加之，"今官较之元祐已多十倍，国用安得不乏？"统治集团又竞为奢靡，靡费无计，致使国库空虚，于是开始滥印交子。《楮币谱》记崇宁、大观间增印的交子数额是：崇宁元年（1102年）200万贯，二年（1103年）1243.5万贯，四年（1105年）507.5万贯，大观元年（1107年）554.5万贯，累计增印2505.5万贯，加上元符祖额188.6万贯，共为2694.2万贯，两界并行，实际发行5388.4万贯，为天圣祖额的42倍多。这种把交子财政化，随意增印的做法，使社会上纸币急剧膨胀，不但严重破坏了货币的供求关系，而且没有增加相应的准备金，也造成了纸币与铁钱的比例严重失调，最终导致交子彻底贬值。

（三）交子贬值，无以为继，宋廷重新整顿四川纸币

从熙宁五年（1072年），交子开始两界并用之后，投放到社会上的交子数量大增，使交子与铁钱的比值发生变化，据北宋大臣成都人吕陶说，熙宁十年（1077年），"在州（指彭州），现今实值，第二十七界交子卖九百六十"，"第二十六界交子卖九百四十"②。仅分别贬值4%和6%。到元祐元年（1086年）："（交子）近岁止卖九百以上"③，贬值达10%。哲宗绍圣元（1094年）年和元符元年（1098年）的两次增印，使交子价格进一步降低。不过，神宗、哲宗时的交子贬值幅度总的来说还不大，还控制在10%左右。

交子的严重贬值是在徽宗时期，崇宁、大观年间，增印交子至2694.2

---

① （元）马端临：《文献通考》卷九《钱币二》，中华书局1986年版。
② （宋）吕陶：《净德集》卷一《奏为官场买茶亏损园户致有词诉喧闹事状》，四库本第1098册，第14页。
③ 《长编》卷三六六元祐元年二月癸未，第8806页。

万贯，两界并行，就是5388.4万贯。据贾大泉先生言，宋自嘉祐以后，社会上积存的铁钱数额，已使货币供给饱和，铁钱开始贬值。在这种情况下，再投放以铁钱为本位的5000多万贯纸币，其后果必然是引起严重的通货膨胀。① 交子与铁钱的比值，"一缗当钱十数"；新旧交子兑换时，"新交子一当旧者四"②，贬值达75%。致使"引法大坏"，宋廷不得不通过改制来加以补救。大观元年（1107年），"改交子为钱引"，"改交子务为钱引务"。不过，这只是掩人耳目的名称上的更换，并没有实质性的救助措施，所以依然不能阻止交子贬值的步伐。大观元年（1107年）六月二十五日宋廷下诏："川蜀四十二界以后钱引，访闻官司奉法不谨，纵民减价，慢令失职，莫此为甚，可令逐路转运司分析闻奏。自今如纵而不治，与同罪，仍当重行黜责。"③ 把钱引的贬值归咎于官吏的纵容。同年十月又诏："陕西、河东数路引直五千至七千（按：'千'当为'十'之误），而成都才直二三百，豪右规利害法，转运司觉捕煽惑之人，准法以行。民间贸易十千以上，令钱与引半用。"④ 又把钱引贬值归罪到豪右贪利害法上面，不过总算出台了点措施，即民间贸易十贯以上，以钱引和铁钱各半的方式支付。

大观二年（1108年）八月，知威州张持奏："本路引一千者，今仅直十之一，若出入无弊，可直八百，流通用之，官吏奉旧并用引，请稍给钱便用。"⑤ 贬值已达90%。张持虽因提出了"上下并支钱引，公私不得抑勒，仍严禁止害法不行之人"等挽救纸币的建议而被提升为成都府路转运判官，主持钱引务事宜。但这些办法后来并未落实，"后引价益贱，不可用，持复别用印押以给官吏，他无印押者皆弃无用"，宣布作废，"言者论其非法，持坐远谪"。张持的办法也行不通。在此情况下，宋廷下决心宣布第41—43界交子统统作废，不予收兑。大观三年（1109年）发行第44

---

① 贾大泉：《北宋四川商品流通与铁钱和交子的币值变化》，《四川金融》1996年第5期，第58页。
② 《文献通考》卷九《钱币二》，《宋史》卷一八一《食货下三》，第4404页，《楮币谱》，第226页。
③ （宋）司仪祖整理：《宋大诏令集》卷一八四《川蜀钱引减价，令运司分析御笔》，中华书局1962年版，第668—669页。
④ 《文献通考》卷九《钱币二》。
⑤ 《宋史》卷一八一《食货下三》，第4405页，《文献通考》卷九《钱币二》将张持写成张特。

界钱引，"只依天圣旧额，仍不得越铜钱界"。大观四年（1110年）又规定，"假四川提举诸司封桩钱五十万为成都务本，侵移者准常平法"。此后的二十多年里，由于每界钱引的发行量暂时被控制在125.6万贯这个限度内，又提高了准备本金以供兑换，所以四川钱引出现了一个短期平稳局面。"及张商英秉政，奉诏复循旧法。宣和中，商英录奏当时所行，以为自旧法之用，至今引价复平"①。这种局面一直维持到南宋初年。

总之，北宋时期，四川纸币——交子的发行及流通，在相当长时期内都是稳定有序的，只是到末年的徽宗时期才出现发行量大增、币价大跌的局面。好在宋廷及时纠正了纸币发行中的弊端，使之重新回到正常轨道上来。但它所开启的把增印纸币作为解决财政困难重要手段的恶劣先河，对后世影响极大。

二 南宋时期四川纸币——钱引的发行及其消亡

南宋时期，战乱不止，川陕交界一带，重兵屯集，军需给养，几乎完全依靠四川供应，使四川财政入不敷出。在宋金绍兴和议之前，四川计司的财政状况是：绍兴四年（1134年），收钱物3342万余缗。比所支阙51万余缗。五年（1135）收3060万缗，比所支阙1000万余缗。六年（1136年）未见。七年（1137年），收3667万余缗，比所支阙161万余缗。年年出现财政赤字。宋廷解决财政困难的办法，依然是大量印行钱引。"遇岁计有阙，即添支钱引，补助支遣"②。南宋时期，四川钱引发行较北宋时期交子有如下特点。

（一）增加钱引兑换手续费

《楮币谱》言："凡引一界满，纳旧易新，率千引取钱六十四，曰贯头钱。天圣初止三十，建炎初增八，绍兴十一年乃增今数。其纳换不尽者曰水火不到钱。今一界所收并贯头钱凡一百九十万道，总领所榷取以供军

---

① 《宋史》卷一八一《食货下三》，第4406页。
② （宋）李心传：《建炎以来系年要录》卷一一一，中华书局1988年版，第1796页。

储。"可见，钱引满界后以旧换新的手续费，天圣初是每贯 30 文，建炎初增为每贯 38 文，绍兴十一年（1141 年）增为 64 文，仅这项收入，每界就有 190 万贯，成为朝廷供给军需的来源之一。

（二）钱引发行以元符额为准

元符额，就是绍圣元年（1094 年）在天圣额 1256340 贯基础上增引 150000 贯以及元符元年（1098 年）又增引 480000 贯之后形成的 1886340 贯。南宋时期，钱引发行都是以这个数额为最高限额，不再以天圣额 1256340 贯为准。

（三）钱引增印数量巨大

南宋钱引的增印始于高宗建炎二年（1128 年），增印 62 万缗。增印的原因主要是弥补军费供给之不足。《楮币谱》记载了高宗时期钱引的增印情况，其中绍兴十三年（1143 年）前的有："（建炎）三年增一百万，绍兴元年增六十万，二年增一百四十万，三年增五百万，四年增五百七十万，五年增二百万，六年增六百万，皆以给利、夔两路军费。……八年，以边报急阙，增三百万充籴买，九年，以移屯陕西，合给籴本及陕西六路新复州军衣赐，增二百万。十年，以赡军急阙，增五百万。十三年，以都运司之请，增四百万。"可见，从建炎二年（1128 年）到绍兴十三年（1143 年），四川钱引累计增印 3570 万缗。汪圣铎先生认为，这可能是二界（或三界）累计增加数，这样，绍兴十三年（1143 年）最后一次增加后钱引的发行总额为 3500 万—4000 万缗①。

绍兴和议以后，宋金对峙局面固定下来，四川钱引的发行也进入相对稳定时期，此后十多年宋廷没再增加发行额。但到绍兴末年，由于宋金关系再度紧张以至爆发战争，钱引发行数量又开始大增。绍兴三十年（1160 年），"军事将起，王赡叔增印一百七十万缗（原注：三月）。明年，虞并甫宣谕川陕，亦增引一百万缗（原注：三十二年六月乙丑）"②。《楮币谱》言："自后累增五百万，凡两界共为钱引四千六百四十七万二千六百八

---

① 《两宋货币史》，第 639 页。
② 《建炎以来朝野杂记》甲集卷一六《四川钱引》，第 365 页。

十。"《宋史·食货下三》及《文献通考·钱币二》都记:"至绍兴末,积至四千一百四十七万余贯。"

孝宗时期,钱引有三次增印记录:第一次是隆兴二年(1164年),增印 200 万①。第二次是在乾道四年(1168年)六月,增印 100 万②,这次是为了偿还欠账。而据《宋会要辑稿》食货 70 之 60 记:"(乾道四年九月)十二日,四川宣抚使虞允文言:'被旨:州县尚有预借人户税赋,令于总领所桩管添造钱引三百万,内取拨一百万贯委制置、总领、本路漕臣考核预借实数,与州县补填。……'从之。"可知,用于偿付预借的是 100 万,实际增印了 300 万。第三次是淳熙五年(1178年),增至 4500 余万。光宗绍熙二年(1191年),"以展年兑界,增还计所一百七十万缗"。③

宁宗庆元三年(1197年),"三路(成都、潼川、利州)旱,复减放,又增一百万缗。今前后两界,共尽收钱引四千九百万缗有奇"。④ 这次增印钱引是用于旱灾后减免赋税。从淳熙五年(1178年)的 4500 余万到庆元三年(1197年)的 4900 余万,二十年间只增了 400 万,这一速度是南宋钱引增发较慢的时期。至嘉泰末(1203—1204年),"两界出放(钱引)凡五千三百余万缗,通三界所书放,视天圣祖额,至六十四倍"⑤。从庆元三年(1197年)的 4900 余万到嘉泰末年的 5300 余万,短短六七年时间,钱引就增印了 400 万。开禧北伐时,为筹集军费,宋廷宣布四川多发行一界钱引,形成三界并行,发行量达到 8000 万贯。这次北伐的失败,川陕吴曦叛乱,南宋国力骤衰,四川地区经济也遭受严重破坏。嘉定和议之后,宋廷立即着手整顿楮币,企图减少钱引发行量,然而,要收回旧楮,需要耗费资财。大战之后,朝廷无所从出。至嘉定十一年(1218年)又增印钱引 500 万。到绍定、端平之交,宋金混战之际,"蜀楮之出,至十七千有零"。发行额达到 1.7 亿贯,较开禧又增加 1 倍以上。淳祐九年(1249年),四川安抚制置大使司言:"'川引每界旧例三年一易,自开禧军兴以后,用度不给,展年收兑,遂至两界、三界通使;然率以三年界满,方出

---

① 《宋史》卷一八一《食货下三》,第 4409 页,《文献通考》卷九《钱币二》。
② 《宋史》卷三四《孝宗二》,第 643 页。
③ 《建炎以来朝野杂记》甲集卷一六《四川钱引》,第 365 页;《楮币谱》记增印一百九十万。
④ 《建炎以来朝野杂记》甲集卷一六《四川钱引》,第 365 页;《楮币谱》记为四千九百三十七万二千六百八十道。
⑤ 《建炎以来朝野杂记》乙集卷一六《四川收兑九十界钱引本末》,第 790 页。

令展界，以致民听惶惑。今欲以十年为一界，著为定令，则民旅不复怀疑。'从之。"① 这是针对开禧以来，钱引常不按时兑界的问题，正式把钱引改为十年一界。到宝祐初年，钱引更是多达十二亿六千余万贯，从开禧以来的几十年间又增了十倍。钱引的不兑界和展界，发行数额巨增，必将导致钱引的贬值。

（四）钱引币值大减

南宋与北宋一样，"自军兴增科，凿空为钱，天下大计，仰给于纸"②，钱引增印越来越多，价格也越来越低。还在庆元三年（1197年）时，"每引钱一千，民间直铁钱七百以上"。到嘉定初，"（钱引）每缗止直铁钱四百以下，……然四川诸州，去总所远者千数百里，期限已逼，受给之际，吏复为奸。于是商贾不行，民皆嗟怨，一引之直，仅售百钱。制司乃谕人除易一千三百万引，三界依旧通行，又檄总所取金银就成都置场收兑，民心稍定。自后引直铁钱五百有奇，若关外用铜钱，引直百七十钱而已"。③可见，庆元三年（1197年）时，1贯钱引值铁钱700多文，到嘉定初，1贯钱引值铁钱不足400文，而四川边远地区，则1贯钱引只有100文铁钱，后来经过制司整顿，1贯钱引可值500文铁钱，不过只值170文铜钱。

宝祐四年（1256年），曾任四川宣抚使的李曾伯上奏论及四川纸币，其中谈到钱引的贬值原因及改进办法，"见今三界行使，其第三料视第一料，以五当一，楮价犹未甚辽绝。……盖楮之低昂，物亦随之；楮之轻，物之贵也"。提到印造多楮价贱、物价贵、支用愈不给。自宝祐二年（1254年）发行银会后，钱引的购买力更是迅速下跌，"银价去春每两仅三千引，今每两七千五百引矣；籴价去春每石仅二千引，今每石五千引矣；其他百货增长者称是。民生、经纪以此而愈憔悴。军券支遣，以此而愈艰难"。进而提出朝廷应该收回纸币发行权，由四川供应纸张，在行都印好纸币后再运回四川发行或令四川通行东南会子，将现行两界钱引用会子兑收回笼。④朝廷采纳了他的建议，宝祐四年（1256年）朝廷收回四川

---

① 《宋史》卷一八一《食货下三》，第4410页。
② 《楮币谱》，第236页。
③ 《宋史》卷一八一《食货下三》，第4410页。
④ （宋）李曾伯：《可斋续稿》后集卷三《救蜀楮密奏》，四库本第1179册，第615页。

发行纸币的权力，停止发行钱引、银会，另外发行新的四川会子，这就意味着，使用了一百多年的钱引至此完成了它的历史使命。

从宋代四川交子（钱引）发行到消亡的过程来看，无论北宋还是南宋都是循着增印→贬值→通胀→纸币难以行用这样的路径逐步展开的，这已足以为我国当今人民币所出现的诸多问题提出警示和提供可资解决的借鉴办法。

三　宋代交子的兴亡对当今我国货币政策的启示

改革开放以来，我国的经济建设取得了举世瞩目的成就，2010 年第二季度以 GDP1.33 万亿美元超过日本的 1.28 万亿美元，成为世界第二大经济体。[①] 但 30 多年来人民币发行总量也变得十分巨大。

从我国央行公布的历年 M2 的余额数据可以看到：一、从 1985 年至 2011 年这 26 年间，我国广义货币供应量从初期的 0.5 万亿元增加到了 2011 年的 85.1 万亿元，年平均增速达到 21.9%。按照 2011 年 10 月 31 日人民币兑美元汇率中间价 6.3233 计算，85.1 万亿元人民币折合为 12.917 万亿美元。截至 2011 年 11 月 21 日，美国公布的 M2 余额为 9.618 万亿美元。同时期的中国广义货币供应量余额竟然比美国多出 34.3%。尽管中国的经济总量只有美国的 1/3 多，但中国的广义货币供应量却在飞速增长，成为世界上首屈一指的货币供应大国。可见，中国的人民币存在相当严重的超发问题。二、在 M2 增长速度特别快的一段时间内，国内经济都出现了较为严重的问题，主要是通货膨胀。比如 1986 年增长率达到了 29.3%，1987—1988 年持续高增长，导致了 1988 年的通货膨胀。进入 90 年代后，1992 年至 1994 年年均增长率都超过 30%，结果发生了 1994 年的恶性通货膨胀。2009 年增长率达到了 27.68%，由于总量巨大，M2 巨额增长，从而引发了 2009 年至今的通货膨胀。

人民币超发的原因，主要有两方面，即主动超发与被动超发。所谓主动超发，是指国家由政治、军事、自然灾害等原因引起的财政需要而多发

[①] 数据来自中国人民银行官方网站。网址：http://www.pbc.gov.cn。

的货币。中国古代大多数朝代都是这一原因的超发，前述宋代交子（包括钱引）的命运已经详细谈到了这点。我国20世纪80年代至90年代中期的货币超发也是这一原因。1994年全国人大通过的《中国人民银行法》明文规定："中国人民银行不得对政府财政透支，不得直接认购、包销国债和其他政府债券。"用人大立法来确立央行的权威。以后政府的财政需要，只能靠税收、发债、国有资源的收益等途径，再也不能依靠超发货币这一手段了。

所谓人民币被动超发，是指由于中国外汇管理实行强制结售汇政策，企业的经常项目外汇收入，除国家允许开立外汇账户予以保留的外，均应全部卖给外汇指定银行。我国正式加入WTO之后，制造业的国际竞争力迅速增强，外汇储备大幅度增加，根据央行新公布的数据，2011年年底中国外汇储备为3.181万亿美元。又由于我国强制结售汇政策，尽管从2008年开始新的《外汇管理条例》有所放松，但基本上还是卖给央行。央行向市场投放等量于强制结汇金额的人民币货币供应。以目前人民币对美元汇率1：6.3计算，截止到2011年年底，就有约20万亿元人民币投入货币市场。再算上3~4倍的货币周转率，理论上说，投放到市场的货币就可能达到60万亿—80万亿元。所以人民币汇率的形成机制与我国现行的国际贸易结算制度已经成为人民币被动超发的主要原因。

人民币大量超发对我国经济生活带来了很大的危害，也给人民币本身带来了巨大的危机。

（一）导致了通货膨胀

货币超发在初期表现为通货膨胀预期的形成，也是价格上涨预期的形成。它首先表现为投资的增加、拉动生产资料价格上涨，投资成本的增加，然后带动消费品等下游产品和工资水平的提高。这时，老百姓发现存在银行里的钱贬值了，工资水平虽有所提高，但生活水平并没有提高，通货膨胀终于由预期变成了现实。通货膨胀一方面通过铸币税减少了普通民众实际收入、使百姓的储蓄资产缩水，另一方面，通过抬高商品价格增加名义产量，从而增加了政府税收。中国社会科学院发布的2012年《经济蓝皮书》认为，2011年中国CPI持续高位运行，全年上涨5.5%，预计2012年物价呈回落态势，CPI上涨4.6%。

（二）形成了资产泡沫

货币超发的本质是造成"流动性泛滥"，这么大量超发的货币，是经济运行中的"定时炸弹"。当它流入农产品领域，就导致了农产品的轮番涨价。如猪肉、粮油价格的不断上涨，还有诸如"将（姜）你军""算（蒜）你狠""逗（豆）你玩"等现象的应运而生。当其流入房地产市场，就引发房地产泡沫；流入艺术品投资市场，就引发天价的艺术品拍卖。目前的水、电、气等资源型生活必需品的价格又是蠢蠢欲"涨"。各种商品涨声一片，极大地影响了老百姓的生活质量。

（三）扩大了收入、分配、贫富差距

货币超发是一种比个人收入分配所得税还严重的财富分配效应。它不仅导致居民银行存款的名义收益率下降，而且还造成了实际损失，因为当通货膨胀大于名义利率时，实际利率为负。货币超发给一些人剥夺他人收入和财富提供了可乘之机，社会上的贫富差距进一步拉大。

（四）影响人民币国际化的进程

随着我国经济实力的日益增强和人民币国际化的稳步推进，人民币在国际货币体系中将处于举足轻重的地位。但人民币超发会影响人民币币值的稳定。只有保持币值的长期稳定，才能使国内外居民对人民币具有信心，从而加强其作为国际记账单位、储备货币和交换媒介的职能。因此，人民币超发对人民币国际化会有不良影响，对此，我们亦必须正视。

总之，从宋代发行交子的命运来看，正是持续大量的超发导致了交子的信用危机，最后无以为继。我们的政府难道不应该从中吸取教训深以为鉴吗？

（原文发表于《西南金融》2012年第11期，与卢平忠合著）

中编

宋代生活

北宋东京节日消费

自20世纪90年代以来,史学界对宋代节日的研究增多,凡有关文化史、社会生活史、习俗史、城市研究方面的书,都立有专章专节[1],此外还有专文[2]。但它们都是探讨节日习俗,给我们展示了宋代节日传承的特点,而没有从消费的角度去探讨城市居民在节日期间的生活状况。本文拟作一尝试,探讨东京城市节日消费的特征和意义,以求教于专家。

一 东京城市居民一年所过主要节日及其简单来历

当时传统民俗节日,几乎无月不有,甚至一月数节。朱瑞熙先生把宋代的节日分为四大类[3]:第一类是帝、后的"圣节",即皇帝、太后的生日;第二类是官定的重要节日,包括传统节日和统治者出于政治需要临时制定的节日;第三类是节令性和季节性节日;第四类是宗教性节日。本文主要探寻传统性节日和季节性节日,因为这些节日与广大城市居民的生活关系更为密切,更能体现出城市的节日消费状况和特征。这些节日主要有以下几个。

(一) 元旦

农历正月初一,又称元日、年节或新年,是新的一年的开始,是古代

---

[1] 笔者未完全统计即有姚瀛艇主编的《宋代文化史》,朱瑞熙、张邦炜等合编的《辽宋西夏社会生活史》,杨渭生等著的《两宋文化史研究》,伊永文的《宋代市民生活》,林正秋的《南宋都城临安》,周宝珠的《宋代东京研究》等。
[2] 如,朱瑞熙:《宋代的节日》,《上海师大学报》1987年第3期;刘春迎:《北宋东京三大节日及其习俗》,《史学月刊》1997年第1期。
[3] 朱瑞熙:《宋代的节日》,《上海师大学报》1987年第3期。

最大的节日。

（二）元宵

农历正月十五，又称元节或上元节，因是夜有燃灯之习，故又称灯节。"三元观灯，本起于方外之说。自唐以后，常于正月望夜，开坊市门燃灯，宋因之"。①"三元"指上元（正月十五），中元（七月十五），下元（十月十五）。三元张灯，宋初已有，至太宗淳化元年（990年）六月下令罢中元、下元张灯，只保留上元灯展习俗。上元张灯，宋初只三日，至太祖乾德五年（967年）下诏："上元张灯，旧止三夜，今朝廷无事，区宇乂安，况当年谷之丰，宜从士民之乐，具令开封府更放十七、十八两夜灯。"② 因此东京上元张灯五夜，起于十四日至于十八日。太平兴国六年（981年）又把"燃灯"五夜著为令，形成了一种制度。

（三）寒食节和清明节

寒食节在冬至后一百零五日，宋人又称百五节。据《后汉书·周举传》载，春秋时晋国介子推辅佐重耳回国当上国君即晋文公后，便隐居山中。后晋文公为逼他出来而烧山，介子推宁愿抱树被烧死也不出山。晋文公为他这种气节所感动，为纪念他，就在介子推死日禁火煮食，只吃冷食，后遂称寒食节，又称禁烟节。寒食节第三天为清明节，古人认为"万物生长此时，皆清洁而明净"，故称清明节。

（四）端午节

农历五月五日，是驱邪禳灾和纪念楚国诗人屈原的日子。据《岁时杂记》记载，汴京人称五月初一为端一，初二为端二，数以至五，谓之端五。"五"与"午"通用，所以端五又写成端午。

（五）七夕

农历七月七日，又谓乞巧节。来源于汉晋以来我国就流行的牛郎与织

---

① 《宋史》卷一一三《礼十六》，第2697页。
② 《宋大诏令集》卷一四四《游观·十七十八夜张灯诏》，第528页。

女在七夕相会的故事以及妇女于七夕望月穿针乞巧的活动。

(六) 中秋节

农历八月十五日,以其居秋天七月、八月、九月三个月之中而得名。宋太宗曾把中秋、新年、端午列为三大节日。

(七) 重阳节

农历九月九日,又称重九,间或称作九日。古人以九为阳数,日月并应,故谓之重阳。

(八) 冬至

农历十一月,古老的节日之一。"冬至,十一月之中气也,言冬至者极也,太阴之气,上干于阳;太阳之气,下极于地;寒气已极,故曰冬至"。[①]

(九) 腊日

农历十二月初八日,俗称腊八。原是我国古代帝王"蜡百神,祀社稷,享宗庙"[②]的佳日。佛教也以这一天为佛生日,举行浴佛会,其影响越来越大。

(十) 交年

农历十二月二十四日,又称交年节。因其时将近年夜,故民间视之为小年或小岁。按当时习俗过小年不外出贺岁,如《太平御览》卷3云:"惟新小岁之贺,既非大庆,礼止门内。"家家户户忙于打扫卫生,置备过年物品。

[①] 《岁时广记》卷三八《冬至》,第409页。
[②] 《岁时广记》卷三九《腊日》,第421页。

二 东京城市居民节日的主要活动

(一) 拜节

元旦节是新的一年的开始，宫廷举行盛大朝会，在京文武百官赶去给皇帝拜年，皇帝赐宴、赐金、银、罗彩头饰、衣服等。① 东京城市居民穿上新洁衣服，"士庶自早，互相庆贺"②，互祝在新的一年里，万事如意，大吉大利，祝老人健康长寿。他们或备酒席以邀亲朋；或赠送礼物，如立春时节，东京士庶人家大都喜牛，"（开封）府前左右，百姓卖小春牛，往往花装栏座，上列百戏人物，春蟠雪柳"，③ 贵家多驾车前去观看，并买来馈赠亲朋。端午节时，人们"造小扇子，或红或白或青或绣或画或缕金或合二色，以相馈遗"。④ 重阳节，东京人以酒果糕点等送往诸女家，或馈送亲戚朋友，上边插上菊花，撒上石榴子、栗黄等物，或插上两三寸长的小红旗。妇女们还喜欢"剪彩缯为茱萸、菊、木芙蓉花，以相送遗"。⑤ 冬至"京师最重此节"，"都城以寒食、冬、正为三大节，自寒食至冬至，中无节序，故人间多相问遗"。⑥ 腊日"诸大寺作浴佛会，并送七宝五味粥与门徒，谓之腊八粥。都人是日各家亦以果子杂料煮粥而食也。腊日寺院送面油与门徒，却入疏教化上元灯油钱，闾巷家家互相遗送"⑦。周煇《清波杂志》还记载，上层士大夫中流行送名片代替登门拜年，元祐年间，新年贺岁，往往差仆人持"刺"（名片）代贺。

(二) 祭祖、扫墓

中国人的传统观念，每逢大事或重要节日，都有祭祖活动，以示孝

---

① 《东京梦华录注》卷六《元旦朝会》，第 159 页。
② 《东京梦华录注》卷六《正月》，第 154 页。
③ 《东京梦华录注》卷六《立春》，第 163 页。
④ （宋）罗烨：《醉翁谈录》卷四《京城风俗记·四月》，古典文学出版社 1957 年版，第 30 页。
⑤ 《岁时广记》卷三四《彩增花》，第 382 页。
⑥ 《岁时广记》卷三八《冬至》，第 415 页。
⑦ 《东京梦华录注》卷十《十二月》，第 249 页。

顺，宋人自不例外。元旦是重大节日，祭祖自是大事。其时家家户户在堂屋中悬挂祖先画像，具香烛、茶果糕点等，家长整肃衣冠，率全家老少依次祭拜。寒食三天，居民皆出城上坟，以大寒食日为最盛，但新坟皆在清明日拜扫。以后祭祖扫墓者连续达一月之久，故又称寒食为一月节。乞巧节时，富贵之家多在自己的庭院内搭建彩楼，"铺陈磨喝乐、花、瓜、酒、炙、笔、砚、针、线，或儿童裁诗，女郎呈巧，焚香列拜"①，有些人家还放个案子，上铺楝叶，陈设果馔等，以祭牛女。中元节的主要活动内容为献先祖，祭父母，拜新坟，告秋成。整个活动围绕"孝道"这个中心，成为这一节日特色。《岁时广记》云："律院多依经教作盂兰盆斋，人家大率即享祭父母祖先，用瓜果楝叶生花花盆米食，略与七夕祭牛女同。又取麻谷长本者，维之几案四角，又以竹一本，分为四五足，中置竹圈，谓之盂兰盆，画目莲尊者之像插其上。祭毕，加纸币焚之。"② 冬至，人们用馄饨祭祖先。交年"都人至夜请僧道看经，备酒果送神，烧合家替代钱纸"。③《岁时广记》卷三十九云："旧俗以为七祀及百神，每岁十二月二十四日新旧更易，皆焚纸币，诵道佛经咒，以送故迎新，而为禳祈云。"除夕夜，谓之"大节夜"，民间都洒扫门庭，除尘秽，净庭户，挂钟馗，钉桃符，贴春牌，祭祀祖先。

（三）吃节日食品，喝节日饮料

元旦节，家家饮屠苏酒、术汤，上五辛盘，吃年馎饦。所谓屠苏酒就是将八味中药包好"除日薄暮，悬井中，令至泥，正旦出之，和囊浸酒中"④ 而成，并说"一人饮之，一家无疾；一家饮之，一里无病"。术汤是用黄术熬成，正月一日，京城人皆"煎术汤以饮之，并烧苍术以辟除疫疠之气"。⑤ 所谓五辛盘，就是将五种具有辛辣味的蔬菜拼装在一只盘中食用。古人认为，元旦食用这五种辛辣蔬菜可以散发人体内的五脏之气，有益于身体健康。《岁时广记》卷五引《风土记》曰："正元日，俗人拜寿，

---

① 《东京梦华录注》卷八《七夕》，第209页。
② 《岁时广记》卷三十《中元下·献先祖》，第341页。
③ 《东京梦华录注》卷十《十二月》，第249页。
④ 《岁时广记》卷五《元旦上》，第53页。
⑤ 《岁时广记》卷五《元旦上》，第56页。

上五辛盘，松柏颂，椒花酒，五熏炼形。五辛者，所以发五脏气也。"还饮椒柏酒。"元旦饮之，辟一切疫病不正之气，除夕以椒三七粒，柏叶七枝，浸酒一瓶"①。以上这些饮料和蔬菜的共同功用就是健身除疫。年馎饪，即索饼，《岁时广记》卷五云："元日京师人多食索饼，所谓年馎饪者，或此类。"许多人家还用盘柏一枝、柿一枚、橘一枚从中擘开，众分食之，"以为一岁百事吉之兆"。索饼就是一种细长的汤面，时人以为食索饼可使人长寿，故食之成风。

立春，东京"人家以韭黄生菜食冷淘"，人们还喜食烹豚，这种食品极为工巧，"其牒切有细如丝者"。②

元宵节的食品，东京人喜欢"八焦"、"蚕丝饭"、圆子（元宵）、"盐豉汤"③。寒食节的食品有稠饧、麦糕、乳酪、乳饼、蒸糯米、子推燕（枣锢饼）、冻姜豉、煮腊肉等。其中稠饧是一种又浓又厚的糖汁。蒸糯米就是"以糯米合采蒻叶于其下者"。子推燕（枣锢饼），是以面粉加上团枣而成，称为子推燕或子推饼，或名枣锢，用杨柳穿之，插于门上。冻姜豉是"煮豚肉并汁露顿，候其冻取之，谓之姜豉，以荐饼而食之。或剜以匕，或裁以刀，调以姜豉，故名焉"。④

端午节食品有粽子、白团、枣糕等。《岁时广记》卷二十一引《岁时杂记》云："京师人自五月初一日，家家以团粽、蜀葵、桃柳枝、杏子、林禽、柰子、焚香，或作香印。""端五因古人筒米，而以菰叶裹黏米，名曰角黍相遗，俗作粽，或加之以枣，或加之以糖，近年又加松栗、胡桃、姜桂、麝香之类。近代多烧艾灰淋汁煮之，其色如金。古词云'角黍包金，香蒲切玉'。"⑤粽子品名甚多，形制不一。《岁时广记》记载有角粽、锥粽、菱粽、筒粽、秤锤粽、九子粽等。京师人还把端午称为解粽节。白团又名水团，"或杂五色人兽花果之状，其精者名滴粉团，或加麝香；又有干团不入水者。张文潜《端午》词云'水团冰浸砂糖裹，有透明角黍松儿和'"。⑥酒是端午节不可缺少的饮料，主要饮菖蒲酒或艾酒，苏轼《全太

---

① （宋）赵彦卫撰，傅根清点校：《云麓漫钞》卷八，中华书局1996年版，第137页。
② 《岁时广记》卷八《尚烹豚》，第84页。
③ 《岁时广记》卷一一《上元中·作盘飡》，《卖节食》，第116、117页。
④ 《岁时广记》卷一五《寒食上·冻姜豉》，第163页。
⑤ 《岁时广记》卷二一《端午上·裹黏米》，第234、236页。
⑥ 《岁时广记》卷二一《端午上·射粉团》，第237页。

后阁》诗中有"万寿菖蒲酒,千金琥珀杯"。梅尧臣《端午日》诗中有"有酒不病饮,况无菖蒲根",均提到菖蒲酒。古人认为,菖蒲酒或艾酒具有开窍、祛痰、理气、活血、去湿气和散风等功用,久服不仅可以耳聪目明、延年益寿,而且还可以驱除邪毒。

中秋节东京城里各酒店煮新酒,人们争相购买,同时新水果上市,"石榴、榅勃、梨、枣、栗、孛萄、弄色柂橘,皆新上市"。①

重阳糕和菊花酒是重阳节的主要食品和饮料。重阳糕是由糖面蒸制而成,加上猪羊肉、鸭子肉做成的丝簇钉,或以果实(如榴、栗子黄、银杏、松子肉之类)做成的,上再插剪彩小旗。菊花酒是用菊花并茎叶酿之以黍米而成。菊花在"霜降之时,唯此草茂盛",因此被古人视为"候时之草"②。由于菊花这种独特品性,古人视之为生命力的象征,因此九月九日酿的菊花酒也被赋予延年益寿的长命酒的美名,饮后可治头风,明耳目,去痿痹,消百病,故宋人饮之者甚多。

(四) 娱乐

节日里东京居民的一项重要活动就是游玩,玩的方式很多,主要有以下几种。

1. 关扑

元正、冬至、寒食三大节,允许京城居民关扑三天,政府各级官员放假七天③,上至皇帝、官僚,下至庶民百姓都参与这一活动,连妇女也不甘落后,"向晚贵家妇女,纵赏关赌"④。所谓关扑,就是一种通过赌博买卖物品的娱乐方式,又叫扑卖,宋代非常流行,在宋代文献和话本中随处可见,伊永文先生的《宋代市民生活》一书第232—245页有详细描述。

2. 观灯、看戏

元宵观灯是宋人最主要、最热闹因而也最有吸引力的娱乐活动。东京城被装扮成灯的海洋,大内宣德楼前搭山棚彩灯,"灯山上彩,金碧相射,

---

① 《东京梦华录注》卷八《中秋》,第215页。
② (唐)徐坚等:《初学记》卷二七《宝器部·菊第十二》,中华书局1962年版,第665页。
③ (宋)王楙撰,郑明、王文锦点校:《野客丛书》卷一六《大节七日假》,中华书局1987年版,第180页。
④ 《东京梦华录注》卷六《正月》,第154页。

锦绣交辉"。"彩山左右以彩结文殊、普贤，跨狮子、白象，各于手指出水五道，其手摇动，用辘轳绞水上灯山尖高处，用木柜贮之。逐时放下，如瀑布状。又于左右门上，各以草把缚成戏龙之状，用青幕遮笼，草上密置灯烛数万盏，望之蜿蜒如双龙飞走。自灯山至宣德楼横大街，约百余丈，用棘刺围绕，谓之棘盆。内设两长竿，高数十丈，以缯彩结束，纸糊百戏人物，悬于竿上，风动宛若飞仙"。① 其制作之精妙，场面之壮观可见一斑。马行街南北几十里，夹道多药肆巨富之家，"烧灯尤壮观，故诗人亦多道马行街灯火"。② 诸军营人不许夜游，"各以竹竿出灯球于半空，远近高低，若飞星然"。各寺院灯也竞出新奇，以招游人，其中相国寺的诗牌灯，以木牌制成，雕上文字，外照纱绢，内进而燃灯，依次排定，可谓灯节赛诗会。人们纷纷涌上街头、寺院等处观灯。"万街千巷，尽皆繁盛浩闹"③；"宣和六年正月望日，京师宣德门张灯，贵近家皆设幄于门外，两庑观者亿万"④。真可谓人人观灯，万人空巷。

同时，观灯与看戏相结合。当时"歌舞百戏"，"乐声嘈杂十余里"，街头上有杂技表演："击丸蹴鞠，踏索上竿，赴野人倒吃冷淘，张九哥吞铁剑"；魔术："李外宁药法傀儡，小健儿吐五色水，旋烧泥丸子"；动物表演："猴呈百戏，鱼跳刀门，使唤蜂蝶，追呼蝼蚁"，等等，还搭建舞台——乐棚，"差衙前乐人作乐杂戏，并左右军百戏在其中"，"露台弟子，更互杂剧"，"万姓皆在露台下观看，乐人时引万姓山呼"⑤。每个坊巷口无乐棚处，另设小影戏棚子以供本坊儿童观看，真如南宋刘昌诗《上元词》所云："宫漏永，御街长，华灯偏共月争光。乐声都在人声里，五夜车尘马足香。"⑥ 一派歌舞升平、欢乐无比的节日气象。

3. 外出郊游

元宵节"收灯毕，都人争先出城探春"，"大抵都城左近，皆是园囿，

---

① 《东京梦华录注》卷六《元宵》，第165页。
② 《铁围山丛谈》卷四，第70页。
③ 《东京梦华录注》卷六《十六日》，第173页。
④ 《夷坚志》卷八《真珠族姬》，第1624页。
⑤ 《东京梦华录注》卷六《元宵》，第164—165页。
⑥ （宋）刘昌诗撰，张荣铮、秦呈瑞点校：《芦浦笔记》卷十《上元词》，中华书局1986年版，第76页。

百里之内，并无闲地"①。庄绰《鸡肋编》卷上："（寒食）京师四方因缘拜扫，遂设酒馔，携家春游"。柳子厚云："每遇寒食，田野道路，士女遍满"②。清明时节，杨柳青青，自然界生机一片，人们借祭墓踏青郊游。"都城之歌儿舞女遍满园亭，抵暮而归"，自带饮食、玩具，"枣锢、炊饼、黄胖、掉刀、名花、异果、山亭、戏具、鸭卵、鸡雏，谓之内外土仪"，"往往就芳树之下，或园囿之间，罗列杯盘，互相劝酬"。③《清明上河图》更直观形象地为我们展示了清明时节宋代都市居民出行的生活图景。重阳节人们登高宴饮，"都人多出郊外登高，如仓王庙、四里桥、愁台、梁王城、砚台、毛驼冈、独乐冈等处宴聚"④。

三　节日消费市场

不论是传统节日还是节气性节日，人们的消费都突破自给自备的方式，依赖于市场。这些市场主要有以下几类。

（一）饮食消费市场

节日市场，缘于供应节日的特殊之需，当时各类节日食品都可在市场购买。

上元节日食品市场最为丰富多彩。东京人喜欢吃焦䭔，"最盛且久，又大者名柏头焦䭔。凡卖䭔必鸣鼓、谓之䭔鼓。每以竹架子出青伞，缀装梅红镂金小灯毯儿，竹架前后亦设灯笼，敲鼓应拍，团团转走，谓之打旋，罗列街巷，处处有之"。⑤卖䭔者很注意与灯节气氛的和谐，以吸引顾客。又如"圆子"（元宵）、"盐豉汤""科斗羹"等都可在市场上买到。"京人以绿豆粉为科斗羹，煮糯为丸，糖为臛，谓之圆子。盐豉捻头，杂

---

① 《东京梦华录注》卷六《收灯都人出城探春》，第175、176页。
② （宋）罗大经撰，王瑞来点校：《鹤林玉露》乙编卷五《启运宫望祭殿》，中华书局1983年版，第199页。
③ 《东京梦华录注》卷七《清明节》，第178页。
④ 《东京梦华录注》卷八《重阳》，第216页。
⑤ 《岁时广记》卷一一《上元中·咬焦䭔》，第116页。

肉煮汤，谓之盐豉汤，皆上元节食也。"① 再如节日水果，"京师贾人预畜四方珍果，至灯夕街鬻。以永嘉柑实为上味，橄榄绿橘，皆席上不可缺也"。它如"都下（宣德门）卖鹌鹑骨饳儿、圆子餡、拍白肠、水晶鲙、科头细粉、旋炒栗子、银杏、盐豉汤、鸡段、金橘、橄榄、龙眼、荔枝，诸般市合，团团密摆"。② 清明时节，"坊市卖稠饧、麦糕、乳酪、乳饼之类"。③ 东坡诗云："不比卖饧人，又有吹箫卖饧事"；宋祁《寒食诗》云："草色引开盘马路，箫声催暖卖场天。"梅尧臣诗云："千门走马将开榜，广市吹箫尚卖饧。"黎蘧野人《寒食诗》云："流水有人题坠叶，吹箫何处卖煎饧。"④ 因为寒食节期间禁烟禁火，所以"京都寒食多畜食品，故谚有寒食十八顿之说，又云馋妇思寒食"⑤。实际上家中不生火，人们或节前早准备好食物或就街市上旋买饮食。都城郊外，则"四野如市"，小贩们尾随而至，兜售节日食品。端午节市上出售粽子、香糖果子、白团等食品。中元节"耍闹处亦卖果食、种生、花果之类"。⑥ 中秋节主要是水果市场、酒店和夜市十分兴盛。酒店出售新酒，为了增加销量，酒店主人"重新结络门面彩楼，花头画竿，醉仙锦旗"，将酒店装饰一新，"世人争饮，至午未间"，这时家家备办酒食。晚上，"民间争占酒楼玩月，丝篁鼎沸"；"贵家结饰台榭"，登台酌酒高歌，通宵赏月，"夜市骈阗，至于通晓"。⑦ 重阳节，店铺出售重阳糕。人们赏菊花，饮菊酒，酒店也用菊花装饰。"酒家皆以菊花缚成洞户"，招揽食客。

由以上可看出，节日食品已有专门的销售市场，较集中的是酒店，所以酒店在节日里生意繁忙。其次是夜市，其他的市场主要分散在各坊市。

（二）娱乐消费市场

由于关扑集娱乐游戏与赌博买卖于一身，小额的赌博有可能获得丰厚的财物，加之节日期间，人们手头多少有几文钱，倘能在娱乐中获得意外

---

① 《岁时广记》卷一一《上元中·卖节食》，第117页。
② 《东京梦华录注》卷六《十六日》，第173页。
③ 《东京梦华录注》卷七《清明节》，第178页。
④ 《岁时广记》卷一五《寒食上·卖稠饧》，第161页。
⑤ 《岁时广记》卷一五《寒食上·畜食品》，第163页。
⑥ 《东京梦华录注》卷八《中元节》，第211页。
⑦ 《东京梦华录注》卷八《中秋》，第215页。

收获，那岂不妙哉？正是基于这样的心理，东京城市节日关扑成风，"坊巷有以食物，动使，果实，柴炭之类，歌叫关扑"。当时东京马行潘楼街、州东宋门外、州西梁门外踊路、州北封丘门外及州南一带，皆结彩棚，实际上已形成关扑市场，范围之大，东西南北方皆有。关扑物品小者如"铺陈冠梳、珠翠、头面、衣着、花朵、领抹、靴鞋、玩好类"；① 大者如车马、地宅、歌童舞女等。《云麓漫钞》载："掔扑食物，法有禁。惟元正、冬至、寒食三节，开封府出榜放三日，或以数十筋银，或以乐艺女人为一掷，其他百物无不然。"② 但以季节性和节日用品为主。如元宵节"多扑元夕所用百只灯笼之具"③，寒食节"大纵蒲博，而博扇者最多，以夏之甚迩也"。

《醉翁谈录》记载东京东华门外灯市上的灯有灯球、灯槊、绢灯笼、日月灯、诗牌灯、镜灯、字灯、马骑灯、风灯、水灯、琉璃灯、影灯等，琳琅满目。

还有专门卖小孩玩具的市场，所卖玩具大多新颖别致。寒食时节"民间又卖小秋千以悦儿童，团沙为女儿。立于上，亦可举之，往来上下，又以木为之，而加彩画者甚精"；"又造輎輧以卖，其长尺许，其大称之，以木为之最精，亦可编竹为之者，其粗者桃花车儿，辕轮帘盖以皆具，以木为牛，皆可运行，或为载土车，水车，其制不一"。④ 这真是一种制作水平很高，生动形象的玩具车。七夕节时，潘楼街，宋门外瓦子，北门外，朱雀门外街及马行街等处的七夕市所卖的"磨喝乐"，"乃小塑土偶耳，悉以雕木彩装栏座，或用红纱碧笼，或饰以金珠牙翠，有一对直数千者"。⑤ 这种玩具制作用料讲究，价格昂贵，非一般士庶之家买得起。《醉翁谈录》卷四云："京师是日多博泥孩儿，端正细腻，京语谓之摩喝罗。小大甚不一，价亦不廉。或加以男女衣服，有及于华侈者。"但其销售量甚大。《岁时广记》卷二十六记："摩喝乐，南人目为巧儿，今行在中瓦子后市街众安桥，卖摩喝乐最为旺盛。惟苏州极巧、为天下第一，进入内庭者，以金

---

① 《东京梦华录注》卷六《正月》，第154页。
② 《云麓漫钞》卷五，第81页。
③ （宋）金盈之撰，周晓薇点校：《醉翁谈录》卷三（正月），辽宁教育出版社1998年版，第10页。
④ 《岁时广记》卷一六《寒食下·小车儿》，第175—176页。
⑤ 《东京梦华录注》卷八《七夕》，第209页。

银为之。"其他儿童玩具,见于记载的还有木刀枪、小扇、小弓箭等。传世的李嵩的《货郎图》即是负担小贩出售玩具的生动写照。

(三) 饰品消费市场

节日里人们走亲访友,出外郊游,很讲究穿着打扮,富人的代步车子、轿子也被装扮一新,所以装饰品消费成为居民的一项重要支出。市场上出售这类饰品的也很多。前述"冠梳、珠翠、头面、衣着、花朵、领抹、靴鞋"等都被列为关扑物品,在元旦新年时,"小民虽贫者,亦须新洁衣服"。灯展之夜,东京妇女们佩戴小灯球、小灯笼,如枣粒般大小,用珠翠装饰自己,犹如去赴首饰大赛。街市上"又卖玉梅、雪梅、雪柳菩提叶及蛾蜂儿等,皆绘楮为之。古词云:'金铺翠蛾毛巧,是功夫不少,闹蛾儿拣了蜂儿卖,卖雪柳宫梅好。'又云,'灯球儿小,闹蛾儿颤,又何需头面。'"[①] 还有一种"纸飞蛾"的头上装饰品,"都人上元以白纸为飞蛾,长竹梗标之,命从卒插头上"。白天不觉其异处,到晚上,当插上它的人在灯火人流中穿行时,由于"纸轻竹弱,纷纷若飞焉"。仿佛蝴蝶在人头上飞舞。打扮装饰的不光是女人,男人也有装饰物,"又作宜男蝉,状如纸蛾,而稍加文饰,又有菩提叶蜂儿之类"。[②] 富人们坐的车子,车前挂灯,依照灯球、灯笼做成,不用火,专门做车饰,"其精纤华焕,天下不能为"。[③] 清明节富人们踏春的轿子也"以杨柳杂花装簇顶上,四垂遮映"。[④] 端午节,原本用来装饰门户的"百索"也被人们用来装饰臂膀,"今有百索,即朱索之遗事也……本以饰门户,而今人以约臂"。[⑤] 当时潘楼下、丽景门外、阊阖门、朱雀门外、相国寺东廊、睦亲广亲宅前,皆卖"鼓扇百索"。七夕节时,官府与富贵人家搭盖的乞巧楼,相当华丽。太平兴国二年(977年)仅装饰一次,就用银六千两。[⑥]《醉翁谈录》云:"中秋,京师赏月异于他郡,倾城人家子女不以贫富,自能行至十二、三,皆以成人之服饰之,登楼或于中庭焚香拜月,各有所期。"

---

① 《岁时广记》卷一一《上元中·戴灯球》,第117页。
② 《岁时广记》卷一一《上元中·纸飞蛾》,第117页。
③ 《岁时广记》卷一《上元上·坐车灯》,第105页。
④ 《东京梦华录注》卷七《清明节》,第178页。
⑤ 《事物纪原》卷八《岁时风俗部·百索》,第436页。
⑥ 《宋会要辑稿》番夷7之7。

（四）其他节日消费市场

立春时为了满足居民喜欢春牛的愿望，市场上出售有小春牛。"（开封）府前左右，百姓卖小春牛，往往花装栏座上，上列百戏，春蟠雪柳。"尤其是富贵人家多买来相互馈赠。《岁时广记》卷十二六载："东京潘楼前有乞巧市，卖乞巧物，自七月初一为始。车马喧阗，七夕前两三日，车马相次壅遏。不复得出，至夜方散。其次丽景、保康、闾阖门外及睦亲、广亲宅前，亦有乞巧市，然皆不及潘楼。"司马光有《和公达过潘楼观七夕市》诗云："帝城秋色新，满布翠帘张。伪物逾百种，烂漫侵数坊。谁家油壁车，金碧照面光。土偶长尺余，买之珠一囊。"①土偶又称巧儿，大多饰以金珠牙翠，一对能值数千，买者可得一袋珠子。所以周宝珠先生说"这个七夕市实则是一个推销高级奢侈品的市场"②。中元节前市场上卖明器最多，"靴鞋、幞头、帽子、金犀假带、五彩衣服，以纸糊架子，盘游出卖"，连祭祖的食品亦有卖，才天亮"即卖穄米饭"，且"巡门叫卖"③。另外，"佛教之尊胜经、目莲经印刷品"亦很畅销。还有"儿童唱卖洗手花（鸡冠花）以供祖先"④。十二月二十四日的交年节，市场上备好过年的物品出售。"近岁节，市井皆印卖门神、钟馗、桃板、桃符及财门钝驴，回头鹿马、天行帖子，卖干茄瓠、马牙菜、胶牙饧之类，以备除夜之用。"⑤

其他还有：京师上元节有各种香药出售，如"独体朱砂丸、龙脑丸、橄榄丸、梅花丸、药丁香，又以药丁香为字及花，皆谓之宵夜果子。又货茶丁香，今行在三省大门前金葫芦张家，卖独体朱砂圆，每帖一百贯"⑥。

总之，节日消费市场非常活跃，围绕节日的商品品种多样，可以说吃穿用玩的商品均可在节日市场上买到，而且价格有高有低，适合各个层面的消费者需求。

---

① （宋）司马光撰：《传家集》卷三《和公达过潘楼观七夕市》，四库本第1094册，第22页。
② 周宝珠：《宋代东京研究》，河南大学出版社1992年版，第295页。
③ 《东京梦华录注》卷八《中元节》，第211—212页。
④ （宋）袁裹撰：《枫窗小牍》卷下，中华书局1985年版，第22页。
⑤ 《东京梦华录注》卷十《十二月》，第249页。
⑥ 《岁时广记》卷一一《上元中·货香药》，第117页。

四 节日消费特征及其意义

（一）节日里，人们的消费欲望较强

这又与传统观念有关，所以当时即使再穷的人也要想方设法备办节日物品。正月一日年节"小民虽贫者，亦须新洁衣服，把酒相酬尔"。① 冬至，"虽至贫者，一年之间，积累假借，至此日更易新衣，备办饮食，享祀先祖"。② 还有张方平所说的"彼穷乡荒野，下户细民，冬正节腊，荷薪刍入城市，往来数十里，得五、七十钱，买葱茹盐醯，老稚以为甘美，平日何尝识一钱"，③ 等等，都是记述贫穷百姓在过节时的消费状况，主要是在吃穿方面。至于富人家过节，从衣服、用具的华丽到饮食的讲究、娱乐的多样，完全是穷人望尘莫及的。但无论穷人还是富人，他们共同的特征就是都有较强的消费欲望，而这是促成节日消费市场形成的前提条件。

（二）节日消费相对集中

有关行业利用节日商机为人们提供了丰富的商品，由此形成了独特的节日市场。这些节日市场有固定的地点，如上元灯节东华门外的"灯市"；端午节潘楼下、朱雀门内外、相国寺东部的"鼓扇百索市"；七夕乞巧节潘楼的"乞巧市"；马行潘楼、洲东、西、南、北的关扑娱乐市场、酒店、瓦子、舞场歌馆以及分散于各坊市的儿童玩具、男女饰品市场，等等，连祭祀祖先用的各种明器都直接由市场供应，节日里人们上街采购自己喜爱的物品成为其主要活动之一。贫穷居民较主要的消费集中在节日里。所有这些说明宋代商品经济得到了迅速发展，城市居民生活水平有所提高，人们对市场的依赖程度大大提高了。

---

① 《东京梦华录注》卷六《正月》，第154页。
② 《东京梦华录注》卷十《冬至》，第234页。
③ （宋）张方平：《乐全集》卷二六《率钱募役事》，四库本第1104册，第277页。

(三) 节日消费随季节更替而变化

由以上分析我们看到，节日在某个季节，其节日食品好多与那个季节所产物品有关，其中尤其是水果、蔬菜。水果比较集中的季节是六月至八月，如六月的"义塘甜瓜、卫州白桃、南京金桃、水鹅梨、金杏、小瑶李子、红菱、沙角儿、药木瓜、水木瓜"；[①] 八月中秋时有石榴、榅勃、梨、枣、栗、葡萄、弄色桠橘等新上市。当瓜果蔬菜上市时，东华门外"市井最盛，禁中买卖在此"，诸阁妃子争先尝鲜，致使新上市的茄瓠之类蔬菜"每对可直三五十千，诸阁纷争以贵价取之"。[②] 前面提到节日的主要娱乐活动关扑相关物品是以季节性的节日用品为主。另外东京还出现了一种随时节变化而经营各种节日食品的食品店：阊阖门外的张手美家，"水产陆贩，随需而供，每节则专卖一物，遍京辐凑，号曰浇店"[③]。该店的节日食品有元日的元阳脔，上元的油画明珠，寒食的冬凌粥，端午的如意圆，七夕的摩睺罗饭，中秋的玩月羹，重阳的米锦（糕），冬至的宜盘，腊日的萱草面，腊八的法王料斗。这进一步说明人们在节日里依赖市场进行消费的存在。这样一个大型食品店以经营节日食品为其特色以致"遍京辐凑"，生意之火，可以想见，同时也说明节日市场的短暂性消费特点。

(四) 节日消费以吃、穿等生活性消费为主，但娱乐等享受性消费所占比重在增加

节日的另一重要含义就是消遣、休息、娱乐，所以重要节日，官员放假，士兵暂停训练，太学生放假，甚至有些商人也关门回家，专一过节。当然很多买卖同时也是一种娱乐，如前说的关扑。另外在新颖的儿童玩具市场和琳琅满目的灯市里挑选一件自己喜爱的玩具和灯笼作为给自己或亲朋的节日礼物，本身也是一件十分惬意的事。周宝珠先生说："节日与经济买卖、文化娱乐相结合。"[④] 何况节日里还有观楼看戏、游园登高、走亲

[①]《东京梦华录注》卷八《是月巷陌杂卖》，第207页。
[②]《东京梦华录注》卷一《大内》，第32页。
[③]（宋）陶谷撰，郑村声，俞钢整理：《清异录》卷下《馔羞·张手美家》，《全宋笔记》第一编第二册，大象出版社2003年版，第107页。
[④]《宋代东京研究》，第563页。

访友等众多娱乐活动项目。虽然由于资料的原因我们不能得出东京城市居民节日里的娱乐消费在其整个节日消费中所占具体比重的数字，但我们从节日消费市场的种类以及宋代社会经济较前代发达的事实仍可以断定：娱乐消费所占比重比前代有所增加。

但我们也要看到东京城市节日消费背后所存在的问题。首先是严重的两极分化，如富人装饰乞巧楼，一次就用银六千两，这是贫穷居民一辈子也不敢想的。他们只能"积累假借"，"荷薪刍人城市，得五七十钱"，甚至在年节来临时"即有贫者三数人为一火，装妇人神鬼，敲锣击鼓，巡门乞钱"，① 所以其消费力是十分有限的，享受性娱乐消费则根本轮不到他们。其次，节日里城市的表面繁华饱含老百姓的辛酸和泪水。如上元夜东京城里最辉煌、最壮美的灯展，其经费来源，除官府公库支出一部分外，其余大部分是向民间科取。神宗元丰年间，福州太守刘瑾为上元张灯，"不问贫富，每户科灯十盏"，搞得民不聊生，陈烈以诗题鼓门大灯笼上云："富家一椀灯，太仓一粒粟。贫家一椀灯，父子相聚哭。风流太守知不知？惟恨笙歌无妙曲。"② 寺院张灯经费主要靠和尚们云游化缘得来，实际上也是来自民间老百姓，这都是封建剥削本质所决定的。

以上是对北宋东京城市节日活动及其消费情况和消费特征的探讨，从中可以看出，宋代东京的节日消费有其独特特征，它既是宋代商品经济发展后推动城市经济发展的必然结果，又带动了城市相关行业如饮食、商业、零售业、娱乐等的发展。同时这种节日消费又具有季节性、短暂性、两极分化和剥削性等特点。

（原文发表于《中国社会经济史研究》2003 年第 3 期，此次收入再次逐一核对史料并修改了错别字）

---

① 《东京梦华录注》卷十《十二月》，第 249 页。
② （宋）吕祖谦编，齐治平点校：《宋文鉴》卷一三《题灯》，中华书局 1992 年版，第 170 页。

试析北宋东京的肉类消费

马克思在论及生产和消费的关系时说："生产直接是消费，消费直接是生产。""没有生产，就没有消费；但是没有消费，也就没有生产。"① 生产和消费是互相依存，密不可分的。这里所说的肉类消费已远远不同于原始人依靠自然力的狩猎而获得的肉类，而是社会生产力发展、商品经济发达后的结果。

东京作为北宋都城，人口最多时逾百万，居住着皇室贵族、官僚地主、大小工商业者、士兵及其家属、文人、手艺人、僧侣、游民等各个阶层，他们或部分或全部依靠市场而生存，"市井经纪之家，往往只于市店旋买饮食，不置家蔬"。② 因此他们构成了城市消费主体。那么城市市场又为他们提供了哪些肉类消费品呢？

当时东京市场上的肉类，从肉的显现状态来看，可分为生肉类和熟肉类；从肉类的来源来看，又可分为畜产类、水产类、家禽野味类。各种肉类从贩运到屠宰再到销售都自成体系。史界学者多把肉类消费放在城市副食品供应和饮食生活上去探讨，本文拟从消费与生产的关系上来探讨肉类消费和与之相关行业的关系。

一 畜产类

这是东京城市肉类消费的主要来源，主要有以下几种。

---

① ［德］马克思：《政治经济学批判导言》，《马克思恩格斯选集》，人民出版社1975年版，第93—94页。
② 《东京梦华录注》卷三《马行街铺席》，第111页。

（一）羊肉

宋人视羊肉为贵重食品，上至皇室贵族下至庶民百姓对之都喜爱有加，因此是肉类消费中的大宗消费品。皇室"饮食不贵异味，御厨止用羊肉，此皆祖宗家法"①，成为羊肉消费的大户。首先，真宗时"御厨岁费羊数万口"，仁宗嘉祐三年（1058年）以前"日宰280羊，以后日宰40羊"②。由此可知御厨食用羊肉最多时达每年102200只，如每只羊可宰杀15斤肉，则可得153万多斤肉。其次，政府诸司、祭祀、赏赐大臣等均需大量的羊。据载：大中祥符三年（1010年）四日，"诏牛羊司每年栈羊三万三千口，委监官拣少嫩者栈圈，均兼供应。四月至十一月每支百口，给栈羊五十口。十二月至三月每支百口，给七十口"。③再次，地方官的俸禄里有羊。依其官位的高低，每人每月2只到20只不等④，仅此一项，每年即需羊百余万只。但如果说皇室、政府赏赐大臣和地方官的俸禄对羊的消费主要是靠官市或杂买务采买、政府调拨或地方进献，还只是部分依靠市场的话，那么东京市场上所消费的羊肉则完全是城市居民消费羊肉的主要渠道。羊被贩运到东京城后有专门的屠宰作坊负责宰杀，肉行负责销售。销售方式有开铺坐营，推车走街串巷行营两种。肉行店铺全天经营，生熟皆备，买多买少，全由买者做主，且价格便宜。"坊巷桥市，皆有肉案，列三五人操刀，生熟肉从便索唤，阔切、片批、细抹、顿刀之类，至晚即有煨爆熟食上市。凡买物不上数钱，得者是数。"⑤"每人担猪羊及车子上市，动则百数。"⑥说明推车走街串巷的消费方式更灵活，更方便居民，因而销售量亦很可观。

唐慎微《证类本草》云："羊肉，味甘，大热、无毒，主缓中，字乳余疾、及头脑大风汗出，虚劳寒冷，补中益气，安心止惊。"⑦由于有如此大的药用价值，宋人普遍流行食用羊肉强身补体，他们把羊髓、羊肺、羊

---

① 《长编》卷四八，第11416页。
② 《长编》卷一八七，第4506页。
③ 《宋会要辑稿》职官二一之一一。
④ 《宋会要辑稿》职官五七之九至一五。
⑤ 《东京梦华录注》卷四《肉行》，第129页。
⑥ 《东京梦华录注》卷三《天晓诸人入市》，第117页。
⑦ 《重修政和证类本草》卷一七《杀羊脚》，四部丛刊初编。

心、羊肉、羊肾等都用作食疗、食补的佳品，所以宋人周煇说："盖西北品味，止以羊为贵。"① 这种观念在宋人著作中颇为常见，如朱彧《萍洲可谈》卷二谓"乳羊肉大补羸"，尤为珍贵，即使御厨也供应有限。如神宗时一年御厨常支"羊羔儿一十九口"，哲宗时高太后听政，"御厨进羊乳房及羔儿肉"，"下旨不得宰羔羊以为膳"②。庶民百姓在举行订婚大礼时，已将羊肉列为必备礼品之一③。

市场上除销售生羊肉外，还销售以羊肉为主要原料制成的熟肉菜肴，主要由肉行大小酒店、店铺、夜市、街上零卖担子等出售，是饮食业的一个重要方面。据《东京梦华录》所记这类熟羊肉菜肴主要有：炖羊、入炉羊、头乳饮羊、闹厅羊、虚汁垂丝羊头、羊头签、蒸羊头、羊脚子、汤骨、羊肚、羊腰、煎羊白肠、软羊、羊杂碎等三四十种。可以说从羊头到羊脚，从羊肉到羊骨再到内脏都已入菜，且买卖方式灵活，如夜市上的"批切羊肉""旋煎羊白肠"等适合消费者零碎、求快的要求。大食店主要满足中上层消费者需求，且需求量大。"大凡食店，大者谓之分茶，则有头羹……白肉胡饼、软羊、大小骨肉、入炉羊、软羊面。……又有瓠羹店，门前以枋木及花样沓缚如山棚，上挂成边猪羊，相间三二十边。"④中下层消费者亦不在少数，夜市、"零担挑子"的消费对象自不必说，就是进入大酒店的，未必都是腰囊丰厚的上流酒客。银钱不多或者买酒较少的顾客，一般就座于楼下厅院，这些地方称"门床马道"，也能买上一二碟熟羊肉、一壶酒，自斟自饮，自得其乐。何况东京城里还有无数的小酒店。另外，羊肉还用来制酒即羊羔酒，"街南遇仙正店，前有楼子后有台，都人谓之台上，此一店最是酒店上户。银瓶酒七十二文一角，羊羔酒八十一文一角。"⑤ 从其销售于酒店正店和价值不菲看来，这是一种质量上乘的酒。

羊肉消费，一方面有发达的养羊业的支撑，另一方面它又是养羊业存在和发展的原因和目的。养羊业在宋代畜牧业中占重要的地位，分为官府经营和民间牧养。官府经营养羊业主要是为宫廷提供肉食和皮毛，专设牛

---

① 《清波杂志校注》卷九《猫食》，第 403 页。
② 《宋会要辑稿》职官二一之三、十。
③ 《东京梦华录注》卷五《娶妇》，第 144—145 页。
④ 《东京梦华录注》卷四《食店》，第 127—128 页。
⑤ 《东京梦华录注》卷二《宜德楼上省府宫字》，第 52 页。

羊司负责经营管理。牛羊司实际上主要是养羊,其职责是"掌畜牧羔羊,栈饲以给烹宰之用"。饲养规模很大,仅经营者就有:"广牧指挥1126人;牛羊司中羊的存栏数目达33000只之多。"① 京师之北的大片草地,"乃官民放养羊地"②。此外,地方上也有不少官牧羊,如仁宗时,陕西一地就有16000余只③。民间养羊业更为发达特别是北方地区,太原一带几乎家家有之,如神宗时知太原府的韩绛言当地"驼与羊,土产也,家家资以为利"④。南方地区的养羊业虽不及北方之盛,但也较普遍,如江东歙州:"歙之南境,羊昼夜山谷中,不畏露草。"⑤

民间养羊除少量自行消费外,大部分是直接投放市场以满足城市居民羊肉消费需求。但由于宋代羊肉消费量巨大,如前述仅御厨、地方官"俸禄羊"每年就需数百万只,仅靠国内养羊远不能满足其需要,因此北宋每年还从辽国通过榷场博买数万头羊⑥,以及通过陕西榷场从西夏购进两万只羊入京⑦。尽管这种贸易是有限的以至还成为西夏侵宋的一个动机⑧,但对宋辽、宋夏间的贸易多少起了些作用。

正是官私养羊业的发展提供了皇室、贵族官僚以及东京城市市场上羊肉消费品,反过来,对羊肉的消费又促进了养羊业的发展。

(二) 猪肉

东京城猪肉的消费仅次于羊肉。活猪多从南薰门入城,这里因与大内相对,"其门寻常士庶殡葬车舆皆不得经由此门而出,谓正与大内相对,唯民间所宰猪,须从此入京,每日至晚,每群万数"⑨。可见,宋官府对人们消费猪肉的重视。朱雀门外以南有一条小巷称"杀猪巷",是杀猪作坊的集中所在。市场上生猪肉的销售也同羊肉销售一样,分肉行店铺和推车

---

① 《宋会要辑稿》食货四二之九、二一之一一。
② (宋)孔僴:《宣靖妖化录》,《说郛》卷四三,中国书店1986年版,第1页。
③ 《欧阳修全集》卷一一八《乞住买羊》,第1818页。
④ 《长编》卷二七九,第6836页。
⑤ (宋)罗愿:《新安志》卷二《叙物产》,宋元方志丛刊,第7623页。
⑥ 《长编》卷二一一,第5136页。
⑦ 《宋史》卷一八六《食货志·互市舶法》,第4563页。
⑧ 李华瑞:《宋夏关系史》,河北大学出版社1998年版,第337页。
⑨ 《东京梦华录注》卷二《朱雀门外街巷》,第58页。

走街串巷的零卖两种方式，销售量非常可观，仅零卖一种"每人担猪羊及车子上市，动及百数"。在《清明上河图》中可看到一家肉店门口挂着半个猪身的肉块，亦可看到背街处有人户养的猪在跑动①。

由于猪肉价廉物美，如前述肉行"凡买物不上数钱，得者是数"，因此猪肉菜肴深受平民百姓喜爱。《东京梦华录》所记这类菜肴有：烧肉、煎肉、熬肉、冻肉、煎肝、杂熬蹄爪、旋炙猪皮肉、肉饼、爆肉等。猪内脏的烹制方法也较多，仅猪腰子一项即有焙腰子、盐酒腰子、脂蒸腰子、荔枝腰子、角炙腰子、二色腰子、赤白腰子、烧腰子腰肾杂碎等十多个品目。宋人烹制猪肉的厨技已相当高妙。如"东坡肉"，据记载，苏轼被贬至僻远的黄州做官时，发现当地"猪牛獐鹿如土，鱼鳖不论钱"，"鱼稻薪炭颇贱，甚为贫者相宜"②，于是惊喜异常，天天以猪肉为肴，还逐渐掌握了烧制猪肉的诀窍："慢着火，少着水，火候足时他自美。"四川人称之为"东坡烧肉十三字诀"。苏轼还写有一首"食猪肉"的诗："净洗锅，少着水，柴头奄烟焰不起。待他自熟莫催他。火候足时他自美。黄州好猪肉，作贱如泥土。贵人不肯吃，贫人不解煮。早晨起来打两碗，饱得自家君莫管。"③至今还在黄州民间流传。元祐四年（1089年），苏轼又至杭州任职，他组织民工疏浚西湖，工程完成后，他如法炮制，烧猪肉来慰劳民工，大家食后，感到此肉酥味美，肥而不腻，遂尊称为"东坡肉"。从此以后，"东坡肉"成为杭州一大名菜。苏轼的贡献是将这种"富者不肯吃，贫者不解煮"、民间多而贱的猪肉从乡村推广到城市，既丰富了人们的食物结构，又为养猪业、猪肉及其制品的商品化开辟了道路。

再如猪头肉的烹制，据惠洪《冷斋夜话》卷二"僧赋蒸豚诗"载："王中令既平蜀，捕还余寇，与部队相远，饥甚，入一村寺中。主僧醉甚，箕踞。公怒，欲斩之。僧应对不惧，公奇而赦之，问求蔬食。僧曰：'有肉无蔬'，公亦奇之。馈之以蒸猪头，食之甚美。公喜，问僧：'止能饮酒肉耶？为有他技也？'僧自言能为诗，公令赋食蒸豚诗，援笔立成。曰：'嘴长毛短浅含膘，久向山中食药苗。蒸处已将蕉叶裹，熟时兼用杏浆浇。红鲜雅称金盘钉，软熟真堪玉箸挑。若把膻根来比并，膻根只合吃藤条。"

---

① 《宋代东京研究》，第314页。
② 《苏轼文集》卷四九《与章子厚参政书二首》，第1412页。
③ 《苏轼文集》卷二《猪肉颂》，第597页。

这条史料告诉我们：第一，和尚喜食猪肉，对猪的习性、肉质相当了解。"浅含膘"说明不肥也不瘦。"久向山中食药苗"说明猪是野外放养的山猪，肉味最好。第二，"有肉无蔬"，说明猪肉成了他们的生活必需品。第三，蒸猪肉的方法是先用蕉叶裹着蒸，蒸熟后再用杏浆浇透，这样制成的猪头肉既香软，又红鲜悦目，色香味俱全，就是当时人们最珍视的羊肉也不能与之比美。一个乡村寺庙的和尚把猪肉做得如此之味美，足见猪肉在民间的普及。

猪肉的消费来自养猪业和贩猪业。宋代由于商品经济和家庭养殖业的发展，在一些发达地区出现了养猪业和贩猪专业户。如"秀州东城居民韦十二者，于其庄居豢豕数百，散市杭秀间数岁矣"。①"江陵民某氏，世以圈豕为业"②。这二位都是以养猪为业的专业户。另外，各地还因地制宜发展养猪业。如近水地区，利用萍藻和水生植物作为猪的饲料。元代王桢《农书·农桑通诀集之五·养猪类》中记录宋元时期的养猪经验说："尝谓江南水地多湖泊，取萍藻和近水之物，可以饲之。"又说山区养猪："凡占山者用橡食，或食药苗，谓之山猪，其肉为上。"前说村寺和尚的诗"久向山中食药苗"就是指此。就连《清明上河图》里也不忘反映城郊人家的养猪信息。前述东京城的生猪贩运规模每群高达万头，且从一般士庶也难以通行的南薰门进入，足见官府对生猪调运的重视。养猪业和生猪贩运业的兴盛，保障了城市猪肉消费；同时，城市猪肉消费的增加又是养猪业贩猪业存在的目的之所在。

（三）牛肉

宋代绝大部分地区有养牛业。如南方地区的浙东、福建、广西等地养牛业十分发达，既有水牛，也有黄牛。北方地区的京西是重要产牛地，"南阳黄牛"至今闻名于世。连僻在深山的房州，养牛业也很发达，典型的如居民焦氏，在整个北宋时，家中一直饲养耕牛达千头之多③，堪称养牛业之巨子和养牛巨家。

---

① （宋）何薳撰，张明华点校：《春渚纪闻》卷三《悬豕首作人语》，中华书局1983年版，第51页。
② 《夷坚支景》卷一《江陵村侩》，第883页。
③ 《夷坚乙志》卷四《张文规》，第211页。

但不同于养羊养猪业的是,养牛业的主要目的是用于耕作以及鞔役拉车,而非作肉食品消费,所以熙宁十年(1077年)的宫廷食谱以及《东京梦华录》等书中没有消费牛肉的记载。当然,这并不是说宋代就没有屠牛者,或宋人就不吃牛肉,而是因为宋政府从保护耕牛,发展农业生产出发,制定有"禁屠牛"政策。然而,社会上贩牛、杀牛、卖其肉、吃其肉者仍盛行不已,这主要是因为牛肉的消费还是有市场,价格高,有利润可赚。一方面,在宋代一头牛的平均价格为 5—7 贯,可剥下二三百斤肉,而"牛肉一斤价值须百钱,因此一头牛肉可卖到 20—30 贯钱,可有四倍的利润"[①];另一方面,正是官府三番五次的禁令,使牛肉消费者不能公开合法地买得,牛肉贩子和牛肉销售商趁机抬高价格,又使牛肉成为肉中珍品,故而民间盗杀甚众。朝廷不断加重处罚,到南宋时甚至实行连坐法,知情不报者,与杀牛者同罪[②]。《夷坚志》里有很多因屠牛和食牛肉而遭到各种各样报应的相关记载[③],宋人周密还以其亲眼所见和亲身经历说明确有食牛遭报应的事[④],其目的都是宣扬保护耕牛意识。

另外《东京梦华录》卷二有"京师有以屠狗为业者",说明狗肉在东京居民的肉食消费中也占有一定的比重,只是缺乏更多更详细的记载。

二 水产类

(一) 鱼

鱼为水产系的大类。宋代城市经济的发展,人们生活得到改善,使得市场上对鱼的需求量逐渐增加,这又反过来推动了养鱼业的发展。宋代养鱼业从经营方式来看有官府经营的放养池、湖泊、豪强地主经营和农民经

[①] 《宋会要辑稿》刑法二之五。
[②] (宋)窦仪等撰,吴翊如点校:《宋刑统》卷一五《厩库律·故杀误杀官私马牛并杂畜》,中华书局1984年版,第236—237页。
[③] 《夷坚乙志》卷一《食牛梦戒》,卷八《牛鬼》,卷一三《食牛诗》;《夷坚丙志》卷一一《牛疫鬼》;《夷坚支丁》卷二《黄衣妇人》,卷五《淮西牛商》,第191、246、295、460、978、1008页。
[④] 《齐东野语》卷一四《食牛报》,第264页。

营的鱼塘三种类型。其中第二种、第三种类型一般为投放市场，提供消费。汴京周围水道纵横，池沼星布，渔业资源相当丰富，"西有陂兮万顷""鱼鳖凫雁"①。护龙河即是一个大型养鱼场地，刘攽作有一首"观鱼"诗："清濠环城四十里，蒹葭苍苍天接水。使君褰帷乘大舸，观鱼今从北关起。开门渔师百舟人，大罟密罾云务集。小鱼一举以千数，赤鲤强梁犹百十。"② 描写护龙河捕鱼时的壮观场面，使人了解到东京渔产之丰富。

养鱼业的发展，刺激了贩鱼业的兴盛。北宋时，东京所需要的鲜鱼和虾类来源于黄河和淮河，当时运输条件很差，但鱼贩们都自有一套保鲜办法，"淮甸虾米用席裹入京，色皆枯黑"③，浸泡一宿后再用水洗清，则红润如新，芬馥如初。正是养鱼、贩鱼的兴盛，保证了东京城的鱼类消费。

东京城里有专门的鱼行出售鲜鱼，销售量大。"卖生鱼则用浅抱桶，以柳叶间串，清水中浸，或循街出卖。每日早惟新郑门、西水门、万胜门，如此生鱼有数千担入门。冬月即黄河诸远处客运来，谓之'车鱼'，每斤不上一百文。"④ 可见即使在冬天，东京城里都有从黄河诸远处运来的活鱼销售，而且价格便宜。

正因为东京鱼类供应充足，所以街头夜市、大小酒店里，各种鱼类菜肴都有，《东京梦华录》所记有冻鱼头、鳜鱼、紫苏鱼、煎鱼、鳝鱼等。

（二）河鲀鱼鲊

《东京梦华录》卷二"饮食果子"里记有"假河鲀"，《枫窗小牍》（下）记："东坡谓食河鲀值得一死。"这是说，河鲀有毒，烹之不当，则会夺命。所以东京街头食店里的河鲀是有其形而无其实的假河鲀。但苏东坡为何不怕呢？据查，东坡居常州时，里中士大夫家有妙于烹河鲀的，请东坡共享。只见他下箸大嚼，宛如谙者，且还说：也值一死。把苏东坡贪吃河鲀的形象刻画得惟妙惟肖。同时，河鲀的美味也传递下来。所以只有熟悉河鲀的习性，烹法得当，才能享其美味。宋代的费衮就说：河鲀之目

---

① 《宋文鉴》卷二《赋·皇畿赋》（杨侃），第22页。
② （宋）刘攽撰：《彭城集》卷八《七言古诗·观鱼》，丛书集成初编，中华书局1985年版，第94页。
③ 《清波杂志校注》卷一二《行虫飞虫》，中华书局1994年版，第514页。
④ 《东京梦华录注》卷四《鱼行》，第130页。

并其子凡血皆有毒,食者每剔去之,其肉则洗涤数十遍,待色如雪,再烹。苏东坡也提出,煮河鲀用荆芥煮三四次,换水则无毒。①

《东京梦华录》"饮食果子"里记,东京东华门何、吴二家造的鱼鲊是从澶滑河上打鱼斫造的。鲜鱼被贮入荆笼,一路上用水浸泡运入京城。制作时,先控干水分,再倒入物料使之入味,这样鱼肉紧而味道甚美。出售时将做好的鱼鲊切成十数小片为一把,因此又号称"把鲊",名闻天下,以至有"谁人不识把鲊"之语。后来仿此制作方法,人们把虾、蟹、雀、鸡、鸭等肉都做成鲊。如宋人浦江吴氏《中馈录》记黄雀鲊的制作:"每只治净,用酒洗拭干,不犯水,用麦黄红曲,盐椒葱丝,尝味和为止,却将雀入匾坛内,铺一层上料一层装实,以著盖箬篾片芊定,候卤出,倾去,加酒浸,密封久用。"吴自牧在《梦粱录》卷十六中说:鲊"则今之熏鱼、熏鸡、酥鱼、醉蟹、盐水鸡鸭其遗制也"。

(三) 蛤蜊

东京街头有活蛤蜊出售,菜肴有炒蛤蜊。②欧阳修在《京师初食车螯》诗中有"累累盘中蛤,来自海之涯"即指此而言。用蛤蜊肉制成的蛤蜊酱,宋时曾风靡一时,据宋人王巩《清虚杂著》记载:"京师旧未尝食蚬蛤,钱司空始以蛤蜊为酱,于是海错悉醢以走四方。"③

(四) 螃蟹

蟹在宋代被视为"食品之佳味"④,东京城有活蟹出售⑤。食店里蟹菜品种多样,烹制方法有蒸、炒、酿、糟等。如醋赤蟹、白蟹、炒蟹、洗手蟹,等等。其中洗手蟹的做法是:将生蟹拆开调以盐、梅、椒、橙,然后洗手再吃,故称"洗手蟹"。停泊在汴河边的船家妇女也能做这种洗手蟹。有人赋诗道:"紫髯霜蟹壳如纸,薄萄作肉琥珀髓。主人揎腕斫两蟹,点醋揉橙荐新醴。痴样受生无此味,一箸菜根饱欲死。唤渠试与辣釜底,换

---

① 伊永文:《宋代市民生活》,中国社会科学出版社 1999 年版,第 188 页。
② 《东京梦华录注》卷二《饮食果子》,第 73 页。
③ 《宋代东京研究》,第 300 页。
④ (宋)苏颂:《本草图经·虫鱼上》,引自《中国风俗通史》(宋代卷),上海文艺出版社 2001 年版,第 14 页。
⑤ 《东京梦华录注》卷九《立冬》,第 233 页。

取舌头别参起。"① 洗手蟹的做法、美味、吃者的吃态跃然于诗里。

其他的还有鳖虾等。可见，水产类品种丰富，且营养价值高，对这类产品的消费有利于提高居民自身身体素质。

三　家禽野味类

家禽类有鸡、鸭、鹅，东京居民对这类肉的消费不如羊、猪肉多，但菜肴名目亦不少。东京街头有卖"退毛鸡鸭"，而且每天都至"宅舍宫院门前"叫卖②，这使买者减少了宰杀、煺毛、剖脏等的麻烦，同时送货上门，大大方便了人们的购买。《东京梦华录》所记此类菜肴有：鸡脯、炙鸡、包子鸡皮、鸡杂碎、鸡皮麻饮、鸡头穰、鹅鸭排蒸、鹅鸭签、鸡签、熬鸭、熬鸡、鸡雏、鸡段、鸭鲊、盐鸭卵等。野味主要有鹌、鹑、獐、獾、鹿、鸠、鸽、野狐、兔、野鸭、黄雀等。菜肴有：鹑、兔腊脯、獾儿、野狐肉、野鸭肉、盘兔、鸠、鸽野味、炒兔、葱泼兔、煎鹌子、獐巴等。其中兔子肉被宋人视为上等的名贵食品，如苏颂《本草图经·兽禽部》卷十三记："兔，旧不着所出州土，今处处有之，为食物之上品……肉补中益气，然性冷，多食损元气，不可合鸡肉食之。"

四　余论

从上我们可以看出，北宋东京城市居民副食品中的肉类消费可谓品种多样，货源充足，消费量大，其中羊肉是大宗，猪肉次之，其次为鱼类，再次为鸡、鸭、野味等。人们除食鲜肉、讲究鲜味外，还把肉进行腌制加工，以便贮存久用。宋代肉类腌制加工主要采取盐腌法，其制作为："用炒过熟盐搽肉，令软匀，下缸内，石压一夜，挂起。见水痕即以大石压

---

① 《宋代市民生活》，第 190 页。
② 《东京梦华录注》卷三《诸色杂卖》，第 119 页。

干，挂当风处不败。"① 也可以类似方法腌制鱼类。宋人刘昌诗《芦蒲笔记》："南人以鱼作鲊，有十年不败者，其以罐及盐面杂渍，盛之以瓮，瓮口用围水池，覆之以碗，封之以水，水耗则续，如是故不透风。"可见，宋人腌肉水平已很高超。《岁时广记》云：在寒食节时有煮肉的风俗，"去岁腊月糟豚肉挂灶上，至寒食取以啖之，或蒸或煮，其味甚珍"。② 这种腌制的肉类，易贮存，且味道独特，既丰富了人们饮食生活，又保证了城市肉类消费结构的相对平衡。

但东京城的肉类消费具有明显的等级差别。

官僚贵族、富商大贾多于酒店"正店"消费，达到"侈纵"程度。"向晚贵家妇女，纵赏关赌，入场观看，入市店饮宴，惯习成风"。③ 如州东仁和店，新门里会仙楼正店，常有百十分厅馆动使，个个足备，不尚少缺一件，大抵都人风俗奢侈，度量稍宽，凡酒店中，不问何人，止两人对坐饮酒，亦需用注碗一副，盘盏两副，果菜碟各五片，水菜碗三五只，即银近百两矣。虽一人独饮，盌遂亦用银盂之类。其果子菜蔬，无非精洁。若别要下酒，即使人买软羊龟背大小骨，诸色包子、玉板鲊、生削巴子、瓜姜之类。④ 像这种既讲究酒杯、酒碟的华贵，又讲究菜肴的丰盛，一餐饭就花掉近百两银子的消费，一般人是不敢想象的。苏东坡曾开过一个单子，向人推荐理想的"食次"，"烂蒸同州羊羔，灌以杏酪，食之以匕不以箸。南都拨心面，作槐芽温淘糁，以襄邑抹猪，炊共城香稻，荐以蒸子鹅，吴兴疱人斫松江鲈脍，即饱，以庐山康谷水，烹曾坑斗茶品"。⑤ 这岂是一般百姓所能享受？

中下层消费者虽不能进行这样阔气的消费，但他们中的中小官吏、文化人、中小地主、中小商人、手工业者等，人数众多，有较稳定的收入来源，而且他们只能通过市场而生活。"小民虽贫者，亦需新洁衣服，把酒相酬尔"，⑥ 而且城市商业经营灵活多样，"每日如宅舍宫院前则有就门卖

---

① （清）曾懿撰，陈光新注释：《中馈录》，中国烹饪古籍丛刊，中国商业出版社1984年版，第5页。
② 《岁时广记》卷一五《寒食上·煮腊肉》，第164页。
③ 《东京梦华录注》卷六《正月》，第154页。
④ 《东京梦华录注》卷四《会仙酒楼》，第127页。
⑤ 《宋代市民生活》，第187页。
⑥ 《东京梦华录注》卷六《正月》，第154页。

羊肉头、肚、腰子、白肠、鹑、兔、鱼、虾、退毛鸡、鸭、蛤蜊、螃蟹杂炉"①，居民无须出远门在家门口就能买到各类肉及其制品，更有无数的小酒店以及适合他们消费价格的菜肴。《东京梦华录》有多处记载，灌肠及炒肺，每份不过 20 文，小酒店卖的煎鱼、鸭子、炒鸡兔、煎燠肉、梅汁血羹、粉羹之类，每份不过 15 钱；"州桥南去，当待水饭，熬肉、干脯玉楼前獾儿、野狐肉、脯鸡、梅家、鹿家鹅鸭鸡兔、肚肺、鳝鱼、包子、鸡皮、腰肾、鸡碎每个不过 15 文"，一般瓠羹、素饭之类，每碗 10 文左右。所以这部分人是市场上肉类有效消费不可忽视的主体。当然，还有贫苦的低层城市居民，他们甚至连粗茶淡饭都不能吃饱，何以敢言肉？隆冬时节的东京街头经常有冻饿而死的穷人。但这类人与市场消费关系不大。

东京城市居民肉类消费的这种等级是由他们所处的政治、经济地位决定的，与市场消费关系紧密者是中下层居民。皇室、贵族官僚、高商大贾本身消费量很大，收入很高，本该是市场有效消费的主体，但由于俸禄制中的实物制，政府购买以及特权等使得他们变成部分依赖市场的消费群体。总之，正是有这种不同等级的城市居民的消费需求，才使北宋东京城的饮食业、商业得以繁荣，同时也是由于这些消费需求支撑了其后的养殖业、畜牧业和贩运业，他们共同促进了宋代社会经济的发展。

[原文发表于《河北大学学报》（哲学社会科学版）2004 年第 2 期]

---

① 《东京梦华录注》卷三《诸色杂卖》，第 119 页。

试论宋代的纸制品

纸制品大量出现和走进我们的生活是20世纪90年代的事情，由于其方便、轻巧、价廉且有益于环保而迅速得到推广和受到人们的喜爱，纸制品的种类和制作正朝着多样化、艺术性、实用性方面转化。然而，你可知历史上的纸制品世界也曾五彩斑斓？英国科学家李约瑟在谈到中国纸张的用途时曾说："一般说来，可能远自西汉发明造纸以来，就已经把纸张用于包装物品，东汉开始用于书写，3或4世纪开始用于剪纸和制造信笺、纸扇和纸伞，不迟于5或6世纪开始用于制造衣着、装饰品、名刺、风筝、灯笼、手帕和手纸，7世纪开始用于婚丧喜庆，8世纪开始用于祭祀及制作冥钱，9世纪开始用于制作纸牌和代替金属作为通货。换言之，早在西方知道有纸张之前，中国的纸张就已经有了上述一切用途了。"① 其实，这里并没概括完纸张的所有用途，甚至漏掉了最重要的用途——印刷书籍和绘画。但在一个朝代之内，纸制品种类之多，制作之专业，使用之广泛以及史料记载之丰富则要数宋代。学界对它的论述，或者单论纸衣②，或者在谈纸张用途时提及③，没有全面而系统的论述。本文拟作此尝试，敬请方家指正。

---

① 李约瑟：《中国科学技术史》第五卷《化学及相关技术》第一分册《纸和印刷》，科学出版社，上海古籍出版社1990年版，第76、109页。
② 杨具：《谈纸衣》，《光明日报》1962年4月17日；柳敏：《唐宋时期的纸衣》，《文史杂志》2002年第1期。
③ 漆侠：《宋代经济史》（下），第795—796页；汪圣铎：《纸的大显神通》，《两京梦华录》，中华书局2001年版。

一　宋代纸制品的种类、制作和使用

我们按其用途把宋代纸制品分为以下几类。

（一）用于军事上的纸甲

纸甲用于军事，至迟在南北朝已有文献记载，如《南史·东昏侯列传》云：在外敌压境时，"（帝）乃聚兵为固守计，召王侯分置尚书都坐及殿省，尚书旧事，悉充纸鐙"。到唐、五代时，纸甲制作技术有了进步，如唐宣宗时，徐商在蒲州，有兵"凡千人，襞纸为铠，劲矢不能洞"[1]。这种纸制盔甲，连箭都射不穿，当然具有较强的防御能力。其后，南唐与后周交战，"民间又有自相率，拒敌以纸为甲，农器为兵者，号白甲军"[2]。进入宋代，制作纸甲已成为纸的重要用途之一，"代庖阿堵名尤重，制甲防边职未闲"[3]。宋代纸甲的数量、使用范围和制作技术都大大超过了唐代。据《续资治通鉴长编》记载，宋仁宗康定元年（1040年），"诏淮南、江、浙州军造纸甲三万，给陕西防城弓手"[4]。一次就造三万，数量之大，是前记唐代一千士兵所用纸甲的三倍，而且据司马光《涑水记闻》，在这条材料之后，加上了"诏委逐路州军以远年帐籍制造"[5]，这就是说，宋代的纸甲是由陈年帐籍纸即废纸制作的。当时的陕西经略安抚判官田况也说："臣前通判江宁府，因造纸甲得远年帐籍。"[6] 这是宋代造纸技术提高的一个重要表现。

宋代已掌握再生纸的制造技术，即将故纸回槽，掺到新纸浆中再造成纸。明代宋应星将这样的纸称作"还魂纸"[7]。潘吉星先生根据对历史博物馆所藏的北宋乾德五年（967年）写本《救诸众生苦难经》和北京图书馆

---

[1] （宋）欧阳修等：《新唐书》卷一一三《徐商传》，中华书局1975年版，第4192页。
[2] （宋）陆游：《南唐书》卷三《后主纪》，四库本第464册，第404页。
[3] （宋）宋伯仁：《西胜集》卷十《楮先生》，四库本第1183册，第181页。
[4] 《长编》卷一二七，第3004页。
[5] （宋）司马光撰，邓广铭、张希清点校：《涑水记闻》卷一二，中华书局1989年版，第240页。
[6] 《长编》卷一三二，第3137页。
[7] （明）宋应星：《天工开物》上卷《杀青》，广东人民出版社1976年版，第327页。

所藏南宋嘉定年间（1208—1224年）江西刻本《春秋繁露》二书所用纸张的化验结果，发现其中都含有故纸残片，以及《文献通考》卷六载南宋湖广等地造纸币会子（湖会）时掺用了故纸：湖南漕司根刷举人落卷，及已毁抹茶引故纸应副，抄造会子，因而认为两宋已能造再生纸[①]。的确，宋代不仅能造再生纸，而且再生纸的运用也很广泛。宋代对官府故纸包括地方陈年帐籍的回收控制很严，不许官吏私人插手经管和使用所卖经费。真宗景德二年（1005年），国子祭酒邢昺请将原来印书裁截余纸，皆鬻之以供监之杂用改归此钱于三司，裨国计，并由此引起"学者公费不给，讲官益厌其寥落"[②]。可见，国子监所有的故纸之多。景德八年（1011年）又诏"诸州县案帐抄旁等委当职官吏上历收缴，无得货鬻、弃毁，仍令转运使察举，犯者，官员重置其罪，吏人决杖配隶。时衡州判官王象之坐鬻案籍文抄，除名为吏，配隶唐州，因著条约"[③]。仁宗时任大理评事集贤校理的苏舜钦就因用"鬻故纸钱召妓女，开席会宾客"而被人劾奏罢官[④]。可见官府对故纸售卖的重视。南宋京城临安有专门收售故楮（废纸）的商店。回收故纸，目的也许有多种，但由于宋代已掌握再生纸技术，所以用于再造纸，无疑是主要目的之一，它使废物得到利用，既扩大了造纸原料来源，又降低了生产成本，用陈年帐籍制造纸甲就是运用这一技术的结果。

宋代不但沿边防城弓手用纸甲，而且乡兵也用纸甲，据《建炎以来系年要录》记载，建炎三年（1129年）十二月壬午，金入侵安吉县，知县事曾绰聚乡兵，往石郭守隘，或视其矢，曰："金人也，乡兵皆弃纸甲、竹枪而遁，金人入县，遂焚之。"[⑤] 为了防止乡兵私自制造纸甲，宋政府还专门制有法律。绍兴二年八月辛丑，"中书言，东南州县乡兵多因私制纸甲而啸居作过，熙宁编敕令，有若私造纸甲五领者绞，乞著为令。从之"[⑥] 不但步兵使用纸甲，水军也使用。曾任浙东安抚使的洪迈（1117—1184年）在《招安海贼第二剳子》中谈到两艘敌船"内有纸甲一百一十

---

① 潘吉星：《中国造纸技术史稿》，文物出版社1979年版，第94页。
② 《长编》卷六○景德二年五月戊辰，第1333页。
③ 《宋会要辑稿》食货十一之十一。
④ 《长编》卷一五三，第3716页。
⑤ 《建炎以来系年要录》卷三○，第584页。
⑥ 《建炎以来系年要录》卷五七，第995页。

副，枪刀弓弩旗鼓等军器共一千五百六十八件"①。泉州知州真德秀（1178—1235年）则在奏疏中写道："所有本寨军器却稍足备，但水军所需者纸甲，今本寨乃有铁甲百副，今当存其半，以五十副就本军换易纸甲。"②

在现代人看来，纸甲用于军事简直是聊胜于无，不堪一击的事情。但从真德秀的奏疏所谈看来，水军还需要纸甲，并且还要以铁甲去换取纸甲，这到底是为什么？纸甲有何特点？其防御能力怎样？我们从明代茅元仪（卒于1629年）所著的《武备志》中找到了答案：

> 甲为用命之本，当锋镝而立于不败之地者此也。南方地形险陷，故多用步，步驰难以负重。天雨地湿，铁甲易生锈烂，必不可用矣。倭夷土贼率用火铳神器，而甲有藤有角，皆可着用。但铅子俱能洞入，且体重难久。今择其利者，步兵性有缉甲，用缉布不等。若纸绵俱薄，则箭亦可入，无论铅子。今需厚一寸用绵密缉，可长至膝，太长则田泥不便，太短则不能蔽身。惟舟中可用重甲，盖不行路，不蹈泥田，贼惟锐子可及，非坚不能御。③

原来制作纸甲的原料并非纯纸，而是纸和丝布的混合，且厚达一寸，与铁甲相比，它具有轻便、不会锈烂的特点，是地形险要、低湿地区步军和水军的基本装备。茅元仪所说虽是明代的情况，但可以推知宋代纸甲也有此特点，否则，不会长期地、大量地在军事上使用。

（二）用于人们的穿戴和睡眠

1. 纸帽

王禹偁《小畜集》卷八《道服诗》中有"楮冠布褐皂纱巾"一句，陆游《行年》诗中有"楮弁新裁就，倏然新道装（自注：新作两楮冠）"的诗句。楮冠、楮弁都是指纸帽。两首诗都反映出纸帽是道士所戴。另据《宋史》记载："至道三年三月二十九日，太宗崩于万岁殿，真宗散发号

---

① （宋）洪适：《盘洲文集》卷四二《招安海贼第二劄子》，四库本第1158册，第525页。
② （宋）真德秀：《西山文集》卷八，四库本第1174册，第129页。
③ （明）茅元仪：《武备志》卷一五，四部禁毁书丛刊本第108册，北京出版社1997年版，第441页。

辟，奉遗照即位于殿之东楹……有司定散发之礼……庶民白衫纸帽，妇人素缦不花钗。"① 这是一种在丧礼这一特殊场合所戴的纸帽。

2. 纸衣

从比较明确的文献记载来看，纸衣出现在唐代。从皇帝、官吏、隐士以至一般民众等各种不同身份的人，在生前或死后，都自觉或不自觉地穿过纸衣②。宋代有关纸衣的记载更多、更全面和详细。有廉吏穿之，如宋太宗时的一个知州蒋元振清苦历节，爱惜民力，"啜菽饮水，缝纸为衣"③；有僧道穿之，如南宋叶绍翁《四朝见闻录》甲集《五丈观英》条记转智和尚不御烟火，止食芹蓼，不衣丝绵，常服纸衣，号纸衣和尚。还有方士甄栖真"衣纸衣卧砖榻卒"④；有在残暴主子面前为保全自身的不得已之举，如李观象在担任冷酷残忍的周行逢的书记时"惧及祸，清苦自励，以求知遇，帐帏、寝衣悉以纸为之"⑤；还有士兵"衣纸而抔甲者"⑥以及"山居者常以纸为衣"，"近士大夫征行亦有衣之"⑦。衣纸衣的阶层比唐代有所扩大。宋代官府则用纸衣救济在严寒时无衣御冬的贫民，所谓"纸衣以御寒民"。熙宁八年（1075年），淮浙大饥，"提刑司督诸郡多造纸袄为衣"⑧。到徽宗崇宁二年（1103年）十二月十四日，"诏户部差官划刷合出卖及无用故纸，具数关送开封府造纸袄，遇大寒置历给散在京并府界无衣赤露之人，每年依此"。⑨ 正式把用故纸造纸袄以救济寒冬贫民定为一项定式。至此，我们不禁要问：纸衣又是怎样制作的呢？它能御寒吗？耐穿、能洗吗？

纸衣的制作方法，北宋初的苏易简在《文房四宝》中有记载："每一百副用胡桃、乳香各一两煮之，不尔，蒸之亦妙。如蒸之，即恒洒乳香等水，令热熟，阴干，用箭干横卷而顺蹙之。"这就是说先把一百副纸的纸

---

① 《宋史》卷一二二《礼二十五》，第2850—2851页。
② 张泽咸：《唐代工商业》，中国社会科学出版社1996年版，第196—197页。
③ 《长编》卷三一，第706页。
④ 《宋史》卷四六二《方伎下·甄栖真传》，第13517页。
⑤ 《宋史》卷四八三《世家六·湖南周氏》，第13950页。
⑥ 《长编》卷二二二，第5403页。
⑦ （宋）苏易简：《宋元谱录丛编·文房四谱·外十七种》卷三《纸谱·三之杂说》，上海书店出版社2015年版，第58—59页。
⑧ 《渑水燕谈录》卷九，第117页。
⑨ 《宋会要辑稿》食货59之7。

料和胡桃、乳香各一两一起煮或蒸，并不时地洒以乳香或别种水剂，蒸熟待干时，横着缠在木棍上，再竖起压出皱纹来。然后，用这种纸经裁剪、粘接、缝合为衣服。这种纸衣的特点是：首先，弹性好，不易撕裂，耐穿耐磨。两浙地区产藤皮纸，尤以余杭由拳村出产的由拳纸最著名。这种纸特别坚韧、耐磨，所以两浙地区多以此纸造纸衣。其次，保暖性好。"盖利其拒风于凝冱之际焉"。山区人常穿纸衣和严冬时救济贫民过冬本身也说明了这点。"纸衣竹几一蒲团，闭户燃萁自屈盘。诵彻离骚二十五，不知月落夜深寒。"再次，价格便宜，所以大量用于救济贫穷。当然，纸衣也有很大的局限性：不宜浴即洗涤不便，"补缀繁碎"。为了保暖，纸衣较厚，但由此产生的弊端就是不透气，长期穿着不宜于身体健康，衣者不出十年，面黄而气促，绝嗜欲之虑，"盖外缝不入而内气不出也"。宋代已有专门制作纸衣的行业，"今黟歙中有人造纸衣段，可如大阇许"。此外，湖南"武陵人作榖皮衣，甚坚好"。"榖皮衣"就是用榖皮纸做的衣服。

3. 用作鞋子的中衬

据《夷坚志》所记，宋代妇女还用废纸糊成的纸壳做鞋子的中衬，"吉州士人刘伯山之女弟将嫁，前一日，家人摆酒话别……（见）履帮帛已裂，剔出纸一片，阔三寸许，有天字满行。盖此女用小儿学书纸为裱托。"① 笔者曾亲听长辈说起他们曾用废纸糊成厚厚的纸壳和用笋壳做鞋衬的事，所以这则材料当属真实。

4. 纸帐

纸帐在唐代亦有，据检索《全唐诗》里记有"纸帐"的共187条。或吟诵，或哀叹②。宋人诗篇中仍有不少，如范成大的诗"一点斜光明纸帐"③，王禹偁"风摇纸帐灯花碎"④，还有著名的政治家文天祥"纸帐白如雪"和大词人辛弃疾"纸帐梅花归梦觉"，等等，不可悉举。

宋人用纸帐的有僧人，如苏轼《自金山放船至焦山》诗中讲到他的一位同乡作了僧人，"自言久客忘乡井，只有弥勒同为龛。困眠得就纸帐暖，

---

① 《夷坚支乙》卷四《刘氏女》1，第827页。
② 《全唐诗》卷七一〇徐夤《纸帐》，卷八三八齐己《夏日草塘作》等。
③ （宋）范成大：《石湖诗集》卷二《宴坐菴四首》，四库本第1159册，第608页。
④ （宋）王禹偁：《小畜集》卷一〇《夜长》，四库本第1086册，第100页。

饱食未厌山蔬甘。"① 张孝祥《和如庵》诗有"蒲团纸帐只依僧"②，刘克庄《立春》诗有"禅榻惟梅亲纸帐"③；道士，如朱敦儒《鹧鸪天》："道人还了鸳鸯债，纸帐梅花醉梦间"④；官吏，杜莘老自蜀入朝，"不以家行。高庙闻其清修独处，甚爱之。一日因得封，褒谕曰：'闻卿出蜀，即蒲团、纸帐，如一行脚僧，真难及也'"⑤，很快得到提升。还有前已提及的李观象，帐帏、寝衣悉以纸为之。宋人诗句中吟颂纸帐最多的是其厚实、暖和这一特点。如苏轼《纸帐》诗云："洁似绘巾白氎布，煖于蛮帐紫茸毡"；陆游《睡》诗云："纸帐青毡暖有余，昏昏信脚到华胥"⑥；苏辙《和柳子玉纸帐》诗云："夫子清贫不耐冬，书斋还费纸重重。窗明晓日从教入，帐厚霜飚定不容。京兆牛衣聊可藉，公孙布被旋须缝。吴绫蜀锦非嫌汝，简淡为生要易供。"⑦ 刘克庄《和方孚若瀑上种梅五首》其三云"雪屋恋香开纸帐"⑧ 以及其《纪梦》诗"纸帐铁檠风雪夜"⑨。可见，宋人用纸帐的目的并不是夏天驱蚊，而是冬天御寒、保暖。那么，纸帐又是怎样制作的呢？据明代屠隆（1542—1605 年）《考槃余事》记：纸帐的制法是：用藤皮茧纸缠于上，以索缠紧，勒作皱纹，不用糊，以线折缝之，顶不用纸，以稀布为顶，取其透气，或画以梅花，或画以蝴蝶，自是分外清致。原来纸帐是用厚实的藤皮茧纸制作，当然保暖了，而且透气，还可欣赏花鸟虫鱼，扩展了纸帐的功用。

5. 纸被

纸被又称楮衾、纸衾。刘克庄《梅》诗有"鄙事关人智浅深，漆堪为器楮堪衾"⑩。那么，这种纸被又是在什么季节使用？效果怎样呢？

陆游《村居日饮酒，对梅花，醉则拥纸衾熟睡，甚自适也》诗："江

---

① 《苏轼诗集合注》卷七，第 277 页。
② （宋）张孝祥：《于湖集》第十《和如庵》，四库本第 1140 册，第 588 页。
③ 《后村先生大全集》卷三八《立春七首·四》，第 1019 页。
④ （宋）朱敦儒：《鹧鸪天》，唐圭璋编《全宋词》，中华书局 1965 年版，第 843 页。
⑤ 《老学庵笔记》卷三，第 35 页。
⑥ 《剑南诗稿校注》卷一四《睡》，第 429 页。
⑦ 《栾城集》卷四《和柳子玉纸帐》，第 82 页。
⑧ 《后村先生大全集》卷五《和方孚若瀑上种梅五首·三》，第 135 页。
⑨ 《后村先生大全集》卷七《纪梦》，第 209 页。
⑩ 《后村先生大全集》卷九《留山间种艺十绝·梅》，第 263 页。

村岁晚掩柴荆，地僻久无车马声。孤寂惟寻曲道士，一寒仍赖楮先生。"① 楮先生指纸。又《谢朱元晦寄纸被》诗："纸被围身度雪天，白于狐腋软于绵。"②《龟堂杂兴》："闽溪纸被软于绵，黎峒花毦暖胜毡。一夜山中三尺雪，未妨老子日高眠。"③ 有了纸被，哪怕下了三尺厚的雪，也照样睡得香甜。张孝祥《送纸衾韩中父诗三首》有"乞与纸衾绵样暖"，又云："雪中纸衾有奇趣，煨香夜作椒兰薰。"④ 刘克庄《一念》诗有"小窗稍觉春宵冷，自设篝炉置楮衾。"⑤

由这些诗句已可看出，纸被和纸帐一样，主要在冬天和初春寒冷季节里使用，以御寒、保暖。

正因为纸被有这一效用，所以宋代也用其赈济贫穷。"雪夜，贵家遣心腹人以银凿成一两、半两，用纸裹，夜深拣贫家窗内或门缝内送入济人。日间散絮胎或纸被，散饭贴子无数。"⑥ 地方济贫机构为节省经费也用纸被⑦。纸被也是僧人常用之物。释惠洪《玉池禅师以纸衾见遗作此谢之》诗云："便觉室庐增道气，不忧风雨搅闲眠。就床堆叠明如雪，引手摸苏软似绵。拥被并炉和梦暖，全胜白氎紫茸毡。"⑧

如上所述引可见，陆游、刘克庄、朱熹等士人也常用纸被，而且士大夫之间，僧人之间还常用纸被作为礼品互相赠送。宋代有很多以此为题材的诗文，如李新《谢王司户惠纸被》，刘子翚《答吕居人惠建昌纸被》，陆游《寄谢待制朱文纸被诗》，谢枋得《谢张四居士惠纸衾》，周紫芝《次韵德庄惠南城纸衾且示妙句》⑨，等等。

上好的纸被是用藤皮纸做的，漂白、坚韧、莹滑、柔软、轻巧，上引

---

① 《剑南诗稿校注》卷二一《村居日饮酒，对梅花，醉则拥纸衾熟睡，甚自适也》，第368页。
② 《剑南诗稿校注》卷三六《谢朱元晦寄纸被》，第451页。
③ 《剑南诗稿校注》卷四一《龟堂杂兴》，第200页。
④ 《于湖集》卷一〇《送纸衾韩中父》，第589页。
⑤ 《后村先生大全集》卷九《一念》，第283—284页。
⑥ 《西湖老人繁胜录》，第20页。
⑦ 《开庆四明续志》卷四《广惠院》，宋元方志丛刊，第5972页。
⑧ （宋）释惠洪：《石门文字禅》卷一三《玉池禅师以纸衾见遗作此谢之》，四库本第1116册，第304页。
⑨ 李新：《跨鳌集》卷四《谢王司户惠纸被》；刘子翚：《屏山集》卷一三《吕居仁惠建昌纸被》，四库本第1134册，第462页；陆游：《剑南诗稿》卷三六《寄谢待制朱文纸被诗》；谢枋得：《谢张四居士惠纸衾》；（宋）周紫芝：《太仓稊米集》卷二二《次韵德庄惠南城纸衾且示妙句》，四库本第1141册，第153页。

诗句都谈到其软如棉、白如毡的特点。晁说之还有"纸被喜无声",陆游有"纸被无声白似云"等诗句,可见一斑。但也有用质粗的纸做的纸被。潘阆《客舍》诗:"土床安枕稳,纸被转身鸣。"① 人一翻身,纸被就嘎吱吱响个不停,这和前面所引的纸被喜无声恰成对照。因此,这种纸被粗硬,御寒效果自然差多了。

纸被用旧或弄脏了可以清洗。苏轼对此作了专门介绍:"纸被旧而毛起者,将破,用黄蜀葵梗五七根,捣碎,水浸涎,刷之则如新;或用木槿叶捣水,刷之亦妙。"②

宋代纸被已有一定的消费市场,真德秀《楮衾铭》:"朔风怒号,大雪如席,昼且难胜,况于永夕。岂无纤纩,衣以厚缯,拥之高眠,可当严凝。井地不行,民俗多窭,终岁之廛,弗给布絮。一衾万钱,得之曷由?不有此君,冻者成丘。我尝评君,盖具四德:盎兮春温,皓兮雪白,廉于自鬻,乐于懊贫,谁其似之?君子之仁,我方穷时,惟子与处,岂如弁髦,而忍弃汝?……"③ 这条材料说明:一、贫困地区,布被缺乏,万钱一床,贫民哪敢问津?二、纸被为广大贫民过冬所用,没有它,冻者成丘。可见,用纸被的人很多。三、明确指出了纸被的四个特点:暖和,雪白,价廉,贫民乐用。从这里我们知道了纸被的价格情况,原来贫穷人、读书人和赈济用纸被,原因是便宜,"初寒无衾,买纸被以纾急"④。不过,那些冠有地名的纸被,已成为当地的名产品而远近闻名了,如建州纸被、建昌纸被以及前引周紫芝所说的南城纸被。

6. 纸枕

苏易简《文房四谱·纸谱》载:摄生者尤忌枕高,宜枕纸三百幅,三日去一幅,渐次取之,迨至告尽,则可不俟枕而寝也。若如是,则脑血不减,神光愈盛也。

---

① 《后村先生大全集》卷一七四《诗话·潘阆客舍诗》,第4437页。
② (宋)苏轼:《物类相感志·衣服》,丛书集成初编,中华书局1985年版,第4页。
③ (宋)真德秀:《西山文集》卷三三《楮衾铭》,四库本第1174册,第528页。
④ (宋)赵蕃:《章泉稿》卷四《初寒无衾买纸被以纾急作四绝》,四库本第1155册,第392页。

(三) 其他生活用途的纸制品

1. 纸扇

在宋代纸扇已是很平常的东西。沈括《梦溪笔谈》云："卢中甫家吴中，尝未明而起，墙柱之下有光熠然，就视之，似水而动。急以油纸扇挹之，其物在扇中滉漾。"① 哲宗独用纸扇，被文潞公率群臣降阶称贺，以为"用纸扇，是人君俭德也"②。另据《宋会要辑稿》载，至道元年（995 年）九月诏："两浙诸州纸扇，芒屦及他细碎物皆勿税。"③ 说明两浙纸扇生产已有一定规模。南宋临安城内有纸扇行④。

2. 纸灯

宋代纸灯用得最广，连官员早朝时也用："朝，辨色始入，前此集禁门外。宰执以下，皆用白纸糊烛灯一枚，长柄揭之马前，书官位于其上。"⑤ 民间更不用说了。元宵节的灯，如临安，"中瓦南北茶坊内挂诸般琉栅子灯、诸般巧作灯、福州灯、平江玉棚灯、珠子灯、罗帛万眼灯，沙河塘里最盛。街市扑卖，尤多纸灯，不计数目"⑥。用于糊灯的纸是经过桐油之类的油浸过，具有防水、透光性能的纸，这样既可防止风雨熄灭灯笼内的烛火，又能使烛火的光透过灯笼以利夜间照明。《夷坚志》里记有一种混沌灯是用黑纸做的⑦。

3. 纸瓦

就是用纸当瓦来盖房屋。范成大《十一月十二日晓作》诗云："竹响风成阵，窗明雪已花。柴扉吟冻犬，纸瓦啄饥鸦。"⑧ 另一首《病中绝句八首》：一夜雨声鸣纸瓦，听成飞雪打船窗。还有《睡觉》："寻思断梦半簪

---

① （宋）沈括撰，胡静宜整理：《梦溪笔谈》卷二一《异事》，《全宋笔记》第二编第三册，大象出版社 2006 年版，第 160 页。
② 《曲洧旧闻》卷二《潞公称贺哲宗用纸扇宣仁勉哲宗俭德》，第 106 页。
③ 《宋会要辑稿》食货 3 之 13。
④ 《西湖老人繁胜录》，第 20 页。
⑤ （宋）朱彧著，李伟国点校：《萍洲可谈》卷一，中华书局 2007 年版，第 110 页。
⑥ 《西湖老人繁胜录》，第 18 页。
⑦ 《夷坚乙志》卷三《混沌灯》，第 210 页。
⑧ （宋）范成大：《石湖诗集》卷四《十一月十二日枕上晓作》，四库本第 1159 册，第 622 页。

腾，渐见天窗纸瓦鸣"①，李觏《清话堂诗》有"纸瓦雨声鸣弹丸"②，可见，纸瓦既经得起雨淋，又能透光，那它一定不是一般的纸。的确，古代用做纸瓦、纸扇、纸伞、纸灯、糊窗等的纸都是在韧皮纸上刷了一层桐油，这样就可防雨、透光了。杨万里《芍药宅》序说：风雨败花，为花作宅，上栋下宇；瓦之壁之，皆以油帘。诗云："何以筑花宅？壁直松树子。何以盖花宅？雪白清江纸。纸将碧油透，松作画栋峙，铺纸便成瓦，瓦色水精似……"③ 这显然是一温室养花地。用清江纸浸油作瓦，也许是当地常用的盖房材料。贫穷人家房屋没有窗户，就是用纸瓦来透光的，"以室不露明，上安油瓦以窃微光"④。

4. 手纸

李约瑟认为至迟在 6 世纪中国已开始使用手纸，他说："虽一般说来，中国史料中对排泄后的拭秽避而不谈，可有一条至六世纪的资料，提到禁止把字纸作为手纸。著名学者颜之推（531—591）在约 589 年写的家训中说：'其故纸有五经词义及贤达姓名，不敢秽用也。'早期有一位来华旅行的阿拉伯人，从穆斯林必须斋戒的观点出发，好奇地评论中国人使用手纸的办法。他在 851 年的一篇报告中说：'他们（中国人）不注意卫生，便后不用水洗身，只用纸擦拭。'"⑤ 或许确如他文章中提到的原因，我们没见到宋以前有关中国人用手纸的材料，但北宋的陶谷则记录了这一史实。他说："记未冠时，游龙门山寺，欲留诗求纸，僧以皱纸进，余题大字曰化化笺，还之。僧惭懼躬揖，请其故，答曰：纸之恶，则供溷材，一化也。丐徒取诸圊厕，积之家，匠买别抄麸麬，店肆收苞果药，遂成此纸，二化也。故曰化化笺，备杂用可也，载字画不可也，举以与人不可之甚。"⑥ 以此来看，和尚给他的纸是从厕所里拿出来的皱纸，但好像还不是专门的卫生纸，而是平时收集的包东西用过的纸。当然在一个懂得书法，讲究书法用纸的行家看来，这纸自然是不能用来写诗作画的了。但这条史

---

① 《石湖诗集》卷二九《睡觉》，第 817 页。
② （宋）李觏：《李觏集》卷三七《清话堂诗》，中华书局 1981 年版，第 463 页。
③ 《诚斋集》卷三六《芍药花》，四库本第 1160 册，第 391 页。
④ 《清异录》卷下，第 71 页。
⑤ 李约瑟：《中国科学技术史》第五卷《化学及相关技术》第一分册《纸和印刷》，第 76、109 页。
⑥ 《清异录》卷下，第 91 页。

料告诉我们，宋人是用手纸的，尽管它还是一种较差的纸，而且也还未专门化。

（四）用于娱乐方面

1. 纸鸢

即风筝，宋人曾敏行的《独醒杂志》卷一说："今之风筝，古之纸鸢也，创始于韩淮阴。方是时，陈豨反于代，高祖自将征之。淮阴与豨约从中应，作纸鸢以为期，谋败身戮。而纸鸢之制今为儿戏。"看来，纸鸢起源于汉初，以后南北朝至唐都有记载。沈括也有这样一段记载："江南宋齐丘，智谋之士也。自以为江南有精兵三十万，士卒十万，大江当十万，而己当十万。江南初主，本徐温养子，及僭号，迁徐氏于海陵。中主继位，用齐丘谋，徐氏无男女少长皆杀之。其后齐丘尝有一小儿病，闭阁谢客，中主置燕召之，亦不出。有老乐工且双瞽，作一诗书纸鸢上，放入齐丘第中。诗曰：化家为国实良图，总是先生化计谟。一个小儿抛不得，上皇当日合何如？海陵州宅之东至今有小儿坟数十，皆当时所杀徐氏之族也。"① 纸鸢也被用作做思想工作的手段。宋代纸鸢主要用于娱乐，且连皇帝也喜欢玩。宋徽宗就曾因在禁中放纸鸢落入民家而受到曾文肃公的谏戒。

2. 纸牌

宋时叫叶子格，欧阳修云：叶子格起自唐代，宋杨大年好之，"别演为鹤格"②。《宋史同昌公主传》曰："韦氏诸宗，好为叶子戏。"

3. 纸影

即纸影戏。《梦粱录》记载："更有弄影戏者，元汴京初以素纸雕簇。"③ 后来发展为皮影戏。

4. 剪纸

早已有之。宗懔《荆楚岁时记》有"正月八日，……剪纸为人，或缕

---

① 《梦溪笔谈》卷二三《讥谑》，第175页。
② （宋）欧阳修撰，李伟国点校：《归田录》卷二，中华书局1981年版，第31页。
③ 《梦粱录》卷二〇《百戏技艺》，第290页。

金箔为人，以贴屏风，亦戴之头鬓"。说明魏晋南北朝人日时有剪纸。宋代在很多节日时，上自宫廷下至庶民都剪纸。如立春时用春幡、春胜作为节日礼物，或簪于头上，或挂于柳枝，或贴于屏风。皇帝在这一天接见群臣并分别赐以金银幡胜，这些幡胜就是用各种颜色的纸张剪成的。陈元靓《岁时广记》卷五记："元旦以鸦青纸或青绢剪四十九幡。"宋代还出现了专业剪纸艺术家，周密《志雅堂杂抄》卷一载，当时京城汴梁天都街有"剪诸色花样者，极精妙，随所欲而成。又中瓦有余敬之者，每剪诸家书字，皆专门。其后，忽有少年能于袖中剪字及花朵之类，更精，于是独擅一时之誉"。

（五）纸制明器

中国人崇拜祖先，在民间宗教，某些祭祀的典礼及节日的许多活动中，纸张都有重要作用，主要是焚烧。以一般或特制的纸剪、折叠或装饰成象征实物的祭品，因为象征性的纸品成为昂贵实物的廉价替身。纸制品种类五花八门，应有尽有，如钱、衣着、生活用具、车辆、仆人、家畜及房屋等，其中以纸钱最为普遍。《宋史》云，大中祥符三年（1010年）正月，"契丹贺正使为本国皇太后成服……焚纸马，皆举哭"。[1]说明焚烧纸制明器的习俗在皇宫也盛行。宋代纸制明器已成为商品在市场上出售，两京城内有专门制作纸钱的。北宋东京称凿纸钱家或纸钱家，真宗时李太后之弟就曾"佣于凿纸钱家"[2]。南宋临安称打纸作，明器作。地方州县也有"以打凿纸钱为业"[3]者。还有专门经营纸制明器的店铺——纸马铺或纸扎铺。如临安城里著名的纸扎铺有舒家纸扎铺、狮子巷口徐家纸扎铺等[4]。东京城里的纸马铺在节日期间生意兴隆，店家也很讲究经营之术。如清明节时，诸门纸马铺，"皆于当街用纸衮叠成楼阁之状"[5]；七月十五中元节时，市上出售众多的纸扎祭物，有靴鞋、幞头、帽子、金犀假带、五彩衣服，并以纸糊架子盘游出卖，当街还设有一个三五尺高的竹架，上面放有

---

[1]《宋史》卷一二四《礼二十七》，第2898页。
[2]《东轩笔录》卷二，第21页。
[3]《夷坚支景》卷八《诸暨陆生妻》，第940页。
[4]《梦粱录》卷一三《铺席》，第177页。
[5]《东京梦华录注》卷七《清明节》，第178页。

一个盆子，叫盂兰盆，上挂有纸衣、纸钱等明器，以招揽顾客。①

以上分类介绍了宋代纸制品的情况。当然，这里还没囊括宋代所有的纸制品。不过，从以上的叙述中，我们已可看到，宋代纸制品种类多，大到军事武器，小到娱乐纸牌，其中，日常生活中的纸制品最为丰富，穿的衣服、戴的帽子、全套床上用品（帐、被、枕）、盖房子的瓦、用的扇、灯、手纸、玩的风筝、牌、剪纸等，应有尽有，且制作专业，各阶层人都或多或少地使用过。那么，应怎样看待宋代纸制品呢？

二 宋代纸制品分析

第一，分析上述材料，我们看见，纸衣、纸被用于救济贫穷主要是在发生灾荒的地区（如熙宁八年即1075年的淮浙地区）和城市里，而从崇宁二年（1103年）起，宋政府规定把以故纸造纸袄救济在京贫民作为定式，每年照此行事。《繁胜录》也说临安城市富贵人家在冬天散纸被于贫民家，这都是对城市贫民的救济。还有许多农村贫民使用纸衣、纸被，它反映出宋代由于人口的增加，布帛生产和供应不足，价格高，纸衣、纸被便成为这种情况下最好的代用品。农学史家游修龄更为透彻地分析了唐宋纸衣纸被流行的原因。

唐以前，全国的人口不是很多，最高时的汉代曾达六千万，三国两晋南北朝都跌到四千万以下，至唐初才恢复到六千万。历代王朝都大力提倡种植桑麻，所以人口对衣着的压力不是很大。宋以后至明清，虽然人口大为增加，因为有了棉花，衣着的压力也就为之缓和。唯有唐宋两朝的六百年间，长江流域的人口明显大增，农田垦辟努力发展，主要用来解决粮食问题，衣着的问题就显得较为紧张，恰好在这个时期正是中国造纸业和造纸技术大发展的时期，造纸原料的来源丰富，加工技术，纸张的种类等都有了前所未有的创新，在纸张生产大有发展的情况下，纸张除了用于印刷书册、佛经、绘画、文书、糊窗、糊壁等用途之外，一些缺衣少被的人，

---

① 《东京梦华录笺注》卷八《中元节》，第211页。

自然想到利用纸张来做纸衣、纸袄、纸被,以资御寒①。

第二,纸甲、纸衣、纸被、纸帐等纸制品的制作,反映出宋代造纸技术的提高。前已述及宋代的再生纸技术,这里还要强调宋代的皮纸技术。宋人不但大量生产竹纸,而且皮纸技术日臻完善,多种树皮用于造纸,如桑树皮、楮树皮、木芙蓉树皮、青藤皮,武陵人甚至还用榖皮等,产量还不小。皮纸具有坚牢敦厚、富有弹性、耐折耐磨的特点。宋、金的交子、会子、宝券等纸币都是用楮皮纸制作的,因而称楮币。潘吉星先生的《中国造纸技术史稿》一书中记载了大量保存至今的宋人书画作品都用的是皮纸的事实。纸衣、纸被、纸帐等纸制品当然也是皮纸的杰作了。纸甲虽说是陈年帐籍制作的,但从茅元仪的记载中,我们知道里面添加有藤皮,实际上是藤皮纸和丝布混合而成。

第三,纸制品制作除实用外,还讲究美观。如在纸帐上画梅花、蝴蝶等,人在帐中,就如置身大自然的怀抱;纸被雪白,手摸上去感觉温暖、软绵,把厚厚的皮纸制作得这样精致、舒适,能不叫人称绝吗?做纸衣的纸料还用胡桃、乳香蒸煮,这除了增加纸的坚韧性之外,是否也有增加纸衣香味,使人穿着更舒适的意义?这些都说明宋代纸制品已经超出其原始意义(如蔽体、防寒、防蚊等),向着舒适、美观方面转化。

第四,我们应特别注意以下信息:士大夫出行穿纸衣,黟歙有人专造纸衣段;买纸被;甚至连救济也是"买纸被计口分给"②;还有"皖山纸帐"③、建昌纸被等这些冠以产地,闻名于时,被士大夫买来作赠送礼物的产品。因为它表明这些纸制品已经成为商品,走向了市场。这既是宋代商品经济发展的结果,同时又开拓了新的市场,反过来又推动了商品经济的发展,而且这些纸制品受到士大夫们的欢迎,也表明随着社会经济的发展,人们生活水平有所提高,要求简便、实用美观的生活消费品出现。纸制明器则已是城市节日市场的一个亮点,虽然在今天看来是封建迷信的糟粕,但其从制作到经营的方式也带有城市商品经济的烙印。因此,宋代纸制品预示了广阔的消费前景,尽管由于种种历史原因,纸制品在今天才大显其功用,但我们可以肯定地说,这是历史趋势发展的结果。

---

① 游修龄:《纸衣和纸被》,载《农史研究文集》,中国农业出版社1999年版。
② 《西湖老人繁胜录》,第9页。
③ (宋)裘万顷:《竹斋诗集》卷三《皖山纸帐送宋居士》,四库本第1169册,第445页。

第五，我们也要看到，宋代使用纸制品的人以贫民、僧人、道士居多，有少量贫穷的读书人和士大夫。这一方面是当时的消费观念——重丝、帛所致，另一方面也与纸制品制作单一和本身性能有关。但宋代纸制品的出现和使用却给我们以启示：纸制品，尤其是用再生纸制作的纸制品在今天依然值得大力推广。诚然，纸制品在今天已经走进千家万户，形成了十分繁荣的消费市场。但大多还是用在生原料制作的，浪费大量的木材，破坏大量的森林。据报道，90年代以后，我国每年的用纸量470多亿印张，折合重量110多万吨，且每年都在飞增。如果把这些用过的纸，用现代的技术进行处理、制造，再重新设计成各种各样的纸制品，且价格便宜，定会既使我们现有的纸制品得以丰富，又使废物得以再利用，还可节约资源、保护环境。

总之，宋代由于造纸业的发达，纸张已广泛应用于社会生产和人们生活等各个领域，成为高度繁荣的宋代文化的载体，也为纸制品的制造和使用提供了前提条件；反过来，宋代纸制品的制造和使用又促进了造纸技术的提高，丰富了宋代文化的内涵。

（本文原载于韩国《全北史学》2004年第27辑，第111—125页，此次选入稍作了修改，尤其是注释部分）

宋代纸消费特点初探

中国古代的造纸术自东汉蔡伦改进以后，经三国两晋南北朝、隋唐五代，到宋代进入成熟阶段。无论在纸的生产地区、原料、技术，还是在所产纸的质量、数量、流通以及纸的用途、纸制品的制作、种类及其在人民日常生活中所起的作用等方面都大大超过前代。即便是被誉为封建社会经济文化盛世的唐代，其造纸在这些方面与宋代也不可同日而语。

宋代纸张用途之广泛、纸制品种类之丰富，可以说纸已走进千家万户，成为最普遍、最寻常的消费品之一。这是其超越前代的最显著最主要的特征。那么，宋代纸张消费又有哪些特点呢？

一 注重轻巧的竹纸和楮纸

唐代的纸，时人李肇《国史补》卷下记："纸则有越之剡藤苔笺，蜀之麻面、屑末、滑石、金花、长麻、鱼子、十色笺，扬之六合笺，韶之竹笺，蒲之白薄、重抄，临川之滑薄。又宋、亳间有织成界道绢素，谓之乌丝栏、朱丝栏，又有茧纸。"① 从原料上看有麻、藤、树皮、竹、麦秆、茧等，但麻纸、藤纸居多，使用最广。虽然唐代已有竹纸，但只是出现在个别地区，并未形成大规模生产，因而在官用和民用纸张中都不占主要地位。而麻、藤纸的特点就是厚实，其优点是可以正反两面书写而不互相浸染。缺点是价高，限制了消费；笨重，不宜长途贩运。

宋代竹纸、楮纸成为新的纸种，大放异彩。尤其是竹纸，被誉为中国

---

① （唐）李肇撰，曹中孚点校：《国史补》卷下，见《唐五代笔记小说大观》，上海古籍出版社2000年版，第197页。

造纸史上新纪元到来的标志,其原料之丰富,几乎遍及整个南方的平原和山区,其中浙江会稽、湖南潭州、江东饶州、江西吉州、福州和四川等地最多。到北宋中期以后,官用纸如诰敕、扎纸、钞引、纸币等用楮纸占主导地位,而书法、绘画、书简,印书等用纸由竹纸取代麻、藤纸;麻、藤纸则退居到用于制作一些特殊的纸品如笺纸、名刺、纸帐等方面。同时竹纸的特点是轻、薄、白、光泽、耐久、便宜,与厚重、价贵的麻、藤纸相比较,更具实用性,因而更适合广泛的、日常的、大量的消费而逐渐站稳市场,并引起人们消费习惯的改变。"近岁利在薄而易售"①,四川不顾流通费用高而输入徽纸、池纸,尽管"每番视川笺价几三倍",但诸司及州县缄牍的官纸和民用纸都转向了徽纸、池纸。为了适应这一趋势,蜀地丢掉自己的风格,"仿姑苏作杂色粉纸,曰假苏笺……惟骨柔薄耳,若加厚壮,则可胜苏笺也",甚至广都纸中的竹丝纸,因其"软细似池纸,视上三色价稍贵"。② 可见,软细的徽、池竹纸在蜀地的魅力和对蜀人纸消费习惯的影响了。

二 注重长幅纸

长幅纸,又称宽幅纸。它是指一种长宽幅度比较大的纸张,这是宋代造纸技术进步的表现之一。费著《笺纸谱》记载,蜀生产的长幅纸有:"假山南""百韵笺"和"船笺"。"近年有百韵笺,则合以两色材为之,其横视常纸长三之二,可以写诗百韵,故云。人便其纵阔,可以放笔快书。凡纸皆有连二、连三、连四售者,连四一名曰船笺"。③ 可见,长幅纸受到人们喜爱。这里虽没具体数字,但"船笺"可能是在长船或长船形木槽中抄造的纸张。"百韵笺"比一般纸长三分之二。《夷坚志》中记鄱阳江纸匠把自己生产的纸,拿到城里去卖,"每幅皆断为六七",即把每幅纸裁

---

① (宋)蔡襄撰,(明)徐𤊹等编,吴以宁点校:《蔡襄集》卷三十四《文房四说》,上海古籍出版社1996年版,第632页。
② (元)费著:《笺纸谱》,谢元鲁校释:《岁华纪丽谱九种校释》,巴蜀书社1988年版,第175—182页。
③ 《笺纸谱》,《岁华纪丽谱九种校释》,第174页。

为六七张来卖，说明也是一种长幅纸。① 然而最能代表宋代抄纸技术进步的还是匹纸，明人文震亨《长物志》记宋朝"有匹纸，长三丈至五丈"②；屠隆《纸墨笔砚笺》也说：宋"有匹纸，长三丈至五丈，陶谷家藏数幅，长如匹练，名鄱阳白"③。二书均记宋代匹纸长三至五丈。陶谷在其书《清异录》中记他家所藏的上百幅徽纸，纸幅都长一丈以上，④ 说明宋初即能生产匹纸，是士大夫珍视的收藏品，即便在明人眼里它仍是传家宝物。北宋前期苏易简的《文房四谱·纸谱》也记徽州地方"有长者，可五十尺为一幅，盖歙民数目理其楮，然后于长船中以浸之，数十夫举抄以抄之，旁一夫以鼓而节之。于是以大薰笼周而焙之，不上于墙壁也，由是自首至尾匀薄如一"。生产这样的长幅纸，需几十个工人协调工作，制出的纸张却"匀薄如一"，⑤ 可见其生产技术的高超了。

因为生产长幅纸所需原料、场地、设备、工人人数及劳动强度、抄纸的技术要求等方面都比生产狭幅纸要多和大，所以长幅纸的价格要比狭幅纸高。如四川双流纸，"每番方尺许，品最下，用最广，而价亦最贱"。尽管如此，宋代已形成以长幅纸为贵的习惯。表现在以下几个方面。

首先，官用纸尺寸超过前代。

《文房四谱·纸谱》记："晋令诸作纸：大纸（宽）一尺三分，长一尺八分；小纸广九寸五分，长一尺四寸。"⑥ 这是晋代官方用纸尺寸。宋代官方用纸也有一些规定，如大中祥符五年（1012年）七月十九日"开封府言：三司先降纸式，并长二尺三寸，付洪、歙州捣造"⑦。即官用纸的规格是长二尺三寸。《庆元条法事类》卷十六《文书门一》"文书·杂令"条亦载："诸诏敕纸高一尺三寸，长二尺余，官司纸高长不得至此。"诏书纸规定为长二尺余，宽一尺三，其他官用纸不可超过这一尺寸。可见，宋代官方用纸尺寸超过了晋代。而民间却有用于不同目的的各种规格的纸。

---

① 《夷坚甲志》卷七《周世亨写经》，第61页。
② （明）文震亨：《长物志》卷七，中华书局1985年版，丛书集成初编本，第60页。
③ （明）屠隆：《考槃余事》卷二《纸笺》，中华书局1985年版，第36页。
④ 《清异录》卷下《文用门》，第91页。
⑤ （宋）苏易简：《文房四谱》卷四《纸谱》，丛书集成初编本，中华书局1985年版，第53页。
⑥ 《文房四谱》卷四《纸谱》，第52页。
⑦ 《宋会要辑稿》刑法2之11。

其次，书画家喜用长幅纸。

由于长幅纸为书画家提供了更大空间，使其"可以放笔快书"，因而受到他们的喜爱。从现存的宋人书画作品纸的长宽尺寸便可清楚了解这点。唐代《神仙起居法》直高 27 厘米，而宋代书画纸尺幅更大：法书纸一般直高 30 厘米至 35 厘米，米芾《苕溪诗》直高 30.5 厘米，李建中《同年帖》高 33 厘米，苏轼《人来得书帖》高 31.5 厘米。宋画用纸一般直高为 30 厘米至 55 厘米，横长显著增大，如赵无咎《四梅图》高 37 厘米。而沈阳博物馆所藏的宋徽宗赵佶的草书《千字文》，一纸长达三丈余，中无接缝，反映了高超的造纸技巧。一般来说，唐代绘画纸画面平均为 650 平方厘米，宋代则平均为 2412 平方厘米，宋比唐增大了 2.7 倍多。书、画纸幅的增大，使书、画家能够表达更多、更丰富的内容，促进了书画艺术的发展。

再次，五代末的名纸澄心堂纸，当初是"百金不许市一枚"，然而就是因"其幅狭"而"不堪草诏"。

可见，纸质虽好但幅度低狭的纸在宋代已遭冷遇，甚至江南人写书也不用它，而选用浙江的"由拳纸"。清人叶德辉甚至说："澄心徒有虚名。故北宋本书从未有用此纸印者。"① 想必梅尧臣之友潘谷在生产仿澄心堂纸时，对这一点一定也是有改正的。

宋人重长幅纸还表现在，士大夫将其作为收藏品和礼品。南宋孔武仲在其诗《内阁钱公宠惠高丽扇以梅州大纸投之（并赋诗）》中吟道："漆箱犹有南中纸，阔似棋枰净如水。传闻造之自梅州，蛮奴赤脚踏溪流。银波渗彻云蟾髓，入轴万杵光欲浮。收藏终恐非吾物，宝剑银钩有时失。不如包卷归文房，钱公家世能文章。"② 诗人用来作回赠礼物的梅州大纸，原本也是他的收藏品，从"阔似棋枰净如水"句和称作"大纸"来看，这也是一种长幅纸。

---

① （清）叶德辉撰，紫石点校：《书林清话》卷六《宋人钞书印书之纸》，北京燕山出版社 1999 年版，第 171 页。
② 《清江三孔集》卷六，第 103 页。

三 注重废旧纸的利用

宋代由于纸在生产和生活中被广泛地运用，因此废旧纸自然为数不少。就官府一块来看，就有每年的废弃公文纸、陈年帐籍纸、科举考试答卷及誊录纸、毁抹的盐茶钞引纸、印刷书、纸币等的边料以及旧书纸等，加在一起就是一庞大数字。对这些废旧纸的处理，宋人不是简单地将之作为垃圾扔掉或烧掉，而是将之作为一大资源，重新加以利用。

（一）直接作他用

书写。书写是纸张最基本的用途，书写也是读书人最基本的能力。由于古代用毛笔书写，每个字所占空间大，因而纸的消耗也很大，尤其是练习书法。宋代蜀地有"学书者纸费，学医者人费"的谚语；欧阳修也曾说："学书废纸，犹胜饮酒费钱。"学书法的人用在纸上的花费比饮酒的人买酒的花费都要高。所以很多人就是用废旧纸练习的。更有藏书家，用废纸抄书、校对，直到确认无错误了再写到好纸上。如宋人徐度说："予所见藏书之富者，莫如南都王仲至侍郎家，其目至四万三千卷。而类书之卷帙浩博，如《太平广记》之类皆不在其间。虽秘府之盛，无以逾之。闻之其子彦朝云：其先人每得一书，必以废纸草传之，又求别本参校，至无差误，乃缮写之。必以鄂州蒲圻县纸为册，以其紧慢厚薄得中也。"[①] 王仲至共收藏有四万三千卷书，按照这种做法，不知要用掉多少废纸和蒲圻纸。不过，用废纸抄书、校对，既保证了正式抄写时的正确率，又节约了纸张或金钱，还使废纸得以再利用，真是一举几得。

除用旧纸书写以外，还有用旧纸直接印刷书的。清人叶德辉说，宋人多用官府旧公文纸的反面来印书，并举了多个例子，如"黄《赋注》、黄《书录》，《北山集》四十卷，程俱致道撰，用故纸刷印。钱少詹有跋云：验其纸背皆乾道六年官司簿账，其印记文可辩者，……又聊城杨氏海源阁仿宋刻《花间集》十卷，王鹏运跋云：系用淳熙十一、十二等年册子纸印

[①] （宋）徐度：《却扫编》卷下，中华书局1985年版，第210—211页。

行，其纸背官衔略可辨识者……瞿《目》宋刊本《洪氏集验方》五卷云：其书以淳熙七、八两年官册纸背所印，中钤官印，惜不可识。莫《录》宋绍兴本《集古文韵》五卷云：纸背大半是开禧元年黄州诸官致黄州教授书状，纸背状中首尾结衔。"① 如此多的书是用官用旧公文纸印刷，官府废旧纸的数量和质量可见一斑。

　　糊窗。古代没有玻璃窗。因为纸不透风而透光，所以每年越冬时上至皇宫下至庶民都用纸糊窗，以防寒风。王禹偁《今冬》诗有"白纸糊窗堪听雪，红炉着火别藏春"之说②，陆游《闲居初冬作》也讲到"东窗换纸"③。郑刚中曾记夏日湿热，乃"破窗纸三分之一，易以蓝纱"以透暑气；又有"轩前有修竹，穿纸入窗棂"的诗句。④ 用废旧纸糊窗则很普遍。王安石《纸暖阁》诗云："楚谷越藤真自称，每糊因得减书囊"，⑤ 即是说用楚地谷皮纸和吴越藤纸糊窗。从"减书囊"三字来看，此纸是已经书写过的。南宋刘克庄《除夕》诗说得更明白："除夕阴寒怕卷帘，雨声断续下疏檐。壁穿自和干泥补，窗损教寻废纸粘。"⑥ 另一诗人林景熙的诗《山窗新糊，有故朝封事稿，阅之有感》亦云："偶伴孤云窗岭东，四山欲雪地炉红。何人一纸防秋疏，却与山窗障北风。"⑦ 朝中大臣的奏疏居然也成了山民的糊窗纸，说明废旧官方文书卷纸也流到民间作了他用。

　　废旧纸除糊窗外，还用来糊笼子、箱子之类的用具。如苏轼《上文潞公书》记："轼在徐州时，见诸郡盗贼为患，而察其人多凶侠不逊，因之以饥馑，恐其忧止于窃攘剽杀也。轼草具其事，上之。会有旨移湖州而止。家所藏书，既多亡轶，而此书本以为故纸糊笔筐，独得不烧，笼破，

---

① 《书林清话》卷八《宋元明印书用公牍纸背及各项旧纸》，第222—223页。
② （宋）王禹偁：《小畜集》卷十《今冬》，四库本第1086册，第101页。
③ 《剑南诗稿校注》卷三十七《闲居初冬作》，第48页。
④ （宋）郑刚中：《北山文集》卷五《小窗记》，卷二十一《偶题》，中华书局1985年版，第91、283页。
⑤ （宋）王安石撰，聂安福等整理：《王安石全集·临川先生文集》卷十七《纸暖阁》，复旦大学出版社2016年版，第397页。
⑥ 《后村先生大全集》卷二，《除夕》，第41页。
⑦ （宋）林景熙撰，（元）章祖程注，陈增杰补注：《林景熙集补注》卷一《山窗新糊，有故朝封事稿，阅之有感》，浙江古籍出版社2012年版，第112页。

见之,不觉悯然。"① 未交出的奏疏,因用于糊笼而没被烧掉,使作者得以重见,真是幸运。另外,笼子都破了,糊笼的纸还能认出其内容来,可见这纸的质量不错。

作鞋子中衬。据洪迈《夷坚支乙》卷四《刘氏女》所记,宋代妇女还用废纸糊成的纸壳做鞋子的中衬。"吉州士人刘伯山之女弟将嫁,前一日,家人置酒话别……(见)履帮已裂,剔出纸一片,阔三寸许,有天字满行,盖此女用小儿学书纸为衬托。"②

(二) 再造纸及其利用

将废旧纸回槽,掺到新纸浆中再造成的纸,明代宋应星称之为"还魂纸"。它是造纸技术水平提高的结果,宋代已掌握这一技术。这一技术的关键是洗去朱墨污秽,用不着蒸煮,捣料后便成纸浆,直接用来造纸,基本上保持原来纸浆的特性,不影响质量;同时,又能省去好多工序,节约大量劳动力和再生原料,因而废纸造纸受到欢迎和重视。再生纸也得到广泛利用,如造纸甲掺用了陈年帐籍纸;南宋湖广等地的纸币会子("湖会")也掺用了试卷和茶引故纸:"湖南漕司根刷举人落卷,及已毁抹茶引故纸应副,抄造会子。"③

当然,宋代用废纸再造纸的技术还处于初始阶段,再生纸的利用也很有限。但它为造纸业开辟了新的领域,因而为以后各朝所继承和发扬。

(三) 废纸买卖市场

社会有需要,就意味着有商机;而有商机,也就意味着有市场,这是商品经济条件下的一般规律。宋代废纸消费也一样。南宋都城临安有专门收售故纸的商店,这是城市里的故纸交易所。从单个来说,拥有故纸最多的是官府的某些部门,卖故纸成了他们的一项重要收入来源。如宋真宗景德二年(1005 年),国子祭酒邢昺请将原来"印书裁截余纸,皆鬻之以供监之杂用"改"归此钱于三司,裨国计",并由此引起"学者公费不给,

---

① (宋)苏轼撰;顾之川点校:《苏轼文集》,《黄州上文潞公书》,岳麓书社 2000 年版,第 420 页。
② 《夷坚支乙》卷四《刘氏女》,第 827 页。
③ 《文献通考》卷九《钱币二》,考一中。

讲官益厌其寥落"①。可见，国子监以卖印书边料纸作为补给，一下抽走后，使学者、讲官都深感不便。而此钱竟可"补国计"，可知不是小数目。宋政府对官用故纸的售卖控制很严，不许官吏私人经营和使用所卖经费，违者重惩。景德八年（1011年）诏："诸州县案帐抄旁等委当职官吏上历收缴，无得货鬻、弃毁，仍令转运使察举，犯者，官员重置其罪，吏人决杖配隶。时衡州判官王象之坐鬻案籍文抄，除名为吏，配隶唐州，因著条约。"②仁宗时任大理评事集贤较理的苏舜钦也因用"鬻故纸钱召妓女，开席会宾客"而被人劾奏罢官。③ 王象之和苏舜钦，一个因私自出卖了官用故纸，另一个因私自动用了卖故纸经费，结果都被罢官甚至入狱，可见，宋政府对出卖故纸的重视程度了。

以上所述宋代纸消费的三个特点，都是前代不突出甚至没有的。其实它们无不是宋代造纸技术进步的结果及表现；而每一点又渗透着宋代特有的消费习惯和消费方式，带有宋代商品经济发展的烙印。

（原文发表于《文史杂志》2005年第2期）

---

① 《长编》卷六十，第1333页。
② 《宋会要辑稿》食货11之11。
③ 《长编》卷一百五十三，第3716页。

宋代花卉的实用性消费

宋人爱花，不仅表现在花钱买花、簪花、入园赏花，追求花卉带给人们精神上的美的感官享受，而且还表现在把花卉运用于现实的物质生活中，追求花卉带给人们的实实在在的嚼在嘴里的价值。这使花卉的实用范围得以扩大、实用价值大大提高，且超出了以往任何朝代。

一 食用

花朵，是植物的精英，是大自然馈赠人类的礼物，不仅给人以精神的享受，还以其美味色香让人大饱口福。今天各种各样的鲜花宴正在成为美食家们驻足的亮点，其实食花古已有之，尤其是到宋代，花卉广泛地被食用，而且还登上了饮食经籍的宝座，倚立史册。

（一）用花卉和米面一起做主食

1. 饭 用菊花杂米所煮的饭品，因成饭后颜色金黄而被称为"金饭"。其制作方法是："采紫茎黄色正菊英，以甘草汤和盐少许，焯过，候饭少熟，投之同煮。"此做法简单，只要注意采摘紫茎黄色正品菊花即可。此饭，"久食，可以明目延年"。[①]

2. 粥 花卉和米谷煮粥，是宋代粥品的重要特色。较流行的有菊花粥、梅花粥、荼蘼花粥、桂花粥等。

菊花粥依然是采紫茎者，因为"菊有二种，茎紫气香而味甘"。"茎青

[①]（宋）林洪：《山家清供》卷下《金饭》，丛书集成初编本，上海商务印书馆1939年版，第14页。

而大气似蒿而苦"。① 梅花粥的做法，"扫落梅英（落地的梅花），拣净洗之。用雪水同上白米煮粥。候熟，入英同煮"。② 这一做法与前"金饭"相比稍有了些讲究，就是要用"雪水"和上好的白米，因为此品在文人学士中最流行，被认为既有"明目、益气、除烦、安神"之良效，又能表示高洁雅趣。南宋田园诗人杨万里《落梅有叹》诗道："才有腊后得春饶，愁见风前作雪飘。脱蕊收将熬粥吃，落英仍好当香烧。"③ 用凋落的梅花煮粥，既不浪费花卉，又使人饱肚，更有利于人的健康，真是一举几得。荼蘼花粥是杭州灵鹫寺僧所食的粥品，做法：取荼蘼花片，用甘草烫一下取出，再候粥熟时放入花，稍煮即成。此粥香美可口，开胃益气。④

3. 糕　《山家清供》里记载有用桂花制作的糕点，称"广寒糕"："采桂英（花），去蒂，洒以甘草水，和米舂粉，炊作糕。"并说"大经岁（科举考试之年），士友咸作饼子相馈，取'广寒高甲'之谶"。看来，此糕是极受文人学士欢迎的糕点，学士赴京参加考试时，途中都要携带，且还将此作为礼品赠送士友。唐宋时期，文人多以"折桂"比喻登科及第。高甲，即是科举考试录取放榜时三甲中的第一甲。同时，桂花气味芬芳，中医认为有补脾理肺、助消化、化痰养神等良效。故桂花糕一直流传至今。

4. 面食　梅花汤饼。这是流传于福建泉州的一种文人隐士食品。先用白梅、檀香末水和面粉做馄饨皮，然后用模型将每一叠皮印成梅花形状，再放进滚汤中煮，最后盛在鸡汁清汤中供食。⑤ 这种汤饼，汤鲜花香，妙不可言。梅花迎寒风、傲霜雪，被文人学士视为圣洁之花。檀香，以清香著名，佛教尤为推崇，他们说檀香水抹身，能除一切烦恼，又有消风热肿毒、杀虫之功效。把饮食与文化融合起来，既是填腹点心，又是一种文化享受，深受文人的喜爱。

另据陶谷记载，五代周世宗时期的宫廷糕饼莲花饼，后来流传到大臣家，再传于民间。宋初，"郭进家能作莲花饼馅，有十五隔者，每隔有一

---

① 《山家清供》卷上《紫金菊》，第9页。
② 《山家清供》卷下《梅粥》，第14页。
③ 《诚斋集》卷一二《落梅有叹》，四库本第1160册，第125页。
④ 《山家清供》卷下《荼蘼粥》，第15页。
⑤ 《山家清供》卷上《梅花汤饼》，第6页。

折枝莲花，作十五色，自云周世宗有故宫婢流落，因受雇于家"。①

（二）用花卉做菜肴

1. 单独做菜　采摘大瓣的栀子花，用汤烫后捞取，少干，再用甘草水和面，将花在湿面里滚一下，放入油锅煎之。此菜名叫"簷蔔煎"。② 此种做法，今天做某些花卉菜肴时仍在沿用。

将菊花直接拌食。"甘菊花，春夏旺苗，采嫩头，汤焯，拌食甚佳"。③ 范成大记吴地甚至有专种菊花为菜的，"甘菊，一名家菊，人家种以供蔬茹"，"今吴下惟甘菊一种可食，花细碎，品不甚高，余味皆苦"。④ 梅花，采者连蒂包裹煮，或用"盐渍暴干以荐酒"。⑤

2. 与其他原料混合作菜　如《山家清供》中的"莲房鱼包"："莲花中嫩房去穰截底，剜穰留其孔。以酒、酱、香料加活鳜鱼块，实其内，仍以底坐甑内蒸熟。或中外涂以蜜出碟。用'鱼父三鲜'供之。三鲜：莲、菊、菱汤齑也。"这是一味制作精致、风味特异的宴席菜肴，色香味形俱佳。另外用牡丹花和梅花拌作生菜，是南宋皇后喜食的一道菜。⑥

3. 做汤羹　用文官花做的羹称为锦带羹，因此花"条生如锦"。⑦ 雪霞羹，"采芙蓉花，去心、蒂，汤焯之，同豆腐煮。红白交错，恍如雪霁之霞，名曰'雪霞羹'。加胡椒、姜亦可也。"⑧ 这是一道佛教寺院中常见的素菜，价廉物美，红白相错，颜色诱人。中医认为，莲花具有"镇心益色，驻颜轻身"的效用。山民和道士也多以此为素菜，其特点是形色清雅，入口柔软。文人学士多仿效，因而被日益推广。还有菊花羹，司马光曾作《晚食菊羹》诗，描写菊花羹的制作、食用，赞美其美味，"乃知惬口腹，不必矜肥鲜"。⑨ 足见素菜的魅力所在。

---

① 《清异录》卷下《馔羞门》，第 101 页。
② 《山家清供》卷上《簷蔔煎》，第 10 页。
③ （宋）赵希鹄：《调燮类编》卷三《清饮》，中华书局 1985 年版，第 59 页。
④ （宋）范成大：《范村菊谱》，四库本，第 845 册，第 39 页。
⑤ （宋）周去非著，杨博文校注：《岭外代答校注》卷八《花木门》，中华书局 1999 年版，第 337 页。
⑥ 《山家清供》卷下《牡丹生菜》，第 22 页。
⑦ 《山家清供》卷上《锦带羹》，第 7 页。
⑧ 《山家清供》卷下《雪霞羹》，第 18 页。
⑨ （宋）司马光：《温国文正司马公文集》卷三《晚食菊羹》，四部丛刊初编本。

以上就是宋代的花馔食品。从中可见，宋人用花卉或做主食，或做菜肴，或做饮料，制法大多简单易学，或煮或煎，或蒸或拌，不仅色香味美，且均具有极高的食疗和营养价值。入馔花卉品种达十多种，如梅花、菊花、桂花、芙蓉花、莲花、牡丹花、栀子花、荼蘼花、文官花等。其中尤其是梅花和菊花最为普遍，作饭、粥、羹、汤、菜均适宜。

花馔是中国古代素菜中别具风味的菜式，宋代以前花馔多散见于文学类书籍中。至宋则出现了以记载花馔为特色的饮食经籍著作，这就是南宋林洪的《山家清供》。所谓"清供"，自然是以蔬菜为主。书中记载了大量蔬食的原料选用、搭配以及烹饪加工方法。但本书更具特色的则是记载了不少以花果为原料的花馔和果馔，其中花馔多达十多个品种，是该书所记同类原料菜肴最多的一种。

花馔不仅是一种重要的素食，而且其原料易得、制法简单，同时又象征高洁雅趣，所以其消费对象主要是僧、道、隐士、山民以及文人学士。有的士人喜爱食花，达到乐此不疲的地步。南宋诗人杨万里好食梅花，在他的诗集里多有记录。如在《昌英知县叔作岁，赋瓶里梅花，时座上九人七首》诗之第四首后附注他吃梅花的方法："予取糖霜芼以梅花食之，其香味如蜜渍青梅，小苦而甘。"[①] 以后他又津津有味地说："剪雪作梅只堪嗅，点蜜如霜新可口。……赣江压糖白于玉，好伴梅花聊当肉。"[②] 直接以白糖和着梅花嚼食。在别人眼中，在杨万里自己的意识里，都认为嗜食梅花是一件雅事。其《瓶中梅花长句》诗中就夹有注解称："去年今月，予既得麾临漳，朝士饯予，高会于西湖上刘寺。满谷皆梅花，一望无际，绝顶有亭，牓日'锦屏'。予独倚一株老梅，摘花嚼之，同舍张监簿，蜀人，名玒，字君玉，笑谓予曰：'韵胜如许，谓非谪仙可乎？'"[③] 看来诗人已到了看到梅花就想吃的地步。而且为了吃梅花，诗人已顾不得谦让了："南烹北果聚君家，象箸冰槃物物佳。只有蔗霜分不得，老夫自要嚼梅花！"[④] 为了蘸糖吃梅花，蔗糖被他毫不客气地独占了。为了能长期食用梅花，宋

[①] 《诚斋集》卷五《昌英知县叔作岁，赋瓶里梅花，时座上九人七首》，第48页。
[②] 《诚斋集》卷七《夜坐以白糖嚼梅花》，第73页。
[③] 《诚斋集》卷七《瓶中梅花长句》，第72页。
[④] 《诚斋集》卷一四《庆长叔招饮，一杯未酸，雪声璀然，即席走笔赋十诗》（之七），第151页。

人还发明了许多保存梅花的方法，其中最常用的是蜡制梅。"十月后用竹刀取欲开梅蕊，上下蘸以蜡，投蜜缶中，夏月以热汤就盏泡之，花即绽，香可赏也。"① 蜡，指蜂蜡，用它裹住花体密封，装在蜂蜜坛中，来年夏月仍可食用。诗人不仅和糖嚼花，而且还以花佐酒："老趁渔船泊馆娃，月明夜饮故人家。春风吹酒不肯醒，嚼尽酴醾一架花。"② 荼蘼花成了他的佐酒菜肴。

山民、僧道、隐士以及文人学士所消费的花馔主要是自给性的，即自己采摘花卉，准备主配料，自己或家人制作。但其中也有些花馔走向了城市，成了城市居民餐桌上的新秀，同时也成了酒楼饭店中特色经营食品。如临安（即杭州）分茶酒店即有锦带羹、莲子头羹等花卉羹；有牡丹饼、芙蓉饼、菊花饼、梅花饼等点心。③ 这说明宋代花馔消费扩展到城市居民，且除自给性外，商品性也在增强。

二　药用

花卉的药用与食用密切相连。古人认为，医食同源，食药同用，前面所谈到的花馔一般都具有食疗的药用价值。

菊花的药用价值在很早就已被发现，晋代葛洪《抱朴子》载："南阳郦县山中有甘谷，水所以甘者，谷上左右皆生甘菊，菊花堕其中，历世弥久，故水味为变。其临此谷中居民，皆不穿井，悉食甘谷水，食者无不老寿，高者百四十五岁，下者不失八九十，无夭年人，得此菊力也。"④ 说明菊花水有延年益寿之功效。宋人唐慎微曰："菊花水，味甘温，无毒，除风补衰，久服不老，令人好颜色，肥健，益阳道温中，去瘤疾。"⑤ 则菊花水除具有延年益寿功效之外，还有美容、健身、治病等功用。菊花的药用价值也被详细记载下来："菊花，味苦，甘平无毒。主风、头眩肿痛、目

---

① 《山家清供》卷下《汤绽梅》，第14页。
② 《诚斋集》卷一三《夜饮周同年权府家》，第135页。
③ 《梦粱录》卷一六《分茶酒店》；《荤素从食店》，第213、219页。
④ （宋）葛洪：《抱朴子内篇》卷二《仙药第十一》，四库本第1059册，第61页。
⑤ （宋）唐慎微：《重修政和经史证类本草》卷五《玉石部下品》，四部丛刊初编本。

欲脱、泪出、皮肤死肌、恶风湿痹；疗腰痛，去来陶陶；除胸中烦热，安肠胃，利五脉，调四肢。久服，利血气，轻身、耐老延年。"① 史正志也说："（菊）苗可以菜，花可以药，囊可以枕，酿可以饮。"② "甘菊平，其叶正月采可羹；茎五月五日采，花九月九日采，并主头风目眩泪出，去烦热，利五脏。"③ "惟甘菊一种可食，亦入药品饵，余黄白二花虽不可茹，皆可入药，而治头风则尚白者"④，等等。菊花的药用功效真不少。现代医学认为：菊花枕适用于内热偏盛者，有明目、醒脑、散风、清热之功，故患有火热上攻病症的人，尤宜以菊花为枕。可见宋人对菊花的药用价值已经认识得很透彻，不仅有花色品种的区别，而且对什么时间采摘所具有的功用都了如指掌。

再如桃花，陈元靓记："三月三日，收桃花渍酒服之，好颜色，治百病。又云：三月三日，收桃叶晒干为末，井花水调服一钱，治心痛。本草云：桃花令人好颜色，杀疰恶，味苦平无毒，除水气，破石淋，利大小便，悦泽人面，三月三日采阴干。又云三月三日采花供丹方所须，又言，服三树桃花尽，则面如桃花。"⑤ 说明桃花也具有美容、疗病等功用。

宋人对许多花卉所具有的药用功效都有认识，而且有些就是在吃这些植物时发现的。如苏轼谪居海南时，因缺少食物，不得已煮苍耳充饥，"其（苍耳）花、叶、根、实皆可食"。由此发现苍耳还可治多种疾病："治病无毒，生熟丸散无适不可。愈食愈善，乃使人骨髓满，肌如玉，长生药也。主治风痹、瘫疾、瘾疹、疮痒，不可胜言，尤治瘿金疮。海南无药，惟此药生舍下，迁客之幸也。"⑥ 现代中医学认为，苍耳具有祛风湿、通鼻窍，解毒的作用，可以治感冒头痛、麻风、痢疾。可见，苍耳的药用价值已被科学所证实。⑦ 当然，苏轼的说法也有其偏颇之处，食用苍耳应适度，内服过量是会中毒的。

---

① 《重修政和经史证类本草》卷六《草部上品》，四部丛刊初编本。
② （宋）史正志：《史氏菊谱》，四库本第845册，第29页。
③ 《岁时广记》卷二二《端五中·菜菊茎》，第256页。
④ （宋）范成大：《范村菊谱》，四库本第845册，第40页。
⑤ 《岁时广记》卷一九《上巳下·渍桃花》，第217页。
⑥ 《苏轼文集》卷七三《苍耳录》，第2359页。
⑦ 关于苍耳的药用价值可参见人民卫生出版社1995年出版的由中国中医研究院、广州医学院主编的《简明中医辞典·苍耳》。

三 制花酒

以花入酒不知起于何时。汉代有一种具有独特香味的名贵酒——百末旨酒,据《汉书·礼乐志》"百末旨酒布兰生"条下颜师古的注解说:"百末,百草华之末也。旨,美也。以百草华末杂酒,故香且美也。"华即花,可见这种酒是杂采百花之末而精心制成的,"香美"是其特色。宋人张杲云:"今花之芳烈者皆可酿酒,如木樨、酴醾之类是也。"① 说明宋人已认识到了利用花卉所具有的颜色、芳香等特点,再采用适当工艺制作花酒的道理。

古人对菊花酒的记载大概是最多、最详细的,最早见于葛洪的《西京杂记》卷三:"菊花舒时,并采茎叶,杂黍米酿之,至来年九月九日始熟,就饮焉,故谓之菊花酒。"南朝梁宗懔的《荆楚岁时记》也称:"(九月九日)佩茱萸,食蓬饵,饮菊花酒,云令人长寿。"但重阳节喝菊花酒并形成一种习俗,大概是在南宋才开始的。北宋都城汴京还不见这一习俗,最多只是赏菊花,吃菊花糕。而南宋临安此风则很盛了②。

关于菊花酒制作方法,上述葛洪的记载中,是将菊花及其茎叶,和黍一起,通过发酵酿制而成。这种制法,宋代也在沿用,如"令长寿菊花盛开时,采茎叶杂麦米酿酒,密封置室中,至来年九月九日方熟,且治头风,谓之菊酒"。③ 此法还属自然发酵,所需时间长。宋代已有将和有菊花的原料通过蒸馏以加速其发酵的酿制法:"九月取菊花曝干,揉碎,入米馈中,蒸,令熟,醖酒如地黄法。"④ 还有一种将菊花浸泡在现成酒中而成的浸泡法。苏颂云:"秋八月合花收,暴干,切取三十斤,以生绢囊盛,贮三大斗酒中,经七日服之。今诸州亦有作菊花酒者,其法得于此乎?"⑤ 从最后一句看来,浸泡菊花酒法因其简单易做,已开始在各地推广。

---

① (宋)张杲:《云谷杂记》卷四,四库本第850册,第894页。
② 《梦粱录》卷五《九月》,第48页。
③ 《岁时广记》卷三四《重九上·菊花酒》,第380页。
④ (宋)朱肱:《北山酒经》卷下,四库本第844册,第831页。
⑤ 《重修政和经史证类本草》卷六《草部上品》。

苏辙有"酴醾酿腊酒，苜蓿荐朝盘"的诗句，[①]说到酴醾花酒。此酒早在晋代即已出现。"荼蘼花香甚，可以为酒。晋山涛为郫令，以此花酿酒竹中，所谓郫筒酒也。"[②] 虽然郫筒酒的制法还有另一说法："本志云……治内东土台坟起下有池，其底有井，谓之郫筒井，井畔产巨竹，刳为筒，汲水而酿，包以蕉叶，缠以藕丝，信宿香达于外。或云山涛治郫，以筠酿酴醾酒，旬日香闻百步。"[③] 但蜀制作酴醾酒的可能性也是存在的。"成都县出（荼蘼花），蜀人取之造酒"。[④]

唐代时，酴醾酒是一种珍贵的酒，皇帝用以赏赐大臣："李吉甫尝盛赞天子威德，帝欣然。绛独曰：'陛下自视今日何如汉文帝时？'帝曰：'朕安敢望文帝？'对曰：'是时贾谊以为措火，和薪下，火未及然，因以为安，其忧如此。今法令所不及者五十余州，西戎内讧，近以泾、陇为鄙，去京师远不千里，烽燧相接也；加比水旱无年，仓廪空虚，诚陛下焦心销志，求济时之略，渠便高枕而哉！'帝入，谓左右曰：'绛言骨鲠，真宰相也。'遣使者赐酴醾酒。"[⑤]

宋代，酴醾酒的记载增多起来。不过主要还是富贵之家及文人学士的佳酿，"礼部王员外言京师贵家多以酴醾渍酒"[⑥]。文人学士常常以此酒互相馈送，如文彦博的诗《新酿酴醾酒送吴蔡二副枢》："此花犹未发，此酒已先香。独有甘芹意，开罇略为尝。"[⑦] 叶梦得也曾接受别人馈送的酴醾酒，并且在吟咏刘原甫的诗之后饮此酒，感到舒畅之极。"前此适有以酴醾新酒相饷者，乃蹶起，连取三杯饮之，意甚适，不知原甫当时能如此否。"[⑧] 关于酴醾酒的制法，宋人朱肱《北山酒经》卷下记云："七月开酴醾，摘取头子，去青萼，用沸汤绰过，纽干，浸法酒一升，经宿漉去花头，匀入九升酒内。此洛中法。"这是将处理过的一定量的酴醾花浸泡在

[①]《栾城集》卷七《次韵子瞻送范景仁游嵩洛》，第 150 页。
[②]（明）曹学佺著：《蜀中广记》卷六一《方物记第三·木》，四库本第 592 册，第 38 页。
[③]《蜀中广记》卷五《名胜纪第五·川西道·成都府下·郫县》，四库本第 591 册，第 62 页。
[④]（明）李贤等：《明一统志》卷六七《成都府·酴醾花》，四库本第 473 册，第 418 页。
[⑤]《新唐书》卷一五二《李绛传》，第 4840 页。
[⑥]（宋）庞元英著：《文昌杂录》卷三，四库本第 862 册，第 670 页。
[⑦]（宋）文彦博：《潞公文集》卷五《新酿酴醾酒送吴蔡二副枢》，四库本第 1100 册，第 618 页。
[⑧]（宋）叶梦得撰，徐时仪整理：《避暑录话》卷上，《全宋笔记》，大象出版社 2006 年版，第 2 编第 10 册，第 281 页。

一升法酒中,[①] 浸泡一夜之后,再将此酒掺入另外九升酒中而成。它是一种经浸泡而成的配制酒。前述京师贵家所制的酴醾酒也是泡制酒。此法也被后世沿袭,元朝邹铉续编的《寿亲养老新书》卷三记酴醾酒的制法:"好酒一斗,用木香一块,以酒一盅于砂盆内约磨下半钱许,用细绢滤,入瓶密封,包。临饮取荼蘪花英浮沉酒面,人不能辨。……此酒色香味三绝,宜奉老人。"与宋代酴醾酒不同的是,饮用时还在酒中加荼蘪花末。"色香味三绝,宜奉老人",说明此酒芳香、味道温和,不像楪花酒那样辛烈。"礼部王员外言京师贵家多以酴醾渍酒,独有芳香而已。近年方以楪花悬酒中,不惟馥郁可爱,又能使酒味辛烈。"

另外南宋都城临安还有梅花酒卖,茶坊"暑天添卖雪泡梅花酒,……向绍兴年间,卖梅花酒之肆,以鼓乐吹《梅花引》曲破卖之,用银盂杓盏子,亦如酒肆论一角二角"。[②]《都城纪胜》《西湖老人繁胜录》也有类似记载。说明梅花酒在南宋已很流行。

宋代还有其他很多花卉酒,如醍醐酒、菖蒲酒、红花酒、榴花酒、椰子花酒、桃花酒、桂花酒等。[③] 可见,花卉制酒在宋代极为普遍,受到文人学士、高人隐士的喜爱。同时花卉所酿的酒大多属药酒,具有滋补、保健、治疗等药用价值。

四 制茶

以花制茶是宋代制茶技术进步、散茶生产普及最突出的表现。花茶在南宋已经流行,南宋赵希鹄在其《调燮类编》中有较详细的记载。他首先提到闽广地方因水恶而制花茶:"闽广以南,水亦不可轻饮,以花拌茶,终不脱俗,必欲为之。如莲花茶:于日未出时,将半含莲拨开,放细茶一撮,纳满蕊中,以麻皮略扎,令其经宿,次早倾出,用建纸包茶焙干,再

[①] "法酒"指按照法式发放制酒原料,严格控制其出纳,主要供应宫廷以及祭祀、给赐臣下之用。

[②] 《梦粱录》卷一六《茶肆》,第210页。

[③] 李华瑞著:《宋代酒的生产和征榷》,河北大学出版社2001年版,第39—42页。

如前法，又将茶叶入别蕊中，如此者数次，取出焙干用，不胜香美。"① 清香的莲花茶就这样制作成了。不过这种茶主要是取用莲花的香味，并不将莲花和茶一起饮用。又如梅花茶的制作："梅花将开时，清旦摘取半开花头，连蒂置瓶内，每一两重用盐一两洒之，不可用手溅坏，以厚纸数重密封，置阴处。次年春取开，先置蜜少许于盏内，然后用花二三朵，置其中，滚汤一泡，花头自开，如生可爱，充茶香甚。"这则是有花有茶、花茶并用的名副其实的花茶了。

是书又说："木樨、茉莉、玫瑰、蔷薇、兰蕙、橘花、栀子、木香、梅花皆可作茶。诸花开时，摘其半含半放，香气全者，量茶叶多少，摘花为伴，花多则太香，花少欠香，而不尽美，三停茶叶一停花始称。"可见，可用来作茶的花卉还真不少，最重要的是这里谈到了花和茶的比例为 1∶3，否则，花多太香，花少又欠香。作者又以木樨花的制作为例："木樨花，须去其枝蒂及尘垢虫蚁，用磁罐，一层花一层茶，投间至满，纸箬扎固入锅，隔罐汤煮，取出待冷，用纸封裹，置火上焙干收用。诸花仿此。"说明南宋时花茶制作方法已具雏形，花茶的饮用已相当普遍。

另外，南宋还出现了直接用花作饮料代茶的情况。如"天香汤：白桂盛开时，清晨带露用枝打下花，以布被盛之，拣去蒂萼，顿在净器内，捣烂如泥，榨干甚，收起，每一斤加甘草一两，盐梅（即白梅，青梅的一种）十个，捣为饼，磁罈封固，用沸汤点服"。再如，"茉莉汤：将蜜涂在碗中心抹匀，不令洋流，每于凌晨采摘茉莉花二三十朵，将蜜盖花，取其香气薰之，午间去花点汤甚香。"菊花亦可代茶，"妍暖春风荡物华，初回午梦颇思茶。难寻北苑浮香雪，且就东篱撷嫩芽"。② 意为没有北苑茶，用嫩菊苗芽代茶饮亦美。陆游在其诗《冬夜与溥庵主说川食》中也谈到晒干菊花，和茶饮的事，"更煎土茗浮甘菊"。③

---

① 《调燮类编》卷三《清饮》，第 59 页。
② 《百菊集谱》卷三，四库本第 845 册，第 77 页。
③ 《剑南诗稿》卷一七《冬夜与溥庵主说川食》，《陆游集》，中华书局 1976 年版，第 483 页。

五 制香

香在宋代备受喜爱，用量巨大，一般地都只注重进口香料。的确，宋代香料来源主要是通过市舶贸易来自南海诸国。但进口香料价格昂贵，如龙涎香，"广州市直每两不下百千，次亦五六十千"。[①] 除了宫廷贵族、达官富豪们能用得起之外，恐怕一般官僚士大夫也不敢问津。而宋代一些地方用花卉制作的香，虽然少了许多奢华气，但毕竟价格低廉，且易制作，所以仍有众多消费者。

宋人常提到的用来制香的花主要有朱栾花、柚花、素馨、茉莉、木樨等。

"永嘉之柑，为天下冠。有一种名'朱栾'，花比柑橘，其香绝胜。以笺香或降真香作片，锡为小甑，实花一重，香骨一重，常使花多于香。窍甑之旁，以泄汗液，以器贮之。毕，则彻甑去花，以液渍香，明日再蒸。凡三四易，花暴干，置磁器中密封，其香最佳。"[②] 原来，永嘉柑的花比柑橘本身还香，宋人因此用其制香，制法是用成片香木与花一起上甑蒸制而成。南宋韩彦直《橘录》也有类似记载，并指出此香的特点是"他时焚之如在柑林中"，即是一种浓浓的橘香味道。[③]

张邦基记载江浙用木樨花制香。"木樨花，江浙多有之，清芬沤郁，余花所不及也。……近人采花蕊以薰诸香，殊有典刑。山僧以花半开，香正浓时就枝头采摘取之，以女真树子俗呼冬青者，捣裂其汁，微用拌其花，入有油磁瓶中，以厚纸幂之。至无花时于密室中取置盘中，其香裹裹中人。如秋开时，复入器藏，可久留也。"[④] 看来，熏蒸制香法被认为是"典刑"，可能是对花香的破坏较大。而山僧的制香法不用熏蒸，所制之香，香气袭人，且可久留。范成大也曾记载广南和江浙等地制香的情况：

[①]《游宦纪闻》卷七，第61页。
[②]《游宦纪闻》卷五，第45页。
[③]（宋）韩彦直：《橘录》卷下《制治》，丛书集成初编本，中华书局1991年版，第1470册，第13页。
[④]《墨庄漫录》卷八，第221页。

"泡花，南人或名柚花。春末开，蕊圆白如大珠，既拆则似茶花。气极清芳。与茉莉、素馨相逼。番人采以蒸香，风味超胜。""法以佳沉香薄劈，着净器中，铺半开花，与香层层相间，密封之，日一易，不待花萎，花过香成。番禺人吴兴作心字香、琼香，用素馨、茉莉，法亦然。大抵泡取其气，未尝炊㸑。江、浙作木樨降真香，蒸汤上，非法也。"① 从中看出，番禺主要用柚花、素馨、茉莉等花制香，江浙则用木樨花制香。不过，范成大也认为此蒸制法不正确。

另外，宋人周紫芝作有《刘文卿烧木樨沉为作长句》诗："海南万里水沉树（即沉香树），江南九月木犀花。不知谁作造化手，幻出此等无品差。刘郎嗜好与众异，煮蜜成香出新意。短窗护日度春深，石鼎生云得烟细。梦回依约在秋山，马上清香扑霜霁。平生可笑范蔚宗，甲煎浅俗语朱公。此香似有郢人质，能受匠石斤成风。不须百和费假合，成一种性无异同。能知二物本同气，鼻观已有香严通。聊将戏事作薄相，办此一笑供儿童。"② 这是一种供烧制取香的木樨香，与张邦基所记的有所不同。

蔷薇花也可制香。"旧说蔷薇水，乃外国采蔷薇花上露水，殆不然。实用白金为甑，采蔷薇花蒸气成水，则屡采屡蒸，积而为香，此所以不败。但异域蔷薇花气，馨烈非常，故大食国蔷薇水虽贮玻璃缶中，蜡密封其外，然香犹透彻，闻数十步，洒着人衣袂，经十数日不歇也。"③ 此记宋朝已制作蔷薇水，纠正了原来不正确的看法。同时指出宋代制的蔷薇水不如大食国的香。

素馨花和茉莉花用于制香。此二花同属木犀科，原产于波斯。唐朝时已知茉莉和茉莉花制作的精油，④ 不过，茉莉和素馨的大规模引种却是在宋代。它们的香气近似，只稍不同。现代调香工艺中把它们分作大花茉莉和小花茉莉，素馨属前者。它们的香气特征均在于"鲜"，不过素馨是鲜中带浊，茉莉则鲜而清灵。鲜的来源在于鲜花的香气成分里含有大量吲哚——达 5%–12%，而吲哚纯品在浓溶液中是咸鲜有力而粗氯的动物香

---

① 《范成大笔记六种·桂海虞衡志·志花》，第 113、115 页。
② （宋）周紫芝：《太仓稊米集》卷二五《刘文卿烧木犀沉为作长句》，四库本第 1141 册，第 168 页。
③ 《铁围山丛谈》卷五，第 97—98 页。
④ 如杜环的《经行记》"大食国"条，段公路《北户录》卷三，段成式《酉阳杂俎》前集卷一八等书均曾提及。

气,扩散力强而持久。① 素馨花又名耶悉茗花。而"今之龙涎香,以耶悉茗油为主也"。② 说明龙涎香的主要原料是素馨花。陈善说:"制龙涎香,无素馨花,多以茉莉代之。"③ 南宋诗人刘克庄曾有"一卉能熏一室香,炎天犹觉玉肌凉"④ 的佳句,描写茉莉的浓郁清香。蔡絛记:"至五羊,效外国造香,则不能得蔷薇,第取素馨、茉莉花为之。"⑤ 是说广州地方用素馨、茉莉制香。

还有桂花也可制香:"采(桂)略蒸,曝干作香。"⑥

宋人陈敬认为南方花皆可合香,他提到有阇提、佛桑、渠那香花、大含笑花、小含笑花、麝香花、梅花、瑞香、酴醾、栀子花、木樨花、橙橘花等。⑦ 但从总体来看,花卉作香,还是少量的,且主要限于江浙和广南地区。不过比起唐以前各代则无论是在制香花卉的种类上,还是在制香数量上都有很大增加,满足了一部分人香料消费的需要。南宋程公许《和虞使君撷素馨花遗张立蒸沉香四绝句》其一曰:"长讶诗人巧夺胎,天心同胁句中来。更将花谱通香谱,输与博山烘炭煤。"⑧ 其中"更将花谱通香谱"一句,道出了宋人制香的秘密和关键点,这既是宋代花卉种植业发展的结果,同时也是花卉用途的扩大、花卉消费增长的表现。

以上是宋代花卉的一些用途及其消费情况。实用,是就花卉的一般用途如观赏,插花以美化环境,装饰家居或店面,簪戴以打扮修饰人自身等等而言的,这些一般用途固然也表明了花卉与人们日常生活的紧密关系,但它更多满足的是人的感官上的要求。而用花卉制作成色香味美的食物、香气袭人的美酒、清香解渴的茶饮则不仅能使人感官上得到美的享受,满足人们精神上追求清新淡雅文化品位的要求,而且又使人通过嚼食花卉及其制品,得以填腹解渴,饱口福,强身体,充分享受花卉带给人类的实实

---

① 参见扬之水:《龙涎真品与龙涎香品》,《文史知识》2004 年第 1 期。
② 《能改斋漫录》卷一五《素馨花》,第 385 页。
③ (宋)陈善:《扪虱新语》卷四《论南中花卉》,丛书集成初编本,中华书局 1991 年版,第 0311 册,第 41 页。
④ 《全芳备祖》前集卷二五《花部·茉莉花·七言绝句》,第 701 页。
⑤ 《铁围山丛谈》卷五,第 98 页。
⑥ 《山家清供》卷下《广寒糕》,第 19 页。
⑦ 陈敬:《陈氏香谱》卷三,四库本第 844 册,第 291—318 页。
⑧ 程公许:《沧洲尘缶编》卷一一《和虞使君撷素馨花遗张立蒸沉香四绝句》,四库本第 1176 册,第 1017 页。

在在的、嚼在口里的快乐。

宋代花卉已与人们日常物质生活密切相连。当然花卉的这些用途也并非只在宋代才出现,事实上,文中所提到的花卉用途前代都或多或少地出现过,但可以较肯定地说,宋以前没有哪一个朝代有如此多的花卉被食用和饮用,也没有哪一个朝代有如此多的人感受到花卉实实在在的功效。这既是宋代花卉种植扩大的结果,更是宋代花卉用途范围扩大、花卉消费增长的结果。

(原文刊于《中国农史》2006年第2期)

宋真宗与宋代节日

学界对宋真宗的研究大多集中在对其时的封禅、崇道等活动；用人、军事等策略及其给当时政治、经济所带来的影响等方面的讨论。而对宋真宗时在封禅过程中所创设的节日，则或者简略叙述①，或者干脆不提；对新设节日的作用和影响更是以"从社会活动上看并无多大积极意义"，"并未发展成群众性的社会活动"，"与百姓关系不大"等言辞加以否定，以致迄今为止也无专题性的研究。事实上，宋真宗时期，除了重视民间传统节日之外，因为封禅而制造舆论的天书降、圣祖现事件而新创的 5 个节日，既完善了中国古代节日结构，增加了宋代节日数量，丰富了宋代官吏们的节日生活，又对后世乃至我国现代节日产生了深远影响。因此，我们不揣浅陋，愿作引玉之砖，敬请方家批评。

一　宋真宗时期对传统节日的重视

岁末年节时，皇帝赐臣僚宴饮，既是增进君臣关系的需要，又是播撒皇恩的好时机，历朝皇帝都有此举措，宋真宗也不例外。他刚即位不久，就"赐近臣岁节宴于宰相吕端第，自是遂以为例"。② 另外，有资格参加节序赐宴官员的范围较前期大为扩大，如大中祥符二年（1009 年）二月，"旧制，节序赐宴，惟皇族、近列、诸帅、内职。三月甲子，始诏自今上巳、重阳，三司副使、判官及馆职事官并别置会。其后，知杂御史、三院

---

① 姚瀛艇主编：《宋代文化史》，第 547 页；朱瑞熙等著：《宋辽西夏金社会生活史》，中国社会科学出版社 1998 年版，第 440 页。
② 《长编》卷四十三，第 907 页。

御史、法官、开封府判官亦预焉。"① 即从原来的内朝高官扩大到外朝一般官员。同时，节日时还馈送朝臣节物，"大中祥符五年十一月，又制：仆射、御史大夫、中丞、节度、留后、观察、内客省使、权知开封府，正、至、寒食，并客省赍签赐羊、酒、米、面；立春赐春盘；寒食神餤、饧粥；端午粽子；伏日蜜沙冰；重阳糕，并有酒；三伏日，又五日一赐冰。"② 享受馈送节料的官职之广，几乎包括文武百官；节日之多，几乎是所有传统节日，这恐怕是历史上少有的。说明宋真宗对官员所过传统节日十分重视。

宋真宗对传统节日的重视除表现在"吃"上面之外，还对节假也作了一些规定。大中祥符五年（1012年）五月，"诏自今伏日并休务"③，增加了官员伏日的休务假。其实，宋真宗时，官员节日之外的事假也较以前灵活，如祭奠亡亲的私忌假，宋太祖开宝九年（976年）规定，只文臣郎中以上，武臣刺史、将军以上，父祖忌日才给假。宋真宗景德三年（1006年）二月，则将范围扩大到所有入品官员，私忌日给假一天④。再如，同僚之间遇有人出使外地要为之饯行，真宗也给假一天。"大中祥符五年，诏自今两省五品、尚书省四品、诸司三品以上官，同列出使，并许醵钱饯饮仍休假一日。余官有亲属僚友出行，仍以休务日饯送。"⑤ 虽有官品的限制，但亦可看出真宗对官员生活的关心，这种特别的饯行假亦是真宗的新创。

一些节假，不仅施行于官员，那些为官府服役的工匠也可享受。宋太宗时曾规定事材场、八作司工匠，每月给1天请粮假；京师铸造务的工匠，夏天暑热时放半天假。可见，太宗时期的工匠，不仅享受的假日少，而且还不是节假。到真宗时则有了对一些地方的特殊工匠予以节假的规定，如大中祥符元年（1008年）八月，"诏福建山路险恶，其輂官物军士，自今遇旬休、节序特给假"⑥。这是给在福建险恶山路上运送官物的军士以旬假和节假。可见，真宗时对官府体力劳动者节假的重视。这一制度一直被后

---

① 《长编》卷六十八，第1527页。
② 《宋史》卷一一九《礼志》，第2802页。
③ 《长编》卷七十八，第1771页。
④ 《长编》卷六十二，第1386页。
⑤ 《宋史》卷一一九《礼志》，第2801页。
⑥ 《长编》卷六十九，第1556页。

代沿用，如宋神宗时，侍御史周尹谈到铸钱工匠1年之内除节假、旬假外，还有300天工作日①。说明铸钱工匠一年休假65天，其中除36天旬假外，节假为29天，这虽然与文武官员的77天节假相差甚多，但与以前工匠无节假或节假更短比较而言，已是一大进步了。

以上可见，宋真宗对官员在传统节日时的宴饮、节料赐予的官职范围明显扩大，新增节假，而且还将节假享受人群扩大到官府服役的军士和工匠。无论是在推行人性化统治，增加社会消费时间，还是促进商业经济的繁荣等方面，无疑都有着积极的意义。

二 宋真宗时期新创节日

皇帝新创节日，并不始于宋真宗，而是在中唐以后②。但就皇帝新创节日之多、调动起来参与节日活动的官员范围之广，并使之成为国家政治生活中的一件大事的，则起于宋真宗时期。

（一）"东封西祀"运动：立节的基础

宋真宗新创节日，是当时国家政治形势的产物，即是因封禅的政治需要而出现天书、圣祖，进而再把天书降、圣祖现之日规定为节日。对其封禅，学界主要有两种意见：一种是传统的、大多数人所持的、基本否定的观点。他们主要从统治政策角度，认为是"闹剧""愚民"，从经济角度认为是"劳民伤财""荒诞挥霍"③；另一种则是近年来兴起的从文化和政治思想策略方面的肯定观点④。

我们认为，持续时间长达十余年的"东封西祀"运动，是在宋辽缔结

---

① 《长编》卷二百七十六，第6752页。
② 吴玉贵：《中国风俗通史》（隋唐五代卷），上海文艺出版社2001年版，第642页。
③ 吕锡琛：《道家、方士与王朝政治之宋真宗的崇道闹剧》，湖南长沙出版社1991年版；张其凡：《宋初政治探研》，暨南大学出版社1995年版；汪圣铎：《宋真宗》，吉林文史出版社1996年版；杨其领：《涤耻封禅与北宋道教的兴盛》，《河南大学学报》1995年第3期；晰纲等：《宋真宗东封西祀浅论》，《山东师大学报》1994年第6期。
④ 胡小伟：《"天书降神"新议——北宋与契丹的文化竞争》，《西北民族研究》2003第1期；何平立：《宋真宗"东封西祀"略论》，《学术月刊》2005年第2期。

"澶渊之盟"和约之后4年,即两国军事对抗结束、和平往来开始之后进行的,它是宋真宗朝的治国策略重点由外转向内的明显标志。其政治用意在于:一方面对外向契丹表示赵宋皇权是上天赐予的正统权威,从文化上威慑辽国;另一方面对内"以祭为教",以礼治天下,以超越现实的宗教精神去控制与镇服本国臣民的思想信仰和情感精神,尤其是担负着直接教化庶民重任的官吏队伍,对于皇帝来说,在一定程度上统治了官吏队伍,就是统治了天下,至少也是有了很好的保障。但东封也好,西祀也好,无论演绎时间有多长,终究有曲终人散的那一天,而把那些有着重大意义的时间留住,使其年复一年、持续不断地传承朝廷的方针策略的最好办法,就是设立节日。因此,伴随着宋真宗东封西祀出现的就是5个节日的相继设立。

(二)过程与内容:新节的出现

大中祥符元年(1008年)一年内,天书三次降临:正月乙丑初降于左承天门南鸱尾上,四月辛卯朔二降于大内功德阁①,六月乙未三降于泰山醴泉北②。这些时日后来都被设立为了节日,只是设立的时间、具体活动有差别。大中祥符元年(1008年)十一月,规定以正月三日(天书初降日)为天庆节③;第二年又下诏全国各地设置天庆观,以便于天庆节的建醮集会,还令人修《天庆道场斋醮仪式》一书,颁发全国各地。

第二个节日天贶节设立于大中祥符二年(1009年)五月壬戌,"诏兖州长吏以天书降泰山日诣天贶殿建道场设醮,以其日为天贶节,令诸州皆设醮。从知并州刘综之请也。其后又禁屠宰、刑罚,赐会如天庆节之制"。④从此看来,似乎天贶节是由兖州长吏率先实施,再由并州长吏刘综提出奏请而获批准的,但李焘又自注说:"据《实录》四年正月乃定,今并书,然刘综奏请时已有节名矣。"查《宋史》卷八《真宗三》知是大中祥符四年(1011年)春正月正式规定"以六月六日天书再降为天贶节"。大概此节是先有一些活动,最后才确定节名的,与天庆节的设立情形恰好

---

① 《长编》卷六十八,第1530页。
② 《长编》卷六十九,第1548页。
③ 《长编》卷七十,第1578页。
④ 《长编》卷七十一,第1606页。

相反。

大中祥符五年（1012年）闰十月，又新设了两个节日——先天节和降圣节。它们都与圣祖降临，以及与真宗相会并勉励他"善为抚育苍生，无怠前志"有关，于是以七月一日圣祖下凡日为先天节，十月二十四日与真宗相会日为降圣节①。二节的活动内容与天庆节差不多，增加了令天下以延寿带、续命缕、保生酒相互馈送的内容，最大的不同则是将天庆节时地方各州建道场设醮的时间由3天延长到了7天，此二节与天庆节合称三大节。

最后一个被立为节日的时间是天书第二次降于功德阁的时日，建节时间是天禧元年（1017年）正月，初名天祯节，后因避宋仁宗名讳，改为天祺节，其活动规模与天贶节同②。

这样，宋真宗因天书、圣祖事而新设的五个节日，前后经过十年时间。有节名和节日活动同时规定的（如天庆节）；有先有节日活动之实再行定节日之名的（如天贶节）；也有制定好了节日再新增活动内容的（如先天节和降圣节）；还有只定节名，活动内容仿照已有节日的（如天祺节），完全视当时情况而定。

这五个节日活动的共同点有：一、官员休假；二、禁屠宰，断刑罚；三、京城、诸州建道场设醮；四、官府赐宴；五、京城张灯一夕③。其中前四点都与官员有关。实际上，宋真宗创设这些节日，虽然也希望老百姓参与，所以有允许士民宴乐的规定，甚至还特意规定百姓相互赠送的东西，朝廷拿出样品，要民间仿制，大有欲使之深入民心之势。但是，这些节日给百姓的实惠并不多，自然对他们的吸引力不会太大。因此可以说这些节日主要是官员们的节日，它与唐代新设节日主要在京城或朝廷内流行最大的不同就是，它使不论在京城还是在地方的官吏都参与了进来，一方面为宋王朝的长治久安祈神"禳灾集福"，另一方面享受宋朝廷带给他们的实实在在的福禄。所以那种以其没有发展成大众性节日而小视甚至否定这些节日的观点，不仅没理解宋真宗设节的政治用意，也未理解这些节日的功能与意义。

---

① 《长编》卷七十九，第1801页。
② 《长编》卷八十九，第2038页。
③ 《长编》卷七十、卷七十九，明确记载了天庆节、先天节、降圣节，京城张灯一夕；另从卷一百零二天圣二年六月和《宋史》卷九《仁宗一》可间接知道天贶节、天祺节也有宫观张灯。

（三）作用与影响：新节的价值

首先，宋真宗新创节日在有宋一代的存废命运。

宋真宗自大中祥符元年（1008年）十一月建立天庆节后，第二年正月三日便开始正式庆贺这个节日。此后，随着新节日的增多，每年所过节日也在增加，终宋真宗朝，这些节日都被认认真真、大张旗鼓地庆贺过。大中祥符六年（1013年）七月，真宗诏曰："皇族岁时进献，皆无用之物，徒成冗费。自今除天庆、天贶、先天、降圣四节进供养物外，余悉罢之。"① 只允许天庆等四节进献供物，将四节放在高于其他节日之上之情，溢于言表，且付之行动。同年九月，又令诸州官吏，每逢天庆、先天、降圣三大节设醮致斋，要仿照大祀的规格。这实际上是扩大了三大节的规模，由此增加了财政开支，引起一些官员的担忧，上言请求裁省，如武将石普请求罢去天下设醮："岁可省缗钱七十余万，以赡国用。"② 但他们的意见都被真宗置于脑后，石普甚至还遭到被贬贺州的命运。

宋仁宗时，天下对封禅、天书事件的怨气，因真宗的去世、仁宗将天书与真宗灵柩一起埋葬而得以宣泄。然而，财政开支的增加毕竟关系重大，所以宋仁宗即位之初，就从裁减斋醮数目着手开始对宋真宗新创节日进行调整。把原来的49处设醮，减为20处；大醮由2400分减为500分。又从冯拯请求，对地方设醮作了限制规定：允许全国21州府在五节时依旧设醮，另外64州府斋醮时许用香灯、花果、山泉、药苗等物品，其他小州则罢去不设③。在其后的几年时间里又陆续对五节的活动内容进行罢除④。

但是，仁宗以后的宋朝仍在庆贺这些节日，只是没有了真宗时的隆重程度罢了，而且主要是地方官举办。如仁宗景祐年间任寿州通判的王克臣（王审琦之孙）从容地处理了一起盗贼夜入州廨案，"是日，天贶节，率掾属朝谒如常仪，人赖以安"⑤。富弼曾上疏神宗皇帝，指责当时在久旱不

---

① 《长编》卷八十一，第1837页。
② 《宋史》卷三百二十四《石普传》，第10474页。
③ 《长编》卷一百，第2317页。
④ 《长编》卷一百二，第2368页。
⑤ 《宋史》卷二百五十《王审琦传王克臣附》，第8819页。

雨，人情恐慌之时，朝廷却在庆贺降圣节，百官称贺上寿，听乐作欢[①]。说明宋神宗时，朝廷官员还过降圣节。宋徽宗时虽又陆续新设节日，但宋真宗时的所有节日不仅完全保留，而且徽宗新设节日活动完全仿效它们而成。南宋高宗曾在建炎元年（1127年）下诏废除了宋徽宗时所设的除开基节外的所有节日，但宋真宗所设节日依然保留[②]。宋理宗时襄州地方官也还在庆贺天贶节[③]。所以我们认为洪迈在《容斋五笔》卷一《天庆诸节》里说的："大中祥符之世，谀佞之臣，造为司命天尊下降及天书等事，于是降圣、天庆、天祺、天贶诸节并兴。始时京师宫观每节斋醮七日，旋减为三日、一日，后不复讲。百官朝谒之礼亦罢。今中都未尝举行，亦无休假，独外郡必诣天庆观朝拜，遂休务，至有前后各一日。"其中，除"独外郡必诣天庆观朝拜，遂休务，至有前后各一日"较为符合史实之外，其他由以上所述可知并不完全是事实。还是南宋后期魏了翁说的"二百年郡县奉行惟恪"一句话[④]，高度总结了宋真宗时所设的五节在有宋一代的存在情况。

其次，宋真宗新创节日对宋代死刑执行制度的完善起过一定作用。

中国古代对死刑执行的时间都有些特别的规定，主要是受阴阳说的影响，认为春夏两季乃万物生长之时，可生而不可杀，应顺天行刑。唐朝以前，一般都规定春夏不决死刑，缓期到秋分以后再执行。唐以后，进一步把禁行死刑的时间扩大到皇帝诞节及一些传统节日。宋初，沿用五代后晋天福七年（942年）十一月二十九日的规定：元日、寒食、冬至、立春、立夏等节日禁止执行死刑[⑤]。宋太宗淳化二年（991年）二月，有司议请："自今请太岁、三元及上庆诞日，两京诸州不决死罚，余如故。"[⑥] 增加了三元、圣节等节日为禁行死刑时间。而在宋真宗新设五节中，不得用刑、禁行死刑都是节日主要内容，到大中祥符五年（1002年）又明确规定了节

[①] （宋）赵汝愚编：《宋朝诸臣奏议》卷九十二《礼乐门·上神宗论久旱罢听乐上寿》，上海古籍出版社1999年版，第996—997页。
[②] 《宋史》卷一百一十二《礼十五·诸庆节》，第2681页。
[③] 《齐东野语》卷五《端平襄州本末》，第81页。
[④] （宋）魏了翁：《鹤山集》卷五十《洋州天庆观圣祖殿记》，四库本第1172册，第567页。
[⑤] 《宋刑统》卷三十《决死罪》，第495页。
[⑥] 《文献通考》卷一百六十六《刑考五》。

日禁行死刑的天数：天庆节七日，天贶节一日①。天禧元年（1017年）十一月，又对大辟罪在节日期间的行刑问题进行了详细规定，在前面禁刑七日的基础上延长为：天庆节、先天节、降圣节、承天节，前七日后三日，天贶节、天祺节仍一日②。

当然这些内容后来随着仁宗时期对节日活动内容的罢除而取消，但我们可据此观察到宋真宗想要通过这些节日活动传播其政治思想及策略的良好用意。

再次，宋真宗新创节日对宋代官员节假的影响。

宋代官员节日休假的情况，在宋太祖、宋太宗时主要是岁节、寒食、冬至各七日；圣节、上元、中元各三日；春秋社、上巳、端午、重阳、立春、人日、中和节、春分、立夏、三伏、立秋、七夕、秋分、授衣、立冬各假一日；夏至、腊日，各假三日。诸大忌皆假一日。除大忌和旬假共54天。宋真宗新创节日休假天数已见前述，即天庆节、先天节、降圣节各5天；天贶节、天祺节各1天，比太祖、太宗时新增17天。神宗元丰五年（1082年），祠部重定节日休假制度："岁凡七十有六日。元日、寒食、冬至各七日，天庆节、上元节、同天圣节、夏至、先天节、中元节、下元节、降圣节、腊各三日；立春、人日、中和节、春分、社、清明、上巳、天祺节、立夏、端午、天贶节、初伏、中伏、立秋、七夕、末伏、社、秋分、授衣、重阳、立冬各一日。上中下旬各一日。"③ 这里将宋真宗时设的天庆、先天、降圣等三节按休务天数计算，即大中祥符六年（1013年）六月规定的"先天、降圣、天庆，前后一日不视事"④，三大节各休务3天。而其他节日又是按休假天数计算，所以与其开篇说的天数难以吻合。我们认为，应对照《宋史》卷163《职官三》"礼部祠部郎中"条所载，按三节各5天计算。这样，宋代新定的官员节日休假制度，不仅完全保留了真宗时新创的所有节日名称，而且还保留了其休假天数。这一制度一直到南宋宁宗时，除增加开基节3天假外，其他都未改变⑤。

---

① 《长编》卷七十七，第1760页。
② 《长编》卷九十，第2086页。
③ 《文昌杂录》卷一，第4页。
④ 《长编》卷八十，第1832页。
⑤ （宋）谢深甫著，戴建国点校：《庆元条法事类》卷十一职制门八《给假》，《中国珍稀法律典籍续编》第二册，黑龙江人民版社2002年版，第213页。

最后，宋真宗新创节日对后世官方因事建节的影响。

宋徽宗统治时期，特别是政和、宣和年间，又大力扶植和推行道教，其间也新建了6个节日：天应节、真元节、宁贶节、元成节、天符节、开基节。

宋徽宗新设的这些节日，其活动内容完全仿照真宗新创节日，如天应节建道场、朝拜，比附天庆节，休务依天祺、天贶节。政和五年（1116年）三月，又诏天应节不决大辟罪，依照天庆、先天节；宣和二年（1121年）依照降圣节体例设立开基节，不仅没有超出真宗时的节日活动范围，而且还不如其时的具体和丰富。如果说宋真宗新设节日还有士庶活动内容的文字规定，还不是完全意义上的官方节日的话，那么宋徽宗所设节日则完全称得上纯粹的、由统治者因事建立的、主要由全国大小官吏们参加的官方节日。同时开基节的设立，表明宋朝统治者已经具有以王朝（或国家）的建立日为节日以便永远庆祝的建节意识。尽管这个节日在南宋时并未受到特别重视，但从中国古代节日文化的发展历程来说，则是一重大贡献，而其框架源头则在宋真宗时，所以，宋真宗新创节日对我国全国性官方节日的出现具有开创之功。

三 结语

宋真宗新创节日，是其治国方略由军事外交转向内政管理以后所实行的一系列政治制度建设的一部分，是官僚队伍扩大、官员地位和待遇提高的重要体现。

宋代冗官问题自宋太祖开宝年间就提出来，终宋一代都是备受关注的主要国家大政问题之一。从现有史料记载的官员数字来看，宋真宗和宋徽宗两朝恰好是宋代前期和后期官员人数的两个高峰期：景德年间（1004—1007年），10000余人[1]；宣和元年（1119年），达47000人[2]。南宋时期，

---

[1] （宋）曾巩：《元丰类稿》卷三十《议经费》，四库本第1098册，第620页。
[2] （宋）洪迈撰，孔凡礼点校：《容斋续笔》卷四《宣和冗官》，中华书局2005年版，第270页。

官员人数与此相当，后期还有所下降①。此外，还有数十万在各级官署中服役的胥吏，如真宗咸平四年（1001年）六月，太常丞、直集贤院梅询上言称，仅朝廷减省的冗吏，就有195802人②，再加上各级武职人员及其家属，其数目之大，可以想见。面对如此庞大的官吏队伍，设立以他们的参与为活动中心的节日，既是宋代政府对他们的物质待遇和精神文化生活关怀的体现，更是对他们加强人身控制和精神统治的需要。

同时，中国古代节日，从其系统结构而言，唐宋以前主要还是以民间传统节日这一单一结构为主，表现在无论是节日时间的确定，还是节日活动的开展，都来源于民间传统节日习俗的不断传承和发展，供职于官府的大小官吏们也只过传统节日。从唐玄宗开始新设的唐朝节日，如诞节、降圣节、中和节等，使这一结构发生了改变，然而使这一结构得以最终建立并真正在全国实施的则是在宋真宗时期。他把国家政治生活中的大事日子新设为节日，并制定详细的活动内容，还由中央和地方财政划拨大量经费以保证节日活动的开展，不仅对宋代死刑执行制度、官员休假制度等都起过重要作用，而且对后世乃至当代官方节日的建立产生了深远影响。

从此，中国历史上的节日，既有广大士庶参与的民间传统节日，也有国家公职人员参与的官方节日。所以我们认为，无论对宋真宗的功过作何评价，他在国家因事设节、完善中国古代节日系统结构方面的开创之功，是不能抹去的。

（原发表于《中华文化论坛》2007年第2期）

---

① 《建炎以来朝野杂记》甲集卷五《孝宗革冗官》，第126页。
② 《长编》卷四十九，第1063页。

诸庆节：宋代的官方节日

"庆节"，就是庆贺性节日。它既不像传统节日那样，时间和习俗活动由民间长期传承而来；也不像宗教性节日与"教主""教义"有关。它是由统治者（皇帝）根据一些政治事件的重要性程度而将其发生日确定为节日，并进行相应的庆祝活动。因此，它是宋代所特有的一种节日类型，即由全体官吏（或国家公职人员）参与的官方节日。学界对它的探讨，至今为止极其薄弱[1]。它们为何在宋代才出现？有些什么活动内容？存废状况怎样？起过怎样的作用？又有何影响？等等，我们试图对这些问题进行探寻。

一

《宋史》卷一一二《礼十五》记载："诸庆节，古无是也，真宗以后始有之。"说明宋真宗是诸庆节的开创者。那么它为什么只出现在宋真宗时期而不是别的时期呢？这得从当时的社会背景、国家政治形势和统治策略等中去寻找答案。

宋真宗在位时期的统治，可以"澶渊之盟"为界分为前后两个时期。前期主要以与辽的军事对抗为要务，真宗也两次亲征（咸平二年，即999年；景德元年，即1004年）。"澶渊之盟"的缔结，标志着两国军事对抗的结束、和平往来的开始。同时，宋朝的治国策略重点也由外转向内。经

---

[1] 朱瑞熙《宋代的节日》（《上海师大学报》1987年第3期）在将宋代节日归类中，没有"诸庆节"一类，而是将其放在"官定的重要节日"中去叙述；姚瀛艇《宋代文化史》（河南大学出版社1992年版）在"节日习俗"一节中，虽将"诸庆节"分为一类，但叙述相当简单（第547页）；汪圣铎《两京梦华》"不同种类的节日"中，没有"诸庆节"名称，而称"与天书、圣祖、帝君等有关的节日，都是真宗、徽宗创建的"，也只作了一般性的介绍。

过四年（景德元年至四年，即 1004—1008 年）的准备、酝酿，开始了一场持续时间长达十余年的"东封西祀"运动。一方面，对外向契丹表示：一、赵宋皇权是上天赐予的正统权威，从文化上威慑辽国；二、宋无心与之再战。当大中祥符元年（1008 年）四月，辽派使者至宋，请每年送交银、绢之外，另借钱币。宋真宗与宰相王旦商议后果断以"只当以微物而轻之也"①的气魄，在每年给三十万钱物内各借三万，仍谕告在第二年的数额之内扣除。大中祥符三年（1010 年），西夏国主李德明向宋王朝上表请求宋朝给粟米百万斗，宋真宗又采纳王旦"请敕有司具粟百万于京师，而诏德明来取之"的建议②。另一方面，对内，"以祭为教"，以礼治天下，以超越现实的宗教精神去控制与镇服本国臣民的思想信仰和情感精神，尤其是随着科举制的进一步完善，文官政治体系更趋制度化，使官吏队伍进一步扩大，"州县不广于前，而官五倍于旧"。③景德年间（1004—1007 年），内外官员已达一万余人，治平年间（1064—1067 年），官员总数为两万四千人，出现自宋建立以来官员人数的第一个最高峰。此外，还有数十万在各级官署服役的胥吏，如咸平四年（1001 年）六月，太常丞、直集贤院梅询上言称，仅朝廷减省的冗吏，就有十九万五千八百二十人④，再加上各级武职人员及其家属，其数目之大，可以想见。而官吏是皇帝意志的执行者，是朝廷大政方针通向民间的桥梁，对于皇帝来说，在一定程度上驾驭了担负直接教化庶民重任的官吏队伍，就是统一了天下，至少也是有了很好的保障。但东封也好，西祀也好，无论演绎时间有多长，终究有曲终人散的那一天，而把那些有着重大意义的时间留住，使其年复一年、持续不断地传承朝廷的方针策略的最好办法，就是设立节日。因此，伴随着宋真宗东封西祀出现的就是五个节日的相继设立。

大中祥符元年（1008 年）一年内，天书三次降临：正月乙丑初降于左承天门南鸱尾上，四月辛卯朔二降于大内功德阁⑤，六月乙未三降于泰山醴泉北⑥。这些时日后来都被设立为节日，只是设立时间、具体活动有差

---

① （宋）王素：《王文正公遗事》，中华书局 1991 年版，第 2 页。
② 《宋史》卷二八二《王旦传》，第 9547 页。
③ 《宋史》卷二八四《宋祁传》，第 9594 页。
④ 《长编》卷四九，1063 页。
⑤ 《长编》卷六八，1530 页。
⑥ 《宋史》卷七《真宗二》，第 136 页。

别。大中祥符元年（1008年）只立了一个节日，即正月三日（天书初降日）为天庆节①。节日活动有：一、官员休假五天；二、京城在上清宫建道场七天，由宰相轮流值班，最后一天文武百官全体集会，赐宴于锡庆院；三、节日当晚，京师张灯；四、节日五天（后一度增为七天）内不许行刑和屠宰牲畜；五、地方各州建道场三天各地方官也聚会赐宴。第二年又下诏全国各地设置天庆观，以便便于天庆节的建醮集会，还令人修《天庆道场斋醮仪式》一书，颁发全国各地②，主要是天庆节时修斋设醮的仪式规则。

关于第二个节日——天贶节的设立时间，李焘《续资治通鉴长编》的记载有些乱。先是，大中祥符二年（1009年）五月壬戌，"诏兖州长吏以天书降泰山日诣天贶殿建道场设醮，以其日为天贶节，令诸州皆设醮。从知并州刘综之请也。其后又禁屠宰、刑罚，赐会如天庆节之制。"③从此看，似乎天贶节是由兖州长吏率先实施，再由并州长吏刘综提出奏请而获批准的。但李焘又自注说："据《实录》四年（1007年）正月乃定，今并书，然刘综奏请时已有节名矣。"这里虽未明确说哪个"四年正月"，但绝不是景德四年正月已无疑，那自然就是大中祥符四年（1011年）正月了，但此时才是大中祥符二年（1009年）五月，又怎能说刘综奏请时就已有了节名了呢？这是一处矛盾的地方；再有，同书同卷记载，大中祥符二年（1009年）六月己丑，"诏去岁是日天书降泰山，在京及诸路并赐休假一日，自今准此。后为天贶节"。从此看来，大中祥符二年（1009年）六月才只有在天书降泰山日时准许在京及地方官休假一天的规定，至于正式成为节日则是以后的事，具体在哪一年，《长编》没记载。我们可据《宋史》卷八《真宗三》知是大中祥符四年（1011年）春正月正式规定"以六月六日天书再降为天贶节"。大概此节是先有一些活动，如官员休假、京城及地方各大宫观举行道场、官府赐会、禁止刑罚和屠宰等之后，最后才确定节名的，与天庆节的设立情形恰好相反。

大中祥符五年（1012年）闰十月，又新设了两个节日——先天节和降圣节。它们都与圣祖降临与真宗相会并勉励他"善为抚育苍生，无怠前

---

① 《长编》卷七〇，第1578页。
② 《宋会要辑稿》礼57之28。
③ 《长编》卷七一，第1606页。

志"有关，于是以七月一日圣祖下凡日为先天节，十月二十四日与真宗相会日为降圣节①。节日活动是：一、官员休假五天；二、京城、诸州节前七日建道场；三、五天内禁屠宰、断刑罚；四、允许士民宴请游乐；五、京城张灯一夕；六、大中祥符六年（1013年）六月，令天下以延寿带、续命缕、保生酒相互馈送。此二节的活动内容大多与天庆节差不多，最大的不同是将庆节时地方各州建道场设醮的时间由三天延长到了七天，此二节与天庆节合称三大节。

最后一个被立为节日的时间是天书第二次降于功德阁的时日，建节的时间是天禧元年（1017年）正月，初名天祯节，后因避宋仁宗名，改为天祺节，其活动规模与天贶节同②。

这样，宋真宗因天书、圣祖事而新设的五个节日，前后经过十年时间。有节名和节日活动同时规定的（如天庆节）；有先有节日活动之实再行定节日之名的（如天贶节）；也有制定好了节日再新增活动内容的（如先天节和降圣节）；还有只定节名，活动内容仿照已有节日的（如天祺节），完全视当时情况而定。

这五个节日活动的共同点有：一、官员休假；二、禁屠宰，断刑罚；三、京城、诸州建道场设醮；四、官府赐宴；五、京城张灯一夕③。其中，第一、三、四点都直接与官员有关；第二、五点则与官员有间接关系。五个节日中，明确规定士庶活动的只有先天节和降圣节，"令天下以延寿带、续命缕、保生酒相互馈送"，而且还是在建节大半年以后才做的补充规定。从《续资治通鉴长编》和《宋史》等史料记载来看，这些节日庆祝活动的参与者与唐代新设节日主要是在京官吏最大的不同就是：它使不论在京城还是在地方的官吏都参与了进来，一方面为宋王朝的长治久安祈神"禳灾集福"，另一方面享受宋朝廷带给他们的实实在在的福禄。所以那种以其没有发展成大众性节日而小视甚至否定这些节日的观点，不仅未理解宋真宗设节的政治用意，也未理解这些节日的功能与意义。

---

① 《长编》卷七九，第1797—1801页。
② 《长编》卷八九，第2038页。
③ 《长编》卷七〇、七九，明确记载了天庆节、先天节、降圣节，京城张灯一夕，第1578、1801页；另从卷一〇二天圣二年六月和《宋史》卷九《仁宗一》可间接知道天贶节、天祺节也有宫观张灯。

二

宋徽宗即位之初,政治还算清明,社会也还安定,虽说不上宵衣旰食,励精图治,但总算守成之君。后来徽宗耽于逸乐,重用蔡京、童贯等奸佞宵小,弄得廊庙蠹朽,民不聊生,引起百姓极大不满,致使方腊、宋江揭竿而起。外部强敌环伺,乘机南牧,徽宗君臣束手无策。同时,官吏队伍达四万七千多人[①],"猥冗众,无若今日之甚"。[②] 为了震慑外敌,安定社会,缓和阶级矛盾,在徽宗、蔡京及宦官、道士等共同策划下,举国上下掀起了一场崇奉道教的狂热运动。

徽宗崇道与真宗"崇道而不抑佛"[③] 不同,大观元年(1107年)二月,徽宗御批:"道士序位令在僧上,女冠在尼上。"[④] 把道教抬到了佛教之上,以后又进一步压制佛教[⑤]。同时,也效法真宗,大肆制造舆论,如梦有神道教谕,前往圜丘祭天途中亲见天神下降,作《天真降灵示现记》,各地争献祥瑞[⑥],等等,也将天神出现、帝君生日等日子确定为节日。

表1　宋徽宗时主要官方节日

节名	节日时间	建立时间	建立缘由	资料出处
天应节	十一月五日	政和四年正月	徽宗亲祀途中见天神示现	《清波杂志》卷十一
真元节	二月十五日	重和元年四月	太上混元上德皇帝（老子）生日	《宋史》卷二十一
宁贶节	五月十二日	政和元年	徽宗祭方丘观天神之日	
元成节	八月九日	重和元年五月	青华帝君生日	《宋史》卷二十一
天符节	十月二十五日	宣和元年二月	徽宗亲自布道日	《宋会要辑稿》礼57之32
开基节	正月四日	宣和二年四月	宋太祖登基日	《宋会要辑稿》礼57之32

宋徽宗新设的这些节日,其活动内容完全仿照真宗新创节日,如天应

---

① 《容斋随笔》续笔卷四《宣和冗官》,第270页。
② 《宋会要辑稿》选举25之23。
③ 汪圣铎:《宋帝列传·宋真宗》,吉林文史出版社1996年版,第142—150页。
④ 黄以周等,顾吉辰点校:《续资治通鉴长编拾补》,中华书局2004年版,第906页。
⑤ 任崇岳:《宋帝列传·宋徽宗》,吉林文史出版社1996年版,第102—105页。
⑥ 《齐东野语》卷六《祥瑞》,第109页;《萍洲可谈》卷二,第148页。

节建道场、朝拜，比附天庆节，休务依天祺节、天贶节。政和五年（1115年）三月，又诏天应节不决大辟罪，依照天庆、先天节；宣和二年（1120年）依照降圣节体例设立开基节。如果说宋真宗新设节日还有士庶活动内容的文字规定，还不是完全意义上的官方节日的话，那么宋徽宗所设节日则完全称得上纯粹的、由统治者因事建立的、主要由全国大小官吏们（吃"官饭"人员或者用现代语言说"国家公职人员"）参加的官方节日。特别是开基节的设立，表明宋朝统治者已经具有以王朝（或称国家）的建立日为节日以便永远庆祝的建节意识。尽管这个节日在南宋时并未受到特别重视，但从中国古代节日文化的发展历程来说，则是一重大贡献。宋徽宗在宋真宗建立庆节的基础上，从新建节日数量以及建节意识上，推动了官方节日的发展。

三

宋真宗自大中祥符元年（1008年）十一月建立天庆节后，第二年正月三日便开始正式过这个节日。此后，随着新节日的增多，每年所过节日也在增加，终宋真宗朝，这些节日都被认认真真、大张旗鼓地庆贺过。大中祥符六年（1013年）七月，真宗诏曰："皇族岁时进献，皆无用之物，徒成冗费。自今除天庆、天贶、先天、降圣四节进供养物外，余悉罢之。"[①]认为岁时节日皇族进献之物是浪费，只允许天庆等四节进献供物，将四节放在高于其他节日之上之情，溢于言表，且付诸行动。同年九月，又令诸州官吏，每逢天庆、先天、降圣三大节设醮致斋，要仿照大祀的规格。这实际上是扩大了三大节的规模，由此增加了财政开支，引起一些官员的担忧，上言请求裁省。如武将石普请求罢去天下设醮："岁可省缗钱七十余万，以赡国用。"[②] 天禧二年（1018年），任过密州代理地方官的孙奭回到京城后，就因当时的天庆等四节"天下设斋醮，张燕甚广"而请求裁减浮用[③]。但他们的意见都被真宗置于脑后，石普甚至还遭到被贬贺州的命运。

宋仁宗时，天下对封禅、天书事件的怨气，因真宗的去世，仁宗将天

[①] 《长编》卷八一，第1837页。
[②] 《宋史》卷三二四《石普传》，第10474页。
[③] 《长编》卷九二，第2128页；《宋史》卷四三一《孙奭传》，第12805页。

书与真宗灵柩一起埋葬而得以宣泄。然而，财政开支的增加毕竟关系重大，所以宋仁宗即位之初，就从裁减斋醮数目着手对宋真宗新创节日进行调整。把原来的49处设醮减为20处；大醮由2400分减为500分。又从冯拯请求，对地方设醮作了限制规定：允许全国21州府在五节时依旧设醮，另外64州府斋醮时许用香灯、花果、山泉、药苗等物品，其他小州则罢去不设。① 在其后的几年时间里又陆续对五节的活动内容进行罢除，如天圣元年（1023年）三月，罢天庆等五节天下赐宴，只保留了新定设醮州府赐宴如旧。同年五月，罢先天、降圣节进献延寿带、续命缕。天圣二年（1024年）六月，罢五节宫观张灯，同时又缩短节日期间禁刑的时间为三天，至庆历元年（1041年）则只正节一天禁刑②。至于官员休假没有明言，我们不清楚是被取消还是缩短了天数，但天圣五年（1027年）六月，"己未，复天庆、天祺、天贶、先天、降圣五节日休务，仍给辅臣私忌假如旧"。③ 说明五节的休务假也曾被停止，至此又行恢复。

    经过宋仁宗时期的这些措施之后，宋真宗新创的五节似乎已经是有名无实、名存实亡了，但未毕然。事实上，仁宗以后的宋朝仍在庆贺这些节日，只是没有真宗时的隆重程度罢了，而且主要是地方官举办。如仁宗景祐年间任寿州通判的王克臣（王审琦之孙）从容地处理了一起盗贼夜入州廨案，"是日，天贶节，率掾属朝谒如常仪，人赖以安"。④ 富弼曾上疏神宗皇帝，指责当时在久旱不雨，人情恐慌之时，朝廷却在庆贺降圣节，百官称贺上寿，听乐作欢⑤，说明宋神宗时，朝廷官员还过降圣节。宋徽宗时虽又陆续新设节日，但宋真宗时的所有节日不仅完全保留，而且徽宗新设节日活动完全仿效它们而成⑥。南宋高宗曾在建炎元年（1127年）下诏废除了宋徽宗时所设的除开基节外的所有节日，但宋真宗所设节日依然保留⑦。绍兴九年（1139年），李迨为京畿都转运使，孟庾为东京留守。孟

---

① 《长编》卷一〇〇，第2317页。
② 《长编》卷一〇二、一三〇，第2368、3084页。
③ 《长编》卷一五六，第3784页。
④ 《宋史》卷二五〇《王审琦传附承衍传》，第8819页。
⑤ （宋）赵汝愚：《宋朝诸臣奏议》卷九二《礼乐门》，富弼：《上神宗论久旱乞罢听乐上寿》，上海古籍出版社1999年版，第996—997页。
⑥ 《宋会要辑稿》礼57之28至33。
⑦ 《宋史》卷一一二《礼十五》，第2681页。

暗通金人，为迨所察，孟便派人劝李迨也投降，遭到李迨严词拒绝。降圣节时，孟出错被李迨抓住，结果孟自刭，李迨也因此请求罢归老家①。说明宋高宗时也庆贺此节。宋理宗时襄州地方官也还在庆贺天贶节②。所以我们认为洪迈在《容斋五笔》卷一《天庆诸节》里说的：''大中祥符之世，谀佞之臣，造为司命天尊下降及天书等事，于是降圣、天庆、天祺、天贶诸节并兴。始时京师宫观每节斋醮七日，旋减为三日、一日，后不师宫观每节斋醮七日，旋减为三日、一日，后不复讲。百官朝谒之礼亦罢。今中都未尝举行，亦无休假，独外郡必诣天庆观朝拜，遂休务，至有前后各一日。''其中，除''独外郡必诣天庆观朝拜，遂休务，至有前后各一日''较为符合史实之外，其他由以上所述可知并不完全是事实。还是南宋后期魏了翁说的''二百年郡县奉行惟恪''③一句话，高度总结了宋真宗时所设的五节在有宋一代的存行情况。

四

宋代诸庆节是宋真宗、宋徽宗两朝特定政治背景下的产物，是官僚队伍扩大、官员地位和待遇提高的重要体现，更是宋代政府对他们加强人身控制和精神统治的需要。

我们现代所称的节日，包括官方节日和民间传统节日两大系统，它们清清楚楚地展现在国人面前，是在民国政府推行西历（现称公历，即格列高利历）纪年之后。尽管民国政府为此做了大量工作，但由于传统历法在中国社会中有着十分重要的地位和意义，它不仅对农业生产有着重要的指导意义，而且在民众生活中也有着西历不可替代的作用。中国的传统节日、民间祭祀、借债还债的期限等都是以旧历为准，为了解决这个矛盾，民国政府只好采取两套历——西历与中国传统旧历（也称夏历或农历）并行的办法。而这又直接导致了两套节日系统（官方和民间）的产生。中华人民共和国成立之后，两套历法和两套节日系统并行的局面依然如故，但更加注重公历纪日。国家法定节日中只有春节、清明、端午、中秋才是官

---

① 《宋史》卷三七四《李迨传》，第11595页。
② 《齐东野语》卷五《端平襄州本末》，第81页。
③ （宋）魏了翁：《鹤山集》卷五〇《洋州天庆观圣祖殿记》，四库本第1172册，第567页。

民共庆的民间传统节日，其余节日则主要是机关、学校、事业、企业等单位"官方"人员庆贺的节日，这对以旧历纪日的传统节日习俗无疑带来了重大冲击，而官方节日的影响逐步扩大。事实上，官方节日与民间传统节日两大系统结构并非在近现代才出现，它们在中唐既已露出端倪，至宋真宗正式创置并在全国官吏中开展庆祝活动，它不仅对宋代死刑执行制度、官员休假制度等都起过重要作用，而且其以国家重大事件的发生日子为节日以便永久庆祝的建节意识，对后世乃至当代官方节日的建立产生了深远影响。从此，中国历史上的节日，既有广大士庶参与的民间传统节日，也有国家公职人员参与的官方节日。

[本文原发表于《安徽师范大学学报》（人文社会科学版）2007年第4期]

官方节日：唐宋节日文化的新特点

中国古代节日，从其系统结构而言，唐代以前主要还是以民间传统节日这一单一结构为主，官府将一些传统节日予以确定，供职于官府的大小官吏们也参与对那些节日的庆贺。学界一般认为，官方节日清清楚楚地展现在国人面前，是在民国政府推行西历（现称公历，即格列高利历）纪年之后。由于西历给老百姓生活带来了诸多不便，所以这一工作进展得并不顺利，最终形成了西历和农历（又称夏历，即传统旧历）两套历法并行的格局，而这一格局又直接导致了两套节日系统——官方节日与民间传统节日的出现[1]。事实上，官方节日早在中唐时期既已出现，至宋代得到进一步发展，成为唐宋时期节日文化的一个突出特点。

一　唐宋时期节日分类概说

对古代节日的分类，目前尚无统一的标准，各种分法并存。乌丙安先生就有从节日性质出发而划分的"单一性质和综合性质节日"以及从节日内容出发而划分的"农事节日、祭祀节日、纪念节日、庆贺节日、社交游乐节日"[2] 两种划分方法。赵东玉先生则划分为生产类节日，如立春、添仓节、青龙节、七夕节的"赛巧会"等；宗教祭祀类节日，如年节、清明节、中元节等；驱邪祛病类节日，如年节中的挂桃符、请门神，元宵节中的度厄，清明节中的戴柳，端午节，重阳节等；纪念类节日，如寒食节、

---

[1] 高丙中：《民族国家的时间管理——中国节假日制度的问题及其解决之道》，《开放时代》2005年第1期。
[2] 乌丙安：《中国民俗学》，辽宁大学出版社2002年版，第328—330页。

端午节、中秋节、腊八节等；喜庆类节日；社交娱乐类节日[1]。很明显，他们的分类法都存在把一个节日分属数个不同类型节日的缺点。

对唐代节日的分类，目前主要有以下一些意见。张泽咸先生认为，"唐代的各种节日约略可区分为官方规定和民间传统二大支派"，并一一描述了唐代近20个节日的情况，行文中比较注意区分官方与民间的不同[2]。吴玉贵先生则把唐代节日分为三类：岁时节日，包括元日、中和节、上巳节、中秋节、重阳节、除夕；纪念性节日，包括诞节、人日、寒食与清明节、端午节、乞巧节；宗教性节日，包括上元节、降圣节、佛诞节、盂兰盆节[3]。朱红指出，张泽咸先生从节日来源的角度作出"官方规定与民间传统"的分类有其不足，因为"节日还有因外来及本土宗教影响而形成的"。她进而主张从"新创的角度来区分"唐代节日，其中"这种新的含义是指：或为完全新设的节日，或是在传统节日中加入了新的因素"，如唐代的诞节、中和节、道教三元节以及上元燃灯、寒食扫墓的固定化和中秋玩月习俗之兴起[4]。张勃又分别分析了张泽咸、吴玉贵、朱红等人分类的缺陷，指出目前在唐代节日分类中出现问题的两个原因，提出以"是否在唐代出现"为标准将唐代节日划分为新兴节日和传统节日两大类别，并作了界定和细分，"以唐建国为界，此前已经出现并在唐帝国（包括武周）的全部或部分统治时期得以传承的节日都是传统节日，而在唐帝国统治时期新出现的节日都是新兴节日，不论是出现在唐朝早期还是晚期。进一步地，还可根据传统节日在唐帝国历史上的命运细分为消亡的节日和继续传承的节日，根据新兴节日的来源细分为建构型节日和自然型节日"，"其中中和节、诞节、降圣节以及清明、八月十五乃唐人的发明，是唐代的新兴节日。若从起源上讲，五个新兴节日中的中和节、诞节和降圣节都是上层统治者有意识建构的产物，清明节和八月十五则是在民间自然而然生成的"[5]。

其实，无论是朱红的"新创"标准还是张勃的"新出现"标准，其含

---

[1] 赵东玉：《中华传统节庆文化研究》，人民出版社2002年版，第12—19页。
[2] 张泽咸：《唐代的节日》，《文史》第37辑，中华书局1993年版，第65—92页。
[3] 吴玉贵：《中国风俗通史》（隋唐五代卷），上海文艺出版社2001年版，第628—666页。
[4] 朱红：《唐代节日民俗与文学研究》，博士学位论文，复旦大学，2002年，第8—12页。
[5] 张勃：《唐代节日研究》，博士学位论文，山东大学，2007年，第27页（此著作已于2013年由中国社会科学出版社出版）。

义都一样。我们认为，在唐代节日分类中最值得注意的还是张泽咸先生的观点，尽管朱红认为他是从节日来源的角度所作的分类，还有不能包含"因外来及本土宗教影响而形成的"节日的缺陷，但中国古代没有"单一起源"的节日，有的都是或者融会到了民间传统节日当中，或者被官方吸收进了节日活动里，所以官方和民间传统节日完全包括了因外来及本土宗教影响而形成的节日。张勃认为以官方和民间划定节日类别有失偏颇的原因是：在唐代节日及节俗活动的产生和流变过程中，官方和民间都在起作用。应该说，这不仅在唐代，在整个传统社会乃至现代社会都是这样。有意思的是，她自己也承认"即便一个节日完全是官方创制并以颁布政策的方式让全民实施，也还有个政策被不被民众接受并实践的问题"，这恰恰是官方节日在唐代出现、官方节日与民间传统节日相区别的最好说明。

关于宋代节日的分类，目前所见主要有：朱瑞熙先生早在1987年就发文将宋代节日分为四类：帝后的圣节，即皇帝和垂帘听政太后的生日；官定的重要节日，包括元旦、上元节、中和节、宋真宗和宋徽宗时新设的天庆、先天、降圣等节；节气性和季节性节日，如立春、社日、清明、立秋、立冬、冬至、寒食、端午节、七夕节、中元节、中秋节、重阳节、除夕；宗教迷信性节日，如人日（正月七日）、玉皇大帝生日（正月九日）、梓童帝君生日（二月三日）、祠山张真君生日（二月八日）、花朝节（二月十五日）、上巳日（三月三日）；等等[1]。上海师范大学研究生王乐全在朱先生文章基础上，着重探讨宋代官定节日，认为"官定节日就是官方制定或者官方认可的节日"，并提出了如何判断"官方认可"的三个条件：官府制定的节假制度；官方对节日的重视程度；官府参与和管理节日的程度[2]，但没有谈及官定节日以外的节日的属类。姚瀛艇先生在其主编的《宋代文化史》一书中，把宋代节日分为传统节日习俗，如年节、上元节、寒食清明节、端午节、七夕节、重阳节、冬至、交年节；诸"圣节"，即帝、后生日；诸庆节，即宋真宗和宋徽宗所设的节日三大类[3]。汪圣铎的分类法与此相同[4]。

---

[1] 朱瑞熙：《宋代的节日》，《上海师范大学学报》1987年第3期。
[2] 王乐全：《宋代官定节日研究》，硕士学位论文，上海师范大学，2007年，第13—14页。
[3] 姚瀛艇：《宋代文化史》，第547页。
[4] 汪圣铎：《两京梦华》，中华书局2001年版，第269页。

宋代节日分类分歧不如唐代多。我们认为，朱瑞熙先生的四类分法交叉重复的部分较多，如官定节日既有民间传统节日，也有政府新创节日。而寒食、端午节、七夕节、中元节、中秋节、重阳节、除夕怎么是季节性节日（若说季节性，所有的节日都应是季节性的），人日、花朝节、上巳日为何又成了宗教迷信性节日？姚先生和汪先生的三类分法中，诸庆节和圣节实际上都是官方节日。这样划分节日类别的最大缺点就是不能突出宋代节日的特点。但无论是分为三类还是分为四类，由皇帝、垂帘听政太后的生日而成的圣节都已单独成类，表明圣节自唐代创设以来，在宋代已得到了进一步的继承和发展。事实上，宋代节日是在唐代节日基础上的进一步完善和丰满，因此将其划分为官方和民间传统节日既简单明了，又能凸显宋代节日的结构特点。

二　唐代官方节日的首创

官方节日是与民间传统节日相对立的一种节日类型，是统治者根据一些政治事件的重要性程度而将其发生日确定为节日，或者将一些重要人物（如皇帝或皇帝所推崇的人物）的生日确定为节日，节庆活动的参与者主要是全体官吏（或国家公职人员）。中国古代这一节日类型最早出现在中唐以后，它们是以皇帝的诞辰日命名的诞节、以二月十五日道教始祖老子的诞辰日命名的降圣节以及二月一日中和节等。

据《旧唐书·玄宗纪》载，开元十七年（729年）八月癸亥，"上以降诞日，宴百僚于花萼楼下。百僚表请以每年八月五日为千秋节，王公已下献镜及承露囊，天下诸州咸令宴乐，休假三日，仍编为令，从之"。[①]《全唐文》全文收录了张说的《请八月五日为千秋节表》：

> 左丞相臣说、右丞相臣璟等言，……请以八月五日为千秋节，著之甲令，布于天下，咸令宴乐，休假三日。群臣以是日献甘露醇酎，上万岁寿酒；王公戚里，进金镜绶带；士庶以丝结承露囊，更相遗

[①] （后晋）刘昫：《旧唐书》卷八，中华书局1975年版，第193页。

问；村社作寿酒宴乐，名为赛白帝，报田神。上明元天，光启大圣，下彰皇化，垂裕无穷，异域占风，同见美俗。①

从中可见，千秋节的主要活动规定有：一、宴请百官，地方诸州也"咸令宴乐"；二、官员休假三天，千秋节后来更名为"天长节"②，仍休假三天；三、群臣朝贺，规定群臣向皇帝献甘露醇酎、万岁寿酒，王公戚里进献金镜绶带，而且皇帝在千秋节受群臣朝贺还成为嘉礼之一③；四、士庶、村社百姓也作寿酒宴乐，做承露囊，互相馈送。

自唐玄宗创立诞节之后，终唐一朝的 15 位皇帝，除德、顺、宪、穆、敬 5 位皇帝只举行庆祝活动，没有设置节名外，其余 10 位都设有诞节名称；自此之后，即使是战乱不止的五代十国之世，诞节也没有中止（参见表 1）④。

表 1　唐、五代诞节一览

皇帝庙号	诞节名	诞节时间
唐玄宗	千秋节（后改为天长节）	八月五日
唐肃宗	天长节（地平节）	九月三日
唐代宗	天兴节	十月十三日
唐德宗		四月十九日
唐顺宗		正月十二日
唐宪宗		二月十四日
唐穆宗		七月六日
唐敬宗		六月九日
唐文宗	庆成节	十月十日
唐武宗	庆阳节	六月十一日
唐宣宗	寿昌节	六月二十二日
唐懿宗	延庆节	十一月十四日

---

① （清）董诰：《全唐文》卷二二五，中华书局 1985 年版，第 2252—2253 页。
② （宋）王钦若等编：《册府元龟》卷二记天宝七年七月改千秋节为天长节，中华书局 1960 年版，第 21 页。
③ （唐）萧嵩：《大唐开元礼》卷九七《皇帝千秋节御楼受群臣朝贺》，四库本第 646 册，第 573 页。
④ 张泽咸：《唐代的节日》，《文史》第 37 辑，第 66 页。

续表

皇帝庙号	诞节名	诞节时间
唐僖宗	应天节	五月八日
唐昭宗	嘉会节	三月二十二日
唐哀宗	乾和节	九月三日
梁太祖 梁末帝	大明节 明圣节	十月二十一日 九月十二日
唐庄宗 唐明宗 唐末帝	万寿节 应圣节 千春节	十月二十二日 九月九日 正月二十三日
晋高祖 晋少帝	天和节 启圣节	二月二十八日 六月二十七日
汉高祖 汉隐帝	圣寿节 嘉庆节	二月四日 三月九日
周太祖 周世宗 周恭帝	永寿节 天清节 天寿节	七月二十八日 九月二十四日 八月四日

降圣节的主要活动规定是官员休假。据《册府元龟》卷五四《帝王部·尚黄老》记载，天宝五年（746年）二月，太清宫使、门下侍郎陈希烈奏曰："谨案高上（疑为宗字）本纪，太圣祖玄元皇帝以二月十五日降生，既是吉辰，即大斋之日，请同四月八日佛生日，准令休假一日，从之。"[①] 可见，最初规定降圣节官员休假一天，但到开成五年（840年），又将原来一天的假期延长为三天，会昌元年（841年）再改成一天。关于降圣节的士庶活动则记载很少。据载，举人任之良住在长安肃名观中时，偶然见到道士读道经，告诉任之良"太上老君二月十五日生"，任之良因此向朝廷上表，"请以玄元皇帝生日燃灯"，得到玄宗皇帝同意[②]。降圣节士庶或许有燃灯活动。

中和节设于贞元五年春正月乙卯，"诏：'四序嘉辰……自今宜以二月一日为中和节，以代正月晦日，备三令节数，内外官司休假一日。'宰臣

[①] 《册府元龟》卷五四，第601页。
[②] （宋）李昉等编：《太平广记》卷二二四《任之良》，中华书局1961年版，第1725页。

李泌请中和节日令百官进农书，司农献种稑之书，王公戚里上春服，士庶以刀尺相问遗，村社作中和酒，祭勾芒以祈年谷，从之。"①《新唐书·李泌传》也载："帝以'前世上巳、九日，皆大宴集，而寒食多与上巳同时，欲以二月名节，自我作古，若何而可？'泌谓：'废正月晦，以二月朔为中和节，因赐大臣戚里尺，谓之裁度。民间以青囊盛百谷瓜果种相问遗，号为献生子。里闾酿宜春酒，以祭勾芒神，祈丰年。百官进农书，以示务本。'帝悦，乃著令，与上巳、九日为三令节，中外皆赐缙钱燕会。"②

中和节主要有五类活动。一、宴会，这是设置中和节的最初动机。唐德宗时，除特殊情况外，几乎都在中和节宴集群臣③。最初是京中百官共集一处（曲江亭）宴乐。到贞元九年（793年），鉴于聚宴一地、人数太多、场面太大的情况，有宰相提出分宴，"宰相宴于曲江亭，诸司随便，自是分宴焉。"这种宴会不仅在都城举行，地方州府也有，梁肃的《中和节奉陪杜尚书宴集序》就记载了扬州的中和节宴会④。二、休假一天，给予官员宴赏的时间。三、赏赐百官。中和节对百官的赏赐包括赐钱、赐尺、赐诗及春衣等。1. 赐钱。中和节是取代正月晦日而成的节日。贞元四年（788年）九月，德宗曾下令，在正月晦日、三月三日、九月九日三节时，赏赐百官数量不等的金钱，"每节宰相及常参官共赐钱五百贯文，翰林学士一百贯文，左右神威、神策等军每厢共赐钱五百贯文，金吾、英武、威远诸卫将军共赐钱二百贯文，客省奏事共赐钱一百贯文，委度支每节前五日支付，永为常式"⑤。第二年新建中和节后，原来正月晦日的赐钱也就自然地改移中和节了。到贞元八年（792年）正月，又对在京宗室赐钱数目作了规定："在京宗室，每年三节（指中和节、上巳节、重阳节三节令），宜集百官列宴会，若大选集，赐钱一百千。非大选集，钱三分减一。"又诏："三节宴集，先已赐诸卫将军钱，其率府已下，可赐钱百千。"⑥ 2. 赐尺。中和节"赐大臣、方镇、勋戚尺，谓之裁度"⑦。贞元八

---

① 《旧唐书》卷一三，第367页。
② 《新唐书》卷一三九，第4637页。
③ 《旧唐书》卷一三《德宗下》，第369、376、385、387、394、396、397页。
④ 《全唐文》卷五一八，第5262页。
⑤ 《旧唐书》卷一三《德宗下》，第366页。
⑥ 《唐会要》卷二九，第633页。
⑦ （宋）曾慥：《类说》卷二，上海古籍出版社1993年版，第873页。

年（792年），弘词科曾以《试中和节诏赐公卿尺诗》作为科举考试的试题，当年参加考试的李观、陆复礼、裴度都留下了佳作①。白居易亦有《中和日谢恩赐尺状》一文②。3. 赐诗及春衣。贞元五年（789年），"初置中和节，御制诗，朝臣奉和，诏写本赐戴叔伦于容州，天下荣之"。③四、百官进农书献种子，以示重农。五、士庶村社百姓，以青囊盛百谷果实互相赠送，酿制宜春酒，祭祀勾芒神，祈求丰收年。

从这些节日活动内容来看，虽然都有士庶甚至乡村节日活动的规定，但这些士庶相互馈送的承露囊、百谷、果实，酿制的寿酒、宜春酒等物品，只是政府的政策规定。要使百姓真正接受并行动起来，还取决于百姓的生产生活条件。因为这毕竟凭空增加了他们的生活开支，而且打乱了他们正常的生产节奏。因此，不难想象这些节日所受乡野村民的欢迎程度。而官府里的大小官吏则不一样，新创节日不仅没有打乱他们原有的生活，反而使他们既增加了休假（1—3天不等），又丰富了闲暇生活（参加聚会宴饮、欣赏歌舞音乐）；不仅不用自己掏腰包，而且还能得到金钱赏赐；何况设置中和节的最初目的就是为百官提供宴乐的机会，一些官吏还把在这些节日里向皇帝献物品、敬颂文作为争取自己升迁的绝好机会。所以，由政府政策规定所创设的节日活动，与官吏们享受的口腹眼耳之福和升官发财的利益驱使相结合，使得这些新创节日为官吏们所热衷。它们实际上就是官府大小官吏的节日，是中国历史上的官方节日。

三　宋代官方节日的继承和发展

首先，宋代继承和发展了唐代的诞节、降圣节和中和节。

赵宋王朝18位皇帝中，除了两个最后残延的小皇帝端宗赵昰、祥兴帝赵昺没有设置诞节以外，连4岁即位、国已实亡的恭帝赵显都设了诞节。此外，还有4位垂帘听政的太后也设了诞节（参见表2）。因此，宋代诞节设置进一步正规化，庆祝活动在唐代的基础上也更加礼仪化、制度化，已

---

① 《全唐诗》卷三一九，三三五，第3597、3598、3756页。
② （唐）白居易撰，朱金城笺校：《白居易集笺校》，上海古籍出版社1988年版，第3384页。
③ 《唐国史补》卷下，第192页。

成为新皇帝即位仪式中的一项重要内容。

表2　宋代皇帝、皇后圣节设置情况①

节名	圣节时间	皇帝、皇后庙号（谥号）	建节时间
长春节	二月十六日	宋太祖	建隆元年正月十七日
乾明节	十月七日	宋太宗	太平兴国二年五月十四日
承天节	十二月二日	宋真宗	至道三年八月八日
长宁节	正月八日	章献太后刘氏	乾兴元年十一月乙亥
乾元节	四月十四日	宋仁宗	乾兴元年二月二十六日
寿圣节	正月三日	宋英宗	嘉祐八年八月二十三日
同天节	四月十日	宋神宗	治平四年二月十一日
坤成节	七月十六日	宣仁太后高氏	元丰八年四月乙亥
兴龙节	十二月八日	宋哲宗	元丰八年五月五日
天宁节	十月十日	宋徽宗	元符三年四月十一日
乾龙节	四月十三日	宋钦宗	靖康元年二月二十六日
天申节	五月二十一日	宋高宗	建炎元年五月六日
会庆节	十月二十二日	宋孝宗	绍兴三十二年八月二十六日
重明节	九月四日	宋光宗	淳熙六年二月二十一日
瑞庆节	十月十九日	宋宁宗	绍熙五年九月十七日
寿庆节	五月十六日	恭圣仁烈杨氏	嘉定十七年十一月癸未
天基节	正月五日	宋理宗	嘉定十七年十一月二十七日
寿崇节	四月八日	寿和圣福谢氏	景定五年十月戊辰
乾会节	四月九日	宋度宗	景定五年十二月四日
天瑞节	九月二十八日	宋显帝	咸淳十年七月十二日

宋代，降圣节的名称尚存，只是内容及庆贺活动都发生了变化，将在下文中叙述。

宋代的中和节虽没有唐德宗时的热闹，但它的许多活动仍然保留了下来，如皇帝赐诗，宋真宗天禧元年（1017年），"二月庚午朔，上作中和

---

① 朱瑞熙：《宋代的节日》，《上海师范大学学报》1987年第3期。

节五言诗赐王旦已下。三年二月己丑朔，上作中和节诗"①，官员休假一天。又如上春服，"二月一日，谓之中和节，唐人最重。今惟作假及进单罗御服，百官服单罗衣裳而已"。②还有百官进农书及民间的活动。"二月朔，谓之中和节，民间尚以青囊盛百谷、瓜果种子，互相遗送，为献生子。禁中宫女，以百草斗戏。百官进农书，以示务本。"③

这些节日中，圣节的庆祝活动分别在京城和地方官府所在地举行，参加人员主要是宗室亲贵、在朝文武百官、致仕官员、僧道、命妇等，几乎没有民间活动的关注。中和节的活动完全继承唐代，它们的官方性质比唐代更浓。

其次，新创官方节日：诸庆节④。

庆节，即庆贺性节日。它创设于宋真宗时期，"诸庆节，古无是也，真宗以后始有之"⑤。从大中祥符元年（1008年）到天禧元年（1017年），宋真宗共设立了五个节日，即天庆节、天贶节、先天节、降圣节、天祯节（后改为天祺节）。这五个节日活动的共同点有：一、官员休假，天庆节、先天节、降圣节各五天，天贶节、天祺节各一天；二、禁屠宰，断刑罚；三、京城、诸州建道场设醮；四、官府赐宴；五、京城张灯一夕。其中，第一、三、四点都直接与官员有关，第二、五点则与官员有间接关系。五个节日中，称得上关注士庶活动的，只有先天节和降圣节，"令天下以延寿带、续命缕、保生酒更相赠遗"⑥，而且还是在建节大半年以后才作的补充规定。节日庆祝活动的参与者，从《续资治通鉴长编》《宋史》等史籍记载来看，主要还是京官及地方官吏。即使真宗以后，庆祝五节的隆重程度减弱了，但它们的名称犹在，官员休假、斋醮未断，以至南宋后期的魏了翁还总结说，宋真宗新建的五节，"二百年郡县奉行惟恪"⑦。

所以，宋真宗新建的五个节日，"官方"性质浓厚。学界现有研究中，

---

① （宋）王应麟：《玉海》卷三〇《天禧恭谢南郊诗、中和节诗》，四库本第943册，第725页。
② 《武林旧事》卷二《挑菜》，第42页。
③ 《梦粱录》卷一《二月》，第12—13页。
④ 魏华仙：《诸庆节：宋代的官方节日》，《安徽师范大学学报》（人文社会科学版）2007年第4期。
⑤ 《宋史》卷一一二，第2680页。
⑥ 《长编》卷八〇，第1830页。
⑦ （宋）魏了翁：《鹤山集》卷五〇，四库本第1172册，第567页。

由于对宋真宗封禅、崇道颇有微词，因而也将这些节日一概视为道教节日，认为其"从社会活动上看并无多大积极意义"，"并未发展成群众性的社会活动"，"与百姓关系不大"等。殊不知，这恰恰是以民间传统节日为标准去看待这些节日的作用和影响。事实上，这是宋真宗对唐代创立的官方节日的继承和发展，它进一步完善了中国历史上的节日系统结构。

宋徽宗统治时期，又在政和、宣和年间新建了六个节日：天应节，十一月五日，徽宗亲祀途中见天神示现；真元节，二月十五日，太上混元上德皇帝（老子）生日；宁贶节，五月十二日，徽宗祭方丘观天神之日；元成节，八月九日，青华帝君生日；天符节，十月二十五日，徽宗亲自布道日；开基节，正月四日，宋太祖登基日。这些节日的活动内容完全仿照真宗新创节日，而且已完全没有了对士庶活动关注的内容，成为纯粹的、由统治者因事建立的、主要由全国大小官吏参加的官方节日。其中，前五节可以说是与徽宗大力扶持和推行道教有直接关系；而开基节的设立，是宋徽宗对宋真宗朝官方节日的进一步发展，它表明宋朝统治者已经具有以王朝（或称国家）的建立日为节日以便永远庆祝的建节意识。南宋高宗时，废除了宋徽宗所设的其余五个节日，只保留了开基节。尽管这个节日在南宋时并未受到特别重视，但从中国古代节日文化的发展历程来说，则是一个重大突破。

宋真宗、宋徽宗所设的官方节日，从表面上看是封禅崇道的结果，但只要深入分析，便可发现，它们是宋代商品经济发展、社会财富增多、科举制更加完善、文官政治体系更趋制度化、官员人数增加、地位和待遇提高之后，宋政府对官吏物质和精神生活的干预以及对他们人身和精神统治加强的体现。

四　唐宋时期官方节日出现的意义

从唐玄宗、唐德宗开始创置，经过宋真宗、宋徽宗继承和发展的官方节日在历史上的出现，不是由历法改变的外在表现形式与民间传统节日相区分开来的，而是由唐宋社会政治经济一系列变化所推动的。由于具有一定的隐蔽性，所以长期以来没有受到学界的足够重视，我们从一些学者对唐宋节日的分类中即可看出，有的只注意到其中一个或几个节日；有的将它们分散在几个类别中，都未将它们作为新建的官方节日看待，因而没有突出这些新建节日的地位，没有正确理解它们的作用和意义。这些节日中，除宋徽宗创建的天应等五节被宋高宗废除之外，其余的都在有宋一代承袭了下来，它们有的受到了士庶百姓的广泛认可，在后世逐渐发展成了民间节日，如中和节、天贶节、降圣节；有的则继续停留在"官方"这个层面上。但不管怎么样，唐宋时期官方节日的创立，不仅完善了中国节日系统结构即官方与民间二元节日体系，从一个侧面体现了唐宋社会政治变迁，即由少数精英组成的贵族政治过渡到由广大的中下级官僚组成的士大夫政治，"官方"力量逐渐增强的情况与趋势。一方面，政府依靠他们实施统治，自然也关注他们的物质待遇和精神生活需要；另一方面，官员也有参与各种政治活动以增加自己在皇帝面前立功表现进而获得晋升的机会以及加深自己与同僚之间的了解和交往，以编织自己关系网的愿望。唐宋时期官方节日的出现对后世乃至现代节日文化有着深远影响。我们从近现代政府以国家或国际上重大事件发生日为节日的建节意识，国家机关、学校、企事业单位人员等在节日时放节假、发放一定数量的礼品、举行庆祝歌舞晚会、聚宴会餐等这些官方节日最为明显的外在表现形式中，都可窥探到唐宋时期官方节日的影子。

[本文为四川省教育厅重点课题"唐宋节日比较研究"（项目编号：SA024896）以及校级科研启动项目（项目编号：037085）的阶段性成果。原发表于《四川师范大学学报》（社会科学版）2009年第2期]

由唐入宋：圣节地方进献的变化

圣节，即把皇帝的诞生日确定为节日，又称诞节、降诞节。它始于唐玄宗开元十七年（729年），以其生日为千秋节①。皇帝至高无上的特殊身份决定了圣节庆祝活动的盛大与隆重，同时也决定了圣节花费数目的惊人与庞大。据史料记载，圣节期间所花钱物的来源渠道多样，但地方进献是一条主要渠道。那么，唐宋时期圣节时的地方进献情况怎样？它们有什么变化？为什么有这样的变化？本文拟对它们作一探讨，敬请方家赐正。

一 唐代圣节时的地方进献

唐代地方官府在皇帝诞节进献物品以表示恭祝之意，可追溯到唐睿宗景云二年（711年）。是年十一月敕："太子及诸王、公主，诸节贺遗，并宜禁断。惟降诞日及五月五日，任其游奉，仍不得广有营造，但进衣裳而已。诸亲及百官，一切不得进。"②

这里虽然对降诞日允许进奉的人员、物品等进行了限制规定，但它开了诞日进奉的先河。唐玄宗初设千秋节时就有"王公以下献镜及承露囊""百官献贺"③等内容，到开元二十二年（734年），唐玄宗发布诏令云："诸州千秋节，多有聚敛，颇成縻费。自今以后，宜听五日一会，尽其欢宴，余两日休假而已。任用当处公廨，不得别有科率。"④ 从中可见，地方

---

① 《云麓漫钞》卷二，第21页；（宋）赵升编，王瑞来点校：《朝野类要》卷一《圣节》，中华书局2007年版，第9页；《册府元龟》卷二《诞圣》，第20—21页；（清）顾炎武著，周苏平等点校：《日知录》卷一三《生日·圣节》，甘肃民族出版社1997年版，第654页。
② （宋）王溥：《唐会要》卷二九《节日》，中华书局1955年版，第542页。
③ 《旧唐书》卷八《玄宗纪上》，第193页。
④ 《唐会要》卷八二《休假》，第1518页。

诸州在千秋节时已"多有聚敛",当然这里没有明言诸州的这些"聚敛""科率"的出现是否是为了进献朝廷。而史料明确记载在诞节时收纳地方贡献的还是唐代宗:"代宗之世,每元日、冬至、端午、生日,州府于常赋之外,竞为贡献,贡献多者则悦之。武将奸吏,缘此侵渔下民。"胡三省注曰:"自代宗迄于五代,正至端午降诞,州府皆有贡献,谓之四节进奉。"① 开始于代宗时期的四节进奉,除诞节是唐代新创节日外,其余都是民间传统节日。代宗永泰二年(766 年)十月,"降诞日,诸道节度使进献珍玩、衣服、名马二十余万计以陈上寿,自是岁以为常"。大历三年(768 年)十月降诞日,"诸道节度使上寿,各献衣服名马及绫绢凡百余万"②。德宗初年总结代宗时期的节日进献时说:"初代宗时,每岁端午及降诞日,四方贡献者数千,悉入内库。"③ 可见,代宗时诞节收授的进奉数量不断增多,而且已变先前那种临时性、小范围的进献为固定性的、正式的、大规模的进贡。

唐德宗和唐宪宗虽未设诞节名称,但诞节收授大臣和地方贡献之风仍在继续蔓延。如德宗时在"四节进奉"以外,又出现了"日进""月进""助军""贺礼""助赏"等名目。《文献通考·土贡考》记:"德宗既平朱泚之后,属意聚敛,藩镇常赋之外,进奉不息。剑南西川节度使韦皋有日进;江西观察李兼有月进;他如杜亚、刘赞、王纬、李绮皆覆射恩泽,以常赋入贡,名为羡余。"建中元年(780 年)德宗诞日,李正已、田悦各献缣三万匹④。宪宗元和四年(809 年)闰三月敕:"其诸道进献,除降诞、端午、冬至、元正,任以土贡,修其庆贺,其余杂进,除二日条所供外,一切勒停。如违越者,所进物送纳左藏库,仍委御史台具名闻奏。"⑤ 包括诞节在内的四节进奉仍是保留项目。穆宗长庆三年(823 年)敕令淮南、两浙、宣歙等道,按常例在诞节应进献者,暂时停进⑥。文宗恢复诞节后,进献之风更浓,而且兴起进献银铤与绫绢。大和二年(828 年)五月敕:"应诸道进奉内库,四节及降诞,进奉金花银器并纂组文缬杂物,

---

① (宋)司马光:《资治通鉴》卷二二六,中华书局 1956 年版,第 7280 页。
② 《册府元龟》卷二《帝王部·诞圣》,第 22 页。
③ 《唐会要》卷二九《节日》,第 543 页。
④ 《旧唐书》卷一二《德宗上》,第 325 页。
⑤ 《唐会要》卷二九《节日》,第 546 页。
⑥ 《旧唐书》卷一六《穆宗纪》,第 502 页。

并折充铤银及绫绢。"① 所进数量巨大，大和四年（830 年）诞节，盐铁使王涯进献绫罗、锦彩等共计 14800 匹，银器 100 件；判度支王起进献绫罗、夹缬、杂彩等共计 14300 匹，御衣 1 副，镜 1 面②。个人进献物品之多，当属罕见。甚至有一次进献多达百余万件，而且种类多样，《文苑英华》所记各地的诞节进贡品有光明砂、丹石、鞍马、银器、香料、衣物、棉锦、绫绮以及大活人女口，等等③。

以上可见，唐代诞节地方官员进献的物品种类和数量都在迅速增加，而且日渐侈丽，"天子诞日，诸道争以侈丽奉献"④。这些贡献物品最终都归入了内库。内库是独立于国库左右藏库以外的天子私藏库，所藏物品专门供给天子私人宴游、赏赐之用。当然，内库财物也不一定不移作国用，但要有天子的命令才可支用。如此巨量的进献成为天子个人消费的渠道之一。这些进献是地方官员掠夺百姓的结果，给老百姓带来了沉重的负担，"故事，同、华以近地人贫，每正至端午降诞，所献甚薄；徵遂竭其财赋，每有所进献，辄加常数，人不堪命"⑤。卢徵在本已贫困的地区，竭尽财赋，又在常有进奉数目之上再行增加，使得百姓痛苦不堪。不过，唐代诞节的贡献物品还是以各地的名优土特产品为主，即所谓"诸道使各献方物上寿"。

二 宋代圣节地方进献的变化

与唐代相比，宋代圣节时地方贡献呈现出以下特点。

（一）不提倡官员个人进献

唐代自玄宗千秋节始，就以诏书形式规定官员所进献的物品，实际上就是提倡官员个人进献。前引唐代史料中，圣节进献者大多或者有具体官

---

① 《旧唐书》卷一七《文宗上》，第 528 页。
② 《册府元龟》卷二《帝王部·诞圣》，第 24 页。
③ 《文苑英华》卷六四一《降诞日进物状十五首》，第 3294 页。
④ 《新唐书》卷一五〇《常衮传》，第 4809 页。
⑤ 《旧唐书》卷一四六《卢徵传》，第 3967 页。

员的名字，或者称"诸道节度使"即是明证。宋代则与之不同，自太祖建隆二年（961年）起就规定在任的文武百官、致仕官、僧道及百姓个人"自今长春节及他庆贺不得辄有贡献"①，终宋一朝，对官员个人献物都是抵触的。如仁宗天圣四年（1026年），知宁州、职方员外郎杨及乾元节献绣佛，仁宗谓辅臣曰："'及，佞人也，民安政举，乃守臣之职，焉用此为！'遂令邸吏还之。"② 高宗绍兴三年（1133年）五月，"天申节，韩世忠进生鹿，上不欲却，谕辅臣将放之山林，以适物性"③。度宗咸淳四年（1268年），"乾会节，帝御紫宸殿受贺。谢方叔以尝为东宫官，自豫章以一琴、一鹤、金丹一炉献帝。贾似道疑其观望再相，讽谏官赵顺孙，论其不当诱人主为声色之好。帝曰：'谢方叔托名进香，擅进金器，且以先帝手泽，每系之跋，率多包藏，至以先帝行事为己功，殊失大臣体，宜贬一秩。'于是卢钺等相继论列方叔昨蜀、广败事，误国殄民，今又违制擅制，削一秩罚轻。诏削四秩，夺观文殿大学士、惠国公，罢宰臣恩数，仍追《宝奎录》并系跋真本来上。欲谪之远郡，吕文德请以己官赎方叔罪，乃止夺官祠"。④ 这几条材料中，杨及进献绣佛被仁宗目为佞人，将绣佛归还了他。而两川路贡献乾元、长宁二节的"织成佛"却在杨及献绣佛两年之后才被罢除⑤，说明地方（而非个人）有贡献。韩世忠在高宗圣节时进献活鹿子，高宗虽接受了，却将之放归了山林。至于度宗时谢方叔自恃曾任过东宫官，与皇帝交情深厚，在其圣节时进献礼物，不料被贾似道一伙当成了权力争夺的对手而遭到贬官，甚至险些远谪的命运。这也许是皇帝不主张接受官员个人进献的真正原因之所在，也是宋与唐圣节进献的显著不同点之一。

（二）地方各路都有进奉，而且逐渐成为一种常赋，出现科配现象

前述唐代从代宗时开始，圣节地方进献已固定化，而且在玄宗时已出

---

① 《文献通考》卷二二《土贡考一》。
② 《长编》卷一〇四，第2405页。
③ 《建炎以来系年要录》卷六五，第1106页。
④ （清）毕沅：《续资治通鉴》卷一七八，上海古籍出版社1987年版，第1002页。
⑤ 《长编》卷一〇六，第2461页。

现"聚敛""科率"现象，但其范围和程度还是不能与宋代相比。宋代地方入贡得到官方明确肯定的是在宋真宗景德元年（1004年），"诏川、峡、广南、福建州军，承天节自今三千里内仍旧入贡，三千里外止具表以闻"。① 规定了进贡的距离范围，同时从"仍旧"二字可知，这些地区圣节进贡由来已久了。宋初，由于交通条件的限制，搬运的困难，规定地方上供（包括圣节进奉）的钱帛粮斛留在诸路，只记账上供。如天圣八年（1030年）九月，"诏长宁节天下建置道场及赐燕并如乾元节，其贡物留本处，止奉表附驿以闻"。② 嘉祐四年（1059年）冬十月，"益、梓、利、夔路州军进奉南郊、乾元节银，自今止令进空表"。③ 但到崇宁三年（1104年）九月，"广南东路提举司申乞依监司例，每年天宁节用常平司头子钱收买银随表疏上进。诏除常平息免役宽剩钱不得支用外，并于本司诸色钱内支充。候到京于元丰库送纳，自来年为始"④。明确规定广南路天宁节上供银由本司用诸色钱收买，并必须将之解送至宫中元丰库，说明以前那种只上供清单而不输送实物的情况已不复存在。高宗绍兴四年（1134年）二月，谏官刘大中总结道："自崇宁以前，臣僚进奉圣节礼物，多是虚表，物或不至。因崇宁二年发运副使胡师文建言，并令前期一月到京。自后立定数目、期限，催督起发。"⑤ 说明圣节进奉自崇宁三年（1104年）起立定数目、期限，且催督发运，与常赋无异了。

乾道年间洪文敏公（洪迈）曾奏请蠲减饶州圣节贡金⑥。他还在其《容斋四笔》卷八《文书误一字》中记道："乾道二年冬，蒙恩召还，过三衢，郡守何德辅问奏对用几札。因出草稿示之，其一乞蠲减鄱阳岁贡诞节金千两，言此贡不知起于何时，或云艺祖初下江南，郡库适有金，守臣取以献长春节，遂为故事。"江东路饶州这1000两贡金不知起于何时，但在元丰之前已存在则是无疑的，一直到南宋乾道二年（1166年），80余年保持不变，说明江东路圣节贡金已变成一种常赋。

我们还可从宋代规定的蠲减税额中看到圣节进奉的常赋性质。

---

① 《长编》卷五六，第1239页。
② 《长编》卷一〇九，第2543页。
③ 《长编》卷一九〇，第4596页。
④ 《宋会要辑稿》礼57之23。
⑤ 《建炎以来系年要录》卷七三，第1210页。
⑥ 《文献通考》卷二二《土贡考一》，考221上。

四川诸路在北宋前期有供奉圣节银,宋仁宗嘉祐四年(1059年)十月始下令停止①。但至少在南宋高宗时期又恢复了圣节贡银②,直至宋理宗景定元年(1260年)一月才诏令"免蜀郡圣节银"③。

绍兴四年(1134年)十月诏:"和州今年合起天申节、大礼银绢特予蠲免。以本州经贼残破,从其请也。"④

绍兴六年(1136年)九月诏:"荆湖北路管下州军因旱伤,拖欠绍兴四年分天申节银二千五百五十两,进奉大礼银三千三百两,绢二千六百匹,特予蠲免。"⑤

绍兴十二年(1142年)二月诏:"安丰军并属县各系极边,大兵往来,蹂践至极去处,绍兴十二年合发进奉天申节银五百两,特予蠲免。"⑥

绍兴二十九年(1159年)九月,庐州主管、淮西安抚司公事刘刚言:"本州并濠、蒋州、安丰军各合起发天申节银五百两,其逐州军财赋不足,切虑至期无可起发。诏各予展免三年。"⑦

隆兴二年(1164年)十一月诏:"光化军合纳隆兴三年分内藏库天申节银一百两、折绢银七十五两,予免一年。"⑧

这些蠲减税额中,或是当年的;或是前几年拖欠的;或是以后应进献的。只有当圣节进奉已成了常赋,这种分地区、分数额的蠲减才能如此具体。

元丰之后,尤其是南宋时各地圣节进奉多起来,于是,宋代税赋中常见的科率、抑配等科配现象也在圣节贡献中出现了。

前引高宗初年的谏议大夫刘大中就已提到,"臣昨奉使江南,闻皆不免科配"。绍兴二十六年(1156年),承议郎鲁冲上书论郡邑之弊:"以臣前任宜兴一县言之,漕计合收窠名,有丁盐、坊场课利钱,租地钱,租丝

---

① 《长编》卷一九〇,第4596页。
② (宋)叶适撰,刘公纯等点校:《叶适集》卷二六《三司崇国赵公行状》,中华书局1961年版,第513页。
③ (宋)无名氏:《宋季三朝政要》卷三,中华书局1985年版,第37页。
④ 《宋会要辑稿》食货63之5。
⑤ 《宋会要辑稿》食货63之6。
⑥ 《宋会要辑稿》食货63之8。
⑦ 《宋会要辑稿》食货63之17。
⑧ 《宋会要辑稿》食货63之22。

租绁钱,岁入不过一万五千余缗。其发纳之数,有大军钱、上供钱、籴本钱、造船钱、军器物料钱、天申节银绢钱之类,岁支不啻三万四千余缗。又有见任寄居官请奉、过往官兵批券、与非泛州郡督索拖欠,略无虚日。今之为令者,苟以宽恤为意,而拙于催科,旋踵以不职罢,能迎合上司,惨刻聚敛,则以称职闻。是使为令者惴惴惟财赋是念,朝不谋夕,亦何暇为陛下奉行宽恤诏书、承流宣化者哉?"① 小小的宜兴县支出比收入多出一倍多,其中就有天申节银绢钱的贡献支出。有臣僚奏称:"淮甸州县自绍兴二十一年起理二税之外,其间逐年创行科敷,名色不一,曰上供钱、曰大礼银钱、曰天申节银钱、曰土贡银钱、曰人使岁(币)钱、曰亭馆钱、曰雇船糜费钱、曰贴拨钱。其它苛细苛扰,不可具陈。"② 则明确指出淮甸州县天申节银钱是除二税以外的"科敷"。各地为了完成圣节进奉,可谓绞尽脑汁。如绍兴二十七年(1157年)九月,均州守臣吕游问言:"本州城下边接汉水放生去处,公库岁收鱼利钱,补助天申节进银,自金州以来密布鱼枋,上下数百里,竭泽而渔,无一脱者,乞禁止。上曰:均州贡银不多,而经营至此,必定别无窠名可办,且放生地虽有法禁,亦细民衣食所资,姑大为之防,岂能尽绝?今自官中竭泽采捕,以供诞节,其亦不仁甚矣,可如所奏。"③ 均州地方每年收取鱼利钱补助天申节进奉银,以致数百里间竭泽而渔,皇帝还认为其贡银不多,终究没有罢除贡数,只是号召禁止竭泽采捕而已。

（三）地方贡献圣节物品以金银绢为多

唐代圣节贡献物品种类虽多,但金银绢的数量很少。加藤繁先生记唐代进奉与金银有关的共 18 条,其中圣节 2 条;宋代进奉与金银有关的共 29 条,其中北宋 19 条,2 条为圣节进奉;南宋 10 条,3 条为圣节进奉④,显然有不全之处。但唐前期由于金银开采水平低,产量少,加之社会经济发展的限制,金银的商品化及货币支付职能有限。唐末至宋初,白银开始以商品身份加入"折博""折籴"等一类折价交易中,并由此变成了被频

---

① 《宋史》卷一七四《食货上二》,第 4216 页。
② 《宋会要辑稿》食货 63 之 18。
③ 《建炎以来系年要录》卷一七七,第 2936 页。
④ ［日］加藤繁:《唐宋时代进银之研究》,中华书局 2006 年版,第 56—62 页。

繁转移、让渡的重要财产。所以我们看到，唐代圣节进献的主要是金花银器，而且是在唐代后期。如德宗时任江西观察使的齐映"常以顷为相辅，无大过而罢，冀其复入用，乃掊敛贡奉及大为金银器以希旨。先是，银瓶高者五尺余，李谦为江西观察使，乃进六尺者，至是因帝诞日端午，映为瓶高八尺者以献"①。

现将宋代各地进奉圣节金银的数额列表，见表1。②

表1　宋代各地进奉圣节金银数额　　（单位：两）

时期	地区	贡金数额	贡银数额	资料来源
宋太祖至宋高宗年间	饶州	1000		《洪文敏公文集》卷四《减贡金扎子》
宋仁宗时	江宁府		1000	《景定建康志》卷十三
宋神宗时	诸路 淮南路 江淮发运使 江淮等路提点铸钱司	13000	91550 9250 500 1000	《文献通考》卷二十二《土贡一》 《嘉靖维扬志》卷八《户口志·征办》
宋哲宗时	福建路		1000	韦骧《钱塘集》卷十《进天宁节银绢状》
宋徽宗时	福建路		500	《钱塘集》卷十《进天宁节银绢状》
南宋间	南安军		有圣节银	《弘治温州府志》卷十一《任务二·宦业》
	建阳县		600	《嘉靖建阳县志》卷四《户赋志·贡赋》
宋高宗时	潮州		200	《永乐大典》卷五三四三《湖州府·土贡》引《三阳志》
绍兴二十八年	江东转运司		1500	周必大《文忠集》卷八十二《天申节进银一千五百两奏状二首》

---

① 《旧唐书》卷一三六《齐映传》，第3751页。
② 王菱菱：《宋代矿冶业研究》，河北大学出版社2005年版，第132—135页。

续表

时期	地区	贡金数额	贡银数额	资料来源
乾道二年	以饶州贡金千两，民力不支，遂减十分之七，以苏一部（郡）之民。			《群书考索》后集卷六十二《财用门·坑冶》引《饶州贡金记》
淳熙年间	泰州 袁州 福建		500 200 3000	《宋会要》食货63之25 《正德袁州府志》卷二《土贡》 《淳熙三山志》卷十七
宋光宗初年	漳州		1000	《晦庵先生朱文公文集》卷十九《乞蠲减漳州上供经总制额等钱状》
宋宁宗时	台州 镇江 苏州 汀州		1000 300 500 2000	《嘉定赤城志》卷三十六《风土门》 卷五《土贡》 《吴郡志》卷一《土贡》 《永乐大典》卷七八九〇《汀州志》
宋宁宗至宋理宗端平元年	南雄州		100	《嘉靖南雄州府志》下卷《食货志·贡赋》引宋《嘉定志》
宋理宗时	庆元府 泉州 建昌军		500 200 3000（内代提刑司解1000）	《宝庆四明志》卷六《叙述赋下·朝廷寨名》 《天下郡国利病书》第26册《福建·泉州府新志·上供三办》 徐鹿卿《清正存稿》卷一《丁丑上殿奏事第二札》
宋度宗时	邵武军 常州 建宁府		250 500 1700	《嘉靖邵武府志》卷五《版籍·贡》 《咸淳毗陵志》卷二十四《财赋》 《续文献通考》卷二十八《土贡考》

从表1可以看出，宋代圣节贡金起于宋太祖初年，到神宗时，圣节贡金的有：京东路200两，京西路100两，江南东路1000两，贡银的则覆盖全国各路。徽宗崇宁以后立定数目，更是成为各地的常赋。

王菱菱先生将宋代圣节进奉金银分为两个阶段：宋初至崇宁以前为第一阶段，崇宁以后至南宋为第二阶段。认为在第一阶段中，银进奉额较低，第二阶段在乾道二年（1166年）以后，因贡金最多的饶州减少了700

两，再加上京东路的丧失，全国贡金额也随之减少，大约只占北宋进金额的三分之一，但进银额则成倍增长[1]。不过从表中显示看，则南宋进银总和没有超过神宗时的91550两。主要是因为很多地方数字材料的阙如，但高宗时，一些地方圣节进奉绢也开始为银所取代，如"广东路上供天申节绢一千六百匹，大礼绢三千匹，以上并折银"[2]。绍兴三十一年（1161年）夏四月，为弭灾除盗而"出天申节银十万两加充户部籴本"[3]。以此观之，高宗时圣节进银数额高于北宋是确定无疑的。

至于圣节进贡绢，北宋神宗时还只京东、两浙、江南东西等路有此项义务，到南宋高宗时，除京东路丧失，不再贡纳外，南方其他各路均有圣节贡绢义务。王曾瑜先生根据《建炎以来系年要录》卷五四绍兴二年（1132年）五月，《建炎以来朝野杂记》甲集卷14《东南折博钱》，《文献通考》卷20《市籴考一》，《宋会要辑稿》食货64之12—16等书所载数字，列有南方各路上供丝织品额表[4]。我们考虑到前三部书所记多是天申节和大礼贡数的总和，没做细分，所以这里主要采用《宋会要辑稿》的记载列表，见表2。

表2 《宋会要辑稿》食货64所载南宋各路进奉天申节绢数额

（单位：匹）

路名	进奉绢数额	《宋会要》食货
浙东路	4500	64之12
浙西路	7000	64之13
江南东路	3000	64之13
江南西路	5000	64之14
湖北路	900	64之14
湖南路	200	64之14
淮南东路	1250	64之14

---

[1] 《宋代矿冶业研究》，第136—137页。
[2] 《宋会要辑稿》食货64之14。
[3] 《宋史》卷三二《高宗纪九》，第600页。
[4] 王曾瑜：《宋朝的和买与折帛钱》，《宋辽金史论丛》第2辑，中华书局1991年版，第20—22页。

续表

路名	进奉绢数额	《宋会要》食货
广东路	1600	64 之 14
广西路	3250	64 之 14
成都府路	6500	64 之 14
潼川府路	5300	64 之 14
夔州路	3500	64 之 14
利州路	4050	64 之 14

表从中显示了除福建路以外的南宋各路天申节进奉绢数额的情况，其中川蜀四路最多，总计达 19350 匹，其次是两浙路 11500 匹，江南路居第三 8000 匹，湖南路最少。这一方面与各路的生产状况基本一致，另一方面也与科配有关，如巴东开州知州赵不百因天申节银、绢抑配于民，"民甚苦之"，"公始用库钱除其配"①。

以上可见，宋代圣节地方贡献范围广——遍及全国各地；数量大，且具有制度化、强制性等特点；种类上主要是具有商品性、货币化的金银以及轻便（方便运输）、华贵（满足统治者追求侈靡享受，显示富贵身份地位心理）的绢帛。它一方面体现了宋代生产力水平的提高，矿冶业、丝织业的发展，另一方面说明宋代专制权力增强，皇帝更加注重奢华生活享受，同时也可知宋代广大下层百姓生活的艰辛。

三 宋代圣节地方进献变化之因

（一）奔竞之风

宋代官员人数不断增多，以致出现冗官问题。曾巩记宋真宗景德年间（1004—1007 年），官员 10000 余人，治平年间（1064—1067 年），官员总数为 24000 人，洪迈在其书中引用当时臣僚的奏言称，宣和元年（1119

---

① 《叶适集》卷二六《三司崇国赵公行状》，第 513 页。

年），官员共计47000人①。南宋时期，官员人数与此相当，后期有所下降②。此外，还有数十万在各级官署中服役的胥吏，再加上各级武职人员及其家属，其数目之大，可以想见。但官位却有限，竞争十分激烈，以至士大夫奔竞之风盛行。徽宗时人陆佃曾说："近时学士大夫相倾竞进，以善求事为精神，以能讦人为风采，以忠厚为重迟，以静退为卑弱。相师成风，莫之或止。"③ 奔竞的主要目的是为自己升官发财寻找机会，对象自然是能为自己实现这一目的的高官贵人，张邦炜先生在提到北宋晚期奔竞之风愈演愈烈的诸多外在原因之后，更进一步指出其内在因素：士大夫阶层自身具有两重性，即他们在理念上追求高尚人格，但又在经济上依附于皇权，因为他们没有深厚的经济基业，生活来源主要仰仗于朝廷给的俸禄，难免将朝廷视为衣食之源，将皇帝视为衣食之父。④ 这是很有见地的。皇帝以其至尊至上之权力地位为基础为自己立圣节庆寿，就是给官员们制造了奔竞的理由和机会，是其源头之所在。于是媚上欺下、不择手段等种种官场丑态尽显无遗："迩年以来，州县胥吏，上罔其官，下欺其民，类多假借，庆寿隆名，乘时射利，移文给引，滋彰多事，有鳌山固所当建，而乃追逮樵斧之微；道场固所当启，而乃扰遍缁黄之众；放生本以示德，而渔弋者或苦于诛求；锡宴本以寓礼，而工技者或病于纠率。百色科抑，无一获免，殊失臣下归报之美意。欲望警饬州县严行禁戢，毋纵胥吏掊敛滋扰细民，而于圣朝敛福锡民之道，不为无补。"⑤ 自然，遭殃的是老百姓。

（二）宋代圣节比唐代固定，庆祝活动更加隆重，花费更大

自唐玄宗创立诞节之后，终唐一朝的15位皇帝，还有德、顺、宪、穆、敬五位皇帝只举行庆祝活动，没有设置节名。

赵宋王朝18位皇帝中，除了两个最后残延的小皇帝端宗赵昰、祥兴帝赵昺没有设置诞节以外，连4岁即位、国已实亡的恭帝赵显都设了诞节；此外，还有4位垂帘听政的太后也设了诞节。因此，宋代诞节设置更加正

---

① 《容斋续笔》卷四《宣和官冗》，第270页。
② 《建炎以来朝野杂记》乙集卷一四《嘉定四选总数》记，宁宗庆元二年（1196年）吏部四选共四万多人；嘉定六年（1213年）共三万八千八百六十四人，第757页。
③ 《宋史》卷三四三《陆佃传》，第10919页。
④ 张邦炜：《论北宋晚期的士风》，《四川师范大学学报》2000年第2期，第82页。
⑤ 《宋会要辑稿》礼57之22。

规化，庆祝活动也比唐代更加礼仪化、制度化，已成为新皇帝即位仪式中的一项重要内容和朝廷每年例行的大事之一。

圣节的庆祝活动分别在京城和地方官府所在地举行，参加人员主要是宗室亲贵、在朝文武百官、致仕官员、僧道、命妇等。活动内容有：在朝文武百官向皇帝祝寿，敬献寿酒；地方官代表敬献礼物；皇帝赐群臣酒、衣等；奏乐；大宴百官；地方官吏在僧寺道观开建祝圣寿道场，长官进香。由于官员队伍庞大，圣节庆祝的花费十分惊人。

从《东京梦华录》卷九《天宁节》和《宰执亲王宗室百官入内上寿》，《武林旧事》卷一《圣节》，《梦粱录》卷三《皇太后圣节》《宰执亲王南班百官入内上寿赐宴》和《皇帝初九日圣节》等记载来看，圣节花费主要集中在赐衣、建道场行香以及宴会等几方面，所需物品主要有：用品——衣、香；饮品——酒；食品——肉。限于篇幅，这里只说说圣节赐衣。

唐玄宗设千秋节之初，还只赐四品以上高官缣彩，五品以下官员只给赐绢帛，唐代圣节赐衣的情况还未见记载。至五代周世宗显德二年（955年），"诏文武百僚今后遇天清节，依近臣例各赐衣服"[1]，这是圣节赐臣僚衣服的开始。宋朝从太祖开始便沿袭这一旧例，建隆元年（960年）二月丙戌，"长春节，赐群臣衣各一袭"。以后太宗乾元节，真宗承天节，章献太后长宁节等都有赐衣[2]。此外，真宗时还"赐太庙守卫人等承天节衣服，岁以为例"[3]，以及契丹来使"承天节各别赐衣一袭"[4]。仁宗天圣元年（1023年）二月裁造院言："每年所造诸节衣服万数，甚多枉费人工，欲望自今逐节除十月一日、端午，非凡传宣造作料次依旧造成送纳，其长宁、乾元两节并料段送纳支遣。诏今年乾元节合支衣服依旧缝造送纳外，余从之。"[5] 这数以万计的衣服还只是每年新缝制的，此外还有已缝好的库存的衣服，这个数字当不小。尽管它不是完全用于圣节的赐予，但当裁造院官建议长宁、乾元二节只支遣布料时，仁宗下诏还是保持乾元节赐衣由

---

[1] （宋）薛居正等、《旧五代史》卷一一五《世宗纪二》，中华书局1976年版，第1532页。
[2] 《宋史》卷一一二《礼十五》，第2672页；卷二四二《后妃传上》，第8614页。
[3] 《长编》卷六七，第1508页。
[4] 《长编》卷六〇，第1343页。
[5] 《宋会要辑稿》食货64之20。

裁造院缝制好的惯例。假设仁宗时圣节赐衣总数为 30000 套，又假定这些衣服都是春衣，再据学者的相关研究推测，制作一套新的春衣需要用布 37 尺，可折绢 0.74 匹[①]。则仁宗初年，长宁、乾元二节赐衣用绢为 44400 匹。这个数字几乎是宋高宗天申节时各路进献的总绢数。所以仁宗感到了财政压力，下诏罢除了未任朝谒者在二圣节的赐衣旧例。

总之，唐宋时期，以皇帝生日为节日是中国古代传统节日结构的丰富和发展，而地方为此节的进献的出现和变化，一方面是当时政治制度、社会风气的反映，另一方面也是当时社会经济尤其是矿冶业、丝织业等手工业发展水平的体现。

（原文发表于《中华文化论坛》2011 年第 4 期）

[①] 李伯重：《略论唐代的"日绢三尺"》，《唐史论丛》（第二辑），陕西人民出版社 1987 年版，第 110 页。

从《夷坚志》看宋代房产诸形态

南宋洪迈编撰的《夷坚志》，不仅是一部取材广泛新颖、内容生动活泼的志怪小说，而且是宋史研究不可或缺的珍贵资料，备受宋史研究者的青睐，以此书为主要依据的研究文章多有出现[①]。其实，《夷坚志》里对宋代房产的情况涉及也较多，目前尚未有人关注。本文拟以此书所记有关宋代房产材料为主线索，来探讨宋代房产存在的各种形态及其相关情况。

一　租赁

宋代由于商品经济特别是城市经济的发展、人口的增多、流动性增强等原因，城市房屋租赁业得到发展。当时不仅官府经营有城镇房地产业，如宋初在京城和各地主要城镇中设有官营房地产业的主要机构——楼店务或左右厢店宅务，其职责就是"掌官屋、邸店计直、出僦及修造、缮完"。[②] 开展官房租赁是其主要的业务。南宋仍承袭此机构。此外，私房租赁也已成为一种普遍的社会现象。无论在京城等大城市，还是在地方州县等中小城市甚至乡镇，都可见私房出租的痕迹。《夷坚志》里就有很多这方面的记载。

[①] 笔者所见主要有：杨德泉、刘树友：《从〈夷坚志〉看宋代农村社会经济的巨大变化》，《陕西师大学报》（哲学社会科学版）1991年第2期；刘树友：《从〈夷坚志〉看宋代城市下层居民》，《固原师专学报》1991年第1期；周玲珍：《从〈夷坚志〉看宋代的农村旅店》，《商业研究》1983年第2期，等等。

[②]《宋会要辑稿》食货55之2。

（一）从租房的用途上看

用于商业运营。如《夷坚志补》卷十三《复州王道人》载："淳熙五、六年间，有王道人者来复州，僦店卖卜。荒郡少售，每日所得不及百钱。"[1] 道人公开租店卖卜，这在当时也许并不新鲜。《三志》乙卷二《姜店女鬼》载："姜士家对面有空屋一所，相传鬼魅占处，无人敢居。姜赁为客房，以停贮车乘器杖。"这是具有仓库性质的租赁。还有宗室子赵大租胡州德清县宝觉寺三间空屋"沽酒"，且租期长达十余年[2]。有租房屋为学馆者，如"罗春伯，抚州崇仁人。淳熙甲午，僦馆于邑人吴德秀家，受业者数辈。……比秋试，独罗中选"[3]。这是租房屋来从事一定收费性质的教学，因为罗春伯是一边教学，一边准备应试。也有租房办书院者，"梁輈，潭州人，居聚星门外，僦大街索将军庙前吕氏空宅以为书院，其徒从学者三十人"。[4]

用作官舍。《夷坚支景》卷二《会稽独脚鬼》载："方子张为会稽仓官，僦民屋作廨舍"[5]；《支庚》卷七《薛和夫》载："汴京毗婆寺前一宅，常僦与人充官舍。"[6] 这反映了宋政府机构膨胀、官员增多，而办公用房和住房的修建又滞后以至于不得不租民房应急的状况。熙宁八年（1075 年）二月，"三司言：'在京局多援例指射官屋、军营修廨舍，并乞破赁宅钱，转相仿效，有增无减，宜一切禁止'。从之"[7]。说明从此年开始，政府禁止盲目修廨舍。不久神宗又"诏京城内外除修造仓场、库屋、店务、课利舍屋外，自宫殿、园苑以至百司廨舍、寺院等，并权停，过七年取旨"。致使官舍紧张，这种局面一直延续到南宋。如《淳熙三山志》卷七《监务廨舍》载："初，监务两员都务官廨舍，旧旌旗隐坊，北临河务官廨舍，旧法海寺北。建炎以来，旌隐坊北改为机宜通判参议厅，法海寺北尝为登

---

[1] 《夷坚志补》卷一三《复州王道人》，第 1670 页。
[2] 《夷坚丁志》卷四《郭签判女》，第 568 页。
[3] 《夷坚支乙》卷二《罗春伯》，第 806 页。
[4] 《夷坚支乙》卷一〇《梁主簿书院》，第 870 页。
[5] 《夷坚支景》卷二《会稽独脚鬼》，第 890 页。
[6] 《夷坚支庚》卷七《薛和夫》，第 1193 页。
[7] 《长编》卷二六〇，第 6338 页。

瀛馆，近亦添差、签判所寓，监务后增三员，皆僦居。"①《宝庆会稽续志》卷三也记载，南宋绍兴府参议、机宜、抚干，旧无廨舍，皆僦居于市。②可见，南宋只增官员不增官舍的情况比北宋过之而无不及。

(二) 从租房者的阶层构成看

常见的有：宗室。宋代宗室原聚居于京师，王安石变法期间，对宗室的特权和福利进行裁减，此举受到苏轼的称赞，"熙宁诏裁宗室授官法及恩例，东坡亦以为然，曰：'此实陛下至明至断，所以深计远虑，割爱为民'。"③因此宗室在"熙、丰间，始许居于外"。北宋灭亡后，宗室南渡，大批宗室南迁。在金兵追击下，南宋朝廷风雨飘摇，无暇顾及宗室，故宗室大多散居于江南各地城市。如绍兴府一度设有宗正司，"绍兴三年，以行在未有居第，权分宗子居之"。④有的则在外租屋居住。如宁国府宣城县的水阳镇，"宗室寓居者四十余人"⑤以及前述宗室子赵大到湖州德清县宝觉寺"假屋沽酒"，在该寺三间空房里"居之十余年"都是这种情况。

官员。宋代地方官三年一调，中央官也迁徙无常。经常有许多听候任命、差遣、升擢、待阙的官员携妻带子往来于各大小城市，加上官舍的不足，所以租房居住成了他们最佳的选择方式。上至宰相，下至一般官吏，都有赁屋而居者，正如朱熹所说："且如祖宗朝，百官都无屋住，虽宰执亦是赁屋。"⑥开封府"自来政府臣僚在京僦官私合宇居止，比比皆是"。⑦宰相李昉、吕端在他们任官之初，也是赁屋而居："李昉、吕端，同践文馆，后各登台辅。吕公赠李公诗曰：'忆昔僦店明德坊，官资俱是校书郎。'"⑧有的官员长期租房甚至一生僦居，如王禹偁感叹："老病形容日日衰，十年赁宅住京师"⑨；寇莱公富贵四十年"无田园邸舍，入觐则寄僧合

---

① 《淳熙三山志》卷七《监务廨舍》，第7849页。
② (宋) 张淏：《宝庆会稽续志》卷三《安抚司签厅》，宋元方志丛刊，第7122页。
③ 《齐东野语》卷八《宗子请给》，第143页。
④ 《建炎以来朝野杂记》甲集卷一《人宗正司两外宗废置》，第58页。
⑤ 《夷坚支乙》卷八《水阳二赵》，第853页。
⑥ (宋) 黎靖德：《朱子语类》卷一二七，中华书局1986年版，第3058页。
⑦ (宋) 韩琦撰，李之亮、徐正英笺注：《安阳集编年笺注》卷35《辞避赐第札子》，巴蜀书社2000年版，第1053页。
⑧ (宋) 吴处厚撰，李裕民点校：《青箱杂记》卷五，中华书局1985年版，第51页。
⑨ (宋) 王禹偁：《小畜集》卷一一《赁宅》，商务印书馆1937年版，第172页。

或僦居"。《夷坚志》则记载了很多地方官吏僦居的情形,如王仲衡,"淳熙二年为起居舍人,临安为僦吴山一新宅"。① 王寅祖"绍兴十六年为湖北提刑司指使,僦舍于张四官人店"。② 有一宅先后被数人租者,如温州城中一宅,"先是仲监税居之","后数年,吕监税者自福州黄崎镇罢官来,亦居之",后又有"邑胥挈家来"③;也有数家合租一宅者,如"泉州城内一空宅,数家分僦居"。④

应试举子。宋代科举制兴盛,每当应试之期,应试举子涌入京城,使京城房舍顿显拥挤。如南宋都城临安在应试期间"诸路士人比之平常十倍,有十万人纳卷",加上"每士到京,须带一仆;十万人试,则有十万人仆,计二十万人",以至城内旅舍全部客满,部分人只好借住在寺院里⑤。《丁志》卷七《戴楼门宅》载:"显谟阁直学士林邵,年二十岁时赴省试,入京师僦居戴门楼门内。所处极荒僻,人多言彼宅凶怪,以其赁直廉,不问也。"⑥《支丁》卷六《刘改之教授》载:"刘过,字改之,襄阳人。……淳熙甲午预秋荐,将赴省试……追入都城,僦委巷密室同处。"⑦说明应试举子僦居具有寻找那些清净、价廉的房屋以便休息和考试的特点。

(三) 从用于出租的房屋来源来看

寺院。前述宗室赵大租赁湖州德清县宝觉寺三间空屋"沽酒";《支丁》卷一《杨戬毁寺》载:"政和中,又以乾明寺为五寺三监,杨戬又议取太平兴国寺改为邸店及民舍,以收僦直。"⑧

空宅、凶宅。如前述《志补》卷二三《林巡检》:"泉州城内一空宅,数家分僦居。"《丙志》卷九《温州赁宅》:"温州城中一宅,素凶怪。"以及《丁志》卷七《戴楼门宅》所说应试举子林邵赴省试,入京师僦居戴门

---

① 《夷坚支庚》卷四《吴山新宅》,第1165页。
② 《夷坚志补》卷一二《杜家园道人》,第1656页。
③ 《夷坚丙志》卷九《温州赁宅》,第440页。
④ 《夷坚志补》卷二三《林巡检》,第1763页。
⑤ 《西湖老人繁胜录》,第9页。
⑥ 《夷坚丁志》卷七《戴楼门宅》,第591页。
⑦ 《夷坚支丁》卷六《刘改之教授》,第1015页。
⑧ 《夷坚支丁》卷一《杨戬毁寺》,第972页。

楼内,"所处极荒僻,人多言彼宅凶怪"等不一而足。

宋代寺院利用多余房屋出租以收取赁金,已成为其从事商业经营的主要手段之一,学者多有论及。那么应如何看待"空宅"和"凶宅"这一现象呢?所谓"空宅",当然是多余而闲置的房屋,是出租的前提。所谓"凶宅",则应具体分析。有的可能确因此屋曾发生过命案、凶情,一时又没人居住被传得阴森恐怖;有的或许因迷信,认为此屋风水不好,住进后会使人悖时倒霉甚至危及生命,林林总总。但这当中不排除有房屋所处位置不佳、价格便宜方面的问题。我们没看到一条材料记述承租者在知道是凶宅后而退租的,这其中除了房屋紧张,得之不易、"得之足矣"的原因之外,恐怕最主要的还是价格便宜的缘故。《支癸》卷七《王司户屋》,《志补》卷十《谢侍御屋》,《支乙》卷三《刘氏僦居》以及《丁志》卷七《戴楼门宅》等都有大同小异的叙述。即使有人后来退租而之他,那也是因为在住过一阵之后对房屋又有了新的要求而为之。而大多数人却战胜"鬼怪"乐而居之,且一住十几年甚至更长。像温州城某宅,前面的房客或死或搬走,后面不断有人入住,长期如此。这不是专为出租而建又是什么?这种情况与唐代"凶宅"的命运形成鲜明对比。唐代的"凶宅"大多因无人敢居而荒废。翻开唐代有关史料,诸如"日毁土木之功""逐至废破""屋宇摧残,荆棘充塞""废而不居"等之类的词句随处可见,这说明宋代城市规模和人口规模都比唐代有了很大增加,因而住房需求量相应增加的事实。而杨戬建议改太平兴国寺为"邸店及居舍,以收僦直",则是明确地说以出租为目的。所以我们认为那些所谓"空屋""凶宅",实际上大部分是专用租赁之用的房屋。

从以上可以看出宋代房屋租赁业的发达。租房用途广泛,特别是用于商业运营性质的房屋租赁,因为它是以营利为目的的租赁行为,包括店铺和民舍的租赁,说明在宋代商品经济的冲击下,人民商业观念、商品生产意识已大大增强;租房作书院,说明在宋代科举制下,私人办学之风的兴盛,它有助于宋代教育文化水平的提高;租民房作廨舍,在一定程度上缓解了官舍紧张的压力,为政府节约了经费,同时又活跃了城市房屋租赁业。最值得一提的是:宋人已知道在房屋位置不佳的情况下利用价格优势招徕顾客的道理。北宋政府在出赁土地时,就曾根据土地位置的经济效益和交通的便捷程度划分为"紧地""慢地",在上面所建房屋分别称作

"紧屋""慢屋"。如天圣四年（1026年），入内押班江德明言："又帐管空地甚多，既不盖屋，复不许人承赁。今乞择紧处官盖，慢处许人指射浮造。"① 天圣六年（1028年），有大臣进奏："近年多将闲慢赁屋对换官中紧屋，亏损官课，望行禁止。"② 可见，官府选择"紧处""紧屋"钱大于"慢地""慢屋"钱。如开德府等地"其后街小巷闲慢房屋，多是下户些小物业，每间只赁得三文或五文"③。而所谓"空宅""凶宅"当属"慢屋"，因而价格便宜。

二 买卖

宋代房屋买卖现象普遍存在于京师及州县城市乃至于乡村，它又分官营房地的买卖和私营房地的买卖。对官营房地的买卖，政府还制定了一系列包括诸如购买者的身份、房屋折旧补偿原则、房价制定标准以及严禁倒买倒卖等重要内容在内的具有政策法令性质的规章。而对私人房地交易虽然也有一些政策规定，但在实际交易过程中，则主要依据财力和需要来定，《夷坚志》里就反映了这样的情况。

有买下民屋来扩建酒库的，如《丁志》卷四《镇江酒库》载："欧阳尝世为镇江总领所酒官，以酒库摧陋，买民屋数区，即其处撤而新之。"欧阳尝以镇江总领所酒官的身份购买民屋，实际上是官府与居民的房产交易，从"数区"来看，应不是两三家，而是有一定规模。居民卖掉他们的房屋以后必迁往他处，或自建或自买或赁而居，而这些又会推动城市房地产交易。还有买来别人的住宅再将之改为邸店，如"家持所居售人，今为邸店，此室实吾故楼，尚眷恋不忍舍"。

买得起房屋的人自然是官员居多。如罢相归乡的魏南夫，"空囊中得千万"买下明州城外五十里小溪村富家翁的巨宅④；嘉兴魏塘镇东陈六官人，娶同里朱监酒的女儿，"随妇翁之官温州。既还乡，与兄不协，买孙

---

① 《宋会要辑稿》食货55之7。
② 《宋会要辑稿》食货55之10。
③ 《宋会要辑稿》食货4之11。
④ 《夷坚丁志》卷十四《明州老翁》，第655页。

氏屋别居"①；张南仲待制"以百千"买得鄱阳市李十五屋一区，因待行在粮料院阙而寓居平江的王德全，在筑宅未果之后买下其妹夫的住宅。大部分官员还是在退官以后才买房的。不过也有一般百姓买房的，如《支甲》卷九《史省》载："史省幹者，本山东人，后寓居广德军兴教寺，寺侧有空宅，颇宽广……史贪其价贱，独买焉。"

买房后，人多要"择器命匠缉葺"，有如我们今天所说的装修。而寓居平江的王德全，买下其妹夫房屋后则"拆毁其材植以供用。甫两岁，第宅雄成"，简直就是重建一所住宅。很多人就是在翻修房库时挖掘出宝物来而意外致富的。如鄱阳的张待制在买下市民李十五屋后"自往督夫力葺治，见中堂大石清澈温润，遣仆举之，获白金器数百两，或云二十锭"。所以，在一些商品经济较为发达的历史名城，买主还必须支付给房主一定数额的"掘钱"，如洛阳"洛中地内多宿藏，凡置第宅未经掘者，例出掘钱"。有一个名叫张文孝的官员，"以数千缗买洛大第，价已定，又求'掘钱'甚多。文孝必欲得之，累增至千余缗方售，人皆以妄费。及营建庐舍，土中得一石匣，不甚大而刻镂精妙，皆为花鸟异行，顶有篆字二十余，书法古怪，无人能读。发匣得黄金数百两，鬻之，金价正如置第之值"。② 黄金值与所付房价、"掘钱"恰好相等。《志补》卷十《谢侍御屋》里也记述了这样一件事：邵武军城内的谢侍御家"有别宅三间，极宽洁，为邸舍"，先是用于出租，"僦直才百二十千"，乾道三年（1167年）八月，"武翼郎孙肇赴添监酒税，因无官廨，又见"屋如是而赁费不及半"，打算赁居，后因"闹鬼"而舍去。第二年，陕西人李统领"解鄂州军职来"，"挈家径入"，命仆掘厕所处，"乃白金数百锭充塞于中，李邀谢氏子弟，访上世有无窖藏，曰无之，赂以三千。子弟曰：'此非我家物，义不当受，但请就鬻此宅，增为七百千立券。'李遂成富室。"③ 很明显，李统领最后以七百千买下的房屋已包含"掘钱"了。

卖房的情况通常有如下几种：子孙懒惰无能，不能守住父业。如前述明州城外的富翁建有巨宅，"凡门廊厅级皆如人官舍"，遗憾的是，"才成而翁死，其子不能守"，被罢相归来的魏南夫买得；士人因缺乏生活来源，

---

① 《夷坚支丁》卷六《陈六官人》，第1012页。
② 《梦溪笔谈》卷二一《异事》，第166页。
③ 《夷坚志补》卷一〇《谢侍御屋》，第1639页。

在突如其来的灾变发生时只好变卖房屋。如《甲志》卷十五《毛氏父祖》载："衢州江山县士人毛璇，当舍法时，在学校，以不能治生，家事堙替，议鬻居屋。"① 因有所谓的"凶怪"而卖。如前述史省干所买的兴教寺附近的一所空宅，当初就是因"前所居者卒为鬼物恼乱，不能安处，宅主欲售于人"。还有姑苏林茂先所买的同郡吴感的宅邸也是一样，这类记载在《夷坚志》里较多。

总之，从《夷坚志》里我们看到宋代私人房产交易非常活跃，人们有钱便买房，无钱便卖房的观念早已形成并付诸行动，这就使得房产易主快，时人已感叹"贫富无定势，田宅无定主"②。像前述父亲建房，儿子卖房的情况在《萍洲可谈》卷三里有更具体、明白的叙述："昔有郭巨公进建第，落成日，设诸匠列坐于子弟右。或以为不可，巨公指诸匠曰：'此造屋者'。又指其子弟曰：'此卖屋者，固有自序。'识者以为名言，可为破家子戒。"③ 所谓"识者以为名言"，说明当时这种情况已经十分普遍和平常了。尽管从表面上看，用于买卖交易的多是所谓"空屋""凶宅"，且具有分散性，但在宋代商品经济和人口压力的双重冲击下，私人房产买卖没有如官房买卖那样限制购买者的身份，而是完全以自己的财力和需要来定，这就使城市宅第的商品化趋向大大增强。

三 自建

《夷坚支癸》卷五《赵邦材造宅》载，绍兴年间，余干地方的"宗子赵邦材造第宅"④；官员利用"清俸之余"⑤；铅山县都监赵善澄清臣"于县的别造宅"；中大夫郡守吴温彦于平江常熟县建第；姑苏人殿中丞吴干造宅；颍昌赵参政于颍昌新修一"佳邸店"，"方月余尔"；商人在外经营，

---

① 《夷坚甲志》卷一五《毛氏父祖》，第134页。
② （宋）袁采：《袁氏世范》卷三《富家置产当存仁心》，天津古籍出版社2016年版，第171页。
③ 《萍洲可谈》卷三，第167页。
④ 《夷坚支癸》卷五《赵邦材造宅》，第1258页。
⑤ 《夷坚支戊》卷六《陈使君》，第1095页。

赚钱后回到故乡"治生业,建第宅以居"①。常州无锡富翁戴氏"于邑中营大第"。"筑宅于浮梁邑中,高明闳广,子弟列房舍不能遍"的汪庄敏公;寓居无锡的张外舅"买隙地数亩营邸舍"。这些想必应是城镇富人;而"造巨宅"的明州城外五十里小溪村的富翁以及"恃富无义、广营舍宇"、住在秀州城东三四十里泗径村的顾六耆,则为乡村暴发户;《夷坚支癸》卷四《祖圆接待庵》载:"淳熙初,越僧祖圆者,倒空钵囊,作舍于天台境上。寝室既成,命工仆翦薙荆棘,拓广基址,拟营它屋",后来,"积贮益富,遂别作大院。仍买蓄田畴,养僧行六七十辈。"② 这是僧人靠自己的力量扩建僧舍的例子。乡民往往利用农闲造屋,《夷坚支癸》卷一《王五七造屋》载:"淳熙元年,鄱阳新安乡民王五七因农隙作屋。"③

所建房屋除了用于个人居住外,还有用于营业性质的邸店,这里主要说说后者。邸店,是供客户批货、住宿、进行贸易的场所,也有官营和私营之分。官营邸店由店宅务负责经营管理;私营邸店经营方式多样,《夷坚志》里主要涉及了两种。其一,自建自营,前述越僧祖圆所建的接待庵,规模之大,在扩大基址时占用了曹宅之地,"养僧行六七十辈"。而且"寻常诸庵,寺客不过再宿,惟此处则虽累月亦不厌,以是人乐游趋",接待人次"计无虑两万员",积累财富"固不胜算"。这种由僧人自建自营的邸店(接待庵)在两浙地区较普遍,"二浙僧侣,多建接待庵,以供往来缁徒投宿"④。其二,主人建好邸店,雇人经营。如处州民叶青,"世与大家掌邸店",但"至青以贫舍业,而应募括仓尉司为弓手"。由于他"心胆勇壮,无所怖畏",被城外方建造三年的大店老板以给一年"僦直"的"高薪"雇佣为之经营。此店原因"极新洁,商客投宿甚众",后却因闹鬼吓跑了客人。在叶青的治理下,又恢复了往日的红火,因此店本身位置好,"客以其处于交易趋市为便,渐肯来宿"⑤ 这里显示了经营者及其经营方法的重要。

建房砍伐树木很厉害。无论是古代还是今天,建房用木这一事实都没

---

① 《夷坚支乙》卷一《翟八姐》,第803页。
② 《夷坚支癸》卷四《祖圆接待庵》,第1246页。
③ 《夷坚支癸》卷一《王五七造屋》,第1224页。
④ 《夷坚支癸》卷五《祖圆接待庵》,第1246页。
⑤ 《夷坚支庚》卷六《处州客店》,第1178页。

有改变，尤其是古代木石结构的建筑，所需木材更多。北宋初期，历朝中央政府都曾下令严禁私贩秦陇竹木。但仍有许多人，包括贵如宰相、大将军、驸马都尉等所谓"近臣戚里"，不惜以身试法，"多冒禁市巨木秦、陇间以营私宅"[1]，这反映了宋初官员自建房屋的热情之高，对树木的需要之迫切。但秦陇树木虽好，毕竟运费高，所花时间长。地方官在建房时多就地取材，甚至达到恣意砍伐的地步："绍兴中，余干宗子赵邦材造第宅，饰台榭，恃其属籍，凡所需林木，不复谁何，肆意芟伐。自僧宇神祠，民间墓树，无得免焉。"就连寺庙神祠、民间墓树都不放过。可以想见，当赵宅修成时，有多少地区、多少树木要被砍伐！而全国像赵邦材这样的人又何止百千？所以宋人庄季裕在《鸡肋编》卷中说，宋室南迁后，"今驻跸吴越，山林之广，不足以供樵苏"，"岁月之间，尽成赤地"[2]。森林采伐之严重，可见一斑。

城市建房用地通过购买得来。宋代城市坊市制被打破，人口拥挤，商业网点增加，促使城市经济得到发展，也使得从都市到州县城市的建设都突破了原有界线，向城外发展。所以城市土地价格随之上涨，都市地价达到"尺地寸土，与金同价"[3]，"城中寸土如寸金"的地步；州县城市地价虽低些，但通过购买方式获得建房用地已成为市民的合法途径。《夷坚志》丙志卷十九《饼家小红》所记的"张外舅寓无锡，买隙地数亩营邸舍"，就是这一现象的反映，也是宋代城市房地产业发展的一个重要标志。

最后，宋代自建房屋造价因缺乏史料而无从得知，但可以肯定的是城市比农村高，大城市比中小城市高，原因则主要在支付的地价、原材料、人工费用等方面的差别很大。但不管怎样，建房总是一项集中性的大投资，是有钱人才能做的事情，从前面建房人的阶层的叙述中我们已经明白这点。而所建房的大小豪简亦相差无比，从《夷坚志》的简略记述中我们可以看到，江庄敏公在浮梁筑宅，"高明闳广，子弟列房舍之不能遍"，还招徕乡人及士人居住；商人发财后回乡"建第宅，移时侈于其旧"，明州城外富翁"造巨宅，凡门廊厅级皆如大官舍"；有的建大宅需一两年才建好，且还要对房屋内外进行精心装修，如常州无锡富人戴氏"于邑中营大

---

[1] 《续资治通鉴长编》卷一四，第 301 页。
[2] 《鸡肋编》卷中，第 77 页。
[3] 《小畜集》卷一六《李民园亭记》，第 226 页。

第,备极精巧,至铸铁为范,度椽其中,稍不合,必易之。又曳绵往来,无少留碍则止"。有的为装修房屋甚至不惜花光自己的积蓄,如《支乙》卷十《陈氏货宅》载,建昌人陈玠,"生计本厚,将新所居门,为木工所欺,日趋于侈,自门至厅堂,一切更建,浸淫及于什器。历数年,轮奂整洁,而膏腴上田扫空无余"。真是豪宅成而全家贫,十年后,陈玠落得个"略无一钱可活"而不得不"以宅售于聂"[1] 的地步。而平民百姓只要能建个栖身之处已是幸事,自然也没有多少值得炫耀的文字留下。

四 皇帝赐予

皇帝赐宅或称赐第,是对有功于朝廷或皇帝的官员的一种特殊赏赐方式,历代皆有,李唐时期则频繁起来[2]。进入宋代,由于官员人数的增多,官舍十分紧张,许多官员或赁房,或买房,或筑宅,此外,得到皇帝赐予则是少数官员获得住宅的相当体面的方式,这种现象甚为普遍,《夷坚志》里有两条材料向我们透露了这一信息。《乙志》卷九《刘正彦》:"宣和初,陕西大将刘法与西夏战死,朝廷厚恤其家,赐宅于京师。其子正彦既终丧,自河中徙家居之,宅屋百间。"[3] 这是对战死大将家属的赏赐,房间多达百间,真是大宅了。《乙志》卷十《金马驹》:"京师人郭自明太尉,以事太宗藩邸,恩至濮州刺史,赐宅于炭坊巷。"[4] 这是因事奉皇帝有功而得到赐宅。这两则材料都是赐宅于京师,事实上,也有赐宅于地方州县城市的,受赐宅的官员也不仅仅限于大将和皇帝身边的人,范围十分广泛,这里限于篇幅不能展开,将由另文论述。

以上就是《夷坚志》展示给我们的有关宋代房产存在的各种形态的情况。从中可以看出,宋人获得房产的途径多种多样,其中绝大部分在今天依然存在,只是在资金的筹措上,今天的方法更多、更先进而已。在宋代房产诸形态中,就全国来看,"皇帝赐予"只是少数与皇帝有特殊关系或

---

[1] 《夷坚支乙》卷一〇《陈氏货宅》,第 875 页。
[2] 雷巧玲:《唐代赐宅述论》,《唐都学刊》1994 年第 4 期,第 12 页。
[3] 《夷坚乙志》卷九《刘正彦》,第 260 页。
[4] 《夷坚乙志》卷一〇《金马驹》,第 265 页。

对国家有特殊贡献的官员才能享受的特殊待遇。"自建"一项中，从广大农村主户甚至一些客户到城市居民、商人、官员，所占比例应是最大，但所建房屋的豪简千差万别，这里面特别应注意用于运营性质的邸店的修建以及城市建房用地的购买的出现，它是商品经济发展、城市人口增加、城市用地紧张及其商品化的表现。"买卖"是宋人获得房产最重要的手段，它与宋代城市经济发展、房地产业的兴盛关系最密切，尤其是私人房产的买卖，因为它推动了房产的商品化，是房地产最终成为一项产业甚至市场不可或缺的条件。"租赁"是获得房屋使用权最普遍、最便捷的一种方式。从前面的叙述中我们看到，宋代房屋租赁业影响广泛，有明显的特征：第一，社会各个阶层都跻身于租赁业，上至朝廷命官、宗室贵族，下至黎民百姓，有以科举博取功名的读书人，也有摒弃功名利禄的道、处士。第二，房屋租赁不仅出现在都城这样的大城市，而且，地方州县城市甚至乡镇也同样活跃。第三，商业性强，不仅官府把出租房屋收取赁值作为一项重要的财政收入，而且私人租赁业的发达，以至有人把从事出租的房主视为坊郭上户的组成部分之一[①]。出租房屋价格的高低取决于房屋所处位置，体现出商品经济发展中市场调节的作用。总之，商品化趋势的加强是宋代房产异于前代的显著的、根本的特点。

（原文发表于《贵州文史丛刊》2005年第2期）

[①] 王曾瑜：《宋朝阶级结构》，河北教育出版社1996年版，第424页。

宋代赐宅简论

宋代房产形式多种多样①，赐宅仅是其中之一。赐宅，即皇帝或朝廷赏赐给臣僚住宅，在史籍中往往写作"赐第""赐第宅"等，是自古就有的一种赏赐形式，也是政府对官房的一种特殊分配方式。目前学界对这一问题展开讨论的不多②。我们拟从宋代基本史料出发，对宋代赐宅的诸多问题，如哪些人可以享有赐宅，政府又如何解决赏赐所需的住宅，宋代赐宅有哪些经验，又存在怎样的问题，对当时的国家和社会产生了怎样的影响，等等，作些探讨，不当之处，敬请方家指正。

一 宋代享有赐宅的特殊人群

我们从宋代基本史料，如《宋史》《续资治通鉴长编》《宋会要辑稿》等典籍中搜检相关史料，从中可以看出，享有朝廷赐宅的人群主要有如下几类。

（一）皇亲国戚

主要包括宗室、公主、外戚。宗室，即皇帝的兄弟和诸子，也即诸王。关于他们的住宅，自宋初以来就有制度规定：诸王成人以后，朝廷为其修造专门的府第，集中居住。"东都故事，宗室子皆筑大室聚居之。太祖、太宗九王后曰睦亲，秦王后曰广亲，英宗二王曰亲贤，神宗五王曰棣华，徽宗诸王曰藩衍"，但到南宋后，诸王的这一居住制度发生了变化，

---

① 魏华仙：《从〈夷坚志〉看宋代房产诸形态》，《贵州文史丛刊》2005 年第 2 期。
② 我们所见有雷巧玲《唐代赐宅述论》，《唐都学刊》1994 年第 4 期。

李心传认为是宗子散处地方郡县和王属鲜少的原因①。所以，诸王受赐宅的只4人。他们是：太平兴国七年（982年）三月，宋太宗罢去其弟秦王赵廷美开封府尹职务，改授其为西京留守，"赐西京甲第一区"②；哲宗元祐初年，赐其叔父、英宗次子吴王颢京城"咸宜坊第一区"③；宋神宗熙宁四年（1071年）二月，赐仁宗兄弟、濮王允让之子宗晟芳林园宅一区④；南宋光宗绍熙二年（1191年），赐宋太祖之子赵德芳的五世孙、秀王子偁的长子、孝宗同母兄伯圭甲第于安僖（"子偁"谥号）祠侧［按：子偁于绍兴十四年（1144年）殁于秀州，绍熙元年（1131年）立庙于湖州秀园，建祠于临安府，所以伯圭的赐第应在临安府］，但没过多久，他又兼任崇信军节度使，赐第于湖州，并殁于此⑤。

公主受赐第的情况有两种。其一是在其出嫁时。如建隆元年（960年），宋太祖同母妹妹秦国大长公主再嫁高怀德，赐第兴宁坊；开宝三年（970年），太祖女魏国大长公主下嫁王承衍，赐第景龙门外；咸平五年（1002年），太宗女杨国大长公主下嫁柴宗庆，赐第普宁坊；咸平六年（1003年），太宗女雍国大长公主下嫁王贻永时有赐第；兖国公主出嫁时，仁宗所赐"一第之费，缗钱数十万"⑥；淳熙十三年（1186年），宋孝宗孙女安康郡主嫁与殿前司前军统领罗忠信之子罗良臣，赐甲第；景定二年（1261年）四月，理宗女周、汉国公主嫁与杨太后侄孙杨镇，理宗为其建第宅⑦。其二是其出家时。大中祥符二年（1009年），宋真宗赐"幼不茹荤""许其剃度"的太宗女陈国长公主保和坊光教院⑧。当然，第二种情况较为少见。《宋朝事实类苑》记载，随陈国长公主出家的诸王之女（县主）有30多人⑨，这些人就没有享受赐给修行寺院的待遇。而为出嫁公主赐予第宅，一方面具有给出嫁女嫁资的意味，另一方面也是对驸马及其家人的

---

① 《建炎以来朝野杂记》甲集卷二，第78—79页。
② 《宋史》卷二四四《宗室一》，第8666页。
③ 《宋史》卷二四六《宗室三》，第8720页。
④ 《长编》卷二二〇，第5348页。
⑤ 《宋史》卷二四四《宗室一》，第8688页。
⑥ 《宋史》卷四二六《循吏传》，第12703页。
⑦ 《宋史》卷二四八《公主传》，第8771—8774、8789—8790页。
⑧ 《长编》卷七一，第1595页。
⑨ 《宋朝事实类苑》卷四三，第559页。

赏赐和尊重。从以上几条材料来看，除安康郡主所嫁罗良臣的具体情况不甚清楚以外，皇帝为公主们所选的驸马都是当朝或前朝的实权派，具有浓厚的政治联姻意味。

我们统计出宋代外戚受赐第的共有 15 人，其中北宋 9 人、南宋 6 人，北宋仁宗和南宋高宗都是赐外戚第宅最多的皇帝，均为 4 人。所受赐宅的 15 人中，只有 2 人政绩突出，即宋太宗所赐的李继隆和宋孝宗所赐的郑兴裔，其余都是庸碌无为、坐享禄位之辈，而仁宗时所赐的杨景宗和高宗时所赐的韦渊甚或暴虐横行、不循法度，当然这两人最后都被贬官、出外安置，没福享受赐第。皇帝对外戚的赐第，既有对这类人群的照顾、安抚和依靠，也有对他们突出政绩的回报、鼓励和赏赐，充分体现出"宋法待外戚厚，其间有文武才婿，皆擢而用之；怙势犯法，绳以重刑，亦不少贷"[①] 的精神。

总之，皇亲国戚这类受赐宅的人群中，真宗时的公主最多，仁宗、高宗时的外戚最多。

（二）大臣

这类人包括文臣武将及奸佞之臣，是受赐宅人数最多的一个群体。就我们目前所搜检的史料来看，文臣武将受赐宅的达 49 人，奸佞之臣 10 人。先看文臣武将，我们将受赐宅人数制成下表。

皇帝	所赐人数 武将	所赐人数 文官	小计
宋太祖	7	1	8
宋太宗	7	10	17
宋真宗	1	2	3
宋仁宗	4	2	6
宋神宗	2	3	5
宋徽宗	1	0	1
宋高宗	4	0	4
宋孝宗	3	1	4
宋理宗	1	0	1

---

① 《宋史》卷四六三《外戚上》，第 13535 页。

从表中可见：第一，所赐功臣人数总数顺序前 4 名依次为宋太宗、宋太祖、宋仁宗、宋神宗时期，都在北宋；但就开国初期所赐而言，无论北宋还是南宋都是最多的，这却是一致的，说明很多人为建国奋斗，作出了重大成就，皇帝或朝廷对其论功行赏，使其享有赐予第宅的待遇。第二，赐予第宅的 49 位大臣中，武将 30 人、文臣 19 人，这一点虽与有宋一代的"崇文抑武"方略有所背离，却与宋代内忧外患、战争不断的国情相符合。第三，从纵向来看，无论北宋还是南宋，武将受赐人数由多变少，呈递减趋势，而文臣受赐人数则由少变多，呈递增趋势，说明宋朝的"崇文抑武"方略从酝酿到执行有一个过程。陈峰先生认为宋太祖时是这一方略的萌芽期，太宗朝正式立这一方略，真宗和仁宗两朝是这一方略的全面推行和贯彻时期[1]。这一点与表中数字显示也基本吻合。第四，表中无法显示的是文臣武将赐宅的质的差别，武将受赐往往是在战死后对其家属的赐予，如太宗时的刘福[2]、真宗时的王继忠[3]、仁宗时的任福[4]和张忠[5]神宗时的苏缄[6]、徽宗时的刘正彦[7]、高宗时的李彦仙[8]、孝宗时的魏胜[9]等，除宋高宗对武将韩世忠、刘光世、张俊赐第以外，整个宋代对文官的赐第就宽敞与豪华而言远远超出对武将的赐第，此在下文再述。

再看奸佞之臣。我们所统计的这类受赐宅的人中，北宋占了 6 人，分别是王钦若[10]、何执中、王黼、蔡京、邓洵武、高俅，主要集中在真宗和徽宗时期，尤其是后者，多达 5 人；南宋 4 人，分属四个时期，具体是高宗时的秦桧、孝宗时的谯熙载、理宗时的郑清之[11]和度宗时的贾似道。

奸佞之臣由于常在皇帝身边，加之善于迎合皇帝，使"龙颜"开怀，

---

[1] 陈峰：《北宋武将群体与相关问题研究》，中华书局 2004 年版，第 255—288 页。
[2] 《宋史》卷二七五《刘福传》，第 9368 页。
[3] 《宋会要辑稿》方域 4 之 22。
[4] 《宋史》卷三二五《任福传》，第 10508 页，《长编》卷 131，第 3103 页。
[5] 《宋史》卷三二六《张忠传》，第 10521 页。
[6] 《宋史》卷四四六《忠义一》，第 13158 页。
[7] 《夷坚志·乙志》卷九，第 260 页。
[8] 《宋史》卷四四八《忠义三》，第 13212 页。
[9] 《宋史》卷三六八《魏胜传》，第 11461 页。
[10] 《宋史》卷二八三"论"曰："王钦若、丁谓、夏竦，世皆指为奸邪。"第 9578 页。
[11] 由于参与史弥远谋立理宗有功，在理宗朝，郑清之虽无才无德，却两度任相，三受赐第。王德毅先生认为郑清之有三大罪过，与史弥远都应列入《奸臣传》。见王德毅《郑清之与南宋后期的政争》，载漆侠主编《宋史研究论文集》，河北大学出版社 2002 年版，第 161—182 页。

因而他们也得到比他人更多的实惠。在赐第方面，就有如下特点：第一，不满足于已有赐第，要求重新赐予或多次赐予。王钦若本已有赐第，只是位置不太好，"在太庙之后、后庙之前，出入宴处，皆不遑宁"，于是请求重新赐予，真宗"诏可，寻于安定坊造第赐之"①。何执中，"初，赐第信陵坊，以为浅隘，更徙金顺坊甲第。建嘉会成功阁，帝亲书巨额以示宠"②，则是因为先所赐第不够宽敞华丽而重新赐予，且皇帝还为其亲自书写匾额，可见其亲密程度。王黼最初的赐第在昭德坊，宣和元年（1119年）担任宰相后，再赐城西甲第③。蔡京的赐第很多，校注《清波杂志》的刘永翔作有辨析，即蔡京在位时的赐第在汴京城东，罢政后又赐城西，因此有"东西园"之说④。南宋理宗时的郑清之，因依附史弥远而为宰相，嘉熙四年（1240年），"赐楮十万缗为筑室"；淳祐四年（1244年），进封卫国公，再赐第；第二年，"更赐第于西湖之渔庄"⑤。理宗景定三年（1262年），赐贾似道第于葛岭⑥。第二，所赐第宅宽大华丽。王黼宅"宏丽壮伟"，周围数里，正厅以青铜瓦覆盖，后堂起有高堂大阁。徽宗尝亲至其宅，目睹"堂阁张设，宝玩山石，侔拟宫禁，喟然叹曰：'此不快活耶！'"⑦陆游记"蔡京赐第，宏敞过甚"⑧，又说"蔡京赐第，有六鹤堂，高四丈九尺，人行其下，望之如蚁"⑨。秦桧的赐第在临安望仙桥，是他自己看中的风水宝地，"（行都）朝天之东，有桥曰望仙，仰眺吴山，如卓马立顾。绍兴间，望气者以为有郁葱之符。秦桧专国，心利之，请以为赐第。其东偏即桧家庙，而西则一德格天阁之故基也"⑩，格天阁地面铺有"锦地衣"，即华丽地毯。贾似道家中花园宏大壮丽，各随地势构筑⑪。第三，皇帝为其宅题写匾额，迁入时用教坊乐，场面宏伟。王黼迁入城西赐

---

① 《长编》卷七九，第1802页。
② 《宋史》卷三五一《何执中传》，第11102页。
③ 《宋史》卷四七〇《佞幸传》，第13681页。
④ 《清波杂志校注》卷六，第278页。
⑤ 《宋史》卷四一四《郑清之传》，第12420—12421页。
⑥ 《宋史》卷四七四《奸臣四》，第13783页。
⑦ （宋）徐梦莘：《三朝北盟会编》，上海古籍出版社1987年版，第231页。
⑧ 《老学庵笔记》卷八，第106页。
⑨ 《老学庵笔记》卷五，第63页。
⑩ （宋）岳珂撰，吴企明点校：《桯史》卷二，中华书局1981年版，第13页。
⑪ 《齐东野语》卷一九，第355页。

第时,"导以教坊乐,供张什器,悉取于官,宠倾一时"①,徽宗为其书写过七道匾额:载赓堂、膏露堂、宠光亭、十峰亭、老山亭、荣光斋、隐庵②。秦桧迁入赐第时,高宗"有诏就第赐燕,假以教坊优伶,宰执咸与"③,其"格天阁"匾额系高宗亲书。两浙转运司还设立了一个名为"箔场"的机构,"官吏甚众,专应付赐第事。自是讫其死,十九年不罢,所费不可胜计"④。

总之,大臣这类人的赐第,文臣武将在人数上占大多数,但在赐宅的质量上存在很大差别;奸佞之臣虽然在人数上不占多数,却在享有赐第的选择权、赐第的宽广华丽方面占尽先机,影响深远。

(三) 归顺者

这主要与太祖、太宗两朝在统一全国时的招降、安抚策略有关,也有徽宗在面临金人压境时的胡抓稻草行为。宣和五年(1123 年),原辽国宰相李俨之子李处能得到金人取燕的消息,"越境来朝",宋赐第京师⑤;同年,从辽境来归的郭药师在打败仗的情况下,迁同知燕山府,赐以甲第⑥。这类包括 10 条材料,分别与 15 人相对应。其中主要有:太祖伐蜀前,"诏有司于右掖门外,临汴水起大第五百间以待昶,供帐悉备",乾德三年(965 年)四月,孟昶一行降服后到达开封,太祖将其赐予孟昶居住,同时还为其官属建有居第⑦。据说,在修建过程中,太祖考虑道:"吾闻孟昶族属多,无使有不足。"⑧ 所以一次性地修建有五百间屋子的宅邸,且包括屋内所有陈设,的确可见太祖对降服孟昶的信心和细心。

对吴越钱俶和南唐李煜,太祖同样为其建有宅邸,"特命有司造大第于薰风门外,连互数坊,栋宇宏丽,储侍什物无不悉具",赐名"礼贤宅",以待李煜和钱俶,并许下"先来朝者以之"的诺言。开宝九年(976

---

① 《宋史》卷四七〇《佞幸传》,第 13681 页。
② 《能改斋漫录》卷一二,第 94 页。
③ 《桯史》卷七,第 81 页。
④ 《老学庵笔记》卷三,第 32 页。
⑤ (宋) 杨仲良:《皇宋通鉴长编纪事本末》卷一四四,黑龙江人民出版社 2006 年版,第 2418 页。
⑥ 《宋史》卷四七二《奸臣二》,第 13738 页。
⑦ 《宋史》卷四七九《世家二》,第 13880 页。
⑧ (宋) 叶梦得撰,宇文绍奕考异:《石林燕语》卷一,中华书局 1984 年版,第 1 页。

年）二月，钱俶一行来朝，太祖高兴之余，将其安置在礼贤宅。太平兴国三年（978年）五月，钱俶献出两浙十三州之地以后，太宗正式把礼贤宅赐给了他①。叶梦得所记与此有异，南宋宇文绍奕和汪应辰进行了考辨②。然而，太祖似乎没有遵守他的承诺，因为李煜是开宝八年（975年）冬降服的，但他却并未住进礼贤宅，其弟侄均受有赐宅，大概太祖是恶其抗诏，所以封其"违命侯"而剥夺其特殊住房待遇③。

（四）宦官

就我们所统计的来看，宦官受赐宅的共有7人，其中北宋6人，他们是太宗时的王继恩，真宗时的李神福，神宗时的李宪、宋用臣和程昉，徽宗时的梁师成。他们担任监军，甚至直接领兵打仗，参与国家重大决策的制定和国家重要工程的管理，反映出在宋太宗、真宗、神宗、徽宗时期宦官势力的发展。不过，这些宦官当中，除李神福、宋用臣二人尚能收敛，因而得以寿终以外，其余四人都犯下恃宠害民之罪，最终死于非命，也体现了宋代"祖宗之法严，宰相之权重，貂珰有怀奸蘖，旋踵屏除，君臣相与防微杜渐之虑深矣"的对待宦官之道④。

以上可见，宋代受赐宅的人群，或者以其特殊的身份地位，或者以其特殊的战功政绩，或者以其攀附谄谀的特殊手段，获得对朝廷住宅的占有、居住甚至所有权利，尽管他们内部有受赐第的大小、豪简的不同，但这是广大普通官员不敢奢望的，所以说他们是特殊的人群，也是宋代官房政策的导向所在。那么，宋代政府又是如何解决赏赐所需住宅的呢？或者说宋代赐宅又有哪些特点呢？

二 宋代赐宅来源及其特点

皇帝把房屋作为赏赐品的前提是他手里必须要有现成的房屋，而房屋非

---

① 《宋史》卷四八〇《世家三》，第13899、13904页。
② 《石林燕语》卷二，第1—2、174页。
③ 《宋史》卷四七八《世家一》，第13861页。
④ 《宋史》卷四六六《宦者一》，第13599页。

一般物件，它的成型需要诸如地基、人工、材料、资金和时间等条件，要在短时间内很好地解决它，不仅在古代就是现代也是难度较大的事情。宋代为了筹措赐宅来源，可谓煞费苦心，千方百计，由此而成为其一大特色。

（一）新建赐第

太祖所赐功臣、归顺者的宅第多系新建，前已述及为孟昶、钱俶和李煜建宅的情况，而大臣中尤其是对沈伦和郭进二人的住宅又给予了特别的关照。太祖了解沈伦住宅简陋后，派人专为他画图设计，又派宦官监督工匠按图修建，这住宅规模一定小不了，以至沈伦自己都有些担心逾制，"私告使者，愿得制度狭小"①。开宝年间，太祖在开封城为郭进建宅，且打破常规，"悉用筒瓦"，招致质疑，"有司言，旧制：非亲王公主之第不可用。帝怒曰：'进控扼西山十余年，使我无北顾忧，我视进岂减儿女耶？亟往督役，无妄言。'"②可见太祖对这位为他坚守北大门的有功大将的器重。太宗时新建宅第的受赐者首先是文官程羽，他在知成都府时，"为政宽简，蜀人便之"，太宗"优以清职"，且"即泰宁坊营第以赐之"③，也说明文官在太宗朝地位的上升。真宗时，有给文官、为朝廷建言开利之道的杨允恭的家人造宅④，也有为隐逸之士种放起第⑤，还有为宦官李神福修宅⑥的情况。南宋高宗时为大将张俊"修甲第"⑦，理宗为其女周、汉国公主在京师嘉会门起第。

新建赐第，一方面是由于皇帝或朝廷没有合适的现成的第宅用于赏赐大臣，另一方面也与受赐者本人的功绩或与皇帝关系的亲疏及其重视程度有关，而且主要出现在王朝草创初期。

（二）赐予官第

官第（或称官舍），即官府所有的房产。宋代设有管理官府房产的专

---

① 《宋史》卷二六四《沈伦传》，第 9113 页。
② 《宋史》卷二七三《郭进传》，第 9336 页。
③ 《宋史》卷二六二《程羽传》，第 9083 页。
④ 《宋史》卷三〇九《杨允恭传》，第 10163 页。
⑤ 《宋史》卷四五七《隐逸上》，第 13424 页。
⑥ 《宋史》卷四六六《宦者一》，第 13605 页。
⑦ 《宋史》卷三六九《张俊传》，第 11475 页。

门机构"店宅务",其职责是"掌官邸店,计直出僦及修造缮完"①,即掌管官房的出租和修造诸事②。赐给官第,就是指房子的所有权属于官府,受赐者只有居住权,所以也称居第,这是宋代解决赐予第宅的又一渠道。这又有三种方式。

其一,直接赐给现成的官第。如太宗时的李继周,因讨李继迁有功赐官第③;元丰八年(1085年),神宗赐"故左仆射王珪寿昌坊官第"④;南宋孝宗赐外戚郑兴裔居第⑤;宁宗赐佞臣谯熙载之子令雍和宦官王德谦居第⑥。

其二,修饰官舍再赐居。太祖于建隆四年(963年)攻下湖南后,湖南割据者周保权被押至京师,太祖"葺京城旧邸院为第,令居焉"⑦。(按:《宋会要辑稿》则记"朗州邸务,葺为居第",不在京师而在朗州。这似不可能,因为周保权后来不住在朗州而在京城,以后又知并州⑧。)前述宋真宗赐给剃度的陈国公主的寺庙,就是"就加光饰,颇亦宽敞"的保和坊光教院。

其三,既赐官第又给房租补贴。仁宗的舅父李用和从小穷困,后虽是外戚,也有了官职,但在京城一直没有自己的住宅,都是住官舍,最初"诏寓馆芳林园,用和固辞,又假以惠宁坊之官第",直到他生病之后,仁宗登门探视,才"赐所居第,并日给官舍僦钱五千"⑨。李用和既有了住宅,又得到房租补贴,而且这个补贴还是高标准的,即每天五贯,一月就一百五十贯。嘉祐三年(1058年),"天平节度使、宣徽南院使张尧佐卒,赠太师,赐其家僦舍钱日三千"⑩,即每天三贯,一月九十贯。熙宁八年(1075年),朝廷调整部分官员薪资待遇,"诏(司农)寺丞月添支钱十五

---

① 最初称"楼店务",太平兴国年间改为店宅务,咸平元年改为"都大店宅务",大中祥符六年(1013年)又改回来,以后一直称店宅务。见《宋会要辑稿》食货55之2。
② 杨师群:《东京店宅务:北宋官营房地产业》,《史林》1991年第1期。
③ 《宋史》卷二五三《李继周传》,第8870页。
④ 《长编》卷三五七,第8529页,《宋会要辑稿》方域4之23。
⑤ 《宋史》卷四六五《外戚下》,第13594页。
⑥ 《宋史》卷四七〇《佞幸传》,第13695页;卷四六九《宦者四》,第13674页。
⑦ 《宋史》卷四八三《世家六》,第13950页。
⑧ 《宋会要辑稿》方域4之22。
⑨ 《宋史》卷四六四《外戚中》,第13565页。
⑩ 《长编》卷一八八,第4528页。

千，主簿京朝官十二千，选人十千，无廨舍者月给宅钱五千"①，一月才五贯。

以上三种形式中，第三种当然是最有利于居住者的，但主要享有者都是身份特殊的外戚，一般官员只在无房居住的情况下才得到少量的房租补贴。

（三）赐予房钱

这是在官府一时拿不出空房，又没现成官舍的情况下采取的措施。其办法是朝廷直接给受赐者缗钱，但指明这钱只能花在住宅上面，也就是时下所说的住房专用资金。这也包括三方面。

第一，赐钱买房。太平兴国二年（977 年），陈洪进献土来朝，太宗赐其三个儿子"白金万两，各令市宅"②。太平兴国三年（978 年），太宗探视楚昭辅足疾时，见其宅第狭窄，当即命令为其扩展，但被楚拒绝，遂"赐白金万两，令别市第"③。太平兴国初，赐田钦祚"白金五千两，令市第"④。淳化二年（991 年），刘福死后，太宗"赐其子白金五千两，使市第宅"⑤。仁宗时的文官郭劝致仕时，"赐银使市田宅"⑥。这些赐予都是银子，且明确规定用于买第宅，又主要集中在北宋太宗、仁宗时期。据汪圣铎先生的研究，北宋正常时期每两银以铜钱计算的价格为一贯省至一贯足⑦。上述"万两""五千两"也即相当于万贯、五千贯铜钱。按当时房价，这些钱可在开封城里分别买到一处豪华宅院和一处较高档的宅院⑧。

第二，赐钱建房。政和六年（1116 年），宋徽宗诏"支降御前钱二万贯，于京师起第一区"，赐给宠臣、开封尹盛京居住⑨。大观年间，徽宗"特赐（西北名将折可适）钱三百万，为京师居第之费"⑩，三百万钱即三

---

① 《长编》卷二一四，第 5198 页。
② 《宋史》卷四八三《世家六》，第 13962 页。
③ 《宋史》卷二五七《楚昭辅传》，第 8959 页。
④ 《宋史》卷二七四《田钦祚传》，第 9360 页。
⑤ 《宋史》卷二七五《刘福传》，第 9368 页。
⑥ 《宋史》卷二九七《郭劝传》，第 9894 页。
⑦ 汪圣铎：《两宋货币史》，社会科学文献出版社 2003 年版，第 917 页。
⑧ 程民生：《宋代物价研究》，人民出版社 2008 年版，第 40 页。
⑨ 《宋会要辑稿》方域 4 之 23。
⑩ （宋）李之仪：《姑溪居士集·后集》卷二〇《折可适墓志铭》，四库本第 1120 册，台北：台湾"商务印书馆"1986 年版，第 727 页。

千贯铜钱，再次显示出文臣与武将受赐的差别所在。南宋高宗时，刘光世曾得到过三万贯的造宅钱①。孝宗乾道、淳熙年间，有政绩和名声的王希吕，"居官廉洁，至无屋可庐"，从知绍兴府卸任，"然犹寓僧寺。上闻之，赐钱造第"②。这里没说明所赐钱的属性及具体数目。前揭郑清之在嘉熙四年（1240年）卸职时，理宗"赐楮十万缗为筑室"，则明说所赐为十万贯楮币。当时纸币与铜钱的比价不断下跌，嘉熙四年（1240年）一贯会子最高值铜钱一百五十四文，最低值六十文③。我们取其高位计，那么，十万贯会子则是一万五千贯铜钱，这虽不及徽宗赐予宠臣和高宗赐予将领的多，但比太宗时赐予大臣的买房钱还要多。

第三，赐钱赎宅。雍熙四年（987年），太祖时的将领李谦溥之子李允正由于为其妹准备嫁资，不得已把父亲留下的宅第典卖给了宋偓。太宗知道后，"遣内侍辇钱赎还"④。这里没有赎宅钱的具体数目，但李谦溥"晚治第于道德坊，中为十圃，购花木竹石植之，颇与朝士大夫游"⑤，是一所带花园的第宅，想必不会太便宜。大中祥符三年（1010年），"出内库钱五百万赎故宰相吕端居第赐其子藩"⑥。吕端第宅被其子吕藩典卖了，真宗诏令朝廷出钱将其赎回再赐予吕藩。这里五百万后面的货币单位应该是"文"，而不是"贯"，五百万文就是五千贯铜钱，与太宗时对田钦祚和刘福之子的赐予相同。

这三种形式中，第一、二种形式比较普遍，第三种形式较为少见，但都是朝廷对有功的将领及其后代、皇帝宠信的大臣等人给予的特殊住房待遇。

（四）其他赐宅来源

除上述外，宋代还有以下解决赐宅来源的渠道。

1. 以罪臣第宅赐予。中国自古就有官员犯法没收其财产（包括房屋）的处罚，赐宅当然也会被籍没入官，宋代也不例外。如太宗时的宦官王继

---

① （宋）廖刚：《高峰文集》卷二《论赐造宅钱札子》，四库本第1142册，第335页。
② 《宋史》卷三八八《王希吕传》，第11901页。
③ 程民生：《宋代物价研究》，第615页。
④ 《宋史》卷二七三《李允正传》，第9339页。
⑤ 《渑水燕谈录》卷八，第103页。
⑥ 《长编》卷七三，第1668页。

恩曾被赐京师甲第一区，后来因"漏泄机事"被罢免，籍没其资产（包括那所赐第）。咸平二年（999年），王继恩死于贬所，其家人无屋居住，只能"假官舍处之"①。曹利用在天圣七年（1029年）因罪贬官，房州安置，"没所赐第，籍其赀"②；明道二年（1033年），仁宗为其恢复名誉，归还了没收的赐第。还有庆历年间，张得一犯罪被诛，没收其宅第；翰林学士张方平以宅第是其父张耆的赐第为由说情，才免于籍没③。

赐第是这样，自建或自买的房屋更是如此。真宗时的宰相丁谓曾自建住宅，还是一介平民的杨景宗就是其中一工匠；天圣末，丁谓官场失败，籍没家产，仁宗将其宅第赐给已是外戚的杨景宗④。这是一座园林式宅第，"旧有园在保康门外，园内有仙游亭、仙游洞，景趣潇洒"⑤。南宋高宗时把梁师成的第宅赐给外戚潘永思⑥。

2. 赐给宅基。神宗即位后，尊其母高氏为皇太后，居宝慈宫，神宗多次表示要为她建造大宅，都被高氏拒绝，后来神宗以"望春门外隙地以赐，凡营缮百役费，悉出宝慈，不调大农一钱"⑦，就是朝廷只给宅基，不管修建事宜。元丰四年（1081年）四月，"赐提举京城宋用臣宅基一所"⑧，也属这种情况。绍兴三年（1133年）三月，"令平江府将朱勔宅园旧基拨赐，修盖宅屋二十间"，赐给孟太后家⑨，则是官府既批宅基，又负责修建，实际上与新建房屋赐予差不多；但韩世忠曾说："近蒙恩拨赐平江府南园营造私第"⑩，平江府南园是朝廷赐他的宅基，私第应是韩氏自己负责建造的。

3. 先借后赐官舍。真宗"闻枢密曹利用所居西连营舍，甚迫隘。命入内副都知邓守恩按视隙地，并诏先借宅园并赐之"⑪。神宗赐给高太后之父

---

① 《宋史》卷四六六《宦者一》，第13605页。
② 《宋史》卷二九〇《曹利用传》，第9708页。
③ 《长编》卷一六二，第3913页。
④ 《宋史》卷四六三《外戚上》，第13554页。
⑤ 《宋朝事实类苑》卷四三，第561页。
⑥ 《宋史》卷四六五《外戚下》，第13590页。
⑦ 《宋史》卷二四二《后妃上》，第8625页。
⑧ 《宋会要辑稿》方域4之23。
⑨ 《宋会要辑稿》方域4之24。
⑩ 《宋会要辑稿》方域4之24。
⑪ 《长编》卷九七，第2241页。

高遵甫的宅第也是先借后赐的①。

这些渠道自然都是临时性较强的办法，但也显示出受赐者的特殊地位以及皇帝为解决他们的赐宅的用心。赐宅作为宋代官房分配方式之一，在某种程度上又可谓统治手段的运用。尽管享有赐宅的对象主要是具有特殊身份的人群，但它的确解决了立功将领以及建言献策大臣的住房问题。当然，宋代国家财政为此所付出的代价不小，同时赐宅对当时社会也产生了很大影响。

三 赐宅对宋代国家与社会的影响

（一）赐宅的增多，增加了国家财政负担

据雷巧玲统计，唐代赐第共69次②；而我们粗略统计的宋代赐宅次数已近其两倍，足见宋代赐宅的频繁。虽然筹措赐宅的渠道很多，但最终都要落实到财政府库支出上面才能真正实现。赐给官舍只是暂时缓解了支出现钱的压力，但官舍仍是官府所修造；新建和赐钱则是直接来源于财政经费。所以，随着赐第的增多，不断有大臣上疏指出其弊端。咸平二年（999年），京西转运副使朱台符上疏提道："土木穷其丽，工巧极其淫，他费百端，动计千万。"③ 虽不是专论赐第之费，但也应包括赐第在内。康定元年（1040年），时监在京店宅务的苏舜钦给仁宗上了题为《论无功不当赐第》的奏疏，指出"于国体至重，前朝将相，非有勋业，则不得赐第京师"的赐第大典，在仁宗时已发生了变化，即医卜庸流，滥有所请，即得赐第，自有居第，且极华侈，也能得到赐第，因此他呼吁应该轻重适宜，恩赏起效④。

但这并未奏效，到徽宗大观三年（1109年），御史大夫翁彦国再次上疏指出当时赐第的严重问题：第一，赏赐为滥，赐第过多；第二，受赐之家趁机扩展宅第，致占官舍、拆民房，使民无地、无力再建房，增加了城

---

① 《宋会要辑稿》方域4之23。
② 雷巧玲：《唐代赐宅述论》，《唐都学刊》1994年第4期。
③ 《长编》卷四四，第939页。
④ 《宋朝诸臣奏议》，第1077页。

市不安定因素和国家财政负担；第三，无功之从臣、佞幸伎术之人，凭借宠遇得以赐第，违背了赐第原则，助长了攀援货求之风，认为赐第是"损十百万为一第之费，及敛数十百家之怨为一家之惠"，再次强调非有大勋大业者不复赐第①。政和七年（1117年），淮南漕臣张根又言："天下之费，莫大于土木之功，其次如人臣赐第，一第无虑数十万缗，稍增宏丽，非百万不可"，认为赐第是耗费最甚的一种赏赐，"臣所部二十州，一岁上供财三十万缗耳，曾不足给一第之用。以宠元勋盛德，犹虑不称，况出于闾阎干泽者哉"②。二十个州一年上供的财税还不够建一宅第的费用，一次赐第支费，相当于中等官员终身的俸禄，较之其他赏赐支费高出十倍甚至百倍。宣和五年（1123年），有臣僚甚至提到以法律手段来抑制不当赐第，"比年臣下缘赐第宅，展占民居甚至数百家，迁徙逼迫，老幼怨咨。乞自今除大臣戚里于旧制应赐外，余悉赐金钱使自营创，如敢干乞，重置典宪。从之"③，但后来的执行并非如人愿。到靖康元年（1126年），校书郎余应求还指出："近年以来，赐第之家相望于京师。欲乞非国戚主第者，并行拘收；虽系国戚主第而奢侈过制者，改赐小第，仍徹去之。"④ 说明赐第京师者已比比皆是，而且大多奢侈过度，所以建议除国戚主第外全部没收，过于奢华的国戚主第改赐小第。这一建议想必因北宋的很快灭亡而没能得到实施，即使真要实施，恐怕亦非易事。

以上可见，宋仁宗时期，赐宅对象增多，赐宅原则被破坏；徽宗、钦宗时期，这种现象愈演愈烈，赐宅花费越来越多，占地越来越广，致使国家财政负担加重，民怨沸腾。

（二）赐宅的豪华，使社会上出现追求住宅享受的风气

赐第官员扩占田宅，成为官僚地主。赵普的赐第后来至少进行了两次扩建，并由此引发了太祖对他的猜疑，以致终被贬黜。第一次大约在开宝初，赵普派亲吏私贩秦陇大木，用巨筏运至京师建房，而这是当时朝廷严厉禁止的，一些官吏冒称赵普家的木材以躲避检查、抽税，纷纷从秦陇运

---

① 《宋朝诸臣奏议》，第1081页。
② 《宋史》卷三五六《张根传》，第11218页。
③ 《宋会要辑稿》方域4之23。
④ 《宋朝诸臣奏议》，第1718页。

木材到京师售卖，后这事被太祖获悉，要惩处赵普，幸赖王溥劝谏而不了了之①。第二次在前次修建后不久，赵普又私自用京城的空地交换宫廷菜地以扩展自己的住宅面积，还经营邸店获取商业利益。这次遇到其政敌卢多逊的穷追不舍，最终使太祖定赵普之罪，将其贬为河阳三城节度，直到太宗朝，赵普才重回都城，再任宰相②。赵普建房，花费自然不少，"韩王治第，麻捣钱一千三百贯，其他可知。涂壁以麻捣土，世俗遂谓涂壁为麻捣"；楚昭辅"前后赐予以亿计，悉聚而蓄之。……及罢，乃悉以市善田宅"③，其"居第园池，聚奇花果美石，多致数千里者，其费不赀，有会贤、闲燕二堂，东北隅有庄曰'静渊'，引流水周舍"④。王审琦"镇寿春，岁得租课"，石守信"专务聚敛，积财巨万"⑤。

真宗时的外戚李遵勖的赐第，"宏丽甲诸主第，园池尤胜，号'东庄'"⑥，《宋史》本传也说他"所居第园池冠京城，嗜奇石，募人载送，有自千里至者，构堂引水，环以佳木，延一时名士大夫与宴乐"，隐士种放"于长安广置良田，岁利甚博，亦有强市者，遂至争讼，门人族属依倚恣横"⑦。曹利用之弟曹利涉"前为赵州都监，强市邸店，役军士治第"⑧。徽宗朝官僚地主占田之多达到北宋最高峰。朱勔"田产跨连郡邑，岁收租课十余万石。甲第名园几半吴郡，皆夺士庶而有之者。居处园地悉拟宫禁，服食器用上僣乘舆，建御容殿于私家，在京则以养种园为名，徙居民以为宅所。占官舟兵级月费钱粮，供其私用"⑨，钦宗时"籍其赀财，田至三十万亩"⑩。当时有人指出"天下财赋尽归权倖之家"⑪。

南宋初期，高级官员占田之多已相当惊人。韩世忠打算买新淦官田，

---

① 《涑水记闻》卷二则认为赵普建的是在洛阳的西宅，建成后赵普被命入京师，此宅被捐馆。这又与《画墁录》所记不符。
② 《宋史》卷二五六《赵普传》，第8933页。
③ 《长编》卷二二，第506页。
④ （宋）曾巩：《隆平集》卷九《枢密》，四库本第371册，第93页。
⑤ 《宋史》卷二五〇《王审琦传》、《石守信传》，第8811、8816页。
⑥ 《石林燕语》卷三，第35页。
⑦ 《宋史》卷四五七《隐逸上》，第13426页。
⑧ 《长编》卷一〇七，第2496页。
⑨ （宋）王明清：《玉照新志》，上海古籍出版社1991年版，第50页。
⑩ 《宋史》卷四七〇《佞幸传》，第13686页。
⑪ （宋）李光：《庄简集》卷八《论制国用札子》，四库本第1128册，第515—516页。

高宗闻后，高兴地当即答应赐予，并赐名"旌忠"①。因为在高宗看来，韩世忠把精力放在田庄上是好事情。张俊役使士兵为自己"营第宅房廊，作酒肆名太平楼，搬运化石"②，他在湖州、秀州、平江府、常州、镇江府、太平州等地均有田庄，地租收入高达60余万斛。秦桧在永丰圩有田960顷，韩世忠、刘光世、杨存中等人不仅在都城内有豪华住宅，在城郊的西湖之侧也都造有园林式别墅。

没被赐第的臣僚，自建房时也纷纷效仿。太宗女卫国长公主"尝请市比邻张氏宅，以广其居。张氏，即华容县主婿也。上语之曰：'如立券出卖，则可也。'及询张氏，但云日僦钱五百，方所仰给。上戒令不得强市，止赐钱二百万，听于他处图置"③。太宗时的枢密副使张融"建第差壮丽"，李心传辨析说当时枢密副使中没有叫张融的人，恐怕是王巩记错了④。诚然，但完全可能是张姓某人。

历官仁宗、英宗、神宗三朝的王拱辰第宅高大雄壮，时有"巢居"之讥。欧阳修《寿楼》诗咏道："碧瓦照日生青烟，谁家高楼当道边？昨日丁丁斤且斫，今朝朱阑横翠幕。主人起楼何太高，欲夸富力压群豪。"⑤ 仁宗时的枢密副使陈升之，"治第于润州，极为宏壮，池馆绵亘数百步"⑥。仁宗时的内臣孙可久，"赋性恬澹，年逾五十，即乞致仕。都下有居第，堂北有小园，城南有别墅，每良辰美景，以小车载酒，优游自适"⑦。范镇"居许下，于所居造大堂，以'长啸'名之。前有酴醾架，高广可容数十客，每春季花繁盛时，宴客其下"⑧。

南宋高宗时的丞相赵鼎，其居第在临安太庙之南的寿城坊，《三朝北盟会编》卷216引朱胜非《秀水闲居录》云："（其宅）奇花嘉木，环植周围；堂之四隅，各设大炉，为异香数种。每坐堂上，则四炉焚香，烟气氤氲，合于坐上，谓之香云。"其时的御医王继先之宅号"快乐仙宫"，是

---

① 《鹤林玉露》卷二，第149页。
② 《鸡肋编》卷下，第92页。
③ 《长编》卷七八，第1770页。
④ （宋）李心传撰，崔文印点校：《旧闻证误》卷一，中华书局1981年版，第9页。
⑤ 《欧阳修全集》，第770页。
⑥ 《梦溪笔谈》卷二五《杂志二》，第192页。
⑦ 《青箱杂记》卷一〇，第109页。
⑧ （清）潘永因撰，刘卓英点校：《宋稗类钞》，书目文献出版社1985年版，第283页。

强占数百家民居营建起来的,屋宇宏丽。宁宗时的宰相韩侂胄的府第,"凿山为园,下瞰宗庙,穷奢极侈,僭拟宫闱",后又得到高宗吴皇后所赐的南园①。

范成大除在平江府城内建有住宅外,还在城外十里许的石湖建有别业。周必大《文忠集》卷六一《范成大神道碑》曰:"石湖在平江盘门西南十里……公高下为亭,植花竹莲芰,湖山胜绝。……先以石湖稍远,不能日涉,即城居之南,别营一圃……题曰范村。"高德基《吴中旧事》也载:"范文穆公成大,晚岁卜于郡之盘门外十里,盖因阖庐所筑越来溪之故基,随地势高下而为亭榭,所植多名花,而梅尤甚。别筑农圃堂,对楞伽山,临石湖,所谓姑苏前后台,相距亦止半里耳。孝宗尝御书'石湖'二大字以赐之。公作上梁文所谓'吴波万顷,偶维风雨之舟,越戍千年,因作湖山之观者'是也。又有北山堂、千岩观、天镜阁、寿乐堂,他亭宇尚多,一时胜上赋咏,无不极铺张之美。……登临之胜,甲于东南。"

不仅宗戚贵臣之家如此,豪商巨贾和乡村地主也竞相仿效。"常州无锡戴氏,富家也"②;"明州城外五十里小溪村,有富家翁造巨宅,凡门廊厅级皆如大官舍"③。《湖海新闻夷坚续志前集》卷一《仿人做屋》云:"宋丞相崔与之,号菊坡,理宗朝入相。归蜀建造府第,极其壮丽。里有豪商姓李,亦从而仿之,就请崔府造屋匠人,一依崔府,绳墨尺寸不差,造屋一所。"则是富商仿宰相建屋。徽宗政和七年(1117年),有臣僚言京城中"居室服用以壮丽相夸",说明追求住宅豪华壮丽的风气已在京城居民中蔓延。南宋嘉泰初年,朝廷还在强调"以风俗侈靡,诏官民营建室居,一遵制度,务从简朴",一些地区此风更为严重,如福州"人以屋宇巨丽相矜,虽贫必丰其居"④。四川地区,"郫邑屋极盛,家家有流水修竹"⑤。湖北沿江一带民居,"并水皆茂竹高林,堤净如扫,鸡犬闲暇,凫鸭浮没,人往来林樾间,亦有临渡唤船者,使人恍然如造异境。舟人云:

---

① (宋)叶绍翁撰,沈锡麟、马慧民点校:《四朝闻见录》戊集,中华书局1989年版,第185页。
② 《夷坚甲志》卷一六《戴氏宅》,第141页。
③ 《夷坚丁志》卷一四《明州老翁》,第655页。
④ 《曾巩集》,第315页。
⑤ 《范成大笔记六种》,第187页。

皆村豪园庐也"①。欧阳修《送慧勤归余杭》诗:"越俗僭宫室,倾资事雕墙。佛屋尤其侈,耽耽拟侯王。文彩莹丹漆,四壁金焜煌。上悬百宝盖,宴坐以方床。胡为弃不居,栖身客京坊。辛勤营一室,有类燕巢梁。"② 虽然追求住宅的华丽、宽敞风气,起决定作用的是经济实力,但少数贵戚官僚的豪华赐宅给人们以消费导向和表率,其影响力是毋庸置疑的。

综上可见,宋代赐宅较前朝频繁,这一方面说明宋廷经济实力的强大,对皇亲国戚、大臣、归顺宋廷者、宦官等人群的特殊关照,以及灵活多样地拓宽赐宅渠道有其经济保障,促进了宋代社会的进步和发展;另一方面也存在对这一特殊住房待遇分配不公,主要表现在文臣与武将、大臣与佞幸在所受赐宅的豪简、大小以及赐钱多少的不同等弊端;更为严重的是,赐宅的增多,加重了国家财政负担,而少数官员的奢华住宅享受使整个社会形成一种追求住宅享受的畸形消费风气,这应是宋代衰亡的重要原因之一。

[本文原发表于《四川师范大学学报》(社会科学版)2012年第2期]

---

① (宋)陆游:《入蜀记》,中华书局1985年版,第43页。
② 《欧阳修全集》,第23页。

宋代灾民住房安置略论

目前国内学界对宋代灾害救济的研究大多集中在灾民"食"的问题上，如施粥、给粮、贷谷、蠲税、恢复生产，等等；对其"住"的问题则少有论及①。而居所是人们生存的基本条件之一，本文拟爬梳史料，对宋代灾民住房安置问题作一探讨，敬请方家指正。

一 灾害中的房屋被毁概况

本文选取造成官私房舍损坏有具体数据以及概括性数据，如"数百区""千余区""数千家"等记载的灾害②史料作为分析对象，把发生在同一时间但不同地点的灾害分别计算。按照这一原则，我们粗略统计出宋代火灾、水灾、风灾、地震与山崩等是损害房屋最多的四种灾害。下面予以分别分析。

（一）火灾烧毁房屋

火灾是造成公私房舍被毁最多、最直接且最严重的灾害。有人统计出两宋共发生大小火灾900多次③。其中导致房屋被毁的火灾共有106次，其中北宋32次，南宋74次。烧毁房屋包括宫廷园囿、殿阁、寺院、道观、官廨、军营、仓库、酒坊、民舍等；数量惊人，动辄数百成千，乃至几

---

① 王德毅：《宋代灾荒的救济政策》，台北：中国学术著作奖助委员会1970年版，第167页；张文：《宋朝社会救济研究》，西南师范大学出版社2001年版，第149—151页有所涉及。
② 本文主要探讨几种自然灾害造成的房屋被毁，不涉及战争这一人为灾害造成的房屋损毁方面。对于火灾，则不分人为放火还是自然火灾。
③ 万霭云：《宋代的消防体系与文化》，博士学位论文，台湾中国文化大学，2006年，第9页。

万、十数万。

北宋时期，损害房屋在三千区以上的火灾有 6 次，约占总数的 19%，其中烧毁上万区房屋的有 3 次，分别是：建隆元年（960 年）三月，"宿州火，燔民庐舍万余区，遣中使安抚之"；① 嘉祐三年（1058 年）正月，温州火，"燔屋万四千间，死者五十人"②；治平三年（1067 年）正月，温州火，"烧民屋万四千间，死者五千人"③。几乎把民舍、官廨、军营烧尽的有 2 次：淳化三年（992 年）十二月，"建安军城西火，燔民舍、官廨等殆尽"④；大中祥符二年（1009 年）四月，昇州火，"燔军营、民舍殆尽"⑤。

南宋时期，烧毁房屋在三千区以上的共 13 次，约占总数的 18%，其中损毁上万区房屋的则达 8 次，占 13 次的 60% 以上，高出北宋这个数目的 10%；而且烧毁三万家以上房屋的有 3 次，它们是：嘉泰元年（1201年）三月，"行都大火，至于四月辛巳，燔御史台、司农寺、将作军器监、进奏文思御辇院、太史局、军头皇城司、法物库、御厨、班直诸军垒，延烧五万八千九十七家。城内外亘十余里，死者五十有九人，践死者不可计。城中庐舍九毁其七，百官多僦舟以居"。⑥ 嘉熙元年（1237 年）五月，临安"延烧之家四万七千有奇，而邸第、官舍、营寨、寺观不与焉，暴露之民为口二十九万三千有奇，而毙于虐焰者不与焉"⑦；同年六月，"临安府火，燔三万家"⑧。

可见，南宋火灾发生频率不仅比北宋高出一倍多，而且一次性烧毁房屋的数量也大大高于北宋，尤其是嘉泰元年（1207 年）三月和嘉熙元年（1237 年）五月发生在行都临安的两次火灾，烧毁房屋数目惊人，一次是

---

① 《长编》卷一，第 10 页；《宋史》卷六三《五行二上》，第 1375 页。
② 《宋史》卷六三《五行二上》，第 1378 页；《文献通考》卷二九八。
③ 《宋史》卷一三《英宗纪》，第 258 页。
④ 《宋史》卷六三《五行二上》，第 1377 页。
⑤ 《宋史》卷六三《五行二上》，第 1377 页。
⑥ 《文献通考》卷二九八；《宋史》卷六三《五行二上》，第 1382 页则记为嘉定元年，误；(宋) 佚名《两朝纲目备要》卷七记 "延烧军民五万二千四百二十九家"，四库本第 329 册，第 790 页。
⑦ (宋) 方大琮：《铁菴集》卷三《徽奏户部侍郎权兵部尚书兼知临安府浙西安抚使赵与欢奏火灾乞削夺窜斥奉圣旨依累降指挥不得再有陈请录黄》，四库本第 1178 册，第 163—164 页。
⑧ 《宋史》卷六三《五行二上》，第 1384 页。(宋) 佚名：《宋季三朝政要》卷一则记烧居民五十三万家，疑有误。

"城中庐舍九毁其七"，另一次是"两日之间京城煨尽者十之七矣"①，临安的房屋损毁达70%以上，严重影响了行都的城市建设。

（二）水灾冲毁房屋

宋代共发生水灾666次②，对公私房舍造成损害的有38次，其中北宋26次，南宋12次。北宋损毁房舍在三千区以上的有6次，占北宋总数的23%。它们是：太平兴国八年（983年）六月，"河南府澍雨，洛水涨五丈余，坏巩县官署、军营、民舍殆尽。穀、洛、伊、瀍四水暴涨，坏京城官署、军营、寺观、祠庙、民舍万余区，溺死者以万计。又坏河清县丰饶务仓库、军营、民舍百余区"。③ 这是因连续下雨，洛水等河暴涨，致使巩县、都城开封官私房舍损毁严重；淳化四年（993年）九月，"澶州河涨，冲陷北城，坏居人庐舍、官署、仓库殆尽，民溺死者甚众。梓州玄武县涪河涨二丈五尺，壅下流入州城，坏官私庐舍万余区，溺死者甚众"④，都是由于河水大涨，流入州城，冲毁官私房舍。这时的京城开封，"自七月初雨。至是不止，泥深数尺，朱雀、崇明门外积水尤甚，往来浮翁浮氎筏以济。壁垒庐舍多坏，民有压死者，物价涌贵，近甸秋稼多败，流移甚众"⑤。虽没有房屋毁坏的明确数据，但已可想见当时的狼狈样子；至道二年（996年）七月，"建州溪水涨，溢入州城内，坏仓库民舍万余区"⑥；天圣四年（1026年）六月，"建州、南剑州、邵武军大水，坏官私庐舍七千九百余区，溺死者五十余人"⑦，这两次都是发生在今福建地区的水灾。嘉祐元年（1056年）六月，开封府"自五月大雨不止，水冒安上门，门关折，坏官私庐舍数万区，城中系栰渡人"⑧，这是长时间大雨导致河水暴

---

① （宋）徐鹿卿：《清正存稿》卷一《四年丁酉六月轮对第一劄》，四库本第1178册，第808页。

② 刘双怡：《农业自然灾害与宋代粮食安全——以水、旱、蝗灾为中心》，硕士学位论文，四川师范大学，2011年，第10页。

③ 《宋史》卷四《太宗一》，第70页；卷六一《五行一上》，第1322页。

④ 《宋史》卷六一《五行一上》，第1323页。《文献通考》卷二九六《物异考二·水灾》作"梓州元武县"。

⑤ 《长编》卷三四，第753页。

⑥ 《宋史》卷六一《五行一上》，第1323页。

⑦ 《长编》卷一〇四，第2410页。

⑧ 《长编》卷一八二，第4415页；《宋史》卷六一《五行一上》，第1327页作"嘉祐二年"。

涨，决堤，水漫入城中冲毁房屋，人们靠木筏往来通行。熙宁十年（1077年）七月，"河决曹村下埽，澶渊绝流，河南徙，又东汇于梁山张泽泺，凡坏郡县四十五，官亭、民舍数万"①。这是因黄河决口、改道，河水涌出而冲毁沿途地区房舍的水灾。可见，北宋损害房屋上万区的水灾达5次，且有2次甚至达数万区，又多与黄河决堤有关。

南宋时期损毁房舍在3000区以上的水灾有4次，占损毁总数的33%，高出北宋10%，分别是：淳熙四年（1177年）五月，在今福建地区，"建宁府、福南剑州大雨水，至于壬寅，漂民庐数千家"②；淳熙八年（1181年）五月，临安府"严州大水，漂浸民居万九千五百四十余家、垒舍六百八十余区。绍兴府大水，五县漂浸民居八万三千余家，田稼尽腐"③。这是南宋损毁房屋最多的一次水灾。淳熙十五年（1188年）五月，"荆江溢，鄂州大水，漂军民垒舍三千余"④；绍熙二年（1191年）七月，"嘉陵江暴溢，兴州圮城门、郡狱、官舍凡十七所，漂民居三千四百九十余，潼川崇庆府、绵、果、合、金、龙、汉州、怀安、石泉、大安军、鱼关皆水。时上流西番界古松州江水暴溢，龙州败桥阁五百余区，江油县溺死者众"⑤，这是发生在今川西地区的一次严重水灾。

与北宋时期水灾中受损房舍动辄上万甚至数万相比，南宋时期水灾中房舍受损有所减少，上万的只有两次，这或许除了史料记载的缺漏原因以外，还与南方地区的山谷地形、城镇分散、大江大河的生态环境相对良好等有关。但一次性损毁房屋的数量达八万多，大大超过了北宋时期。

（三）风灾吹塌房屋

宋代风灾多在夏秋时节发生在沿海一带。风灾损害房舍的频率和程度虽不如火灾和水灾，但其来势依然凶猛，往往掀翻房顶、吹塌墙壁，给人们生命带来威胁。如景祐元年（1034年）六月，"无锡县大风发屋，民被压死者众"；熙宁十年（1077年）六月，"武城县大风，坏县廨，知县李

---

① 《长编》卷二八三，第6940页；《宋史》卷六一《五行一上》，第1327页。
② 《宋史》卷六一《五行一上》，第1332页。
③ 《宋史》卷六一《五行一上》，第1332页。
④ 《宋史》卷六一《五行一上》，第1333页。
⑤ 《宋史》卷六一《五行一上》，第1334页。

愈妻、主簿寇宗奭妻之母压死"①。大风还常常与雨雹、沙砾、黄尘、海潮等相伴来袭，爆发水灾。如元丰四年（1081年）七月，发生在泰州的一次风灾，"海风作，继以大雨，浸州城，坏公私庐舍数千间。静海县大风雨，毁官私庐舍二千七百六十三楹"②。绍熙二年（1191年）三月，福建路建宁府，"大风雨雹，大如桃李实，平地盈尺，坏庐舍五千余家"。③ 火灾如遇大风，火势更猛，如淳熙七年（1180年）二月，江陵府大风，又正发生火灾，"火及舟，焚溺死者尤众"④。所以，风灾的直接后果就是"发屋折木""坏屋覆舟"、浸禾损稼，同样不可小视。宋代发生吹毁房屋的风灾共11次，其中损害房舍在千区以上的有5次，几乎占了总数的一半，它们是：开宝九年（976年）五月，宋州，"大风，坏官舍民居凡四千六百余间"⑤；太平兴国八年（983年）九月，江南东路太平军，"飓风拔木，坏廨宇、民舍千八十七区"⑥；淳化元年（990年）六月，京西路许州，"大风雹，坏军营、民舍千一百五十六区"⑦；前揭发生在元丰四年（1081年）七月，淮南东路泰州的一次以及绍熙二年（1191年）三月，福建路建宁府的一次。损害房舍最多的达五千家，而太平兴国七年（982年）八月琼州的飓风，将城门吹塌，官署、民庐建筑全被损毁，充分反映出风灾的强大破坏力。

（四）地震、山崩对房屋的损毁

据不完全统计，宋代发生损毁房屋的地震、山崩（或地陷）灾害共10次，而这10次远不是两宋这类灾害对房屋损害的实际写照。从建中靖国元年（1101年）后，"自后有司方言祥瑞，郡国地震多抑而不奏"，和政和七年（1117年）六月，徽宗在给熙河路地震的诏书中有"有司不以闻，其遣官按视之"⑧ 可知，地方官隐瞒不报告朝廷的情况很普遍，而且这种

---

① 《宋史》卷六七《五行五》，第1469页。
② 《宋史》卷六七《五行五》，第1470页。
③ 《宋史》卷六二《五行一下》，第1348页。
④ 《宋史》卷六七《五行五》，第1471页。
⑤ 《长编》卷一七，第372页。
⑥ 《宋史》卷六七《五行五》，第1468页。
⑦ 《宋史》卷六二《五行一下》，第1346页。
⑧ 《宋史》卷六七《五行五》，第1486页。

情况也不是只在徽宗时期才开始出现。即便上报，为了逃避责任，地方官也往往隐瞒灾情，少报或故意漏报被灾数据。所以，史料中少有如前述火灾、水灾、风灾那样关于房舍被损的具体数据，唯有一次是嘉泰二年（1202年）七月，福建建安县，"山摧，倒塌民庐六十余家"①。但我们透过覆压死伤人数，如景祐四年（1037年）十二月，在今山西地区发生的地震，"忻州死者万九千七百四十二人，伤者五千六百五十五人，畜牧死者五万余；代州死者七百五十九人；并州千八百九十人"②，嘉祐二年（1057年），幽州地震，"覆压者数万人"③，依然可以想见这类灾害对房屋的严重损害。

综上可见，造成房屋被毁的自然灾害很多，损害程度又有差别，其中火灾、水灾对房屋的摧毁最为严重。它们可能使房屋顷刻间化为灰烬或付之东流，不剩一片完瓦；其次为风灾、地震、山崩等，它们严重时掀翻房屋，使之成为瓦砾；但轻微时，对房屋的损害通过一定时间的修修补补仍可利用。但不管怎样，房屋被毁的灾民在较长一段时间内都将面临无室可处或露处野外的困境，这对于灾民身心、财产的安全与平抚，家园的恢复与重建，生产的继续与发展，乃至社会的稳定与和谐都是极为不利的，因此，灾后安置灾民就成了朝廷的大事情。

二 宋代灾民住房安置措施

司马光曾说："凡人情恋土，各愿安居，苟非无以自存，岂愿流移他境？"强调自然灾害发生后，官府应在灾民未流移的时候早行赈济，这样"官中所费少而民间实受赐"；否则，灾民流移之后才行赈济，是"以有限之储蓄待无穷之流民，徒更聚而饿死，官中所费多而民实无所济"④。这是司马光从节约朝廷花费的角度出发，提出对灾民及时救济的赈济思想。灾后向外流移是灾民不得已的选择道路，而对流民的安置救济也是官府救济

---

① 《宋史》卷六七《五行五》，第1489页。
② 《长编》卷一二〇，第2840—2841页。
③ 《宋史》卷六七《五行五》，第1484页；《长编》卷一八五，第4474页。
④ 《传家集》卷五二《论赈济札子》，四库本第1094册，第479页。

中的主要任务，且是最为困难的任务。事实上，无论是及时、就地解决灾民处所问题，还是安置流民问题，宋代官府的确采取过很多措施。

（一）灾时的临时安置

1. 以寺观、官舍为灾民的临时处所

寺院、道观、官舍等建筑具有房屋空间相对宽敞、水源和食物较为充足，适合较多人群集中居住的特点，所以它们往往成为官府临时安置灾民的首选。咸平六年（1003年）八月，真宗"命枢密院承旨曹璨、捧日天武四厢都指挥使刘谦分往诸营疏导积水，其居室未葺者，以近便园苑分官舍处之"①。就是在都城水灾后，对于房屋受损，又还未修好的灾民，将其安置在附近园苑里的官舍暂时居住。嘉祐元年（1056年），开封府自五月以来大雨不止，损坏官私庐舍数万区，到七月，仁宗下诏："京东西荆湖北路转运使、提点刑狱公事，分行赈贷水灾州军，若漂荡庐舍，听于寺院及官屋寓止。"② 也是水灾之后，把房屋被冲毁的灾民临时安置在寺院及官舍里面的情形。绍兴二年（1132年）八月九日诏："临安府被火百姓，许于法惠寺及三天竺寺等处权安泊。"③ 前述嘉泰元年（1201年）三月，发生在行都临安的大火，烧掉五万八千九十七家，以致"城中庐舍九毁其七，百官多僦舟以居"。安置房屋被焚的灾民自然成了大问题，到四月庚辰朔，朝廷诏："被火之家愿于贡院及寺观寓止者，听之。"④ 直到七月二十一日，"临安府言：本府昨因被火，见在寺观庙宇安泊大小人口，委官抄劄到共一千三百二十一家，计五千三百四十五口"⑤。这就是说火灾之后的三四个月，仍然还有不少的灾民住在寺观庙宇里面。

宋代官府对流民的安置问题十分重视，真宗时就明确规定："诏灾伤流民所至之处，官吏倍加存恤，无居室者许于寺观公舍安泊，勿令失所。"⑥ 之后这样的诏令时常出现。如绍圣元年（1094年）三月二十二日，

---

① 《长编》卷五五，第1209页。
② 《鉴长编》卷一八三，第4423页。
③ 《宋会要辑稿》食货五十九之二十三。
④ （宋）佚名：《两朝纲目备要》卷七《宁宗》，四库本第329册，第790页。
⑤ 《宋会要辑稿》食货五十八之二十三。
⑥ 《长编》卷八九，第2058页。

"昨已降指挥应流民支与口食,遣还本土,所在有司辟官屋权令宿止,疾病医治"①;同年十月二十三日,因黄河决堤引发的水灾,京师聚集了很多流民,隆冬将至,朝廷担心他们流离暴露,"令开封府即京城门外行视寺院官舍以居之,至春谕使复业"②;到二十六日,哲宗又对辅臣说:"河北流民寓寺观及官廨者尚多,虽已给券开谕,令还本土就赈济,然宜申敕有司听便,愿南去者勿强使北。"③ 对于毫无准备的地方官来说,面对突然涌来的流民,将其安置在寺观、官舍也是最好的临时解决办法。庆历末年,富弼在青州,对涌来的流民多方措置,"如更有安泊不尽老少,即指挥逐处僧尼等寺、道士女冠宫观、门楼、廊庑及更别趱那新居房屋安泊"。④ 熙宁八年(1075年)二月,"闻河东路赈济饥民,多聚一处,太原府舍以空营,约及万人。方春虑生疫疠,其令察访、转运司谕州县据人所受粮计日并给,遣归本贯,即自它州县流至而未能自归者,命散处之以闻。"⑤ 河东路地方官用太原府官舍安置流民万人,以至朝廷担心发生疫病,下令遣还本土或分散处所。也有大臣认为流民住在寺院,有损朝廷形象和打扰了寺僧的清净与修行,如元祐元年(1086年)三月,王岩叟言:"臣窃闻近日火灾炽大,延及至广。颠沛皇皇,不知所舍,寓于佛寺,甚失其所。暴露庭庑,一无拥蔽。都人观望,亏损事体,极为不便。伏料圣恩已加存抚,不待臣言。然臣闻听所得,思虑所及,不敢遂默。此诚陛下所当留念。伏望睿慈严敕有司速寻可居之地,早令安泊。以昭陛下救灾恤难,笃於宗族之仁心,以示陛下禁非防邪,护惜国家之大体。"得到允许,"如同文馆、旧尚书省、三班院之类,皆舍宇甚多,可以权令寓泊,无害于事"。⑥ 不过,一般情况下,寺观、官舍仍是安置流民最快捷的办法。

2. 组织居民腾挪房屋

富弼在青州对流民的安置,分为了三个阶段,而使其能有处所暂时安

---

① 《宋会要辑稿》食货五十七之十一。
② 《宋会要辑稿》食货五十七之十二。
③ 《宋会要辑稿》食货五十九之五。
④ (宋)董煟:《救荒活民书》卷下《富弼青州赈济行道》,文渊阁四库全书本第662册,第283页。
⑤ 《长编》卷二六〇,第6342页。
⑥ 《长编》卷三七二,第9016页。

身则是首要阶段。① 他针对之前在城郭集中施粥，使灾民聚集而引发踩踏、疾疫等事件的救灾弊端，认为是"名为救之而实杀之"，因此改为组织城乡居民腾出自家房屋十多万间，分散安置流民，"散处其人，以便薪水"，使五十万人度过了灾荒时日，"天下传以为式"②。"自是天下流民处，多以青州为法"③。这十多万间房屋筹措的具体办法，在南宋人董煟的《救荒活民书》中有详细记载，实际上是分为以下两步。

第一，城市和乡村居民各按户等腾挪出规定数量的房屋。城市居民，第一等腾出五间，第二等三间，第三等两间，第四、五等一间；乡村居民，第一等七间，第二等五间，第三等三间，第四、五等两间。并要求县镇乡村官吏出榜晓示、督促，必须在规定时间内腾挪出相应数量的房屋，同时也强调："若有下等人户委的贫虚，别无房屋那应，不得一例施行"，即特别贫困、的确没有多余房屋腾出的下等户不在此列，以避免造成新的无房可居问题。

第二，现有房屋不足的人户可酌量新建。"内有见在数少者，亦令收拾小可材料权与盖造应副。"这实际上属于后文所论的灾后安置范畴，故此不展开。

以上两步骤中，第一步自然是筹措房屋的主要办法，第二步只是辅助性的办法。通过这一办法，使流民"随其意散处民舍中"，"不致暴露失所"。④ 所以，董煟强调存恤流民，应"推行富弼之法"⑤，这也是他在其书中详细总结记录富弼之法的动力和目的之所在。范成大说："夫赈济赈粜其要不过两言：莫不便于聚人，莫良便于散给。"⑥ 又何尝不是对富弼之法的另一总结呢？

利用寺观、官舍也好，组织居民腾挪房屋也好，都是利用现成的房屋对灾民进行临时安置的办法，它们的优势就是使灾民在最短时间内得到处

---

① 张文：《宋朝社会救济研究》，第 153—155 页。
② 《宋史》卷三一三《富弼传》，第 10253—10254 页。
③ 《涑水记闻》，附录一，第 341 页。
④ 《救荒活民书》卷下《富弼青州赈济行道》和《宣问救济流民事劄子》，第 289 页，第 283 页。
⑤ 《救荒活民书》，卷中《存恤流民》，第 267 页。
⑥ （宋）佚名：《中兴两朝圣政》卷五〇，宛委别藏本，台湾"商务印书馆"1981 年版，第 1507 页。

所，平抚受到惊吓的身心。

3. 搭建简易房舍

这是灾时官民自己动手应对灾害的常用办法。明道末，天下蝗、旱，流民增多，通州知州吴遵路一面稳定米价，一面"又建茅屋百间，以处流民"，"其愿归者，具舟续食，还之本土"。关注到了灾民的食、住、行、病等多方面，所以，通州地方"不知其凶岁也"，吴遵路也被"民爱之若父母"①。庆历年间，沧州发生地震，知州李寿朋"以席为屋，督吏寀缮葺，未数月，复其旧"②。

茇舍，即草棚、毛舍，搭建容易、快速，是最为简易的灾时临时处所，不仅现代救灾还会用到，宋时更是常用手段。如熙宁元年（1068年），河北大水、地震，"城垒厩库公廨民庐摧陷几遍"，时知瀛洲的李肃之亲自指挥和参与救灾，"躬冒泥潦中，指喻僚属为之区处。仓庾粟麦暴露者，则结草为囷团而以储积之；沾渍者出以赈流冗；编户之无盖藏者，为茇舍以居处。公宇亦如其制"③。不仅为无室可处的百姓搭建茇舍，而且官员办公场所也是茇舍。崇宁初知舒州的王涣之，在面临外来流民时，"命附城茇舍以次赈廪之所，活几万人"④，这是在城边搭茇舍安置流民。南宋时，乐平县令纪极在灾害发生时，"或赢粮以遗之，或茇舍以居之，食饥药病，不遗余力"⑤，安置流民。更有甚者把山洞也利用起来了，如庆历末，富弼在青州，"劝所抚八州之民出粟以助赈给，各因坊村择寺庙及公私空舍，又因山崖为窟室，以处流离"⑥。

这些茅屋、席屋、茇舍、山洞等，严格说来不是真正的房屋，而只是最为简陋的棚舍，但它们却为无家可归的灾民提供了一个遮风挡雨的地方，使其不致露处挨冻。由此看出，宋代地方官员在灾害来临时，为使灾民得到及时安置和救济，的确尽心尽责了。

---

① 《渑水燕谈录》卷四《才识》，第41页。
② 《宋史》卷二九一《李寿朋传》，第9742页。
③ （宋）苏颂《苏魏公文集》卷六一《龙图阁直学士致仕李公墓志铭》，四库本第1092册，第656页。《宋史》卷三一〇《李肃之传》，第10177页。
④ （宋）程俱：《北山集》卷三十《王公墓志铭》，四库本第1130册，第259页。
⑤ （宋）刘宰：《漫塘集》卷三十三《纪通判行述》，四库本第1170册，第757页。
⑥ 《渑水燕谈录》卷二《名臣》，中华书局1981年版，第19页。

4. 减免房租

这是对租住官私房舍灾民的安置措施。宗室赵善俊在绍兴末年知庐州时，对外来流民，"括境内官田均给之，贷牛种，僦屋以居"①，是直接租房安置流民。不过这种办法在宋代并不常见，更多的是采取放免官舍房租的办法来解决灾民一时居住的难题。大中祥符四年（1011年）九月，"以霖雨，遣官分祈天地、宗庙、社稷、在京神祠寺观。京城民僦官舍者，免其直三日"，②是对租住官舍的人免去三天的房租。大中祥符五年（1012年）五月，"诏滨、棣州民，僦官舍及屋税、盐钱，并减其半，俟水落仍旧"，③减免官舍一半的房租和屋税，直到水灾过去才恢复原制。这无论是减免时间还是减免数量上，力度都可谓大矣。天禧三年（1019年）八月，徐州河决，大水。九月，"诏徐州民僦居官舍者，免其直"。④这里没明说免多长时日，可能不会太长。嘉祐五年（1060年）五月，诏："京城疾疫，其蠲官私房钱十日。"⑤则要求出租房屋的私人也要减免十天房租。绍兴二年（1132年）八月，因临安府火灾，朝廷下诏："客店亦许安下，免出房钱。其四向买贩木植芦箔竹筏，并不得抽分收税，官私房钱不以贯百，并放五日。"⑥则是要求旅店免费安置灾民，原已租住官私房舍的免五天房租。

以上大多是灾害发生时，官府采取免掉三五天不等的房租或者旅店房钱，临时性特点突出，目的是解决灾民一时居住的困难。这种做法在宋代成了一种习惯，有人很以此为自豪。元祐三年（1088年）春正月，著作郎兼侍讲范祖禹言："祖宗以来，每遇大雪，则放公私房钱，以至粜米、买炭、散钱，死者则赐瘗埋。"⑦而且这种风气还影响了一些房主，《麈史》记："郑屯田建中，其先本雍人，五季时徙家安陆，赀钱巨万。城中居人多舍客也，每大雨过，则载瓦以行，问有屋漏则补之；若舍客自为之屋，

---

① 《宋史》卷二七四《宗室四》，第8761页。
② 《长编》卷七六，第1733页。
③ 《长编》卷七七，第1765页。
④ 《长编》卷九四，第2166页。
⑤ 《长编》卷一九一，第4625页。
⑥ 《宋会要辑稿》食货五十九之二十三。
⑦ 《长编》卷四〇八，第9919页。

亦为缮补；又隆冬苦寒，蠲舍缗仍月。"① 郑建中是专门出租房屋的房主，他不但在大雨过后及时修缮房屋，而且在隆冬时节主动减免一月房租。

（二）灾后的住房重建

灾时对灾民的临时安置，目的是在短时间内解决灾民处所，使其不至露处野外，平抚其受到惊吓的神经。但这毕竟是短时效的，不能长久的，当灾害过去，恢复灾民的家园和生产，必将提上日程。事实上，宋代一些官员在及时地、自觉地做这项工作。如黄廉在水灾后"择高地作舍以居民"②；孙子秀在淮流民数以万计地涌入的时候，"赈济抚恤，树庐舍"，"助葺民庐"③。黄幹对不愿回家的流民，"结庐居之"④，等等，不一而足。主要又有以下几种方式。

1. 筹措建房材料

这又分直接给木材、竹子、芦苇、砖瓦等建房材料；贷钱给灾民购买建房材料和不征灾民修房材料税等几种方式。仁宗时通判睦州的彭思永，在台州遇水灾，城市被冲毁，人多溺死时，前往抚治，"其始至也，城无全舍，思永周行相视，为之规画"⑤，"民贫不能营葺者，命工伐木以助之，数日，公私舍毕完，人复安其居"⑥。彭思永不仅亲自规划城市重建，而且还帮助灾民筹措建房材料木材。咸平三年（1000年）四月，李允则知潭州，"（州）大火，民无居舍，多冻死。允则亟取官竹假民为屋，及春而偿，民无流徙，官用亦不乏"⑦。李允则在火灾之后灾民重建房舍时，采取先借给灾民官竹修屋，约定屋成第二年春偿还。以上两则都是直接为灾民筹措建房材料。

南宋孝宗淳熙十五年（1188年），知扬州的外戚郑兴裔，见这里"比户向系茅舍，屡困火灾，一炬之后，荡为灰烬"，为除此大患，他于该郡贮库椿银钱内，"动支一万七千五百缗，贷民陶瓦，创建间架"，"自是火

---

① （宋）王得臣撰，俞宗宪点校：《麈史》卷下《鉴戒》，上海古籍出版社1986年版，第79页。
② 《宋史》卷三四七《黄廉传》，第11003页。
③ 《宋史》卷四二四《孙子秀传》，第12663、12664页。
④ 《宋史》卷四三〇《黄幹传》，第12778页。
⑤ 《救荒活民书》卷下《彭思永赈救水灾》，第276页。
⑥ 《宋史》卷三二〇《彭思永传》，第10411页。
⑦ 《长编》卷四七，第1012页。

患乃息"①,则是贷钱给灾民,使其自行购买建房材料。神宗时提点福建刑狱的罗拯,在泉州兴化军遇水灾后,"请勿征海运竹木,经一年,民居皆复其旧"②;政和六年(1116年)七月,东南诸路水灾,诏"权以官物搭盖屋宇,广令安泊",八月二十五日诏"应兴贩竹木砖瓦芦苇往被水处,沿路不得收税、抽解及栏买阻滞,仍行赈济"③。则是官府出材料以及不征灾民重修房屋材料税并用的办法。前述绍兴二年(1132年)八月,临安府火灾后,朝廷下诏:"其四向买贩木植芦箔竹筏,并不得抽分收税。"④ 这种不征灾民修建房屋材料的措施,是宋代恢复灾后重建的一项重要举措,聪明的商家已把它作为的一条生财之道来运用了。"绍兴十年七月,临安大火,延烧城内外室屋数万区。裴方寓居,有质库及金珠肆在通衢,皆不顾,遽命纪纲仆,分往江下及徐村,而身出北关,遇竹木砖瓦芦苇椽桷之属,无论多寡,尽评价买之。明日有旨,竹木材料免征税,抽解城中,人作屋皆取之。裴获利数倍,过于所焚"⑤。

裴氏就是在临安大火后利用了政府不征竹木材料税这一政策,安排手下并亲自上阵从四处贩来竹木砖瓦芦苇椽桷等材料售卖,获得了几倍的利润,大大超过了他在火灾中的损失。

2. 出资给灾民建房

元丰元年(1078年)八月,诏京东路转运司,"齐州章邱县被水灾,其所修县城、仓库、官舍并给省钱,其第四等以下户欠今夏残税,权与倚阁,见欠常平、苗、役钱,令提举司展料次闻奏"。⑥ 是直接给钱来修缮被水毁坏的房舍,第四等以下人户所欠的夏税,暂时推延。元丰六年(1083年)正月,诏:"闻新城四面濠溢,毁公私舍屋、田土。委杨景略估直给之,或还以官地。其官营房及民坟寺、舍屋,责京城所管认拨移修盖。"⑦ 这是指令京城所负责修缮,实际上是由官府出钱。前述郑兴裔在扬州贷钱

---

① (宋)郑兴裔:《郑忠肃奏议遗集》卷上《请蠲扬州缗钱疏》,四库本第1140册,第197页;《宋史》卷四六五《外戚下》,第13595页。
② 《宋史》卷三三一《罗拯传》,第10645页。
③ 《宋会要辑稿》食货五十九之十一。
④ 《宋会要辑稿》食货五十九之二十三。
⑤ 《夷坚志》再补《裴老智数》,第1784页。
⑥ 《长编》卷二九一,第7122页。
⑦ 《长编》卷三三二,第7997页。

给灾民购买建房所需材料,也是通过直接给钱的方式来重建灾民住房。

宋代已有安置房:仁宗时知台州的元绛,在水灾后,"出库钱,即其处作室数千区,命人自占,与期三岁偿费,流移者皆复业"①。安置房全由官府修建,建好后的分配方式是许民自占,但需在三年内还清房款。这是一种比当今都还要先进、前沿得多的灾后重建方式。晁补之元祐时知齐州,在河北流民涌来时,为流民"治舍,次具器用,人既集居"②,则不仅为灾民建好房舍,甚至连屋里的器具都准备好了,灾民拎包入住即可。李庭芝,宋理宗时为两淮制置司事,在扬州遭火灾后,"庭芝悉贷民负逋,假钱为屋,屋成又免其假钱,凡一岁,官民居皆具"③。这也是先借钱给灾民建房,房修好后又免掉其所借钱,即房屋全由地方官府出资修建。

3. 发动民间力量建房

宋代民间力量在灾荒救济中的作用已受到学界的广泛关注④,在灾后重建过程中也常有他们的参与。庆历末,富弼在青州安置流民时,对不能出齐对应等级房屋数的民户,允许他们自行筹措材料建造新房。元祐时知郓州的滕元发,"时淮南、京东饥,元发虑流民且至,将蒸为疠疫。先度城外废营地,诏谕富室,使出力为席屋,一夕成二千五百间,井灶器用皆具。民至如归,所全活五万"⑤。这是由官府出地基,富民出资金修建的安置房,而且也是井、灶、器具等家庭生活所需之物皆备。不过就二千五百间房存活五万灾民算来,平均每间房要住二十人,还是属于临时性安置举措。董煟更详细地记载道:"以次授地,井灶器用皆具,以兵法部勒。少者炊,壮者樵,妇女汲,民至如归。上遣工部侍郎王古按视,庐舍、道巷、引绳棋布,肃然如营阵。古大惊,图上其事。有诏褒美,所活者凡五万人。"⑥按理:这样大片的建筑不会只是临时使用,很可能在灾后,一部分流民返乡后会对这些房屋进行重新分配,作为一些不愿返乡或回不了乡

---

① 《宋史》卷三四三《元绛传》,第10906页;(宋)王安礼:《王魏公集》卷七《资政殿学士太子少保致仕赠太子少师谥章简元公墓志铭》,四库本第1100册,第73页。
② 《救荒活民书》卷下《晁补之活饥民葬遗体》,第279页。
③ 《宋史》卷四二一《李庭芝》,第12600页。
④ 林文勋:《宋代富民与灾荒救济》,《思想战线》2004年第6期;郭文佳:《民间力量与宋代社会救助》,《新乡学院学报》(社会科学版)2008年第3期。
⑤ 《宋史》卷三三二《滕元发传》,第10675—10676页。
⑥ 《救荒活民书》卷下《腾达道赈济》,第275页。

的人户的永久居住房。但这只是我们的简单推测。

4. 减免房租与屋税

在灾害发生时的临时安置措施中,有朝廷减免出租官舍房租(钱)的举措,在灾后重建时,仍然会采取这一措施。大中祥符八年(1015年)正月诏:"市中延燔官舍,其修盖讫移居者,免僦居二十日;应僦官舍居,赋直十五钱者,每正、至、寒食免三日之直。"[1] 就是官舍遭火灾后,因重修房舍的缘故,让原租户到别处租住,官府免去二十天房钱;每月房租十五贯的租户,遇上元日、冬至、寒食等节日时免三天房租予以支助。政和六年(1116年)九月二日,诏:"在都日近遭火,被烧人户见赁官地屋与放赁直两季。"[2] 是都城租住官舍的被火灾民可以享受免两季即半年房租,减免力度还是很大。政和八年(1118年)九月,因东南遭水灾,诏:"曾经潦浸人户纳官私房钱,截自迁出日,并特与免纳,候复业日依旧。"[3] 即水灾淹没房屋,搬出租住屋的房客,不再付房租,等房屋重新可租住时再计算房租。绍兴元年(1131年)十月二十三日诏:"越州城内遗火延烧民舍屋不少,致贫民无处居止,仰三省行下本州分委官躬亲仔细抄劄应实,曾被火延烧下户每十人作一保,结罪保明单甲姓名,申尚书省以凭支钱赈给。应官私地基许元赁人搭盖,依旧居住,其合纳房钱并地基钱,并与放两月。"[4] 这是给租用官府土地建房居住的租赁户的优惠政策,即允许其在原赁的地基上重修房屋,而地基钱(或地税)及应缴纳的房钱则减免两个月。

还有一种方式是免去灾民重建房屋时的屋税。屋税在宋初即有,是向有房户收取的一种税,"及潘美定湖南,计屋每间输绢丈三尺,谓之屋税"。尽管李允则知潭州时曾请求朝廷废除包括屋税在内的三税,[5] 但从后来的史实看来,这并未得到允准和实行,宋代屋税一直存在。但对因火灾或水灾等致房屋被毁的人户,宋代则有蠲减屋税的规定。大中祥符二年(1009年)四月,升州发生火灾,"丁酉,遣侍御史赵湘至升州设斋醮,

---

[1] 《宋会要辑稿》食货55之5。
[2] 《宋会要辑稿》食货59之10。
[3] 《宋会要辑稿》食货59之12。
[4] 《宋会要辑稿》食货59之22。
[5] 《长编》卷四七,第1012页。

访民疾苦，被火家悉蠲屋税，仍令本州正其地界，无使豪族辄有侵冒"，① 没明说免多久的屋税。皇祐四年（1052年）八月，"诏鄜州被水灾人户，特蠲今年屋税及诸差役折变，其军士所借月粮及百姓口食，并除之"，② 则明说免掉被水灾民一年的屋税。

三　结语

宋代火灾、水灾、风灾、地震与山崩等自然灾害损毁房屋的现象很严重，尤其是火灾与水灾，给人民生命和财产造成巨大威胁和损失。但宋政府在灾民住房安置方面也多方设法，既有灾害发生时以不使灾民露处为目的的临时性、短时效的安置办法，也有灾害过后以重建家园为目的的永久性、长时效的安置措施。与灾时的临时安置措施相比，灾后的重建房舍具有所需时间长，前引史料有"两月""数月""一年"等词语可见；资金量大的特点。在灾后重建房舍过程中，宋代官府起主导作用，既给予灾民材料、资金、房租等方面的实质性帮助，又给予借贷、减免屋税、房租等方面的政策性支持。同时还发动民间各方力量参与，目的都在于帮助灾民恢复家园和生产，使社会尽快恢复平静与稳定。"其有水火挺灾，人民离散者，当禀白州郡，借贷钱米，人各以若干米给之，若干钱贷之，使之整理室庐兴复生业"③。这些都说明宋代在应对自然灾害、安置灾民住房方面已有较成熟的指导思想和行为措施，值得我们今天借鉴。

当然，宋代灾民住房安置措施也远没达到完美程度，其中还有很多缺陷。如灾时和灾后的减免房租政策④，虽然是官房、私舍一块减，宋高宗就曾专门强调："［绍兴十七年二月辛丑］宰执进呈临安府减令官私房缗。上曰：'公私须令均一，天下事皆当如此。'"⑤ 但减免房租，毕竟影响了房主的利益，尽管宋朝不乏如《麈史》中所记的郑屯田那样的好房主，但也

---

① 《长编》卷七一，第1602页。
② 《长编》卷一七三，第4167页。
③ （宋）胡太初：《昼帘绪论》，四库本第602册，第721页上。
④ 汪圣铎提出减免房租实际上也是宋代调控房价的一种手段（《宋朝官方调控房租》，《衡水学院学报》2013年第5期）。
⑤ 《建炎以来系年要录》卷一五六，第2525页。

有如南宋末，文人胡太初所提到的问题产生："令所以恤民者，惟蠲放僦金（指房租）耳。雨旸、祈祷、大暑、极寒，固所当行，甚而知县无以邀民之誉，或到官、或生辰、或转秩循资、或差除荐举，率放免若干日，至有一岁放及太半者。不知僦金既已折阅，谁肯以屋予人？积至塌坏倾摧，不复整茸，而民益无屋可居矣。是盖不知贫富相资之义者也。"① 即房租少了，房主不肯修理房屋，甚至不愿出租房子，结果还是租房人遭殃，产生了新的问题。

[原文发表于《四川师范大学学报》（社会科学版）2014 年第 6 期]

---

① 《昼帘绪论》，第 721 页下。

下编

宋代环境与灾害

《鸡肋编》的生态环境史料价值

《鸡肋编》是生活在北宋、南宋之交的庄绰所写的一部史料笔记著作。庄绰曾仕宦于襄阳、临泾、颍昌、洪州、澧州、筠州、鄂州、南雄州等地，奔走南北，足迹遍及京西、秦凤、淮南、两浙、福建、江西、荆湖以及广南等十七路之地，每到一处，他都利用一切机会，实地考察前人所记，验证古籍所载，并随时随地留意民风民俗，所以他见闻广博。又由于是亲身所见所闻，所以该书所记先世旧闻、各地习俗、当代事实等都具体、生动、真实，是流传至今的宋人笔记史料中较为重要的一种，《四库全书总目提要》及吕叔湘先生都曾对其有很高评价[1]。黄世瑞先生曾从宋代养蚕技术、丝织技术与丝织品、建溪茶场采茶制茶技术、最早的"肥皂"、环保思想的萌芽、麦类在南方的普遍种植、岭南生物防治方法、最早的单株选择法和其他九个方面，论述了《鸡肋编》的科技史价值[2]，使我们了解了从正史和其他史书上所不能看到的宋代先进技术，颇有灼见。其中特意提到了庄绰的环保思想，可见黄先生也注意到了该书在研究宋代环境史方面的价值。事实上，《鸡肋编》一书对宋代南北气候、动植物、自然灾害与疾病等生态环境问题都有很多很详细的记载，说明庄绰已经注意到了他所生存的社会生态环境的一些变化情况。本文拟对这些问题作一译述，敬请方家指正。

---

[1] 《鸡肋编》"点校说明"，第1—3页。以下所引是书，均见此，只在正文中注明卷数和页码。
[2] 黄世瑞：《〈鸡肋编〉的科技史价值》，《中国科技史料》1996年第2期，第13—20页。

一 气候

　　气候是构成生态环境最为关键的前提性因素，也是农业社会中决定经济状况好坏的主要因素。但在传统史学研究中，它常常被忽视，或避而不谈，或一笔带过，而这又与文献资料有关。正史里的气候资料一般都集中在《五行志》，但它既简略，又与上天警告统治者行为的"灾异说"相联系，要想得到一个地方较为客观、真实的气候资料可得费一番精力；野史、小说等所记气候资料又难以使人信服；笔记史料中的气候资料又很稀少。而庄绰在《鸡肋编》中却用了较多笔墨记录了他所亲历之地的气候，尤其是西北和东南在气候上的差异以及由气候不同所造成的生产、生活方式、人们性格不同等状况，可以说，它是笔者所见宋人笔记中记录宋代气候最多、最详细的一部书。

（一）西北与东南气候差异

　　庄绰曾在西北临泾（今甘肃镇原南）任官。临泾在五代、宋、金时期是原州（北宋时辖境相当于今甘肃镇原及宁夏固原东北部）的治所。庄绰在此期间，游历了原州很多地方，以后他又南渡到临安等江浙之地，因此对西北和东南两地迥然不同的气候及其影响下的生产、生活状况有着切肤感受。他在《鸡肋编》中多次将两地并列，记录它们的气候差异。如"世谓西北水善而风毒，故人多伤于贼风，水虽冷饮无患。东南则反是，纵细民在道路，亦必饮煎水，卧则以首外向。檐下篱壁，皆不泥隙。四时未尝有烈风。又春多暴雨淋淫，秋则常苦旱暵。如东坡诗云：'春雨如暗尘，春风吹倒人。'皆不施于浙江也"（卷上，第10页）。这里讲到了西北和东南的水和风两个气候因素。前者是"水善风毒"，后者是"风善水恶"。西北的水好在哪里呢？虽然气温低，水冰冷，但人们只管饮用，不会对身体造成危害。和东南地方的水比较起来，西北地方的水是可以不用烧开而直接饮用的，即这个"冷"还包括"生冷"的意思在内。西北的风毒在哪儿呢？很多人因风而伤，春天的风可以把人吹倒。庄绰在这里用了"毒""贼""烈"等字眼来描绘西北的风，可见他对其刻骨铭心的感受和记忆。

而东南地方的水又怎样不好了呢？即使一般百姓在路途中口渴了也不敢喝生冷水，必须喝烧开过的水。至于东南的风就温和多了，人们住的房屋，墙壁都不用涂泥，睡觉时还可以将头朝向门外。

今天我们不仅知道两地的气候差异，而且知道造成这一差异的原因，即西北冬季盛行冬季风，气流从西北大陆上流过来，空气寒冷干燥，降水稀少。由于气温低，水里细菌等微生物生长得到抑制，所以人们即使喝生冷水也无大碍；而东南地区属于季风区，夏季盛行夏季风，气流从海洋上流过来，空气温暖潮湿，降水增多。冬季即使吹西北风，由于距离"风源"（西北大陆）远，人们也不会感到如西北地方那样的寒冷。然而由于气温高，水中细菌容易滋生，所以，如不经烧煮就直接饮用，很容易犯肠道疾病。庄绰虽没有解释两地气候差异的原因，但他对两地气候差异的这一细致记录，为后人了解和分析宋代两地气候及演变留下了珍贵资料，已是难能可贵。

"西北春时率多大风而少雨，有亦霏微。故少陵谓：'润物细无声。'而东坡诗云：'春雨如暗尘，春风吹倒人。'韩持国亦有'青云薄雾，散作催花雨'之句。至秋则霜霾苦雨，岁以为常。二浙四时皆无巨风。春多大雷雨，淋霪不已。至夏为'梅雨'，相继为'洗梅'。以五月二十日为'分龙'，至此雨不周遍，犹北人呼'隔辙'也。迨秋，稻欲秀熟，田畦须水，乃反亢旱。余自南渡十数年间，未尝见至秋不祈雨。此南北之异也。"（卷中，第80—81页）这里进一步谈到西北、东南两地的风雨情况。即西北春季少雨，有也是毛毛雨，而且"如暗尘"，表明当时西北的风沙已很常见。至秋则多霜雨。东南则与之相反，春季多大雷雨，一直到夏季黄梅成熟时节，都是淋霪不已，形成独特的"梅雨"现象。但到了秋天，则天气晴朗，气温升高，蒸发旺盛，出现干旱，而这时恰恰又是该地区水稻生长、成熟，正需要水的时期，干旱往往会给水稻的生长带来威胁，影响收获，于是地方官往往组织当地百姓举行祈雨活动。庄绰说南渡十数年间，他还未见过秋天不祈雨的时候，说明南宋时东南地方的秋旱挺频繁。与今天有些不同的是，当时西北的雨水集中在秋季，而且成了"苦雨"，雨量应比现在丰富。

对陕西与二浙因气候不同而出现的生产、生活方式、风俗习惯等的不同。庄绰更是不肯轻易放过，如"陕西沿边地苦寒，种麦周岁始熟，以故黏齿不可食。如熙州斤麨，则以掬灰和之，方能捍切。羊肉亦膻臊。惟原州二物皆美，麨以纸囊送四旁为佳遗"（卷上，第16页）。根据现代气候知识，我们知道温度是影响农作物生长与发育的主要因素。一般认为，当日平均气温稳定升到10°C以上时，大多数农作物才能活跃生长。为此，可把≥10°C的持续期，视为作物的生长期。把≥10°C持续期内，每天的日平均气温累加起来，得到的温度总和，就是积温。积温反映一个地方生长期内的温度高低和热量多少。天气寒冷，积温较低地区，农作物生长期延长。≥10°C的积温小于2000°C的地区，农作物只能是一年一熟制，适合像春小麦、大麦等作物生长[1]。庄绰此条记载，正是指出陕西沿边地区种植春小麦的情况。韩茂莉称："黏齿不可食"正是春小麦独有的食性，冬小麦无此特征[2]。同时气候寒冷，还对畜牧业造成影响，即"羊肉膻臊"，味道不好。有意思的是庄绰还注意到在大气候条件下的小区别，就是同为西北的熙州和原州，由于小环境的不同，两地在小麦种植和羊肉肉质上呈现出了不同的效果。

又如："陕西地既高寒，又土纹皆竖，官仓积谷，皆不以物藉。虽小麦最难久，至二十年无一粒蛀者。民家只就田中作窖，开地如井口，深三四尺；下量蓄谷多寡，四围展之。土若金色，更无沙石，以火烧过，绞草絙钉于四壁，盛谷多至数千石，愈久亦佳。以土实其口，上仍种植，禾黍滋茂于旧。唯叩地有声，雪亦消释，以此可知。……江浙仓庾去地数尺，以板为底，稻连秆把收。虽富家亦日治米为食。积久者不过两岁而转。地卑湿，而梅雨郁蒸，虽穹梁屋间犹若露珠点缀也。"（卷上，第34—35页）这是由于气候原因而出现的两地不同的蓄粮方式。陕西官私都在野外田地挖窖贮粮，填平窖口后仍种以禾黍，一点儿不浪费土地，不用人力专门管理，而且多寡不限，愈久愈佳，连最难贮存的小麦，也可"至二十年无一粒蛀者"，真是绝妙。相比之下，江浙的仓储就耗地、耗材、耗人力多了，而且最多也只能贮存两年而已，所以即使是富家也要每天舂米而食了。由此两地的消费习惯也相应不同：西北人勤劳节约，好积贮。如《宋史·地理志三》载陕西路："其民恭农桑，好稼穑。"成州（今甘肃成县）"西康

---

[1] 林之光、张家诚：《中国的气候》，陕西人民出版社1985年版，第312页。
[2] 韩茂莉：《辽金农业地理》，社会科学文献出版社1999年版，第274页。

人勤生而啬施……廪藏赤仄，至累世不发，惟冠昏丧葬许用之"。"上下以俭约自持，苦陋而甚朴"①。东南人勤劳奢侈，好消费。如《宋史·地理志四》载两浙路："俗奢靡而无积聚，厚于滋味。"苏轼也说："三吴风俗，自古浮薄，而钱塘为甚。虽室宇华好，被服粲然，而家无宿舂之储者，盖十室而九。"②欧阳修有"越俗僭宫室，倾赀事雕墙。……南方精饮食，菌笋鄙羔羊。饭以玉粒粳，调之甘露浆。一馔费千金，百品罗成行。……余杭几万家，日夕焚清香。……"③等等，都讲到东南人不积贮，讲究吃、穿、玩及居室装修，即享受性消费，这与西北人形成鲜明对比。如果不了解两地气候条件而一味地抑此扬彼，都将失之偏颇。庄绰即看到了两地不同消费习惯的客观原因——气候。

（二）南方特殊气候现象

首先，再次记录两浙气温特点。"浙西谚曰：'苏杭两浙，春寒秋热。对面厮啜，背地厮说。'言其反覆如此。又云：'雨下便寒晴便热，不论春夏与秋冬'。言其无常也。此言亦通东西为然。"（卷上，第10—11页）说明北、南宋之交时期，两浙地区，春寒秋热，且反复无常。与今天本地区气温有些差别，即今天一般情况下，夏秋二季（深秋除外）已不是"雨下便寒晴便热"了，而是下雨照样热，至多改改凉而已。说明当时夏秋气温比现今低。郑斯中等人认为，北宋时，我国东部气温略低于现今④；曾雄生也认为，南宋时杭州四月份平均温度比现在要低1—2摄氏度⑤。

其次，记述绍兴二年（1132年）冬两浙地区的一次大雪。《鸡肋编》卷中分两处记录了这次大雪情况：

> 二浙旧少冰雪，绍兴壬子，车驾在钱塘，是冬大寒屡雪，冰厚数寸。北人遂窖藏之，烧地作荫，皆如京师之法。临安府委诸县皆藏，率请北人教其制度。明年五月天中（"中"应为"申"字——笔者）

---

① 《宋本方舆胜览》卷七〇《同庆府》，上海古籍出版社2012年版，第689页。
② 《苏轼文集》卷四八《上吕仆射论浙西灾伤书》，第1402页。
③ 《欧阳修全集·居士集》卷2《送慧勤归余杭》，第23页。
④ 郑斯中等：《我国东南地区近二千年气候湿润状况的变化》，《气候变迁超长期预报集》，科学出版社1977年版。
⑤ 曾雄生：《宋代的早稻和晚稻》，《中国农史》2002年第1期，第54—63页。

节日，天适晴暑，供奉行宫，有司大获犒赏。其后钱塘无冰可收，时韩世忠在镇江，率以舟载至行在，兼昼夜牵挽疾驰，谓之"进冰船"。（第52—53页）

自中原遭胡虏之祸，民人死于兵革水火疾饥坠压寒暑力役者，盖已不可胜计。而避地二广者，幸获安居。连年瘴疠，至有灭门。如平江府洞庭东西二山，在太湖中，非舟楫不可到。胡骑寇兵，皆莫能至。然地方共几百里，多种柑橘桑麻，糊口之物，尽仰商贩。绍兴二年冬，忽大寒，湖水遂冰，米船不到，山中小民多饿死。（第64页）

绍兴壬子，即绍兴二年（1132年）。这年冬天，两浙地区十分寒冷，下了几场雪，所结的冰厚达数寸。这场雪造成了两种截然不同的后果：一种是临安诸县官员将之视为接近皇帝、获取赏赐与升迁的大好机会。他们邀请北方人传授藏冰方法与技巧，为的是在来年五月高宗生日时用冰作礼物，取悦皇帝，他们确实如愿以偿了。另一种则是洞庭东西二山里种植柑橘桑麻等经济作物的专业户们，由于平常没有积存粮食而仰靠外地米商的贩卖，遇此忽降的大雪，湖水结冰，米商无法贩米来卖时，他们大多被活活饿死。庄绰的这一记载，不但表明了他的关注面，而且还具有珍贵的史料价值。因为《宋史》中的《高宗本纪》和《五行志》都未记载这场大雪，所以它弥补了正史之不足。据竺可桢先生研究，我国历史时期气候的演变大致是冷暖交替。隋唐五代北宋前期处于温暖期，北宋中后期到南宋初期处于寒冷期，南宋中后期又转到温暖期[①]。从《鸡肋编》的多条记载中可以看到这点，绍兴二年（1132年）的这场雪就是有力证据之一。

庄绰还通过记述北方作物小麦在南方的大力推广来间接地告诉了我们当时气候的变化："建炎之后，江、浙、湖、湘、闽、广，西北流寓之人遍满。绍兴初，麦一斛至万二千钱，农获其利，倍于种稻。而佃户输租，只有秋课。而种麦之利，独归客户。于是竞种春稼，极目不减淮北。"（卷上，第36页）虽然这里记述小麦之所以被推广到南方，是由于北方人南迁，引起了小麦消费需求的增长，致使小麦涨价，农民获利多于种稻，同时客户种麦也不用输租，这就刺激了农民的种植积极性等政治经济原因，

[①] 竺可桢：《中国近五千年来气候变迁的初步研究》，《竺可桢文集》，科学出版社1979年版，第475—498页。

而没有谈及气候因素，但我们可以从小麦的生长特性与前代在南方的种植情况了解到。小麦是喜寒忌湿作物，唐代就有人想将其移种广州，结果未成功。其原因就是"广州地热，种麦则苗不实"①。说明高温多湿的南方不适宜小麦生长。而南宋时却能在南方大范围地推广开来，除了上述政治经济原因外，最重要的就是气候原因，即南宋气温较唐代低，具备了适宜小麦生长的环境。《宋史》记绍兴年间之后，常常是"冬温""无雪"天气②。

再次，有关宋代沙尘的详细记录。前述苏轼诗"春雨如暗尘"可知宋代西北地区春季沙尘严重。东南地区有没有沙尘现象呢？庄绰记载："衢州府江山县，每春时昏翳如雾，土人谓之'黄沙落'。云有沙堕于田苗果菜之中，皆能伤败；沾桑叶犹损蚕；中人亦能生疾。是亦岚瘴之类也，惟雨乃能解之。"（卷上，第29页）沙尘是指大风将地面细沙吹起，致使空气混浊的天气现象③。它并非现代近几年才有，而是古代早已有之。气象学者张德二认为，历史文献中的沙尘现象通常记载为"黄风""黄雾""黄沙""黑风""雨土""雨沙""雨霾"等，而且各月份沙尘现象的频率分布与现代相同，即春季最多，秋季最少，出现频率最多的是四月份。张先生还分析得出最近一千年沙尘暴的频发期大约有五个：1060—1090年，1160—1276年，1470—1560年，1610—1700年，1820—1870年④。其中宋代就占了两个，说明宋代是沙尘的频发期。《宋史》里有关这一现象的记载大大多于前代任何正史的记载⑤，不过所记载或者多发生在京师，或者地点不明。而详细记述沙尘地点、时间（春天）、特征、危害的则是庄绰的这条记载。衢州在今浙江境内，"每春时"，表明此地沙尘已不是偶尔出现，而是成为经常；而沙尘掉落在田苗果菜、桑叶上时，能使之伤败、损蚕；掉在人身上，还能使人生病。说明这里的沙尘对人对物所造成的危害已相当严重。两浙地区是宋代经济发达地区，也是林木砍伐、围湖造田较突出的地区，庄绰已经敏锐地观察到，土地的开垦、经济的发展，给当地

---

① （唐）刘恂：《岭表录异》卷中，中华书局1985年版，第9页。
② 《宋史》卷六三《五行二上》，第1385页。
③ 高庆先、任阵海：《沙尘暴——自然对人类的报复》，化学工业出版社、环境科学工程出版中心2002年版，第9—10页。
④ 张德二：《沙尘暴古代已疯狂》，《科学中国人》2002年第3期，第37—39页。
⑤ 《宋史》各《本纪》《五行志》。

生态环境带来了重大影响。

最后，对岭南气候特性的观察记录。"东坡居士云：'岭南地暖，百卉造作无时。'南雄州在大庾岭下才数十里，与江南未相远也，而气候顿异。二月半梨花已谢，绿叶皆成阴矣。如石榴四时开花，橘已实仍蘂，或发于大本之上，却无枝叶，此尤可怪。然花发不数日辄谢，香气亦薄，盖其津脉漏泄者多也。"（卷下，第107页）这里，通过对韩愈、苏轼等诗人有关描述岭南的诗，再结合作者自己在南雄州任官时的游历考察，对岭南花、果的开花、结实时间、特征与江南地区气候特征下的二物相比较，得出岭南具有花开、果熟早、有些花果四时皆有的优点；但同时也具有花谢快，香气薄等缺点。江南和岭南虽同属亚热带，但纬度、山川地理形势不同，其小气候自然也不同。

以上是《鸡肋编》中有关宋代气候资料记载的叙述。从中可见，庄绰善于观察，关心自然生态环境，既注意到了宋代大气候的差别，又注意到了小环境小气候的不同。尤其是所记载的宋代特殊气候现象，如沙尘、气候变冷等，对于今天我们了解当时气候状况、农牧生产、自然环境等都具有重要价值。

二 动植物

（一）白花蛇

白花蛇，属蝮蛇科，一名褰鼻蛇，为剧毒蛇。相传人被其咬伤不出五步即死，故又称五步蛇。主要产在南方及蜀地山中，其中产在蕲州者尤为著名，被称为蕲蛇。蕲蛇虽毒，却是我国传统名贵中药，是进献给皇帝的珍贵贡品。它的习性和药用价值，唐代柳宗元的名篇《捕蛇者说》早已作了普及性的宣传，比专业医书更深入人心："永州之野产异蛇，黑质而白章，触草木，尽死。以啮人，无御之者。然得而腊之以为饵，可以已大风、挛踠、瘘、疠，去死肌，杀三虫。"① 宋代的医书也有记载②。对于这样一种流传已久、名贵异常的动物，庄绰在此地任官时，自然也要亲自去看个究竟了。这一观察果然收获不小："今医家所用，惟取蕲州蕲阳镇山中者。去镇五六里有灵峰寺，寺后有洞，洞中皆此蛇，而极难得。得之者以充贡。洞内外所产，虽枯两目犹明；至黄梅诸县虽邻境，枯则止一目明；其舒州宿松县又与黄梅为邻，间亦有之，枯则两目皆不明矣。市者视此为验。以轻小者为佳，四两者可直十千足。土人冬月寻其蛰处而撅取之。夏月食盖盆子者，治疾犹有功。采者置食竹筒中，作绳网以系其首，剖腹乃死。入药以酒浸煮，去首与鳞骨，三两可得肉一两用也。"（卷下，第114页）庄绰详细记载了蕲蛇的具体产地、土人的捕捉手段、入药方法及其功效以及市场价格、与蕲州附近地方所产蛇的具体区别，等等。而这些都是以前医书记载不详或未记载的内容，尤其是区别真正的蕲蛇与周围地方蛇的方法，为后人保证药用效果、打击假冒伪劣提供了依据。同时，我们从其"以轻小者为佳，四两者可直十千足"以及蕲蛇与附近黄梅诸县、舒州宿松县等地蛇区别方法的叙述中，已可感觉到蕲蛇的生存危机。虽然庄绰没有明白说出来，但"极难得，得之者以充贡"，已经暗示或者说表明了他的担忧。果然，在他之后的洪迈所记即印证了庄绰的暗示："蕲州境有三洞，……；二曰龟洞，……；三曰蛇洞，在蕲口镇侧，盖白花蛇所聚，今不复有矣，土人捕采，乃出罗田山谷中。施小路温舒自信阳守解印造朝，舟抵蕲口，诣近处龙峰寺游观，距蛇洞不远，询于寺僧，皆言徒有其名耳。"③ 据萧鲁阳分析认为，庄绰终于绍兴十三年（1143年）④，而洪迈卒于绍熙二年（1191年）⑤，其间相差不到五十年，而将之所见所闻写入《夷坚志》则还要提前。这就是说在庄绰身后三四十年的时间，真正的、正宗的蕲蛇由于人们的大肆捕捉而灭绝了。所以后来的学者都只能追记其威名而代之以它蛇为药了，如明代的李时珍说："花蛇，湖、蜀皆有。今惟以蕲蛇擅名。然蕲地亦不多得，市肆所货，官司所取者，皆自江

---

① （唐）柳宗元：《柳河东集》卷一六《捕蛇者说》，上海人民出版社1974年版，第294页。
② 唐慎微：《重修政和证类本草》卷二二，四部丛刊初编本，上海商务印书馆1936年版。
③ 《夷坚支景》卷二《蕲州三洞》，中华书局1981年版，第895页。
④ 《鸡肋编》附录2，第138页。
⑤ 《宋史》卷三七三《洪皓传附》，第11574页。

南兴国州诸山中来。"①

（二）各类植物

1. 树木

"处州龙泉县多佳树，地名豫章，以木而著也。山中尤多古枫木，其根破之，文若花锦。人多取为几案盘器。"（卷上，第5页）处州（今浙江丽水）在唐时就以出产茶、漆著名，宋时又以瓷器名扬天下，尤其是龙泉窑。同时这里还多林木，豫章就以佳木闻名，山中还存有大量古枫木。处州还是宋代重要的造船基地之一，真宗天禧（1017—1022年）末年所造船只居全国第一，多达605艘。而林木葱郁的陕西凤翔斜谷所造船只居其次，600艘②。这一规模保持了很久，因为元祐五年（1090年）时，"诏温州、明州岁造船以六百只为额"③，但未减小处州的造船规模。到南宋以后，由于政局的影响，明州、温州造船业有所下降，最后温州"每年止造十船，而一司尚存，凡费如故"，罢去了温州造船场④，仍未提及处州船场的废置。看来，处州船场是一直保持的。不过，从庄绰的记载中，我们已可看到，处州林木被砍伐的现象已很严重，连古木也不幸免，人们用之作几案盘器等家居物品。

2. 花卉的栽培

瑞香花　《鸡肋编》引《庐山记》载："'锦绣谷三四月间红紫匝地，如被锦绣，故以为名。今山间幽房小槛，往往种瑞香，太平观、东林寺为盛。其花紫而香烈，非群芳之比。始野生深林草莽中，山人闻其香，寻而得之，栽培数年则大茂。今移贾几遍天下，盖出此山云。'余尝在京口僧舍，有高五六尺者，云已栽三十年。而澧州使园有瑞香亭，刻石为记，云其高丈余。大观中余官于彼，亭记虽存而花不复见。东都贵人之家，有高尺余者，已为珍木，置于阴室，溉以佳茗。而邓州人家园圃中作畦种之，至连大枝采斫，不甚爱惜。花有子，岁取以种。其初盖亦得于山中，不独

---

① 《本草纲目》卷四三《麟之一·白花蛇》，四库本第774册，第268页。
② 《宋会要辑稿》食货四十六之一。
③ 《宋会要辑稿》食货五十之四。
④ （宋）楼钥：《攻愧集》卷二一《乞罢温州船场》，中华书局1985年版，第321页。

江南有也。"(卷下，第 115 页)这里记述了瑞香花从野生深林草莽中，经过人工栽培数年后，培育成栽培种，移栽到僧舍、官私园囿，"几遍天下"。而且不同地方，不同阶层的人，对花的培育爱护程度也不同，如京口僧舍的瑞香种了三十年，高达五六尺还长势良好；澧州园囿的瑞香更是高达丈余。不过庄绰已未能看到花的存在，只能从刻石文字上了解其风姿了。而京师达官贵人家的瑞香可真珍贵，只一尺高，就被主人当成了宝贝，住进了房屋，喝上了上好茶水。但在邓州人家里瑞香就没了这等待遇，他们像种庄稼那样治畦种之，长大后则连大枝一起斫掉，不甚爱惜。我们从中可获得至少两点信息：一是宋人已用茶叶水浇灌家养盆栽花；二是邓州人已开始专业种植瑞香，很可能是为出卖而种，否则，不会"作畦种之，至连大枝采斫"。瑞香在宋代种植普遍，宋末的周密记有插种法①。

信州海棠 "信州弋阳县海棠满山，村人至并花伐以为薪。"(卷下，第 121 页)关于海棠花，宋人陈思《海棠谱》记其产地主要在蜀、临安、江淮等地，其中蜀地海棠最著名，尤其是成都海棠，因有陆游四十余首诗的吟诵而名闻天下②。但通过庄绰的记载，我们才得以了解宋代海棠的产地还有信州，而且这里的海棠漫山遍野，以至成了当地人的柴薪。不过它仍处于野生状态，或许正因为此而未被进入花谱作者的视线。

对兰、蕙的区别 庄绰所看到的《本草》记载兰分为兰草、马兰、泽兰、山兰四种，但未提及兰与蕙的区别。通过观察，庄绰找到了它们的异同点。相同点为：兰、蕙都"叶如菖蒲而稍长大，经冬不凋"，花两重三叶，春秋季开。不同点：茎短，每枝开一朵花的为兰；茎长，一枝开数朵花的为蕙（卷上，第 9 页）。这就为人们认识兰、蕙提供了依据。

3. 油类植物

《鸡肋编》卷上（第 32 页）对宋代各地所用油脂作了总结，其中油类植物包括脂麻、大麻、杏仁、红兰花、蔓菁、苍耳、桐子、毗子、乌桕子等。用这些植物籽实榨取的油脂，既可用于食用菜肴的烹制，又可用于照明。当然，它们各有优劣，且具有明显的地方性。宋代以前，植物油种类

---

① （宋）周密撰，吴企明点校：《癸辛杂识》续集上，中华书局 1988 年版，第 151—152 页。
② 《剑南诗稿校注》卷四《成都行》，卷八《海棠》、《张圆海棠》，卷一一《雪晴王后园》《病中久止酒怀成都海棠》，卷七五《海棠歌》，等等，上海古籍出版社 1985 年版。

很少，以脂麻、大豆、蔓菁为主。脂麻，以前多称胡麻。唐宋时期多称油麻，也有称芝麻或脂麻的。宋代植物油品种增加了不少，一方面说明了宋代农业发展，油类作物种植得到保障；另一方面与畜牧业的相对滞后，导致动物油脂减少也不无关系。

4. 洗涤植物

"浙中少皂荚，澡面、浣衣，皆用肥珠子。木亦高大，叶如槐而细，生角长者不过三数寸，子圆黑肥大，肉亦厚，膏润于皂荚，故一名肥皂，人皆蒸熟暴干乃收。京师取皂荚子仁煮过，以糖水浸食，谓之'水晶皂儿'。车驾在越，北人亦取肥珠子为之。食者多苦腰痛，当是其性寒故也。《本草》不载，竟不知为何木。或云以沐头则退发。"（卷上，第29页）对古人的洗涤用品，以前我们知之甚少，庄绰的这一记载不仅弥补了《本草》所记欠缺，使我们全面具体地了解了古人的洗涤情况，而且也指出了肥珠子与皂荚的区别，并最早提出了"肥皂"一词。从中看出，北方人洗面、洗澡、洗衣是用皂荚的。《图经本草》曰："皂荚，出雍州川谷及鲁邹县，今所在有之，以怀孟州者为胜，木极有高大者。"其中所提地名似都在北方。同时还讲到皂荚除用于洗涤外，亦具有药用价值，"味辛咸，温，有小毒，主风、痹、死肌、邪气、风头、泪出，利九窍，杀精物，疗腹胀满，消穀除咳嗽"[①]。庄绰还记录其子仁可以食用，北宋汴京人就将其煮过，浸以糖食用，街市上还有这一食品售卖。但南方却少皂荚，人们用什么来洗涤呢？《图经本草》则未记载。庄绰通过自己多年在南方的经历，弄清了南方的洗涤用品及其与北方的差别。原来，南方人洗涤用的是另一种植物——肥珠子，其特点是：树木高大，树叶比槐叶细，角长不过三数寸，子圆黑肥大，肉厚，比皂荚膏润。"肥皂"便由此得名。说明其洗涤效果比皂荚还好。但无药用价值，也不能煮熟食用。南渡来的北方人不知道它的这一特点，还以为它和皂荚一样，将其煮好，加糖食用，结果"多苦腰痛"。另外，肥珠子还有一缺点就是洗头发后，头发掉得多。

《鸡肋编》中记载的动植物还有很多，我们不能一一列举。庄绰通过仔细地观察、亲耳地聆听，再详细、生动地记载下来，极大地弥补了前人的遗漏，为后人提供了颇具价值的、宝贵的史料。

[①] 唐慎微：《重修政和证类本草》卷一四，四部丛刊初编本。

三 宋代自然环境的破坏及其灾难

（一）森林对水土的保护作用以及人为破坏的影响

森林具有多方面保护环境的作用，唐宋时期，人们已经认识到森林具有调节气候、蓄保水土、抗御灾害、改善生态环境等作用。唐代记有"凡五岳及名山，能蕴灵产异，兴云致雨，有利于人者，皆禁其樵采"[1]。说明唐人已认识到森林有"兴云致雨""有利于人"的作用，所以"禁其樵采"。南宋魏岘更明确说道："四明占水陆之胜，万山深秀，昔时巨木高森，沿溪平地，竹木亦甚茂密，虽遇暴水湍激，沙土为木根盘固，流下不多，所淤亦少，开淘良易。近年以来，木值价高，斧斤相寻，麋山不童。而平地竹木，亦为之一空。大水之时，既无林木少抑奔湍之势，又无包缆以固沙土之积，致使浮沙随流奔下，淤塞溪流，至高四五丈，绵亘二三里，两岸积沙，侵占溪港，皆成陆地。"[2] 从正反两方面具体阐述了森林保持水土、防止水土流失的作用。在魏岘之前的庄绰也看到了这点："吉州江水之东有二山，其一皆松杉筠篠，草木经冬不凋，号曰'青原'，……其一不生草木，号曰'黄原'，正在州东。故古语谶云：'最好黄原天卯山，此方盗贼起应难。'自建炎己酉岁，忽洪水发于两山上，人谓之'山笑'，青原飘屋六十余楹，而山不摧圮，黄原山遂破裂。自是诸县相继为贼残毁，经六年犹未息。丙辰岁，青、黄二原又发洪水，冲决尤甚。"（卷下，第96页）他用吉州两山作对比：青原山一年四季林郁葱翠；黄原山则草木不生，光秃裸露。建炎己酉即建炎三年（1129年）的一次洪水侵袭之后，前者仅由洪水淹没房屋六十多间，但葱郁的山仍在；后者则被洪水冲刷，山崩地裂。这不是有力地说明了森林具有保持水土、防止水土流失的作用吗？同时，庄绰还注意到了人为破坏的严重性，经过六年以后，到丙辰年即绍兴六年（1136年），青、黄二山再次发生洪水，这次由于青原

---

[1] （唐）李林甫等撰，陈仲夫点校：《唐六典》卷七《虞部郎中》，中华书局1992年版，第225页。

[2] 魏岘：《四明它山水利备览》卷上《淘沙》，中华书局1985年版，第4—5页。

的树木被砍伐，所以二山"冲决尤甚"，以后如果未对二山采取植树造林、保持水土等措施的话，恐怕二山的存在都是困难的，对当地生态环境的破坏影响无疑是极大的。

（二）已注意到临安周围山林受破坏程度

"今驻跸吴、越，山林之广，不足以供樵苏。虽佳花美竹，坟墓之松楸，岁月之间，尽成赤地。根卉之微，斫撅皆遍，芽蘖无复可生。"（卷中，第77页）随着政治中心的南迁，临安人口猛增。且不说建房、建城、修桥、作具等需用木材之多，仅居民每天烧饭必用的柴薪一项，就数量惊人，难以满足。因当时临安还没有如北宋汴京居民烧用的石炭，于是绿色植被被砍，坟墓林木遭斫，连还是根芽的树木也不幸免，这样一年时间下来，草木之地尽成赤地。这里可能有作者为突出石炭作用及其难得而夸张的成分，但从中我们仍可看出，木材在人们生活中的重要作用以及临安周围林木受破坏的程度。不难想象，当洪水来临时，此地的惨状了。

另外，两浙地区造酒时，为使酒清澈，需用一种石灰。而石灰要先用木材将其烧红，再和以木灰，所以对树木的需要量也很大。庄绰记载当时桑树、朴树、叶类青杨树等都被当柴烧灰而用（卷上第16—17页；卷下第94—95页）。

可见，庄绰对当时林木情况颇为关注。凡林木生存状况、人们生产、生活对它的需要以及林木的破坏情形等都已纳入他的视线之内，展现在他的笔端。

（三）宋代围湖造田对生态环境所造成的影响

庄绰引录曾巩的《鉴湖图序》一文的一部分，介绍了鉴湖的修筑、面积、溉田、被围等历史过程。鉴湖从东汉修建以来，一直到宋朝已经九百多年了，给当地百姓带来了灌溉之利。但从宋代开始，围湖造田者增多。仁宗庆历年间（1041—1048年）还只有四顷，至英宗治平年间（1064—1067年）就达七百余顷。短短二十余年间，围湖造田翻了175倍。到神宗熙宁（1068—1077年）中，继续增为九百余顷。朝廷派江衍处理此事，江衍采取"凡为湖田者两存之,立碑石为界,内者为田,外者为湖"①。即界碑内允许民按亩纳租税,号曰湖田,也就是正式承认了湖田的合法性。政和(1111—1118年)末年,郡守王仲嶷又以进奉为名废碑外之湖为田,共得田2267顷,全部令其缴纳租税,输往京师。这样鉴湖民众围垦湖田,再无顾虑,鉴湖逐渐消失(卷中,第56—57页)。

鉴湖周围原有自然环境是"湖高于田丈余,田又高海丈余。水少,则泄湖溉田;水多,则田中水入海"。围湖造田以后,改变了这一自然态势,使湖与田之间失去了天然调节功能,这即是曾巩所说:"夫湖未尽废,则湖下之田旱,此方今之害,而众人之所睹也。使湖尽废,则湖之为田亦旱矣,此将来之害,而众人之所未睹也。"②果不出曾巩所料,南宋时,"水旱灾伤之患,无岁无之矣"③。有人统计,今绍兴地区,北宋时发生水旱灾8次,南宋时增为54次④。庄绰是赞成曾巩等人恢复鉴湖、反对盗湖为田主张的,足见他对破坏生态环境行为的清醒认识和鲜明态度。

(四) 对宋代一些灾异现象的记载

《鸡肋编》里还记载了宋代一些灾异现象,如绍兴二年(1132年)腊月八日临安发生大火,延烧数万家(卷中,第56页)。临安这次大火,《宋史》《宋会要辑稿》都有记载⑤。又如绍兴三年(1133年)八月,浙右地震(卷中,第69页)。《宋史》也记载了这次地震⑥。但《鸡肋编》记载最详细也最引人思考的一次灾异现象则是:"绍兴九年,岁在己未,秋冬之间,湖北牛马皆疫,牛死者十八九,而鄂州界獐、鹿、野猪、虎、狼皆死,至于蛇虺亦僵于路旁。此传记所未尝载者。若以恶兽毒蜇之物自毙为可喜,而牛马亦被其灾,是未可解也。"(卷下,第113页)这是发生在绍兴九年(1139年)湖北鄂州地区的一次兽畜瘟疫。从家养牛马到野生獐、鹿、野猪、虎、狼甚至蛇虺都莫名其妙地死亡。《夷坚志》里记有人

---

① 《宋史》卷九七《河渠七》,第2407页。
② 陈杏珍、晁继周点校:《曾巩集》卷一三《越州鉴湖图序》,中华书局1984年版,第208页。
③ (宋)王十朋撰,梅溪集重刊委员会编:《王十朋全集》,文集卷二三《鉴湖说上》,上海古籍出版社1998年版,第971页。
④ 张芳:《宋代两浙的围湖垦田》,《农业考古》1986年第1期。
⑤ 《宋史》卷六三《五行二上》,第1380页;《宋会要辑稿》瑞异2之35。
⑥ 《宋史》卷六七《五行五》:"绍兴三年八月甲申,地震,平江府、湖州尤甚。"第1486页。

为致人牛死的事例①，也有因鬼怪而发生的兽疫②，但那都是小范围的，且有一定不实成分。而像这样大范围的、可能还是作者亲眼所见的牲畜瘟疫，在史书上是罕见记载的。庄绰自己都说未见《传记》记载，所以他也不明白发生此瘟疫的原因。但他记录了此事，说明他关注此事，也思考过此事，并要读者了解它，寻找答案。今天，我们不难推知其原因，那就是一定与当地某一自然环境的改变有着密切关系。

以上是《鸡肋编》中有关宋代生态环境史资料的译述，其实这些远未全部包揽，因为生态环境本身就是由多方面因素所构成的一个庞大系统。不过，气候特征、动植物存没状况等是主要的关键性的因素。从中我们既看到了宋代自然生态环境状况，也看到了宋代社会经济发展、人为活动等对生态环境所造成的影响及其给人带来的灾害。很多资料既与正史相印证，更是正史以及其他史书记载不详甚至没有记载的。这些资料并非作者自谦的"食之则无所得，弃之则殊可惜"、可有可无的"鸡肋"，而是对我们了解宋代生态环境大有所得的、具有相当高价值的珍贵的史料。

（原文发表于《中国历史地理论丛》2006年第4期）

---

① 《夷坚志乙》卷八《江牛屠》，第860页。
② 《夷坚丙志》卷一一《牛疫鬼》，第460页。

试论宋代对野生动物的捕杀

宋代是中国历史上商品经济发展较快的王朝之一，也是生态环境发生较大变化的重要时期，当时的有识之士对此就有些思考和探索，对生态环境表现出或自觉的明确认识，或朦胧的肤浅见解。从朝廷到地方也采取了许多保护森林植被资源、湖泊水土资源及野生动物资源的积极措施，颁布了许多禁止砍伐林木、捕杀野生动物的诏令，并对违禁者施以严厉的惩罚。这些对维护生态环境的平衡起到了非常重要的作用，学界也有些相关的论述[①]。然而，禁令、措施是一回事，落实、执行又是一回事，这几乎是从古至今任何社会都存在的通病，宋代自然也不例外。本文以笔者目力所及的史料为依据，探讨宋代捕杀野生动物的概况以及由此带来的一些野生动物分布区域的变化，并进一步分析野生动物被捕杀的根本时代原因。

一　宋代捕杀野生动物概况以及野生动物分布区域的变化

野生犀牛　"雍熙四年正月十日，帝以万州所获犀皮及蹄角示近臣。先是有犀自黔南来入忠万之境，郡人因捕杀之。诏：自今有犀勿复杀。"[②]这条材料说明，宋初在今四川盆地和贵州地区还有野生犀牛活动，当地居民将其捕杀，把角、皮呈献给皇帝。北宋前期的药物学家苏颂也说过："犀角，今以南海者为上，黔蜀者次之。"成书于宋太宗时期的地理总志

[①] 陈登林、马建章：《中国自然保护史纲》第7章，东北林业大学出版社1991年版；刘华：《宋代自然资源的保护和利用》，《安徽师范大学学报》1996年第1期；张全明：《论宋代的生物资源保护》，《史学月刊》2000年第6期。

[②] 《宋会要辑稿》刑法二之三。

《太平寰宇记》所载也与之相印证,书中提到土产或土贡犀角的地方有四处：江南西道的夷州、费州、南州以及岭南道的欢州日南郡①。它们主要在今四川、贵州、广西等省（自治区）境内。到南宋宁宗、理宗时期的张世南则云："犀出永昌山谷及益州。……然世南顷游成都,药市间多见之。询所出,云'来自黎、雅诸蕃及西和、宕昌',亦诸蕃宝货所聚处。……向在蜀,见画图犀之形,角在鼻上,未审孰是。"② 他提到成都药市上的犀角多来自四川盆地和云贵高原。不过,张世南自己在四川时却未亲眼见过活犀牛,因此他不能断定图画上把犀牛角画在鼻子上是否正确,说明到南宋中后期四川地区野生犀牛已很少见。事实上成书于北宋元丰年间的地理志《元丰九域志》,记载土贡犀角的地方就只有湖南的衡州（今衡阳市）和邵州（今邵阳市）两地了。而唐代还有 15 个州郡土产或土贡犀角③。这就是说,在唐末五代乃至宋初,今湖北、湖南、贵州、四川四省交界地区还是全国犀角的一个主要产区以及野生犀牛的主要分布区之一,而到北宋中后期以后,有野犀出没和犀角可贡的就缩小到了一个省的少部分地方。分布变化速度之快,令人惊讶④。究其原因,除了历史时期气候寒冷和犀牛本身繁殖率低以外,也与人们为获得优质犀角而采取的捕杀手段密切相关："盖犀有捕得杀取者为上,蜕角者次之。"⑤ 即大肆捕杀是促使宋代野生犀牛分布区域南移,范围缩小的最主要原因。

野象 宋代野象的分布范围及其变化经历了随着时间的推移而逐渐南移的过程。《宋史》卷六十六《五行四》记："建隆三年（962 年）,有象至黄陂县匿林中,食民苗稼,又至安、复、襄、唐州践民田,遣使捕之;明年十二月,于南阳县获之,献其齿革。乾德二年（965 年）五月,有象至澧阳、安乡等县;又有象涉江入华容县,直过阛阓门;又有象到澧州澧

---

① （宋）乐史：《太平寰宇记》卷一二一《夷州》《费州》,一二二《南州》,一七一《欢州》,中华书局 2007 年版,第 2409、2415、2424、3273 页。
② 《游宦纪闻》卷二,第 12—13 页。
③ 刘洪杰：《中国古代独角动物的类型及其地理分布的历史变迁》,《中国历史地理论丛》,1991 年第 4 期。
④ 蓝勇虽认为中国西南地区在唐宋时野生印度犀的分布仍十分广泛,但他并未就野生犀牛在宋代的变化作分析。参见其书《历史时期西南经济开发与生态变迁》,（昆明）云南教育出版社 1992 年版,第 112—120 页。
⑤ 《本草纲目》卷五一上《兽部·犀》。

阳县城北。"说明五代至宋初，在今湖北南部、湖南北部、河南南部等交界地方都有野象出没。另外，在川东南黔北地区（主要是今綦江、南桐、桐梓一带）、川西地区（主要是今荥经、汉源、甘洛、越西、喜德、冕宁等地），也土产或土贡象牙①。有专家称，公元1050年前后，秦岭、淮河一线以南的野象趋于灭绝，野象栖息范围南移至气候炎热、热带森林密布的岭南地区②。在宋立国仅仅一百年的时间，分布于江淮地区大片范围内的野象就灭绝了，这其中除了气候的变化之外，捕杀仍是重要原因。岭南地区野象分布范围主要包括两广、海南、福建等省。如雷、化、新、白、惠等州在宋太宗太平兴国年间（976—984年）"山林有群象，民能取其牙"③；潮州"此地多野象，数百为群"④。与潮州相连的福建漳州漳浦县，"素多野象，往往十数为群"⑤。但这些地方对野象的捕杀也从未停止过，周去非就十分详细地记载了交趾人捕捉、驯服野象的办法，并说"人杀一象，众饱其肉"⑥，很具代表性。除肉用之外，人们对象牙的求取则是捕杀野象主要而直接的诱因，因为象牙的优劣和犀角一样，"夺取者上也，身死者次之"，这就加速了对野象的捕杀。上述岭南产象区大多采取张设陷阱、弓矢射杀甚至还有机械装置等手段进行捕杀。结果潮州地区野象的历史文献记载以乾道七年（1171年）为终止点；漳州地区野象活动也只至淳熙三至五年或十一年（1176—1178年或1184年）；只广西境内野象存在时间稍长，最晚可能到19世纪30年代⑦。

虎 《夷坚志》是记载宋代南方地区虎出没较多、较为集中的一本书，笔者初步统计共有18例，其中江南路8例；荆湖北路5例；夔州路和福建路各2例；广东路1例。而《宋史》卷66《五行四》共计"虎患"11例，其中10例在南方，也是江南6例，最多；湖北2例；蜀地1例；

---

① 蓝勇：《历史时期西南经济开发与生态变迁》，第121—122页。
② 文焕然、江应梁等：《历史时期中国野象的初步研究》，文焕然等著，文榕生选编整理：《中国历史时期植物与动物变迁研究》，重庆出版社1995年版，第191页。
③ 《宋史》卷二八七《李昌龄传》，第9652页。
④ 《夷坚丁志》卷一〇《潮州象》，第624页；《宋史》卷六六《五行四》也有类似记载。
⑤ （宋）彭乘辑撰，孔凡礼点校：《墨客挥犀》卷三《潮阳象》，中华书局2002年版，第306页。
⑥ 《岭外代答校注》卷九《禽兽门》，第346页。
⑦ 文焕然等著，文榕生选编整理：《中国历史时期植物与动物变迁研究》，第192—195页。

广西1例。在虎出没的地区排次上,《夷坚志》所记与之差不多。从中可以看出宋代南方地区虎分布范围广泛,长江流域上游、中游和下游以及淮河、珠江流域都有其活动踪迹。翁俊雄先生分析了唐代北方黄河流域即今河北东部、山东半岛、河南中部、关中等地有虎出没;南方淮河、长江、珠江流域及云贵高原等都有虎的踪迹,而长江流域的湖北、四川东部即唐代的山南道是当时全国虎出没最多的地区①。以此与《夷坚志》《宋史》所记对照,说明宋代这些地区的虎出没发生了变化,湖北、四川由唐代的最多地区在宋代降为第二位、第三位,江南路则上升为第一位,说明宋代虎活动范围由北向南移动。蓝勇指出,川北大巴山剑、利、集、巴、达诸州,川东南涪州、渝州,川南嘉州、戎州、泸州沿江丘陵森林地带、盆地丘陵地带等在唐宋时期都有华南虎出没过;而川西雅州、今贵州的费州、云南诸地华南虎和孟加拉虎分布更广②。当然,虎走出森林,来到民家伤害牲畜和人命,与砍伐森林、开垦土地关系密切。所以越是虎活动频繁的地方,也就是其自身受威胁最大的地方。上述《夷坚志》所记的18例虎出没的情况中,虎被打死的有5例,几乎都是在长江流域一线,最多的有一次打死了30多只的情况。而宋代江南地区是开发得较快、较深入的地区,不难想象这一地区虎被杀的严重程度。这种由人类生产活动导致动物生存环境变化进而使人类和动物不能和谐共存的状况,我们今天尤其应该慎戒。

鳄鱼 王辟之《渑水燕谈录》记载,咸平年间(998—1004年),陈尧佐被贬官至潮州,当地有人被鳄鱼所食,他命令渔民捕得鳄鱼"鸣鼓告其罪,戮之于市"。沈括也说:"余少时到闽中,时王举直知潮州,钓得一鳄,其大如船,……土人设钩于大豕之身,筏而流之水中,鳄尾而食之,则为所毙。"③胡道静先生注引张荫麟《沈括编年事辑》"康定元年,父为泉州守",认为文中所记"余少时"应指此年前后。康定元年,即公元1040年。联系前条材料可知,宋代建立80年来,潮州地区一直存有鳄鱼。

---

① 翁俊雄:《唐代虎、象的行踪——兼论唐代虎、象记载增多的原因》,《唐研究》第3卷,北京大学出版社1997年版,第381—394页。
② 蓝勇:《历史时期西南经济开发与生态变迁》,第82页。
③ (宋)沈括著,胡道静校证:《梦溪笔谈校证》卷二一《异事》,上海古籍出版社1987年版,第705页。

但当地人或被迫或主动地捕杀鳄鱼,并且已摸索出一套捕杀鳄鱼的方法,鳄鱼的生存受到威胁。至明初,潮州鳄鱼灭绝①。我国现有鳄鱼主要集中在安徽、江苏、浙江三省交界的狭小区域②。

猿 又写作猨,即长臂猿,它和猩猩、大猩猩、黑猩猩统称为类人猿。它们集体生活在树林中,善于鸣叫,历代骚人墨客都写有很多描绘猿声的诗,其中流传最广的恐怕要数李白的《早发白帝城》了。据史料记载,宋代的猿主要分布在今江西、浙江、安徽、四川、两广等长江流域及其以南地区,尤其是长江中下游地区数量更多。王銍《默记》卷下云:"世言申公在睦州遇猴事,时方通为守,实然也。云有大猿数十,遂使人擒而缚之。忽于乌龙山后突出数千大青猿,解缚夺而去之,人皆莫敢近。余晋仲目击。"王銍为北宋末南宋初时人,所言睦州(今浙江建德市东北)乌龙山一次出现数千只大黑猿,可见当时当地猿的数量之多。猿还有一种特性就是幼猿在能独立生活前一直紧抱其母,即使其母已经死去也不松开。捕杀者就是利用它们这一特性,用弓矢射死母猿,再获取小猿③。周去非记岭南"猿有三种:金线者黄,玉面者黑,纯黑者面亦黑。金线、玉面皆难得"④。说明南宋时期这两种猿数量在急剧减少。

人们在长期的捕杀野生动物过程中,总结出了很多行之有效的方法,如设陷阱、张网、弹弓、毒矢等不一而足。而这些手段都是朝廷明令禁止的。如宋太宗太平兴国三年(978年)四月三日诏:"民二月至九月无得捕获(鸟)及持竿挟弹、探巢摘卵。州县长吏严敕里胥,伺察擒捕,重致其罪。"真宗大中祥符三年(1010年)二月十九日诏:"诸州应粘竿弹弓置网猎捕之物,于春夏依前诏禁断,犯者委长吏严刑决罚。自后每岁降诏申戒。"⑤ 天禧三年(1019年)十月十六日"禁京师民卖杀鸟兽药"⑥,等等。可见这些诏令颇具针对性。我们知道,一个相关禁令(法令)之所以被制定和颁布实施,主要是因为其在社会上造成的影响已经严重到了一定

---

① 中国科学院《中国自然地理》编辑委员会:《中国自然地理·动物地理》,科学出版社 1979 年版,第 110 页。
② 谭邦杰:《中国的珍禽异兽》,中国青年出版社 1985 年版,第 212 页。
③ 《齐东野语》卷一二《捕猿戒》,第 223 页。
④ 《岭外代答校注》卷九《禽兽门》,第 352 页。
⑤ 《宋会要辑稿》刑法二之一五九。
⑥ 《宋会要辑稿》刑法二之一六〇。

程度，非如此不能起到威慑作用。因此从宋代朝廷不断颁发的这些诏令中，我们可推知当时捕杀野生动物的现象是多么普遍而严重。

二 宋代捕杀野生动物的经济原因

随着宋代社会经济尤其是商品经济的发展，市场的活跃，人们生活水平提高，消费结构向着多样性方面的变化，对野生动物食用、器用、药用价值以及经济价值的追求热情日盛一日，致使野生动物在新的社会条件下成为人们追求生活享受的牺牲品而难逃厄运。

（一）野生动物的多种实用价值

任何东西首先必须对人有用，即具有使用价值，人们才会想方设法获取它、使用它，尤其从眼前利益出发，特别注重其实用价值。野生动物对于人类来说，首先就是其实用价值。

1. 食用

捕杀野生动物最常见、最普遍、最直接的目的就是食其肉。以农为主的宋代社会，饮食结构以米、谷为主食，以猪羊肉、水产、蔬果为副食。由于畜牧养殖业发展水平的限制，家养牲畜提供的肉类远不能满足社会的消费需求，因此野味类肉食还占肉类消费结构中的很大比重[1]。

乡村居民根据当地生长的野生动物进行捕食，具有地方性特点。苏轼说湖北黄州地区"猪牛獐鹿如土"[2]，当地人食用这些兽类肉应较多。浙江、福建、四川地区居民喜食青蛙[3]。岭南地区由于气候原因，野生动物种类较其他地区为多，人们捕食野生动物的范围也更广。早在唐代这里的人就捕食野象，并尤其好食象鼻[4]。到宋代，据周去非《岭外代答》所记，这一食风保持依然。该书记载这一地区还捕食鹦鹉、孔雀、鹧鸪。这里风俗还喜食蛇，数十个壮汉捕杀一条大蟒蛇，"一村饱其肉"。所以宋人张师

---

[1] 陈伟明：《唐宋饮食文化发展史》，台北：台湾学生书局1995年版，第120页。
[2] 《苏轼文集》卷五二《答秦太虚七首》，第1536页。
[3] 《游宦纪闻》卷二，第12页。
[4] （唐）段公路：《北户录》卷二《象鼻炙》，中华书局1985年版，第24页。

正曰："岭南人好啖蛇，易其名曰茅鲜；草虫曰茅虾；鼠曰家鹿；虾蟆曰蛤蚧，皆常所食者。"① 除食用新鲜的野生动物肉之外，人们还将其制成腊制品来贮存以便长期食用和馈送远方亲朋。如浙人制作的蛙脯，还被带到中州，据说中州人吃后对南方人食蛙习俗有了理解，"由是东南谤少息"②。岭南"民或以鹦鹉为鲊，又以孔雀为腊"③。《中馈录》还专门记载有黄雀鲊的制法。据记蔡京倒台后，其家中存有的黄雀鲊"自地积至栋者满三楹"④。

城市居民则大多通过市场购买获取野味类肉食。其具体情况当在后面叙述。

总之，当时鹌鹑、鸠、鸽、野鸭、黄雀、鹦鹉、孔雀等禽鸟，獐、兔、獾、狐狸、麋、鹿、野象、野猪、猿等兽类，蛇、鳄鱼等爬行类以及蛙、龟等水产类动物无一不是人们捕食的对象。

2. 药用

野生动物肉食在为人们带来饱口腹的同时，也使人们身体得以滋补、强健。此外，一些野生动物身体或全部或部分地具有独特的药用价值。"南方多枭，西北绝少。龙泉人亦捕食，云可以治劳疾。……然医方不云有治病之功也。"⑤ 庄绰说医书上没有枭治痨病的记载，只是在龙泉（今浙江省龙泉市）地方民间相传，但这有可能是对医书的补充和对药物学的贡献呢。好多书都记载山獭除其肉有大补身体的作用外，其骨能治箭毒，颇具神效："中箭者研其骨少许，傅治，立消。"⑥ 犀角是传统中药中与鹿茸、麝香、羚羊角齐名的四大动物名药之一。仁宗至和（1054—1056 年）初年，汴京发生了一场瘟疫，太医开的处方中就用到了二株犀角，其中一株还是制作腰带的上好材料通天犀，内侍李舜举有些拿不定主意，请示仁宗，仁宗说："'岂重于服御？而不以疗民乎？'命工碎之。"⑦ 徽宗大观年

---

① （宋）张师正：《倦游杂录》，《岭南嗜好》，上海古籍出版社 2012 年版，第 83—84 页。
② 《萍洲可谈》卷二，第 137 页。
③ 《范成大笔记六种》，第 103 页。
④ 《清波杂志校注》卷五《蜂儿》，第 193 页。
⑤ 《鸡肋编》卷上，第 13 页。
⑥ 《范成大笔记六种》，第 108 页；《齐东野语》卷二〇《山獭治箭毒》；《岭外代答校注》卷九《禽兽门》，第 365 页。
⑦ 《宋朝事实类苑》卷四《祖宗圣训·仁宗皇帝》，第 42 页。

间（1107—1111 年）京师"和剂局官一日请内帑授药犀百数"①，可见汴京城药用犀角的用量之大。成都重九药市上"犀、麝之类皆堆积"，社会上的需求量也很可观。当时已对犀角由于产地、颜色、形状乃至获取方式的不同而所具有的功效都有了详细认识。"今出南海者为上，黔蜀次之。……凡犀入药者，有黑白二种，以黑者为胜。其角尖又胜。……大率犀之性寒，能解百毒。世南友人章深之，病心经热，口燥唇干，百药不效。有教以犀角磨服者；如其言，饮两碗许，疾顿除。"②犀角入药需磨成粉，但犀角坚硬难磨，不过宋人也找到了方法③。象牙的药用价值也很高，特别是对于由金属器皿入肉造成创伤的收敛有奇特功效。"主诸铁及杂物入肉。刮取屑细研，和水傅疮上，及杂物刺等立出。"④岭南有一种风狸，"状如黄，食蜘蛛。昼则卷曲如猬，遇风则飞行空中。其溺及乳汁主治风疾，奇效"。还有石鼠，"专食山豆根。宾州人捕得，以其腹干之，治咽喉疾，效如神，功用胜山豆根，谓之石鼠肚"。⑤

白花蛇，属蝮蛇科，一名褰鼻蛇，为剧毒蛇。相传人被其咬伤不出五步即死，故又称五步蛇，主要产在南方及蜀地山中，其中产在蕲州者尤为著名，被称为蕲蛇。蕲蛇虽毒，却是我国传统名贵中药，是进献给皇帝的珍贵贡品。它的习性和药用价值，唐代柳宗元的名篇《捕蛇者说》早已作了普及性的宣传，比专业医书更深入人心："永州之野产异蛇，黑质而白章，触草木，尽死。以啮人，无御之者。然得而腊之以为饵，可以已大风、挛踠、瘘、疠，去死肌，杀三虫。"宋代的医书也有记载："味甘咸，温，有毒。主中风湿痹不仁，筋脉拘急，口面涡斜，骨节疼痛，大风疥癞及暴风瘙痒，脚弱不能久立。"⑥沈括详细记述了麋鹿茸与鹿茸的药用价值及区别⑦。

从以上有限的史料检视中，我们已能感受到，宋代无论是官方正式的医书中，还是民间相传的习俗里，都有大量的野生动物入药的方子，野生

---

① 《铁围山丛谈》卷六，第 102 页。
② 《游宦纪闻》卷二，第 12—14 页。
③ 《归田录》卷二，第 34 页；《游宦纪闻》卷一，第 6 页。
④ （宋）唐慎微：《重修政和证类本草》卷一六，四部丛刊初编本。
⑤ 《岭外代答校注》卷九《禽兽门》，第 362 页。
⑥ 《重修政和证类本草》卷二二。
⑦ 《梦溪笔谈校证》卷二六《药议》，第 838—839 页。

动物的药用价值已受到社会的普遍重视。

3. 器用

野生动物的毛、骨、皮等还可以或直接加工成器物，或作为制作其他器物的材料，或用作人们衣帽上的装饰，等等。

仁宗景祐年间（1034—1038年），朝野内外兴起戴一种用孕鹿肚所制作的冠帽，甚至妇女也戴此种帽子。一时间杀鹿取胎、贩卖鹿胎、制作冠帽成风，震动了朝廷。景祐三年（1036年）仁宗诏令："臣僚士庶之家，不得戴鹿胎冠子。及今后诸色人，不得采捕鹿胎，并制造冠子。如有违反，并许诸色人陈告，其本犯人严行断遣；告事人，加采捕鹿胎人支赏钱二十贯文；陈告戴鹿胎冠并制造人，支赏钱五十贯文，以犯事人家财充。"① 从捕杀、制作、戴帽也即从生产、流通、消费三方面加以杜绝，同时又鼓励陈告，给陈告者以金钱奖励。这些措施有利于从源头上堵住这一流行趋势。李攸《宋朝事实》卷3记这条诏令颁布的时间是在景祐元年（1034年），最后说道："自是鹿胎无用而采捕者亦绝。"可见诏令还是起到了一定的效果。但此后杀鹿取胎的行为真的禁绝了吗？非也。鹿胎冠不仅一直有人戴，而且到南宋高宗时期又再度成为人们追逐时髦的对象。绍兴六年（1136年）、八年（1138年）、二十三年（1154年）、二十九年（1160年）等时间，高宗都颁布有"禁采鹿胎""禁以鹿胎为冠"的诏令②，而且也没再重申或效法仁宗对造冠、戴冠者的惩罚以及用金钱鼓励告发者等做法，从这里即可反观仁宗时期这一诏令的实际作用，同时更可推知高宗这些已经大大减小了力度的诏令的效果。南宋都城临安城里已有从事"修洗鹿胎冠子"的手艺人③，说明鹿胎冠已经成了临安居民的常用之物，戴此冠的人比北宋时期大大增多，因此对它的修理、清洗才成为一种专门职业。

猱座是一种用猱毛皮缝制的座褥。朱彧记："猱似大猴，生川中，其脊毛最长，色如黄金，取而缝之，数十片成一座，价直钱百千。"④ 据此，

---

① 《宋大诏令集》卷一九九，中华书局1962年版，第737页。
② 《宋史》卷二八、三一《高宗纪》；《建炎以来系年要录》卷一二一，第1963页；卷一六五绍兴二十三年九月庚子，第2698页；卷一八一，第3003页。
③ 《梦粱录》卷一三《诸色杂卖》，第182页。
④ 《萍洲可谈》卷一，第116页。

有人认为狨就是金丝猴。宋祁《益部方物略记》云："狨，威、茂等州、南诏夷多有之，大小类猿，惟毛为异。"江少虞则记："狨类鼠而大，尾长而金色，生川峡深山中，人以药矢射杀之，取其尾，为卧褥鞍被坐毯之用。"① 以上描述有些差异，但其共同之点就是：狨毛柔软、煖和，色泽金黄，是用于制作坐卧铺垫的上等材料。宋代规定"文臣两制、武臣节度使以上许用（狨座），每岁九月乘至三月"，可见其贵重。但实际上这个规定没有严格执行，"大观中，国信以礼部尚书郑允中充使，奉宁军节度使童贯充副使，遂俱乘狨座"②。蔡絛记曰："又故事，诸王不施狨座，宣和末亦赐之。"并且很以他家在鼎盛时期有十三副狨座为荣③。南宋时叶梦得还考证了狨座流行时间，认为唐代以前不见使用，宋朝"天禧元年，始定两省五品、宗室将军以上，许乘狨毛煖座，余悉禁，遂为定制。今文臣自中书舍人以上，武臣节度使以上，方许用，而宗室将军之制亦不行矣"。总结："则太平兴国以前，虽工商庶人皆得乘（狨座）；天禧以前，庶官亦皆得乘也。"④ 看来宋代狨座的兴起经历了一个由工商庶人、庶官可乘到只能品官、高级品官可乘这样的过程。

象牙、犀角除药用价值很高外，也是制作器物的好材料。象牙被制成妇女梳头的梳子，陆游在蜀地峡中看到当地卖酒妇女头上就"插大象牙梳，如手大"⑤；富贵人家的伞柄，"今人用折叠扇，以蒸竹为骨，夹以绫罗。贵家或以象牙为骨，饰以金银"⑥。临安城乞巧节时的摩睺罗玩具有用象牙雕镂的。象皮被用作铠甲和拄杖，刀鞘——云南刀，坚硬异常⑦。犀角主要用作官员的胯带、器皿、饰品等，临安城里清湖河下有戚家犀皮铺⑧，可能是融犀皮制作、销售于一体的手工作坊。

某些禽鸟的羽毛也被用于制作一些用具。如岭南的羽扇⑨。宫中有用

---

① 《宋朝事实类苑》卷六一《风俗杂志》，第813—814页。
② 《萍洲可谈》卷一，第116页。
③ 《铁围山丛谈》卷一、二，第14、38页。
④ 《石林燕语》卷三、八，第33、124页。
⑤ （宋）陆游撰，李昌宪整理：《入蜀记》卷六，《全宋笔记》第五编第八册，大象出版社2012年版，第214页。
⑥ 《云麓漫钞》卷四，第68页。
⑦ 《岭外代答校注》卷九《禽兽门》，第346页；《范成大笔记六种》，第100页。
⑧ 《梦粱录》卷一三《铺席》，第178页。
⑨ 《岭外代答》卷六《器用门》，第205页。

孔雀羽毛作的扫帚,用来清扫为迎接皇帝驾御而掷洒的龙脑,特别好使①。宫中妇人还用一种蓝翠鸟羽毛装饰头部和衣服,被当作宋代服饰侈靡的典型,有宋一代有关这方面的禁令不绝于书②。

龟壳被用作玳瑁器皿,"南方大龟长二三尺,介厚而白,造玳瑁器者用以补裱,曰龟筒"③。

以上这些仅仅是人们利用野生动物的很少的几个方面,从中可以看出野生动物的使用价值之广,给人们生活所带来的作用之大,自然也是野生动物难逃厄运的根本原因之所在。

(二) 野生动物的经济价值

任何物品有使用价值就可以交换,因而具有交换价值,而"'价值'概念的确是以产品的'交换'为前提的"④。正是野生动物具有使用价值,才使得人们竞相获取,并使其离开产地,被长途贩运到非产地或城市,这就又使之进入流通领域,成为商品,具有了价值,受商品价值规律影响。很多人就是利用这一商机,或贩运或坐贾,讨营生取厚利。

1. 城市里野味肉食供给充足

北宋汴京州桥夜市上有獾儿、野狐狸肉、兔、野鸭肉卖;潘楼酒店里有鹑兔鸠鸽肉,还有獐巴、鹿脯等腊味出售。宫中也在市上索买"鹑兔脯腊"⑤。至道二年(996年)夏秋间,"京师鬻鹑者,积于市,诸门皆以大车载而入,鹑才直二钱"⑥。可见汴京的野味肉食销量不小。南宋时,鹌鹑、鸠、田鸡、兔、鸽等成为皇宫中的常食。建炎四年(1130年),高宗驻跸越州(今浙江绍兴),因城中食物供不应求,百物昂贵。一次,高宗问内侍他与太后盘中的兔肉、鸽子的价格时,内侍回答说"一兔至直五六千,鹌鹑亦三数百"⑦。直到绍兴初年还是"鹅每只三千,野凫每只八百。

---

① 《墨庄漫录》卷一《翠羽帚》,第49页。
② 《宋史》卷三《太祖纪》,卷二八、三一《高宗纪》,卷65《五行三》。
③ 《萍洲可谈》卷二,第137页。
④ 《马克思恩格斯全集》第26卷第3分册,人民出版社1974年版,第139页。
⑤ 《东京梦华录注》卷一《大内》,第32页。
⑥ 《宋朝事实类苑》卷六一《风俗杂志》,第814页。
⑦ 《建炎以来系年要录》卷三八,第723页。

当时有戏诗曰：'时见空中飞八百，每闻岸上叫三千。'"① 野凫即野鸭。这都反映出特殊时期野味的价值。

城里有人专门以卖野味肉为生："平江屠贾循，以货獐为业，常豢饲数十头，每夕宰其一。迨旦，持出鬻于市。吴地少此物，率一斤直钱一千，人皆争买，移时而尽。几二十余年，赢得颇多。"② 贾屠专卖吴地少有的獐肉，所以尽管一千钱一斤，居民也踊跃购买。说明平江居民对野味肉食的消费需求很大。贾屠家常豢养着数十头，说明他是一次性从外地买来养着，每天宰卖一头，这使其获利颇多。还有些猎户打猎所获，除了用于改善家人生活外（增添一点肉味），主要还是拿到市上出卖，换钱以济家用。如鄱阳县北居民杨一公养的一只犬，常到山冈平原捉狐狸、野兔，有时一天就可捉十只回来，杨一公计算出五六年来，这只犬给他家抓获的野味就值二三百贯钱③。显然，杨一公是将狗捉的一部分或大部分野味拿到市场上出卖了。

"信州冬月又以红糟煮鲮鲤肉卖。鲮鲤乃穿山甲也"④。穿山甲也被搬入了城里的饮食市场。

浙闽地区城市居民对青蛙的需求量很大，由此城郊出现了专以捕蛙为业的人，甚至父子分工合作，父亲到外地借住在别人家里专事捕蛙，儿子则专管进城卖蛙，获利颇丰。"钱塘民沈全、施永，皆以捕蛙为业。政和六年，往本邑灵芝乡，投里民李安家遇止。彼处固多蛙，前此无人采捕、沈、施既至，穷日力取之，令儿曹挈入城贩鬻，所获视常时十倍。"⑤ 城市里蛙的消费可见一斑。"广南食蛇，市中鬻蛇羹"⑥。可见城中有卖蛇羹的，城市居民也喜食蛇。岭南雷、化地区有将鹌子做成鲊转卖各地而成"至富"的⑦。

总之，由于城市远离野生动物产地，但又人口集中，消费能力较强，具有消费市场。因此一些商人专事长途贩运野生动物；一些人则或卖野生

---

① （宋）张知甫撰，孔凡礼点校：《可书》，中华书局2002年版，第405页。
② 《夷坚支庚》卷二《贾屠宰獐》，第1150页。
③ 《夷坚志补》卷四《杨一公犬》，第1581页。
④ 《鸡肋编》卷下，第118页。
⑤ 《夷坚支甲》卷四《钱塘老僧》，第743页。
⑥ 《萍洲可谈》卷二，第137页。
⑦ 《岭外代答校注》卷九《禽兽门》，第377页。

动物活口，或卖野生动物肉品，或出售野生动物食品，以此为生。都城野生动物供给最为充足，突出表现在种类齐全，制品多样。地方城镇野生动物供给则与当地所产密切相关，具有明显的地方性特点。

2. 药用、器用价值高的野生动物价格也高，给捕杀、售卖者带来很大利润

一些具有药用价值的野生动物价格相当高。如治箭毒有奇效的山獭，"极为贵重，一枚直金一两"，只要捕到一只，"则其人立可致富"①。岭南用"其溺及乳汁主治风疾，奇效"的风貍，一只"需钱五十千"；前述蕲州的白花蛇，入药以"以轻小者为佳，四两者可直十千足"②。至于犀角、象牙的价格之高，自不待言。

猱座"价值钱百千"；蜀有商人将猕猴皮贩到鄱江销售，因鄱江渔民用猕猴皮且要蜀地所产钓白鱼，效果最好，"百无一失"，所以，尽管"一猕猴之直甚微"，但蜀商贩来的猕猴皮却要价 13 贯足，渔民也踊跃购买③。

京师是消费中心，富人云集，从地方贱价买来的野生动物，一经被贩到京师，价格就成倍甚至成百地增长。

福建、广南、江西交界地方百姓杀龟取龟板卖，仁宗天圣年间（1023—1031 年）"只取壳上薄皮数片，谓之龟筒，卖与私作玳瑁器人，得直甚微"④。南宋淳熙年间（1174—1189 年）昭达在吴江，"见岸旁渔舟取龟板，用铦刀剜其肉，最为残酷。小人牟利，忍于物命，不恤也。询之，一枚才直一二钱"⑤。这两条材料都说到产地价格低贱。但到了京师就不一样了，"南方大龟长二三尺，介厚而白。……初时民间无用，不可售，后缘官，市价踊贵"⑥；"京师鬻绿毛龟者，一龟动数十千"⑦；"海南诸国有倒挂雀，尾羽备五色，状似鹦鹉，形小如雀，夜则倒悬其身，……元符中，始有携至都城者，一雀售钱五十万"⑧。

---

① 《齐东野语》卷二〇《山獭治箭毒》，第 372 页；《岭外代答》卷九《禽兽门》，第 365 页。
② 《鸡肋编》卷下，第 114 页。
③ 《夷坚支丁》卷一〇《蜀猕猴皮》，第 1047 页。
④ 《宋会要辑稿》刑法 2 之 15。
⑤ 《清波杂志》卷一一《昭达纵龟》，第 485 页。
⑥ 《萍洲可谈》卷二，第 137 页。
⑦ 《墨客挥犀》卷三《绿毛龟》，第 312 页。
⑧ 《萍洲可谈》卷二，第 136—137 页。

这类野生动物价格比单纯用于食用的野生动物价格要高得多,这可能与两者售卖时的单位计算有关(如食用是论斤两卖,而药用、器用是论只卖),当然其高效的药用价值和特殊功用是更重要的原因,而最为主要的原因恐怕则是它的稀少,难以捕捉。但这正好给捕杀者和售卖者以极大的经济诱惑力,使之难以抗拒:一旦捕获到此类野生动物,他的生活就将由此而改变模样。

3. 付费的野生动物表演

用驯养的野生动物为人类作娱乐表演,是十分古老的事情。北宋东京的娱乐业中此种情况就很突出,在勾栏瓦肆里占有一席之地。"相国寺前,熊翻筋斗;望春门外,驴舞柘枝"①。《东京梦华录》中记有猴呈百戏、刘百禽弄虫蚁、大象表演,等等。

还有人利用野生动物产地差异和人们的好奇心理,将捕捉到的动物驯养起来,再辗转赶往远方,然后设围栏,向参观者收取费用而致富。"元祐间(1086—1093年)有携海鱼至京师者,谓之海哥。都人竞观,其人以槛置鱼,得金钱则呼,鱼应声而出,日获无算,贵人家传召不稍暇。一日至州北李驸马园,放入池中,呼之不复出,设网罟,百计竟失之。……海哥盖海豹也,有斑纹如豹而无尾,凡四足。前二足如手,后二足与尾相纽如一。登莱傍海甚多,其皮染绿,可作鞍鞯。当时都下以为珍怪,蠢然一物,了无他能,贵人千金求一视,唯恐后,岂适丁其时乎?"② 这是将海豹运至京师,使其在贵家园林里"巡回"表演,观赏费可不低,达千金,自然其主人"日获无算",收入可观了。

有的人把眼光投向京师以外的地方,也同样有收获。如"唐人说江东不识橐驼,谓是'庐山精',况今南粤,宜未尝过五岭也。顷因云扰后,有北客驱一橐驼来。吾时在博白,博白人小大为鼓舞,争欲一识。客辄阖户蔽障,丐取十数金,即许一人。如是,遍历濒海诸郡,藉橐驼致富矣。后橐驼因瘴疠死,其家如丧其怙恃"③。这是北方人将骆驼赶往广西博白地区,收取观赏费的事例。虽然没有京师价高,却是这位北客全家的依靠,

---

① 《归田录》卷二,第25—26页。
② 《萍洲可谈》卷二,第148页。
③ 《铁围山丛谈》卷六,第115页。

他也因此致富。

以上可见,一方面,野生动物在宋代有着广泛的消费需求,这是由其所具有的使用价值决定的。皇宫、贵族、官僚、富商等阶层人们,随着较稳定的收入的增多,他们开始追求高质量的物质生活享受,而味道鲜美、治病强身的野生动物及其质地优良、做工精细的制品,就成为满足他们这一需要的良好选择之一;同时,野生动物制品精美的做工,柔和、鲜亮的颜色也使其心情愉悦,有些制品如狨座、翠鸟羽毛等还是其身份地位的象征,拥有它们,就拥有了炫耀的资本,精神上也得到了极大的享受和满足。另一方面,水陆交通运输条件的改善,社会商品货币经济的发展,城乡市场的活跃为野生动物及其制品的贩运流通提供了条件。野生动物非产地及城市与产地之间的价格差,使其经济价值凸显,这就给贩运、售卖者带来丰厚利益。在这两方面作用下,那种既"许乘狨毛暖座",又"仍绝采捕"[①];既要享受猿皮褥垫带来的舒服,又想聆听空谷的猿鸣,这本身就是一对矛盾。人类终究抵不住丰厚利益的诱使,自然,官府的禁令就只能是虽有实无、无足轻重的纸上文字了。这才是野生动物惨遭捕杀的真正的本质的原因。

三 宋代捕杀野生动物的深远影响

肆意捕杀野生动物直接而明显的后果,我们在前面的叙述中,已有所涉及。从野生动物本身来说,首先,肆意捕杀野生动物直接而明显的后果,就是使一些野生动物分布区域发生变化,而一些珍贵的野生动物在一些地区永远的灭绝了,如宋代黔、蜀地区的野犀,淮河、长江流域的野象,蕲州的白花蛇[②]等,从而改变了这些地区野生动植物的构成结构,相应地也使其生态环境发生了改变。其次,使一些野生动物数量急剧减少,如前所述我们看到,一些野生动物价格高得惊人,除了它们所具有的特殊价值之外,最主要的就是其稀少,具有稀缺价值。如制作狨座的狨,据

---

① (宋)陈鹄撰,孔凡礼点校:《西塘集耆旧续闻》卷四,中华书局2002年版,第324页。
② 《夷坚支景》卷二《蕲州三洞》,第895页。

《太平寰宇记》可知，宋初土产狨皮的还有剑南道的戎州、陇右道的成州、阶州三个地区，而《元丰九域志》则不见记载。虽然这不能视为狨灭绝的依据，因为到南宋时期仍有狨座的使用，但制作一幅狨座需用数十片狨毛皮，也就是需要杀死数十只狨，而从前述中我们知道，乘坐狨座人的范围由宽到窄，极有可能就是宋代狨这一野生动物数量在不断减少。再如山獭，当时人就已经明确记载，"土人自稀得之"，"然其地亦不常有，或累数岁得其一"，由此还出现售假现象①。用我们今天的眼光看，它称得上名副其实的濒危动物了，应该加以重点保护才是。

从生态环境来看，野生动物数量的减少或灭绝，打破了生态环境的平衡。因为生态环境是由动植物及其赖以生存的各种自然条件的平衡链条所组成的，动物这一链条的断裂，使得供给其生存的各种自然条件随之消失，相应地使得与它有关的植物、人类生存环境受到影响。在旧的环境已经被打破，而新的环境还未建立起来这个相当长期的过程中，往往就出现一些周期性的诸如水、旱、疾疫之类的自然灾害，使人类饱受其苦。

应该承认，宋代还处于封建社会的中期，虽然大多数地区都进入了以农耕生产为主的时期，但仍有少数地区没得到开发，甚至还处于原始状态，野生动物资源还相对较丰富，即便是捕杀那些在我们今人看来特别稀少、珍贵的野生动物，但在当时由于信息的落后，人们无从知晓每种野生动物在全国的分布状况，更由于受当时的社会生产生活水平的限制，野生动物在人们经济生活中居于或辅助或主导的地位。如黔南抚水州"虽有田，收谷数甚少。但以药箭射生，取鸟兽尽，即徙它处，无羊马、桑柘"。（今贵州思南西南）诸蛮"土宜五谷，多种粳稻，以木弩射獐鹿充食"②。位居湖南辰、沅、靖州诸蛮"皆焚山而耕，所种粟豆而已。食不足则猎野兽，至烧龟蛇而啖之"③。同时，野生动物与人类生存环境关系的紧密性也未显现出来，因而广大民众从保护生态环境目的出发的保护野生动物的自觉意识还相当缺乏。随着人口的增加、经济活动的扩大，山区、湖泊、沼泽得到开发，人们与野生动物争夺生存空间，并战胜它们，这是理所当

---

① 《齐东野语》卷二〇《山獭治箭毒》，第372页。

② 以上两条分别见《宋史》卷四九五《蛮夷三·抚水州》，卷四九六《蛮夷四·西南诸夷》。

③ 《老学庵笔记》卷四，第44页。

然，也是势在必行的，这是宋代乃至整个传统社会捕杀野生动物的时代必然性。

但是，人类在赶跑野生动物，夺取它们的生存空间之后，却继续将它们与自己对立起来，视之为满足人类各种欲望、需求的手段和工具，毫无节制地捕杀它们，这又是给自然环境及人类自身带来深远影响的关键所在。今天我们对野生动物已经有了正确认识，它们与人类不是对立的关系，它们也不是人类欲望的满足手段和工具；它们是构成生态环境的因素之一，人类要在这一生态环境中生存，应该而且也必须和它们建立起相互依存、彼此受益的关系。很多野生动物已经永远凝固在了历史文献中，有些也正在或即将消失在我们的视野里。当然我们已制定了野生动物保护法，而且还划分有等级。但社会上偷猎、捕杀、贩卖野生动物的现象仍然存在，一些餐馆仍然以"正宗野味"的招牌招徕顾客，昂贵的兽皮衣服、鞋帽仍是俏货……那么，对照宋代这段历史，我们是否应该思考点什么呢？

（本文原发表于《中国历史地理论丛》2007年第2期，收入时稍作修改）

从《夷坚志》看宋代南方地区的生态环境

宋代承继隋唐五代经济发展与战争破坏的洗礼，又受本时期国土面积缩小、人口增加、土地开垦等压力的侵逼，其生态环境向坏的方向发展。"黄河流域生态环境崩溃和北方生态环境恶化是促使宋代经济中心南移的重要原因之一"的观点也正在被越来越多的学界同仁所接受。20世纪80年代以来，学界对北方生态环境的探讨增多[①]，相比较而言，对宋代南方地区生态环境的探讨则明显不够[②]，涉及该问题时一般都以南方自然条件优越、生态环境良好笼统概括，缺乏具体阐述。但宋代南方地区生态环境真的就是因自然条件优越而无变化吗？其生态环境的具体情况到底怎样呢？本文拟以《夷坚志》为主线索，再参考其他史料，以生态环境史中两个重要组成要素——林木的存废和野生动物的出没为中心，探讨宋代南方地区生态环境的具体形态、变化情况及其影响，以求教方家。

一 林木资源的生存状况及其利用

（一）林木的种植和保护

宋代南方森林植被相对于北方来说，情况良好，这不仅表现在有很多未被破坏的原始森林存在，如福州闽清县"溪南大山长谷，草树绵延。父

---

① 如史念海：《历史时期黄河中游的森林》，《河山·二集》，生活·读书·新知三联书店1981年版；周云庵：《秦岭森林的历史变迁及其反思》，《中国历史地理论丛》1993年第1期；谢志诚：《宋代的造林毁林对生态环境的影响》，《河北学刊》1996年第4期；连菊霞：《北宋经制西北民族对生态环境造成的影响》，《中国长城博物馆》2001年第4期；刘旭东：《略论两宋时期自然环境恶化的人为因素》，《西南师范大学学报》2003年第2期；何玉红：《宋代西北森林资源的消耗形态及其生态效应》，《开发研究》2004年第6期；等等。

② 这里所说的南方地区指秦岭淮河一线以南地区。

老相传，自古以来，人迹所不到，到则遇奇怪"①，是一处完好的原始森林。"广州清远县之东峡寺，山川盘纡，林木茂盛。"② 黄州麻城县，"其地多茂林绝麓"，以至有躲避战乱而栖身其处几十年的人，被当地人称为"野人"③。还有峡州、江南等地区，境内都有丰富的原始森林资源④。还表现在人工造林的成就方面。

有宋一代，从宋太祖开始，历届统治者都很重视林木的种植，朝廷发布有关诏令，甚至还制定法律，把植树造林作为地方官的主要政务之一，把植树多少作为其政绩考课内容，赏优罚劣。地方官大多依令而行，如太祖时，辛仲甫知彭州（今四川彭县），当地"少种树，暑无所休。仲甫课民栽柳，荫行路，郡人德之，名为'补阙柳'"⑤。荆湖北路知府袁枢，调兵民"种木数万以为捍蔽，民德之"⑥，以固堤防洪。仁宗时，陶弼在广西阳朔"课民植木官道旁，夹数百里，自是行者无夏秋暑渴之苦，它郡县悉效之"⑦，起了很好的带头作用。徽宗政和六年（1116年），"所属县令、丞劝谕乡保，遍于驿路及通州县官路两畔，栽种杉、松、冬青、杨柳等木。"这些行道树多达三十三万八千六百株，且"渐次长茂，已置籍拘管"⑧。蔡襄知泉州时也曾主持"植松七百里以庇道路，闽人刻碑记德"⑨。这些地方官从当地实际情况出发，课兵民在驿道两旁、江河堤岸植树，既为行人提供了遮阳避暑的便利条件，又护堤固路，增强了抵御灾害的能力。同时也增加了森林面积，美化了生态环境。

民间百姓植树积极性很高。如墓树的栽种。"祖父置立墓田，子孙封植林木，皆所以致奉先追远之意"⑩。即是说子孙们在祖坟旁种植林木，增

---

① 《夷坚乙志》卷十《闽清异境》，第 268 页。
② 《夷坚甲志》卷一七《峡山松》，第 154 页。
③ 《夷坚丁志》卷一九《黄州野人》，第 693 页。
④ 《夷坚支景》卷一《峡州泰山庙》，第 883—884 页；《丁志》卷一九《江南木客》，第 695—697 页。
⑤ 《宋史》卷二六六《辛仲甫传》，第 9189 页。
⑥ 《宋史》卷三八九《袁枢传》，第 11936 页。
⑦ 《宋史》卷三三四《陶弼传》，第 10735 页。
⑧ 《宋会要辑稿》方域十之六。
⑨ 《宋史》卷三二〇《蔡襄传》，第 10400 页。
⑩ 中国社会科学院历史研究所、宋辽金元史研究室点校：《名公书判清明集》附录二《张运属兄弟互诉墓田》，中华书局 1987 年版，第 585 页。

加坟墓庄重肃穆之感并保护祖坟,这是由来已久的习俗。南方有一种迷信说法:墓旁栽松,松树上所结松球的多少、大小,将预示着子孙后代的升官发财之运。如绍兴戊午年(1138年),无锡大池坞沈家坟庵前后有"巨松二万株,次年春,二松各结一球,松高四五丈,球生其颠,四向翠叶围绕,宛然天成"①。一家祖坟前后就栽有两万株松,可想见当时墓树在林木种植中占有怎样的地位。

又如以出卖为目的的栽种。兴化军(福建莆口),"里中豪民吴翁,育山林甚盛,深衷满谷。一客来指某处欲买,吴许之,而需钱三千缗。客酬以三百,吴笑曰:'君来求市而十分偿一,是玩我也。'无由可谐,客即去"。②吴翁家山不小,所种林木不少,而且已由买者自己找上门来与他商谈买木事宜,一次买的数量很大,买卖双方讨价还价。说明他家育山林、卖树木已远近闻名,且因此致富,成为里中豪民。至于茶树、毛竹、杉木、油桐、油茶等人工经济林的种植更是以获利为目的,分布范围已由近山深入高山远山。

南方地区山地、丘陵面积多于北方,加上气候适宜、雨水充足等自然条件以及人们尊奉祖墓的思想观念、追求盈利的经济目的等原因,使林木种植成效显著。此外,官民保护林木的意识也较强。如德安府应山县一株大槐树,枝繁叶茂,"土民相与爱护,故露植空旷之野,未尝剪伐,士大夫经此,必往赏玩"③,就是与当地百姓、士大夫的爱护、不随意砍伐密不可分。当时民间认为百年古木,有"神物居之,颇著灵效",砍伐这样的树木会得罪神灵,给自身招来灾难。④还有墓旁、寺庙神祠之树也是不能随便砍伐,因为"爱护墓木者,所以爱护其祖宗也"。即使是奉献给寺庙也会遭到社会舆论的批评,"舍坟禁之木以与僧,不孝之子孙也"。《夷坚志》记述有因砍伐古木、墓树、僧宇神祠树木而招来灾祸,甚至丢掉性命的故事⑤。这些朴素且带有浓厚迷信色彩的观念,对于林木的保护无疑是具有重大作用的。

---

① 《夷坚乙志》卷十《松球》,第270页。
② 《夷坚支景》卷九《林夫人庙》,第951页。
③ 《夷坚支景》卷二《应山槐》,第895页。
④ 《夷坚支癸》卷二《董待制》,第1237页。
⑤ 《夷坚丁志》卷五《灵泉鬼魅》,第578—579页。

寺庙、道观在林木保护中所起的作用不可忽视和低估。宋代南方地区好祀鬼神、好建庙宇道观的风俗习惯已是不争的事实，据程民生研究认为，宋代 118 个洞天福地的分布集中在南方，尤其是东南地区，北方地区仅 15 处，京师开封及河东路一处也没有，两浙路 35 处，居全国第一位。神祠的分布仍然是北方少、南方多，佛教文化的发展主要在东南地区①。南方地区四季常青、山水秀丽，寺庙道观多建在高山茂林里，使人在险远幽静的环境中寻求与神灵的交通。庙宇道观占有山林，且是其经济来源和财产的重要部分。如福建"兴化军仙游县九座山，僧寺据之，上有巨杉数百"。山上的囊山寺相当富裕，每年收入在万石以上，"而九座仅有田百亩"，即是说这个寺庙所占田地少于山林，每年万石的收入应包括有山林收入在内②。淮南西路安庆府，"寺观最多，地田山林大半皆属寺观，僧道常住优厚，亦皆肯出力为官司办事"。③ 说明山林在寺院田产中占据主要地位。而佛教不杀生的教义也包括植物、林木，僧人妄砍树木要有报应。主持罗源山寺的闽僧宗达，曾砍伐寺后两株树木与人，死后坠入地狱。④ 这就增强了僧人保护林木的意识，所以众多山林归寺院管辖，使之得到了很好保护。可见，南方地区丰富的森林资源是拥有天然森林和重视人工造林及保护的结果。那么，宋代南方地区对林木的利用情况又怎样呢？

（二）林木的砍伐利用

自古以来，木材在人们生产、生活中就占有十分重要的地位，古代尤其如此。这里仅就《夷坚志》里记载较多的几种林木砍伐情况举而述之。

1. 砍树修建寺庙

前述南方地区寺庙数量多，除城镇寺庙之外，南方寺庙大多依山而建，且多是木质结构，对木材的需要量巨大，如绍兴七年（1137 年），大慧禅师住持兴圣万寿禅寺，"命南悟等广募闽、浙、江东西良工伐木于山，

---

① 程民生：《宋代地域文化》，河南大学出版社 1997 年版，第 275、289—290 页。
② 《夷坚支癸》卷七《九座山杉兰》，第 1277 页。
③ （宋）黄幹：《勉斋集》卷三一《申制司行以安庆府催包砌城壁事宜》，四库本第 1168 页，第 349 页。
④ 《夷坚支戊》卷一《闽僧宗达》，第 1058—1059 页。

日役千辈，斤斧之声震动山谷。"① 每天上千的人在山林中砍伐，假如每两人砍一株树的话，一天也有五百株树被砍。可见修建该寺所需木材之多；经过这一千人在山林里的践踏、砍伐、运木等之后，这片山林所受的破坏情况亦可想而知了。一般寺院所需木材大多就近取材，如峡州重修泰山庙时，所需"巨材千数"，而峡州本地"饶于林木"，不用到外地购运，只是由于水运条件不具备，只能等到大雨后发大洪水，才将木材串成排筏顺流而下②。如果所需木材需要大木的话，则往往要波及当地甚至较远地区的山林。淳熙年间（1174—1189 年），南宋朝廷下诏潭州重修南岳庙，命湘潭县令薛大圭监督。由于此项工程属于官府行为，"所用材木绝大，深山穷谷，求取殆遍，而正殿缺一梁，当长五丈而径五六尺者乃中度，搜访不可得"。最后搜寻到湘潭境内黄冈白马大王庙前有棵巨杉，薛大圭带领一百多名工匠前去砍伐，再运到南岳。这是私人建庙所不能想象的③。多数寺院是僧人自行购买、运输。僧人往往利用百姓求富祛灾的心理，使之同意献上自家的古木、大树。如鄱阳程氏把自家山上相传了二三十代的大樟木献给荐福寺④；兴化军吴翁把自家山林价值三千缗的树木献给林夫人庙；湖北江陵公安县一寺庙住持因拟重换殿柱，访得远村一大户人家有一棵名贵豫章大树，便派人去索讨，起初主人要价很高，但后来也是分文不取地进献了出来⑤；还有鼎州崇宁寺所建大华严藏所需藏心木也是僧人亲自寻找⑥。

  以上这些寺庙，不论是政府官员出面也好，还是士人、僧人出面也好，只要为修庙，只要他们看上了谁家山林里的树，树的主人都得服服帖帖地同意砍树，即使一开始有些不情愿，或者想卖点钱，但最后都是一分不要地、"心甘情愿"地让其把树砍走。这既说明当时人们对神灵的迷信、对福富的渴望、对灾难的恐惧，同时也就使得僧人们有了理直气壮的砍树理由。正如《名公书判清明集》里蔡久轩判官对舍木给寺院的子孙与得木的僧人的判词所说的那样："舍坟茔之木以与僧，不孝之子孙也；诱其舍

---

① （宋）楼钥：《攻媿集》卷五十七《径山兴圣万寿寺记》，四库本第 1153 册，第 37 页。
② 《夷坚支景》卷一《峡州泰山庙》，第 883—884 页。
③ 《夷坚支景》卷五《南岳庙梁》，第 922 页。
④ 《夷坚支景》卷七《程氏樟木》，第 938 页。
⑤ 《夷坚支景》卷一《公安木手》，第 960 页。
⑥ 《夷坚三志辛》卷四《鼎州寺藏心木》，第 1413 页。

而斫禁木者，不识法之僧也。"①

2. 官员及其仆从对林木的砍伐

《夷坚志》所记宋代南方地区个体伐树事例共 13 例，其中当事人身份为一般百姓的有 4 例，僧人或僧人引诱居民的有 3 例，而宗室官员及其随从则占了 6 例，将近一半。其中宗室、刚罢官的各 1 例，其余 4 例都是现任官员。从伐树原因来看，僧人主要是为了新修或翻修寺庙；一般百姓主要是为了出卖获利、烧炭卖钱为生，当然不排除自愿献树给寺庙的情形，但更多的是受到僧人的引诱而为之；而官员的伐木，除 1 例是因官府下令建庙宇外，其余都是为一己之利，如照明、柴薪、建房、保护屋瓦等原因，最可笑的是因树上白鹭弄脏了自己的衣服就迁怒于树木而想砍尽所有的树，虽然最后未能如愿，但它透露出一种现象：官员利用其权力随意砍伐林木，这种做法对林木破坏的实际影响是目前讨论森林遭破坏的原因及其表现形态时较少被关注的问题。

3. 薪炭和木材贸易

柴薪、木炭是宋人日常生活中必不可少的能源，吴自牧《梦粱录》中云："盖人家每日不可缺者，柴米油盐酱醋茶。"柴居首位，可见其重要。宋代经济发展、城市增加、人口增多，对薪炭的需求相应增加。都城虽有政府通过征收和籴买渠道的供给系统，但一直也是供不应求，时时遭受传统燃料危机的打击。北宋汴京的燃料问题直到中叶随着开封附近地区开采的煤增多，大量运进京城用作燃料才得到缓解②；而南宋临安则无此幸运，新型燃料煤的开采和利用一直未如汴京那样有效开展，燃料主要依赖传统的木材，"今驻跸吴、越，山林之广，不足以供樵苏。虽佳花美竹，坟墓之松楸，岁月之间，尽成赤地。根卉之微，斫撅皆遍，芽蘖无复可生"。③这是怎样的一幅薪炭供给图啊：绿色植被被铲，坟墓林木遭斫，连还是根芽的树木也不能幸免。由于薪炭有着广泛的需求，伐木烧炭出卖也就成为古代一重要手工业行业，宋代也毫不例外，《夷坚志》记述了这一情况。④

---

① 《名公书判清明集》卷九《舍木与僧》，第 330 页。
② 许惠民：《北宋时期开封的燃料问题》，《云南社会科学》1988 年第 6 期。
③ 《鸡肋编》卷中，第 77 页。
④ 《夷坚支戊》卷一《石溪李仙》，第 1052 页。

同时，由于木材需求量的增加，木材价格上涨，木材贸易兴盛。

徽州休宁山中产杉木，贩运至严（睦）州抽税很重，以至成了严州一大收入来源，楼钥为政时，3个月即得杉木税10万缗。① 严州有官吏云："吾州无利孔，微歙杉不为州矣。"而且至浙江时，木价比出山时上涨了20倍，"盖一木出山，或不直百钱，至浙江乃卖两千"。② 歙州杉木外运之多、价格之贵，可见一斑。歙杉不仅东入两浙，而且西下江西，"民以茗、漆、纸、木行江西，仰其米自给"。③ 临安城里有商人在火灾之后，看准城市重建急需木材并由此会导致木材价格的上涨而提前预备货源，获利丰厚④。甚至一些官员也做起木材贩运生意来，如福州人郑峻从提举湖南茶盐这一职位"退休"时，看准商机，从湖南买杉木贩运至扬州，再转卖给官府，迅速弃官从商而致富⑤。正是当时人们对木材的实用价值和利润的追求，木材价格的上涨，加剧了对山林的砍伐，正如南宋魏岘所说："近年以来，木值价高，斧斤相寻，靡山不童。而平地竹木，亦为之一空。"⑥

以上是以《夷坚志》为主线索来探讨的宋代南方地区林木资源的存用状况，我们看到，当时这一地区林木总体情况是良好的，一方面这与该地区的山川地理条件、经济发展等自然和人为因素有关，同时也与政府的鼓励、法令的制定、民间朴素的保护意识等分不开；另一方面，林木的砍伐也随着商品经济的发展、价值取向意识的增强、佛寺僧院的增修以及官员滥用职权等而趋于严重。

二 野生动物的出没

野生动物的生存需要有着与之相适应的环境，从野生动物的出没状况便可了解当时生态环境的状况。《夷坚志》里记载的野生动物有虎、蛇、猴、鹿、象等。

---

① 《攻媿集》卷八五《先兄严州行状》，四库本第1153册，第331页。
② 《范成大笔记六种》，第45页。
③ 《新安志》卷一《风俗》，宋元方志丛刊，第7604页。
④ 《夷坚志再补》《裴老智数》，第1784页。
⑤ 《夷坚甲志》卷一六《郑峻妻》，第144页。
⑥ 《四明它山水利备览》卷上《淘沙》，第4页。

（一）猴子

猴子主要出现在荆南、淮南、福建等路，其中淮南徽州休宁最多，"山间旧多猴，盖以千数。每成群涉水，白昼相暴，饮饭才熟，辄连臂入厨，异甑著地搜食之，且抛弃蹂践，必尽乃止"。① 成百上千的猴子搅得寺僧生活不得安宁。它们还破坏庄稼，"休宁多猴，喜暴人稼穑，民以计，笼取之，至一槛数百，然后微开其板，才可容一猴，呼语之曰：'放一枚出，则释汝。'群猴共执一小者推出之。民击之以椎，即死。槛中猴望而号呼，至于坠泪。则又索其一，如是至尽，乃止。土人云：'麦禾方熟时，猴百十为群，执臂人立，为鱼丽之阵，自东而西，跳踉数四，禾尽偃，乃攫取之，余者皆摔踏委去。丘中为空，故恶而杀之。'"② 百十成群的猴子将农民辛苦播种、即将成熟的麦禾尽行扑倒，攫取践踏，使农民的汗水付之东流、一无所获，的确可恨；但当地居民惩治猴子的手段也十分残忍。

如果说休宁的猴子还只是以数量多、损害庄稼为特点的话，那么，福州永福县的猴子则以伤人、向人类传播疾病、严重危及人类生命为特征。"遭之者初作大寒热，渐病狂不食，缘篱升木，自投于地，往往致死，小儿被害尤甚。"③ 这恐怕是较早、较真实地对人被猴子咬后所犯病症状的记录，使我们联想到 SARS 病毒。

（二）野鹿

野鹿以今天湖北境内的武昌、襄樊及两湖交界处最多，而且个大。"盖巨鹿，其大如牯牛，固已悚然"。④ 看见大如牯牛的鹿子，的确让人不寒而栗。郢州京山，"巨鹿无数，四环成围，以角外向，凡数十重，而幼鹿处中，勃跳嬉戏，民田相近者悉遭蹂践，禾苗为之一空"。⑤ 它们集体行动，保护幼鹿，损害庄稼，猎人也只能拿着弓箭戈矛尾随其后，等其走远时，才捕射些幼弱的鹿子而不敢正面直接捕猎，可见其对人的威慑力

---

① 《夷坚志补》卷九《寺僧治猴》，第1630页。
② 《夷坚乙志》卷一八《休宁猎户》，第341页。
③ 《夷坚甲志》卷六《宗演去猴妖》，第48页。
④ 《夷坚支景》卷一《阳台虎精》，第880页。
⑤ 《夷坚支景》卷一《京山鹿寨》，第881页。

之大。

（三）野象

宋太宗太平兴国年间（976—984年），有人报告说两广境内雷、化、新、白、惠等州"山林有群象"①，主要出现在今广东、广西、海南等省区。《夷坚丁志》卷十《潮州象》记：乾道七年（1171年），缙云人陈由义自福建去广州探望他父亲，船过潮阳时，听人说道："比岁惠州太守挈家从福州赴官，道出于此。此地多野象，数百为群。方秋成之际，乡民畏其蹂食禾稻，张设陷阱于田间，使不可犯。"潮州野象之多，数百成群。《宋史》也有类似记载②。而与潮州相连的福建漳州漳浦县，"地连潮阳，素多象，往往十数为群"。③ 说明福建地区也有野象。范成大记："象，出交趾山谷，惟雄者有两牙。"④ 周去非具体记载了交趾人捕捉、驯服野象，人们对付野象损害庄稼的办法以及野象对人类的用处和伤害等情况，并说道"钦州境内亦有之"⑤。其实，野象出没还不只这些地方，《宋史》卷六十六《五行四》还记载五代末宋代初，在今湖北、湖南、河南南部等地有野象出没过。

以上几种野生动物的共同特点是：第一，数量多，成百成群；第二，走出它们赖以生存的山林，来到农民的庄稼地里觅食，损害庄稼；第三，伤人的少，但后果很严重，即它们通过传播可怕的病毒致人犯病而死亡；第四，在危害人类的同时也使它们自身遭到杀戮或被驯化。

（四）老虎

老虎是宋代南方地区出没最为频繁、对人类生命财产损害最为严重的野生动物。《夷坚志》所记宋代南方地区老虎出没共18例，其中江南路8例、荆湖北路5例、夔州路和福建路各2例、广东路1例等。而《宋史》卷六十六《五行四》共计"虎患"11例，其中10例在南方，也是江南6

---

① 《宋史》卷二八七《李昌龄传》，第9652页。
② 《宋史》卷六十六《五行四》，第1452页。
③ 《墨客挥犀》卷三，第306页。
④ 《范成大笔记六种》，第106页。
⑤ 《岭外代答校注》卷九，第346页。

例，最多；湖北2例；蜀地1例；广西1例。在老虎出没的地区排次上，《夷坚志》所记与之差不多，说明宋代南方地区老虎出没最为频繁。翁俊雄先生分析了唐代北方黄河流域即今河北东部、山东半岛、河南中部、关中等地有虎出没；南方淮河、长江、珠江流域及云贵高原等都有虎的踪迹，而长江流域的湖北、四川东部即唐代的山南道是当时全国老虎出没最多的地区①。以此与《夷坚志》所记对照，说明宋代这些地区虎的出没发生了变化，湖北、四川由唐代的最多地区在宋代降为第二位、第三位，江南路则上升为第一位。说明宋代老虎活动范围由北向南移动。

三 宋代南方地区生态环境的变化及其影响

构成生态环境的因素很多，其中核心是森林。森林除具有向人们提供木材和多种林产品等物质（经济）功能外，还具有诸如涵养水源、调节气候、防风固沙、保持水土、净化空气等生态效益功能。对此，古人已有些认识，如唐代有"凡五岳及名山，能蕴灵产异，兴云致雨，有利于人者，皆禁其樵采"。②说明唐人已认识到森林有"兴云致雨""有利于人"的作用，所以"禁其樵采"。南宋魏岘更明确说道："四明占水陆之胜，万山深秀，昔时巨木高森，沿溪平地，竹木亦甚茂密，虽遇暴水湍激，沙士为木根盘固，流下不多，所淤亦少，开淘良易。近年以来，木值价高，斧斤相寻，靡山不童。而平地竹木，亦为之一空。大水之时，既无林木少抑奔湍之势，又无包缆以固沙土之积，致使浮沙随流奔下，淤塞溪流，至高四五丈，绵亘二三里，两岸积沙，侵占溪港，皆成陆地。"③从正反两方面具体阐述了森林保持水土、防止水土流失的作用。可见，唐宋时期，人们就已经认识到森林具有调节气候、蓄保水土、抗御灾害等作用。这一方面是随着社会的进步，人们科学文化知识增长，认识水平提高了；另一方面也是

---

① 翁俊雄：《唐代虎、象的行踪——兼论唐代虎、象记载增多的原因》，《唐研究》第三卷，北京大学出版社1997年版，第3831—394页。

② （唐）李林甫等撰，陈仲夫点校：《唐六典》卷七《虞部郎中》，中华书局1992年版，第225页。

③ 《四明它山水利备览》卷上《淘沙》，第4页。

从"现实"社会的诸多教训，包括水、旱等自然灾害中不断分析总结原因而得来。

宋代森林的破坏程度与前几个朝代相比在逐渐加重，砍伐重点除秦岭、陇山之外，还延伸到南方，南方森林在本时期开始有较多的砍伐。《夷坚志》虽不是专记宋代森林的书，但在其记述的神鬼怪异事情背后却隐藏着深刻的社会背景。书中从林木的种植、官民对林木的保护意识到林木砍伐的主要形态等都有很多记载，尤其注重记载林木砍伐利用中的寺庙建筑、官员建房以及薪炭燃料、木材贸易等，说明这些是南方地区木材利用的大宗。而象、鹿、虎等以森林为栖息地的野生动物，走出森林，进到城中及居民家中，伤害人、畜、庄稼，也与砍伐林木、开发耕地有关。我们知道宋代新开垦的田地名称繁多，如圩田、淤田、湖田、梯田（山田、畲田）、架田等，其中梯田（山田、畲田）是在山林地带开垦的。从以上几种野生动物的出没情况中，我们可以一窥宋代南方地区尤其是江南地区被开发的轨迹，即它是开发得最多、最细密的地区，同时也是森林、野生动物遭破坏和被捕杀最多的地区。对山地的开发，从生态角度来说，就是一场人类和动物争夺地盘、争夺食物的"战争"。在"战争"初期，双方各有胜负和得失，不过最终的胜利者从短时期看来是人类，因为人类占领了动物的地盘，对之进行了灭绝性的捕杀，使之在一定范围内销声匿迹了。但随之而来的则是生态环境的变化，人类面临无休无止的难以预料的灾难，这些灾难的"滋味"，宋代人已经有所"品尝"。《夷坚志》里也有涉及，如：绍兴丙寅年（1146年）夏秋时节，岭南诸州县所遭遇的鼠害[①]；福州永福县的"猴害"[②]；庆元元年（1195年）五月，发生在湖州、常州、秀州等地的蛇瘟，持续了四五个月，一个七百户人家的村子死了将近一半人[③]；淳熙十四年（1187年）春，发生在江淮浙一带的"蛤蟆瘟"[④]等。还有水、旱灾害，如以江浙地区为例，据陈桥驿先生统计，北宋时，这里发生水灾28次，每百年为19次。而南宋时则有49次，每百年34次；

[①]《夷坚甲志》卷四《鼠报》，第30页。
[②]《夷坚甲志》卷六《宗演去猴妖》，第48页。
[③]《夷坚支景》卷二《易村妇人》，第892页。
[④]《夷坚支丁》卷五《蛤蟆瘟》，第1005页。

旱灾北宋时有 27 次，每百年为 18 次，南宋时则有 39 次，每百年为 27 次①。这些都是对人类砍伐森林、破坏生态环境的严重惩罚。同时也说明宋代南方地区生态环境在逐渐朝着"坏"的方向发展，这主要是经济重心南移后，经济发展过程中忽视环境问题的结果。当然，我们不能苛求古人，但这个深刻教训我们今天必须牢记，即经济发展必须与保护环境联系在一起，否则，人类将饱受其难、自食其果。

（本文原发表于四川师范大学历史文化与旅游学院主编《狮山论坛 2009——四川师范大学史学研究》，四川人民出版社 2009 年版）

---

① 程民生：《宋代地域经济》，第 308 页。

北宋治河与自然环境
——以河防物料梢芟为中心

北宋一代黄河决溢频繁，168年中决溢年份达69年，共138次，平均2年一次，①给人民的生命和财产造成了巨大损失，也是宋代严重水灾的直接原因。因此，治理黄河、防患河决成灾就成了北宋历朝必须面对并尽力而为的大事，正如宋徽宗时人任伯雨所说："自古竭天下之力以事河者，莫如本朝。"②北宋治河手段仍是在东汉王景治河方法基础上的进一步完善，③可概括为"筑、堵、疏、开"四字，即筑堤束水，使水归流；堵塞决口，以解决河道决口问题；疏浚河道，以解决泥沙淤积问题；开挖河渠，以缓解旧河道水势压力。然而，这些治河手段的运用，除需要大量人力、财力之外，物料的需求也是缺一不可的。那么，北宋治河物料是怎样取得的？它的使用效果如何？它与黄河的反复决口有何关系？它对当时的自然环境又产生了什么影响？等等，是我们不甚明了的问题，也是学界没有系统论述的问题。④本文不揣浅陋，拟对这些问题进行一些梳理，以求教于方家。

---

① 姚汉源：《中国水利发展史》，上海人民出版社2005年版，第187页；《中国水利史稿》（中）则记73年份，平均2年多一次，水利电力出版社1987年版，第158页；邱云飞：《中国灾害通史》（宋代卷）记为89次。

② 《宋史》卷93《河渠三》，第2310页。

③ 关于北宋治河政策的发展变化可参见李华瑞《北宋治河与防边》一文，载张希清主编《澶渊之盟新论》，上海人民出版社2007年版，第349—358页。

④ 专门研究黄河或涉及黄河历史的论著，如岑仲勉：《黄河变迁史》，中华书局2004年版；《黄河水利史述要》，黄河水利出版社2003年；姚汉源：《中国水利发展史》，上海人民出版社2005年版；李华瑞：《北宋黄河泛溢与治理》，载《宋夏史研究》，天津古籍出版社2006年版；郭志安的博士学位论文《北宋黄河中下游治理若干问题研究》（河北大学，2007年6月），等等，其中都有关于河防物料的内容。

一 梢芟在河防中的作用

河防物料的种类繁多，据史料记载，包括梢芟、薪柴、橛撅、竹石、茭索、竹索等。其中，"凡伐芦荻谓之'芟'，伐山木榆柳枝叶谓之'梢'，辫竹纠芟为索"①，习惯上以"梢芟"来概括。北宋治河过程中，梢芟被广泛运用，尤其是在保护堤岸、堵口抢险方面起了重大作用。

（一）保护堤岸

北宋自太祖开始就十分重视修筑黄河大堤，筑堤技术也较前朝为高，堤的种类有遥堤、连堤、月堤、生堤、签堤等。在对堤岸的保护方面，除了朝廷专设治河机构和委派河官适时巡视、监督管理等人为措施以外，还广泛运用了诸如木岸、木龙、马头、锯牙、约、软堰、硬堰、埽工等护岸方式和技术。

元代沙克什"以宋沈立汴本及金都水监本汇合而成编"的《河防通议》记，木岸用签桩及梢料、草料修筑。一段长350步、高8尺、宽8尺的木岸需用木12万条，梢草12万束。② 其费木可见一斑。不过，木岸护堤在黄河及其支流堤岸都普遍使用。天圣九年（1031年）九月，朝廷同意都大巡检汴河堤孙昭在雍邱县湫口修筑木岸以束水势的请求③。嘉祐元年（1056年）九月，"诏三司自京至泗洲置狭河木岸"④，这次修筑的木岸一直持续到嘉祐五年（1060年）。熙宁二年（1069年）以前，黄河北流至恩州界的堤岸已是木岸⑤。熙宁六年（1073年）九月，"判将作监向宗儒乞罢蔡河木岸，从之。初，议者乞置木岸，已而计工所用梢桩夫力颇大，故罢之，止令修完土岸而已"。⑥ 木岸所费梢芟数量巨大，是其罢修木岸的主要原因。

---

① 《宋史》卷九一《河渠一》，第2265页。
② （元）沙克什：《河防通议》卷下，四库本第576册，第68页。
③ 《长编》卷一一〇，第2566页。
④ 《长编》卷一八四，第4448页。
⑤ 《长编》卷二三八，第5794页。
⑥ 《长编》卷二四七，第6016页。

天禧五年（1021年），滑州知州陈尧佐"以西北水坏，城无外御，筑大堤，又叠埽于城北，护州中居民；复就凿横木，下垂木数条，置水旁以护岸，谓之'木龙'，当时赖焉"①。木龙实际上就是把木条横竖固定在堤上，以减轻水浪对堤岸的冲击力。

马头是筑堤坝未完成时的坝头，宋代常筑之以防止河堤被冲坏。锯牙形似锯齿的护岸工坝或挑水短坝，有方锯牙坝或长方形坝，大约类似于后代的钳口坝，从两岸各进筑一道坝。约与挑水坝相似，若只在一岸筑的为上约或下约。它们都是在河堤内修筑一系列如锯齿状的短土堤、石堤或木堤，以挑开暴流，防止啮蚀堤岸。元祐八年（1093年），中书侍郎范百禄对梁村的锯牙、马头、软堰在阻挡水势中所起作用给予了充分肯定。②

总之，马头、锯牙、木岸等是北宋经常采用的护岸方法，"又有马头、锯牙、木岸者，以蹙水势护堤焉"③。而它们主要是由木材、草料做原料的。

然而，北宋最值得称道的治河技术是在这时期首创的埽工，"埽之制非古也，盖近世人创之耳"④。宋代不仅用埽堵口抢险，而且在筑堤护岸方面也广泛采用埽工技术，因此，北宋的堤段大多以"埽"命名，且在真宗天禧年间已遍及河道两岸，上自孟州下至棣州，时有四十五埽⑤。到熙宁十年（1077年）前后，熊本奏称"沿河共管八十四埽"⑥。至元丰四年（1081年）九月，朝廷采纳李立之建议，在今河北地段"分立东西两堤五十九埽"⑦。北宋究竟共修筑了多少埽岸，并无确切的史料记载，"我国家奄有天下，自龙门至于渤海为埽岸以拒水者凡且百数"⑧。制作埽工时，先选一宽平地方，"密布芟索，铺梢，梢芟相重，压之以土，杂以碎石，以巨竹索横贯其中，谓之'心索'。卷而束之，复以大芟索击其两端，别以竹索自内旁出，其高至数丈，其长倍之"。下埽时，数百上千的丁夫一齐扛抬，在鼓声、旗子的指挥下，唱着号子，放埽入河中。然后再打桩撅固

---

① 《宋史》卷九一《河渠一》，第2264页；《长编》卷九六，第2219页则记为天禧四年冬十月。
② 《长编》卷四八〇，第1430—1431页。
③ 《宋史》卷九一《河渠一》，第2266页。
④ 《河防通议》卷上，第51页。
⑤ 《宋史》卷九一《河渠一》，第2266页。
⑥ 《长编》卷二八二，熙宁十年五月庚午注，第6913页。
⑦ 《宋史》卷九二《河渠二》，第2286页。
⑧ 《河防通议》卷上，第45页。

定，又用长桩穿入，竹索都系在岸上的大桩上。①《河防通议》还详细记载了卷埽的长短及其所需物料费用②。

从上述可知，制埽的物料主要有梢草、杂梢（榆柳）、竹索、木桩、土石等，将它们交叉层层紧压，做成单个埽工，再将若干单个埽工连接起来砌成较长的护岸，就是埽岸，用以保护河堤。这是宋人的创造，它具有如下特点：第一，就地取材，成本低廉；第二，固土性强；第三，防浪抗冲；第四，施工便捷。所以，黄河的埽工一直沿用至今，是当今堤防工程中的护岸工程方法——柴枕法的初级阶段。所谓柴枕法就是指用乔木的枝梢、灌木的荆条以及草本植物芦苇，与岩（土）一层一层交叉、捆扎成枕状，沉入江河湖海堤（塘）底部的一种防止水流冲击的施工方法③。据称，2004年以前，埽工的制作与抛投均系人工操作，之后才进入机械制作埽工和抛投阶段④。

这些护岸方法和技术的运用，其原料主要是木、竹、石，尤其是榆柳枝条、木桩等起着关键性的支撑作用。

（二）堵塞决口

尽管北宋采用了很多筑堤护岸的办法，但黄河堤岸仍然时常决口，所以，堵塞决口成了北宋治河的一个重要组成部分。除了每年要调集大量人力之外，塞河物料的准备则是经常性的工作。这种用于塞河的物料当时称为"春料"："旧制，岁虞河决，有司常以孟秋预调塞治之物，梢芟、薪柴、楗橛、竹石、茭索、竹索凡千余万，谓之'春料'。诏下濒河诸州所产之地，仍遣使会河渠官吏，乘农隙率丁夫水工，收采备用。"⑤《河防通议》详细记载了堵口的操作过程：

> 先行检视旧河岸口两岸，植立表杆。次系影水浮桥，使役夫得于两岸通过，兼蔽影河流势，于上口难前处下撒星桩，抛下树石，镇压

---

① 《宋史》卷九一《河渠一》，第2265—2266页。《长编》卷一○○，天圣元年正月癸未也有记载，第2312页。
② 《河防通议》卷上《捲埽》《捲埽物色》《捲埽高一丈长二十步合用物料》。
③ 尚文勇、张杰等编：《柴枕法》，中国水利水电出版社2006年版，第1页。
④ 《柴枕法》第67页。
⑤ 《宋史》卷九一《河渠一》，第2265页。

狂澜。然后两岸各进草纤三道，土纤两道。又于中心抛下席袋、土包子。若两岸进纤至近合龙门时，得用手持土袋、土包，多广抛下，鸣锣鼓以战河势（此亦吴人以万弩射潮之意），既闭后，于纤前卷拦头、压埽，又于纤上修压口堤，若纤眼水出，再以胶土填塞牢固，仍设边捡以防渗漏。①

首先检视决口的深阔、水流及土壤情况，然后在决口两端插标杆、架设浮桥，以便役夫通行和抛掷物料。为了减弱水势，先在决口上游打星椿，然后在星椿内抛大木巨石以压狂澜，接着从两岸各进草占三道、土占两道，并在上面抛下土石包压占。闭口时，同时急速抛下土包土袋，鸣锣助威。合口后，在占前卷栏头埽压在占上，再修筑压口堤，并堵塞占眼漏水（即闭气），最后在迎水处加埽护岸。可见，用梢芟、竹石制成的埽工是堵口的主要构件。堵口合龙时用的埽称为龙门埽，是一种大埽堵口方法。庆历八年（1048年），黄河在澶州商胡决口后，宋廷就曾用过长60步的龙门埽堵口。因为太长，人力不能压下垫实，水工高超建议分为三节才成功堵口：

> 庆历中，河决北都商胡，久之未塞，三司度支副使郭申锡亲往董作。凡塞河决，垂合中间一埽谓之合龙门，功全在此，是时屡塞不合，时合龙门埽长六十步，有水工高超者献议，以谓埽身太长人力不能压，埽不至水底，故河流不断而绳缆多绝。今当以六十步为三节，每节埽长二十步，中间以索连属之，先下第一节，待其至底穴，压第二、第三。旧工争之以为不可，云二十步埽不能断漏，徒用三节，所费当倍，而决不塞。超谓之曰：第一埽水信未断，然执必杀半，压第一埽止用半力，水纵未断，不过小漏耳，第三节及平地施工，足以尽人力处置，三节既定，即止两节，自为浊泥所淤，不烦人功。申锡主前议，不听超说。是时贾魏公帅北门，独以超之言为然，阴遣数千人于下流收漉流埽，既定而埽果流而河决愈，其申锡坐谪，卒用超计，

---

① 《河防通议》卷上《闭河》，第50页。

商胡方定。①

元丰元年（1078年）堵塞曹村决口时，河北转运使王居卿提出"横埽法"堵口，当时"决口断流，实获其力"，蔡确为此特向朝廷为王居卿申请赏赐，并要求都水监作为常法推广，宋神宗还下令将此法写入灵津庙碑。②

无论什么方法堵口，其物料都包括草木之类的梢芟。

（三）疏浚泥沙

典型的是浚川杷的使用。王安石变法期间，设置疏浚黄河司，专门负责黄河泥沙淤积的疏浚。浚川杷是宦官黄怀信改李公义的铁龙爪③扬泥车法而成的一种疏沙法。"其法：以巨木长八尺，齿长二尺，列于木下如杷状，以石压之；两旁系大绳，两端矴大船，相距八十步，各用滑车绞之，去来挠荡泥沙，已又移船而浚。"④虽然时人对这一方法的效果提出了质疑，但它被推广实践过，熙宁十年（1077年），范子渊还用此法疏浚汴河⑤，并被认为是最早的机械浚淤方法，岑仲勉先生认为它是近世浚河机船的前身。⑥浚川杷的制作材料主要是木材，而且是"巨木"，使用时还须竹木制造大绳、大船配合，可见其对木材的消耗。

二 梢芟的来源

诸埽岸"所费皆有司岁计而无阙焉"，说明北宋治河物料由官府供给。具体供给方式有以下几种。

---

① （宋）沈括撰，侯真平点校《梦溪笔谈》卷一一《官政一》，岳麓书社2002年版，第87页。但《宋史》《长编》《宋大诏令集》等书不见记载这次堵口。
② 《长编》卷二九五，第7184页。
③ 《涑水记闻》卷一五，第295—296页。
④ 《宋史》卷九二《河渠二》，第2282页。
⑤ 《宋史》卷九三《河渠三》，第2324页。
⑥ 岑仲勉：《黄河变迁史》，中华书局2004年版，第369页。

（一）官府组织人力统一采伐

由于黄河决口具有季节性、突发性特点，所以堵口物料需要预先准备。北宋政府在每年秋季着手筹备第二年春季的堵口物料，即春料，包括梢芟、薪柴、橛橛、竹石、茭索、竹索等。对于这些物料的取得，有的由官府派遣河渠官吏组织士兵或民夫在黄河沿岸州县就近采伐即可满足需要，如真宗大中祥符初年，韩宗魏通判陈州之际，"河决害民，计其补塞费巨万"，他集结濒河丁壮，就近"伐薪藁，亲为裁画，一物不取于民，而堤复完坚"。① 仁宗嘉祐六年（1061年），修南京至都门三百里狭河木岸，"所用椿梢止伐岸木为之可足"。② 有的则主要由转运司或发运司统一调配，采伐近处榆柳只是一个补充。如天圣元年（1023年）八月，为塞滑州决口，部分物料来自"发卒伐濒河榆柳"③。景祐元年（1034年）十二月，三门白波发运使文洎言："诸埽需薪刍竹索，岁给有常数，费以钜万计，积久多致腐烂。乞委官检覆实数，仍视诸埽紧慢移拨，并斫近岸榆柳添给，免采买搬载之劳。"④ 熙宁四年（1071年），御史刘挚弹劾内臣程昉等人于河北开修漳河，所用物料"除转运司供应秆草梢桩之外，又自差官采漳堤榆柳，及监牧司地内柳株共十万余，皆是逐州自管津岸"。⑤ 元丰三年（1080年）二月，朝廷采纳宋用臣的建议，在汴河上修狭河六百里，所需物料的一部分来自就近采伐，"诏给坊场钱二十余万缗，仍伐并河林木，以足梢桩之费"。⑥

采伐梢芟的数量巨大，大中祥符九年（1016年）正月，三门白波发运使奏称："沿河山林约采得梢九十万，计役八千夫一月。"⑦ 天禧三年（1019年）八月，"三司言白波发运司采梢三百万"。⑧ 这只是一个地方在

---

① （宋）苏舜钦：《苏学士集》卷一六《韩公行状》，四库本第1092册，第119页。
② 《宋会要辑稿》方域十六之六。
③ 《长编》卷一〇一，第2330页；《宋史》卷91《河渠一》，第2266页。
④ 《长编》卷一一五，第2709页。
⑤ 《长编》卷二二三，第5421页；（宋）刘挚：《忠肃集》卷7《奏议·劾程昉开漳河》，中华书局2002年版，第137页。
⑥ 《长编》卷三〇二，第7354页；《宋会要辑稿》方域16之15。
⑦ 《宋会要辑稿》方域14之7。
⑧ 《长编》卷九四，第2164页。

一段时间里的采伐量。天禧四年（1020年）八月，当黄河再次于滑州决口时，知制诰吕夷简就因为所需堵口物料数量巨大，一时难以俱办，特建议"未议修塞，俟一二年间，渐收梢芟，然后兴功。……望议定未修河，特诏谕州县，仍令滑州规度所须梢芟，以军人采伐，或于近州秋税折科。"[1] 所以，仅靠官府组织的采伐是无法满足修堤护岸、堵塞决口的物料需求的。

（二）科配于民

早在宋太祖开宝五年（972年）就出现了因修河而向民间科征梢料的事情。此后，整个北宋科征梢料有增无减。天禧三年（1019年）九月，"三司请于开封府等县敷配修河榆柳杂梢五十万，以中等以上户秋税科折，从之"。[2] 这五十万的修河梢料就是中等以上人家从应缴纳的秋税中折纳的。天禧四年（1020年）二月，为堵塞前一年黄河在滑州的决口，"是役，凡赋诸州薪、石、楗、橛、芟、竹之数千六百万"。[3] 吕夷简认为向民间科取数量巨大，致使"诸州有贱典卖庄田者，盖虑科率梢芟，无以出办"，建议缓修河，得到朝廷允许。[4] 天圣元年（1023年）九月，为筹集堵塞滑州决口物料，"京东、西路先配率塞河梢芟数千万，期又峻急，民苦之"，后在王钦若的劝阻下，朝廷下诏暂停对当地物料的征发。[5] 但只过了一年多时间，朝廷就"诏河北、京东路，于中等以上户以二税折科塞河梢芟，限今年十一月终輂至滑州"。[6] 从天禧三年（1019年）六月开始的滑州决口至天圣五年（1027年）十一月才被堵塞，百官称贺，总计所费刍藁物料1620万，[7] 大部分来自科配，少部分来自采伐濒河的榆柳。庆历八年（1048年）七月，黄河在澶州商胡埽决口后，朝廷即刻"分遣内臣往河北、陕西、河东、京东、京西、淮南六路，劝诱进纳修河梢芟"。[8] 翰林学士欧阳修至和二年（1055年）多次奏书都称，堵塞商胡决口，"凡科配

---

[1] 《宋会要辑稿》方域十四之九；《长编》卷96，第2205页。
[2] 《宋会要辑稿》方域十四之八。
[3] 《长编》卷九五，第2182页。
[4] 《宋会要辑稿》方域十四之九。
[5] 《长编》卷一〇一，第2333页。
[6] 《长编》卷一〇三，第2376页。
[7] 《长编》卷一〇五，第2455页。
[8] 《宋会要辑稿》方域十四之十六。

梢芟一千八百万，骚动六路一百余州军"。①

可见，受科配的范围很广泛，同时科配给人民的生产生活造成了严重影响，也给社会的稳定带来了诸多不利因素。

（三）市场购买

至道元年（995年），京兆府通判杨覃奏称，"官买修河竹六十余万"，引起了宋太宗的重视。②，说明以购买方式获取河防物料在北宋开始得较早。但在此后的真宗、仁宗朝，除了前述的官府组织人力采伐和以赋税形式科配获取河防物料以外，还有一种有条件的募纳，如景祐二年（1035年）六月，"诏澶州输梢芟授官者免本户徭役，物故者勿免，其迁至七品，自如旧制"。③ 交纳梢芟既可授官又还免去徭役。庆历七年（1047年）十一月，朝廷采纳了贾昌朝等人的建议，在开封府、河北、京东西转运司推行按所纳梢草数目授予官职的办法。④ 此时，购买还不是获取修河物料的主要方式。神宗以后，通过市场购买成为官府筹备河防物料的主要手段。其中又有多种不同的具体方式。

第一，置场收买。熙宁五年（1072年）春正月，都水监丞程昉言："塞决河当增市芟草三百二十万，乞举官四员置场于怀、卫州，及举官一员提举并优立赏格。"朝廷为防止科配百姓，同意了程昉的建议，并支付常平司钱十万缗。⑤ 宣和五年（1123年）八月，中书省称，将京西路转运司每年应承担的400万束广武埽梢草，其中的110万束仍按本色税赋形式收取，其余290万束则"于黄河沿流去处置场收买"，⑥ 购买部分已多于税赋部分。元祐三年（1088年），为开修减水河，所需"桩橛、梢草、椴木、竹荻索等一千四百余万，见于陕西、京东西、淮南、两浙、江南东西等路计置并本处移那收买"，⑦ 购买地已深入两浙及江南。

第二，和买或科买。元祐四年（1089年）冬十月，左谏议大夫梁焘等

---

① 《长编》卷一七九，第4327页；卷一八，第4373页。
② 《宋会要辑稿》方域十四之三。
③ 《长编》卷一一六，第2735页。
④ 《宋会要辑稿》职官五十五之三十五，《长编》卷一六一，第3889页。
⑤ 《长编》卷二二九，第5568页。
⑥ 《宋会要辑稿》方域十五之三十一。
⑦ 《长编》卷四一五，第10087页。

言：" 访闻修河计置物料万数浩瀚，沿流州县多被科买，期限迫促，甚为骚扰。臣等窃谓河朔之民久罹水灾，若更加科率，实所不堪。今河流向背尚未可知，不宜重困民力。乞约束逐路监司及都水官吏，应缘修河所用物料，除朝廷应副，并须官和买，不得扰民。"说明沿河州县科买河防物料的现象很普遍，要求官府组织和买。而侍御史孙升则分析了出现这一现象的原因：朝廷大兴回河之役，河北梢草需求量大增，致使其价格"贵数倍，若一切用市价和买，则难以集办，必至抑配与等第人户，一路骚然，不安其居"。建议"应收买物料并须宽为期限，添长价直，不得非理抑配"。① 即官府要和买，必须宽限期限，并高出梢草的市场价格，这样才不至于抑配或科买于民。但在紧急情况下，科买仍然得到官府的认同，绍圣元年（1094年）七月，因广武埽危急，需梢草二百万束，朝廷同意京西转运使郭茂恂的意见："如和买不及，即乞依编敕于人户科买。"②

第三，官府购买河防物料梢芟的经费支付方式有现钱支付和赐予度牒两种。元丰元年（1078年）十一月，朝廷同意都水监的请求："自曹村决溢后，诸埽物料遂无生计准备，乞支见钱二十万缗，趁时市梢草封桩，如来年河埽无事，自可兑充次年。"③ 十二月，三司言接到都水监宋昌言等人支钱二十万缗，分与开封府、河北路诸埽购买梢草的要求，朝廷同意"支市易务下界末盐钱十万缗"。元丰二年（1079年）四月，"又诏司农寺出坊场钱十万缗，赐导洛通汴司增给吏兵食钱，内以二万缗给范子渊为固护黄河南岸薪刍之费"。④ 元丰三年（1080年）二月，宋用臣主持言修汴河狭河，朝廷"诏给坊场钱二十余万缗"。⑤ 元丰六年（1083年）二月，京西转运判官江衍奏称："广武埽年计梢草，西京、河阳充军粮草，并缺钱应副，乞借五十万缗。"朝廷为此令南北路提举司共支坊场钱30万缗，以作其购置物料之费，并规定五年还清⑥。元祐七年（1092年）二月，京西路转运司言："河阳南北岸年例修河桩木石，并是支本司见钱，召人户中

---

① 《长编》卷四三四，第10460页。
② 《宋会要辑稿》方域十五之十九。
③ 《长编》卷二九四，第7171页。
④ 《长编》卷二九七，第7231页。
⑤ 《长编》卷三〇二，第7354页。
⑥ 《长编》卷三三三，第8023页。

卖，候科降春夫，依旧于南北路科出免夫钱拨还。"① 此外还有赐予度牒的情况。熙宁八年（1075年）六月，"赐都水监丞度僧牒二百，市埽岸物料"。② 元丰元年（1078年）三月，赐河北转运司度牒二百道，"以市年计修河物料"。③ 元丰元年（1078年）八月，赐都水监度僧牒六百，令其分与开封府和河北转运司"预买修河物料"，并令都水监以这六百度僧牒中的一半所购买的梢草用来偿还诸埽。④ 元丰六年（1083年）闰六月，"赐开封府界提点司度僧牒五百，市阳武等埽物料"，⑤ 等等。

无论是置场收买还是和买甚至科买方式获取的梢芟，尽管有政府行政干预的存在，但市场价格这一基本原则仍在起作用。所以这一方式给社会及自然环境带来的影响则比其余两种方式复杂，需具体分析。

三　河防梢芟的使用对自然环境的影响

（一）堤岸植树与水土保持

宋人对于河堤植树有利于保持堤岸水土、坚固堤岸使其更好地发挥束水作用已有深刻认识，表现在官府政策的积极引导，官员监督实践的卓有成效。建隆三年（962年）九月，宋太祖"诏黄、汴河两岸，每岁委所在长吏课民多栽榆柳，以防河决"，⑥ 栽树的目的是防止河堤决口，而《宋会要辑稿》则言："（建隆）三年十月，诏沿黄、汴河州县长吏，每岁首令地分兵种榆柳以壮堤防。"⑦ 种树与固堤之意更为明确了。真宗时，谢德权负责汴河的輓运，在沿汴河两岸"植树数十万以固岸"⑧。天圣三年（1025年），陈尧佐任并州知州时，"每汾水涨，州人忧溺，尧佐为筑堤，植柳数

---

① 《长编》卷四七〇，第11228页。
② 《长编》卷二六五，第6485页。
③ 《宋会要辑稿》方域十五之一。
④ 《宋会要辑稿》方域十五之三；《长编》卷二九一，第7122页。
⑤ 《宋会要辑稿》方域十五之十；《长编》卷三三六，第8102页。
⑥ 《长编》卷三，第72页。
⑦ 《宋会要辑稿》方域十四之一。
⑧ 《宋史》卷三〇九《谢德权传》，第10166页。

万本，作柳溪亭，民赖其利"①。天圣六年（1028 年），根据驾部员外郎阎贻庆建议治理广济河，"浅则浚治，岸薄而圮则增筑之，植榆柳为固"②。徽宗重和元年（1118 年）三月，诏"滑州、浚州界万年堤，全借林木固护堤岸，其广行种植，以壮其势"③，这些都明确指出植树的直接目的就是固护堤岸。

此外，堤岸植树还有一直接目的，即为修河准备物料。开宝五年（972 年）正月，因为官府科取修河物料，社会上出现伐园林以应付的现象，所以朝廷"诏自今沿黄、汴、清、御等河州县，除准旧制种艺桑枣外，委长吏课民别种榆柳及土地所宜之木，仍按户籍上下定为五等，第一等岁种五十本，第二等以下递减十本。民欲广种艺者听逾本数，有孤寡穷独者免之"④。这是为修河作长远的物料准备。大中祥符七年（1041 年）六月，"诏缘广济河并夹黄河县分，令往栽种榆柳"⑤。大中祥符八年（1015 年）四月，"遣使滑州，与知州、通判同阅芟地，尽令刈送官场"；七月，"令京东路提点刑狱藤涉、常希古与本路转运司定夺郓、濮州，规置芟地久远利害"⑥。说明宋朝设有较为固定的芟地，专门种植河防梢芟。熙宁三年（1070 年）九月，在同判都水监张巩建议下，宋廷着手在"黄河芟滩收地，栽种修河榆柳"⑦，以减轻陕西配卒采伐修河梢芟之负担，说明在黄河滩地所种的榆柳就是修河物料。但作为河防物料的只是榆柳的枝条，它们的根系仍在，对堤岸的保护作用是不用怀疑的。

北宋政府不仅重视河堤植树，而且还严禁乱伐堤岸林木。景德二年（1005 年），"又申严盗伐河上榆柳之禁"⑧，一个"又"字，表明这样的禁令之前已经制定过。天圣七年（1029 年）规定，对滑州河清军士盗伐沿堤林木屡犯不改者，予以发配到"广南远恶州牢城"的处罚⑨。熙宁八年

---

① 《长编》卷一〇三，第 2738 页。
② 《长编》卷一〇六，第 2487 页。
③ 《宋史》卷九三，第 2315 页。
④ 《宋史》卷九一《河渠一》，第 2257 页。《长编》卷一三，第 278 页；《宋会要辑稿》方域十四之一。
⑤ 《宋会要辑稿》食货四十五之一。
⑥ 《宋会要辑稿》方域十四之七。
⑦ 《长编》卷二一五，第 5234 页。
⑧ 《长编》卷六一，第 1369 页。
⑨ 《宋会要辑稿》方域十四之十三。

(1075年），"诏黄河向著堤岸榆柳，自今不许采伐。后又诏虽水退背堤岸，亦禁采伐。初，大名府修城，伐河堤林木为用，都水监丞程昉以为言，故禁之"。① 也说明了堤上林木是为修河之用的，不能作他用。

由于宋政府对堤岸植树的重视，所以黄河流域一些地方出现了林木繁盛的景象。如熙宁五年（1072年）七月，赵忠政言："今齐、棣间数百里，榆柳桑枣，四望绵亘，人马实难驰骤。若自沧州东接海，西彻西山，仿齐、棣植榆柳桑枣，候数年间可以限戎马，然后召人耕佃塘泺，益出租，可助边储。"② 说明人工种树成为阻挡敌骑的屏障，其固堤护堤的作用也是自然的了。熙宁八年（1075年）十二月辛丑，都大提举疏浚黄河范子渊称："怀、卫州界沿堤林木甚多，欲选材创四百料船二百只，以给浚河之用。"得到朝廷允许。③

现代研究已经证实，林木具有缓冲高强度降雨对土壤的滴溅侵蚀能力，使林下土壤溅蚀量减少了约20%，土壤流失量降低了43.2%，同时，通过其根系的牵引效应把根际土层的抗滑动能力提高了38.9%。它的叶也可以缓冲降雨对土壤的冲刷力，它的茎则在垂直方向有效降低风速，以减少风对地表物体的搬运。④ 一句话，林木的根、茎、叶是水土保持的天然卫士。

柳树尤其是水柳，既可水插，又可土插，具有栽种成活率高、生长快、根系发达、喜水耐淹、抗风浪、固土性好等特点，是江河湖堤在汛期最难得的保护材料。周宝珠先生也说："柳树在栽种方面，极易成活，木材用途广，是中原地区主要树种之一，一般说来，柳树长到一定粗度后，即砍去树头，使树头来年再生新枝，新枝大约到鸡蛋、鸭蛋粗的程度，再不断砍去，这样使树干年年发粗而显得古老苍劲。树枝则不断更新而呈嫩枝状态，便一如画家所绘的那样。这种柳，中原一带群众称为'砍头柳'，颇具特色。"⑤ 榆树也具有萌芽力强、生长快、根系发达、耐修剪、保土力强、抗风力等特点。

---

① 《长编》卷二五九，第6323页。
② 《长编》卷二三五，第5707页。
③ 《长编》卷二七一，第6642页。
④ 参见周跃等《城市园林公墓中林木的水土保持效益》，《城市环境与城市生态》1999年第5期。
⑤ 周宝珠：《〈清明上河图〉与清明上河学》，河南大学出版社1997年版，第50—51页。

可见，榆柳树既是保护堤岸的好树种，也是修河堵口的好材料，还可起到保持水土、调节气候、美化环境的好作用。

从前面引用的有关堤岸植树方面的大量资料看来，北宋时人们已经认识到了林木在保持水土、固堤护岸、生产修河堵口物料等方面的作用。到南宋时，魏岘更为明确指出了林木的这种作用："四明占水陆之胜，万山深秀，昔时巨木高森，沿溪平地，竹木亦甚茂密，虽遇暴水湍激，沙土为木根盘固，流下不多，所淤亦少，开淘良易。近年以来，木值价高，斧斤相寻，麋山不童。而平地竹木，亦为之一空。大水之时，既无林木少抑奔湍之势，又无包缆以固沙土之积，致使浮沙随流奔下，淤塞溪流，至高四五丈，绵亘二三里，两岸积沙，侵占溪港，皆成陆地。"① 从正反两方面具体阐述了森林保持水土、防止水土流失的作用。对于防止河流泥沙淤积，魏岘指出："宜于西岸去港一二里，量买地段。南自港口北自山下以属于溪。北去港远南去港近带，斜筑叠堤，以粗石阔为基址，高七八尺，外植榉柳之属，令其根盘错据，岁久沙积，林木茂盛，其堤愈固，必成高岸，可以永久。"②

尽管北宋黄河常常决溢，修河、堵口所需梢芟数量巨大，但所幸这些梢芟主要是林木的枝条和芟草，多系灌木，砍伐后能随季节变化而再生，并非连根拔除。再加上这些梢芟的获取由于受运输条件的限制，还是以就近为原则，所以还不能把北宋河防与自然环境的破坏或水灾的频繁完全等同起来。相反，我们应该充分肯定北宋植树护岸、修河堵口、就近取材这些举措对当时黄河中下游地区的水土保持、气候调节和生态环境等方面所起的积极作用。

（二）伐木修河导致滥伐与黄河频繁决溢

尽管朝廷采取了采伐、科配、购买等方式来筹备河防物料，但在具体执行过程中也出现了诸多弊端。

第一，因采伐有任务、科配有时间限制，催迫紧急，出现砍伐园林的现象。前已指出，还在开宝五年（972年），宋太祖就已注意到了民间"科取梢樎，多伐园林"的现象而下诏依户等高低植树。但这种现象不仅

---

① 《四明它山水利备览》卷上《淘沙》，第4页。
② 《四明它山水利备览》卷上《防沙》，第5页。

在北宋时期始终存在，而且愈演愈烈。熙宁四年（1071年）五月，御史刘挚上奏内臣程昉等在河北开修漳河时："所用物料本不预备，需索仓猝，出于非时，官私应急，劳费百倍。除转运司供应秆草梢桩之外，又自差官采漳堤榆柳，及监牧司地内柳株共十万余，皆是逐州自管津岸。河北难得薪柴，村农惟以麦秸等烧用及经冬泥补，而昉等妄奏民间不用，已科一万余功，差本司兵士散就州县民田内自行收割。所役人夫，莫非虐用，往往逼使夜役，蹂践田苗，发掘坟墓，残坏桑柘，不知其数。"① 严重影响到了人们的生产生活。

第二，因科配梢芟出现盗伐河堤林木现象。这也与官府的科配有很大关系，天圣七年（1029年），滑州埽河清士兵盗伐河堤林木主要是为了完成官府规定的采伐任务，"规避重役，故意盗林木以就决配"。② 元丰七年（1083年）夏四月，中书省言："河北路频奏群党一二十人以至三二百人盗取河堤林木梢芟等。"③ 这已是有一定规模的盗伐团伙，对河堤林木的破坏很大。尽管偷盗者一旦被发现，都会受到相应的惩处，但这种行为致使河堤林木被滥伐，河堤堤岸被毁坏，大大降低了河堤的束水能力，以致在暴雨来临时坍塌、决口。

第三，由于官府购买梢芟时有时间限制，梢芟价格上涨，人们为追逐利益而乱伐林木。早在至道元年（995年），因京兆府买修河竹六十余万，宋太宗"闻关右百姓竹园，官中斫伐殆尽，不及往日蕃盛"，于是他要求"自今官所须竹，量多少采取，厚赏其直，存其竹根，则新竹可望矣"。④ 就是通过按需砍伐，提高竹价的办法来防止对关右竹子的滥伐，使其不被毁灭。

哲宗时，黄河在小吴决口，朝廷决定开挖孙村河，回复故道，一些官员从不同侧面提出了反对意见。范纯仁从所耗梢芟的角度说：

> 水官不候相度可否，便计买先修旧河埽梢草一千万束，用钱近四十万贯，此是将寻常价例约度。今来立限要二月中有备，则必诸州争

---

① 《长编》卷二二三，第5421页。
② 《宋会要辑稿》方域十四之十三。
③ 《长编》卷三四五，第8278页。
④ 《宋会要辑稿》方域十四之三。

买,价例更高,不惟所用钱物浩大,官吏逃责,恐不免劳扰。既称开减水河只要试探水势,已计梢草若干万束,内若干旧有,若干今买,即来春所用兵夫须与梢草相称,方能了当。其开减水河本只欲试探水势,已费财用如此,将来回复大河,塞决口,都未曾议及,此正臣前所谓用过财力既多,欲罢不能之端也。前来与执政人买一千万梢草文字已画可降出,有中书舍人彭汝砺议欲候相度见可开然后收买,其意亦在安民惜费。盖于义理当然,望陛下特赐采听。兼议者始谓今年丰熟,草梢易为收买,臣思之唯是草一色岁丰易得外,其梢既不近山,多是人家园林,凶年方肯斫卖,丰年却恐难得。况大河既未全复,物料自当减数,设欲预备,亦须渐次计置。①

其中就讲到因官府购买紧急,地方各州争买,导致梢芟价格升高;而且近山林木已被砍伐殆尽,所以修河梢木主要来自私家园林,而丰年人们生活有保障,不会出卖园林里的林木,因此价更高也更难买到。

孙升则从梢芟价贵,而政府不按市场价值规律办事,担心抑配百姓的角度指出:

今回河之役既兴,而河北首被其害,兵夫若干,物料若干,臣访闻即日梢草之价,其贵数倍。若一切用市价和买,则难以集办,必至抑配与等第人户,一路骚然,不安其居。苟以星火为期,将见室家不保,恐非陛下加惠元元之意。伏望圣慈特赐指挥下都提举修河司,应收买物料并须宽为期限,添长价直,不得非理抑配。②

他建议朝廷在已经涨高了的市价基础上再增价且放宽买卖期限,只有这样才不致抑配、骚扰百姓。但这只是一些官员的善良愿望罢了。

苏轼又从堤岸林木毁坏的角度提出了对新修河的担心:

臣闻自孙村至海口,旧管堤埽四十五所,役兵万五千人,勾当使臣五十员,岁支物料五百余万。自小吴之决,故道诸埽皆废不治,堤

---

① 《长编》卷四一六,第10110—10111页。
② 《长编》卷四三四,第10460页。

上榆柳，并根掘取，残零物料，变卖无余，官吏役兵仅有存者。使孙村之役，不能夺过河身，则官私财力举为虚弃；若幸而复行故道，则四十五埽皆已废坏，横流之灾必备于今。①

其中提到的四十五埽当是真宗时期所修的堤岸，至元祐初才过六十余年，已经是堤上榆柳被连根拔起，残剩物料被变卖无余了。而这种连根也不保留的砍伐就是因为可以变卖带来经济利益的缘故，其直接的后果就是堤岸废坏不堪，水灾来时毫无抵抗之力。

总之，北宋对黄河河堤的重视，一方面起到了保持水土、保护环境的作用；另一方面，由于堵口物料——梢芟本身易腐坏的特点，加上官府管理的弊端，滥伐河堤林木，使得黄河决口频繁，北宋陷入决口—堵口—再决—再堵的恶性循环之中，穷于应付，既增加了财政压力，也因修河堵口所耗的巨量林木竹石而破坏了自然环境。

[原文发表于《四川师范大学学报》（社会科学版）2010年第4期]

---

① 《长编》卷四一四，第10056页。

宋代四川地区饥荒述论

饥荒是在自然灾害和社会因素的相互作用下产生的生产衰退与经济停滞甚至倒退、粮食匮乏的社会现象。它的具体表现诸如民无可食之粮,以野菜、山果甚至树皮充饥,严重时出现饿殍遍野,乃至人吃人的现象,流民涌现,盗贼多发,社会秩序动荡不安,等等。饥荒是中国古代社会的常见现象,宋代也不例外。据不完全统计,两宋共发生饥荒180多次,而宋代时期的四川[①],虽然在地理位置、气候、物产等自然条件方面处优势,经济发展基础较好。但正是基于此,自宋灭后蜀,将其地纳入自己统辖之后,就在该地区采取了一些特殊政策[②],特别是南宋时期,把四川作为军事后勤供应基地,给这里的经济和人民生活带来了极大影响。我们搜检史料,拟对宋代四川地区饥荒问题作些探讨,以从一个侧面了解宋代四川的社会历史和人们生活,敬请大家指正。

一 宋代四川地区饥荒概况

我们以《宋史》为主要史料,参考《续资治通鉴长编》等书制成表1。

---

① 本文所指的四川地区包括宋代川峡四路即益州路(后改为成都府路)、利州路、梓州路(后改为潼川府路)、夔州路所辖的范围。

② 粟品孝:《宋朝在四川实施特殊化统治的原因》,《西华大学学报》(哲学社会科学版)2012年第2期。

表1 宋代四川地区饥荒概况

时间	地点	概况	资料来源
雍熙三年	剑州	民饥,遣使振之,因督捕诸州盗贼	《宋史》卷五《太宗二》
大中祥符四年	剑南	河北、陕西、剑南饥 剑、利、阆、集、壁、巴等州饥,诏振之	《宋史》卷八《真宗三》,卷六十七《五行五》 《续资治通鉴长编》卷七十六,第1727页
天禧三年	利州路	江、浙及利州路饥	《宋史》卷八《真宗三》,卷六十七《五行五》
天圣六年	利州路	(陈贯离开泾州)徙为利州路转运使。会岁饥,自以职田粟赈饥者	《续资治通鉴长编》卷一百〇六,第2479页 《宋史》卷三百〇三《陈贯传》
明道二年	两川	是岁,畿内、京东西、河北、河东、陕西蝗,淮南、江东、两川饥,遣使安抚,除民租	《宋史》卷十《仁宗二》,卷六十七《五行五》记为"西川饥"
宝元二年九月	益州路、梓州路、利州路、夔州路	乙卯,出内库银四万两,易粟赈益、梓、利、夔路饥民	《宋史》卷十《仁宗二》,卷六十七《五行五》
嘉祐三年	夔州路	夔州路旱,饥	《宋史》卷六十七《五行五》
熙宁六年	剑南西川	淮南、江东、剑南西川、润州饥	《宋史》卷六十七《五行五》
熙宁七年	成都、利州路	京畿、河北、京东西、淮西、成都、利州、延、长、润府州、威胜保安军饥	《宋史》卷六十七《五行五》
绍兴五年	潼川府、兴元府	夏,潼川路饥,米斗二千,人食糟糠。兴元饥,民流于果、阆	《宋史》卷六十七《五行五》
绍兴六年	蜀、利州路	夏,蜀亦大饥,米斗二千,利路倍之,道殣枕藉	《宋史》卷六十七《五行五》
绍兴二十七年	四川诸州	冬十月辛酉,诏四川诸司察旱伤州县,捐其税,赈其饥民	《宋史》卷三十一《高宗八》
隆兴元年	四川	绍兴府大饥,四川尤甚	《宋史》卷六十七《五行五》
乾道四年	蜀、邛、绵、汉、剑、石泉军	春,蜀、邛、绵、剑、汉州、石泉军大饥,邛为甚。盗延八郡,汉饥民至九万余	《宋史》卷三十四《孝宗二》,卷六十七《五行五》
乾道九年	成都、永康军、邛州	春,成都、永康、邛三州饥	《宋史》卷六十七《五行五》

续表

时间	地点	概况	资料来源
淳熙元年	蜀关外	淳熙元年，浙东、湖南、广西、江西、蜀关外皆饥	《宋史》卷六十七《五行五》
淳熙九年	潼川府、利州路、夔州路	蜀潼、利、夔三路郡国十八皆饥，流徙者数千人	《宋史》卷六十七《五行五》
淳熙十年	合州、昌州	十年，合、昌州荐饥，民就赈相踩，死者三十余人	《宋史》卷六十七《五行五》
淳熙十三年	利州路	是岁，利州路饥，江西诸州旱	《宋史》卷三十五《孝宗三》
绍熙二年	夔州路	夔路五郡饥，渝、涪为甚	《宋史》卷六十七《五行五》
绍熙三年	资、荣、普、叙、简、隆、富顺监	三年，资、荣州亡麦，普、叙、简、隆州、富顺监皆大饥，亡麦，殍死者众，民流成都府至千余人，威远县弃儿且六百人	《宋史》卷六十七《五行五》
绍熙四年	简、资、普州	简、资、普州，绵州亡麦	《宋史》卷六十七《五行五》
庆元三年	蜀	襄、蜀亦饥	《宋史》卷六十七《五行五》
嘉泰二年	四川、广安、潼川府	四川饥，广安、怀安军、潼川府大亡麦	《宋史》卷六十七《五行五》
开禧二年	忠、涪州	南康军、忠、涪州皆饥	《宋史》卷六十七《五行五》
嘉定十年	石泉军	蜀石泉军饥，殍死殆万余人	《宋史》卷六十七《五行五》
嘉定十二年	潼川府	春，潼川府饥而不害	《宋史》卷六十七《五行五》
绍定二年	成都、潼川府	五月，诏：成都、潼川路岁旱民歉，制司、监司其亟振恤	《宋史》卷四十一《理宗一》

表 1 显示：第一，《宋史》中有记载的宋代四川地区饥荒共 28 次，在宋代 180 多次饥荒中约占 16%，在两宋 320 年历史长河中，平均 11 年就有 1 次饥荒发生。第二，从时间来看，28 次饥荒中，北宋 9 次，南宋 19 次。南宋明显多于北宋。北宋还有太祖、英宗、哲宗、徽宗、钦宗五朝，南宋有度宗、恭帝、端宗、昺帝四朝无饥荒记载。这可能主要还是王朝刚建立或面临严重社会危机，人们的关注点不在此以及史料的缺载原因。第三，从饥荒发生的范围来看，川峡四路均有饥荒记载，其中，利州路 17 次，最多；益州路和梓州路各 13 次；夔州路 9 次，最少。这与各路的地势等客观条件大体相符。而治所成都却只有 3 次饥荒记载，说明其所处的成都平原

在宋代能满足人们的衣食之需，少有饥荒发生。第四，从饥荒的严重程度上看，宝元二年（1039年）、绍兴五年（1135年）、绍兴六年（1136年）、隆兴元年（1163年）、乾道四年（1168年）、淳熙九年（1182年）、绍熙三年（1192年）、嘉定十年（1217年）等八次最为严重，表现出范围广、饥民多、危害大等特点。尤其是乾道四年（1168年）"盗延八郡，汉饥民至九万余"，淳熙九年（1182年）"流徙者数千人"，绍熙三年"殍死者众，民流成都府至千余人，威远县弃儿且六百人"，嘉定十年（1217年）"殍死殆万余人"四次特别突出。在这些严重的饥荒中，南宋也明显多于北宋，而特别严重的饥荒则完全发生在南宋时期。足以看出，从北宋到南宋，四川地区社会生产环境和自然生态环境已在逐渐恶化，尤其是前者。南宋时人吴昌裔奏称："蜀中财用之困，始于炎、兴。在赵开时岁三千三百四十二万，而所支之数乃多五十二万有奇。在李迨时增收三千六百六十七万，而终岁所处，又多一百六十二万。自是而后，入少出多，调度转急。臣尝以绍定一岁之数计之，所收二千四百九十二万余缗，已减绍兴所入之，所支五千一十六万三千余引，乃过绍兴增支之半。前后总饷，率坐乏兴，每以二千五百二十四万之数仰给朝廷。科隆不啻，如赤子之仰哺，此蜀赋本末也。"① 可见，自宋高宗时起，四川地区每年赋税收入由多变少，而支出却由少增多，说明其所承受的经济压力不断增大。饥荒发生的频繁和严重只是这一现象的表现之一。

二　宋代四川地区饥荒成因

导致饥荒的原因大致可概括为天灾和人祸两方面。天灾主要是指自然灾害；人祸则主要包括繁重的赋役、官吏救助不力和富民囤积取利等内容。

（一）自然灾害

据不完全统计，宋代四川地区发生有记载的各类自然灾害共 152 次，

---

① 傅增湘：《宋代蜀文辑存》卷八十四《论救蜀四事疏》（吴昌裔），北京图书馆出版社2005年版，第659—660页。

其中水灾68次，旱灾48次，地震21次，其他灾害15次。① 而水旱灾害合计共达116次，占灾害总数的76%以上，说明这两种是宋代四川地区发生频率最高的灾害。水灾发生时，庄稼被淹没、浸泡，甚至耕地被冲毁；旱灾发生时，禾苗枯死乃至土地干枯龟裂，导致农业歉收或绝收。它们相同的后果之一就是引发饥荒。下面我们将有饥荒的年份对应的灾害情况制成表2来作分析。

表2 宋代四川地区饥荒与水旱灾害对应情况

时间	饥荒地区	灾害情况	资料来源
雍熙三年	剑州	无	
大中祥符四年	剑南	无	
天禧三年	利州路	无	
天圣六年	利州路	无	
明道二年	两川	无	
宝元二年九月	益州路、梓州路、利州路、夔州路	两川自夏至秋不雨，民大饥	《长编》卷一百二十四
嘉祐三年	夔州路	夔州路旱，饥	《宋史》卷六十七《五行五》
熙宁六年	剑南西川	无	
熙宁七年	成都、利州路	北尽塞表，东被海涯，南逾江淮，西及邛蜀，自去岁秋冬，绝少雨雪，井泉溪涧，往往涸竭，二麦无收，民已绝望，孟夏过半，秋种未入，中户以下，大抵乏食，采木实草根以延朝夕	《长编》卷二百五十二
绍兴五年	潼川府、兴元府	秋，西川郡国水秋，四川郡国旱甚	《宋史》六十一《五行一上》卷六十六《五行四》
绍兴六年	蜀、利州路	夔、潼、成都郡县及湖南衡州皆旱	《宋史》卷六十六《五行四》
绍兴二十七年	四川诸州	旱	《宋史》卷三十一《高宗八》

---

① 徐瑶：《宋代四川地区灾荒史论述》，硕士学位论文，四川师范大学，2013年。

续表

时间	饥荒地区	灾害情况	资料来源
隆兴元年	四川	无	
乾道四年	蜀、邛、绵、汉、剑、石泉军	三年，四川郡县旱，至于秋七月，绵、剑、汉州、石泉军尤甚（四年）旱	《宋史》卷六十六《五行四》（《文献通考》卷三百〇四与之记载一样）《宋史》卷三十四《孝宗二》，《长编》卷一百二十二
乾道九年	成都、永康军、邛州	八年六月壬寅，四川郡县大雨水，嘉眉邛蜀州、永康军及金堂县尤甚，漂民庐，决田亩	《宋史》卷六十一《五行一上》
淳熙元年	蜀关外	蜀关外四州旱	《宋史》卷六十六《五行四》
淳熙九年	潼川府、利州路、夔州路	无	
淳熙十年	合州、昌州	无	
淳熙十三年	利州路	无	
绍熙二年	夔州路	普、隆、涪、遂、富顺监皆旱，简、资、荣州大旱	《宋史》卷六十六《五行四》
绍熙三年	资、荣、普、叙、简、隆、富顺监	秋，简、资、普、荣叙隆、富顺监亦大旱	《宋史》卷六十六《五行四》
绍熙四年	简、资、普州	绵州大旱，亡麦。简、资、普、渠、合州、广安军旱	《宋史》卷六十六《五行四》
庆元三年	蜀	潼、利、夔路十五郡旱。自四月至于九月，金、蓬、普州大旱	《宋史》卷六十六《五行四》
嘉泰二年	四川、广安、潼川府	元年五月，蜀十五郡皆大旱	《宋史》卷六十六《五行四》
开禧二年	忠、涪州	元年夏，忠、涪州大旱	《宋史》卷六十六《五行四》
嘉定十年	石泉军	冬，蜀、汉二州，江没城郭	《宋史》卷六十六《五行四》
嘉定十二年	潼川府	无	
绍定二年	成都、潼川府	无	

从表 2 中看出，宋代四川地区饥荒记录中，与自然灾害无关的有 12 次，其中，北宋和南宋各 6 次；与自然灾害有关的达 16 次，约占饥荒总数的 53%，说明自然灾害与饥荒的发生的确密切相关。自然灾害中又以水灾和旱灾为主，而水灾只有 3 次，即绍兴五年（1135 年），乾道九年（1173 年），嘉定十年（1217 年），均在南宋；旱灾 15 次。其中北宋与自然灾害有关的 3 次均为旱灾；绍兴五年（1135 年）则是唯一一次既有水灾又有旱灾的记录。可见，旱灾是引发宋代四川地区饥荒的主要自然灾害。

另外，太祖乾德四年（966 年），"普州言兔食秋稼殆尽"[①]。绍熙三年（1192 年）、绍熙四年（1193 年）、嘉泰二年（1202 年）皆因"亡麦"导致饥荒[②]，这恐怕除了水旱灾害之外，蝗虫及其他生物蚕食庄稼导致歉收或无收的虫害也极有可能。只是这一因素在宋代四川地区并不突出，故不赘述。

（二）赋役繁重

宋朝朝廷依照有无土地、财产将民众分为主户和客户。主户须向政府缴纳赋税和承担差役。宋代四川的主户所承担的赋税包括：正税——两税（地税和户税或夏税和秋税）；附加税，如头子钱、义仓税、勘合钱、屋税，和买、和籴、预借等，名目繁多。但这些正税和附加税仍非赋税的全部内容，还只是法定的税种而已。在实际征收时，官府还用支移、折变等办法来加重对中下户的剥削。此外，州县衙门的官吏和乡村的里胥还依仗权势，对下户进行敲诈勒索。[③] 所以，中、下户贫民所承担的赋役十分繁重。占宋代四川人口比例最大的佃农，靠耕种少量的土地，挣扎在温饱线上；比佃农地位更低的还有旁户，旁户依附于豪强大族地主，除为地主耕种土地外，还要承担本应由地主承担的赋役。王小波、李顺起义中的"旁户鸠集"[④] 即是这一群体。而终宋一朝，与辽、西夏、金、蒙（元）的战争此起彼伏，作为宋朝军费重要来源地之一的四川地区，在每一次战争中，无一例外地都会受到额外赋役的盘剥。绍兴四年（1134 年），川、陕宣抚使吴玠命令调两川民夫运米十五万斛到利州，结果造成"饥病相仍，道死者众，蜀人病之"，

---

① 《长编》卷七，第 179 页。
② 见文中表 1。
③ 贾大泉：《宋代四川经济述论》，四川省社会科学院出版社 1985 年版，第 31、32 页。
④ 《宋史》卷三〇四《刘师道传》，第 10064 页。

还是漕臣赵开采取"听民以粟输内郡,募舟挽之"①,即省去了民众运输的劳累和兼顾了商人的利益的办法,才使蜀人缓过气来。稍后的李䌹任利州知州时,在汉州饥荒久久不能消去的情况下,注意访求民意,从一老妇口中得知"民所以饥者,和籴病之也"后,上奏朝廷免去了此地的和籴,"民大悦"②,才解除了饥荒可能给当地带来的不利影响。

表2显示的宋代四川12次与自然灾害无关的饥荒中,可能大多是赋税征调的苛急所造成的。当然,赋役对民众来说是经常性的负担,它往往与自然灾害等一起对民众生产和生活造成双重打击,雪上加霜,这样,饥荒的发生就在所难免了。

(三)水利工程修治不力

都江堰是成都平原最主要的灌溉水源,宋政府每年都要在规定时间内对其进行修护,这一做法被称为"岁修",且这一制度在宋朝成为定制。"元祐间,差宪臣提举,守臣提督,通判提辖。县各置籍,凡堰高下、阔狭、浅深,以至灌溉顷亩、夫役工料及监临官吏,皆注于籍,岁终计效,赏如格。"③然而在岁修过程中,由于人为原因而导致的修治不力,使堤堰灌溉功能降低,农田失水歉收,进而导致饥荒的事情却时有发生,所以,徽宗大观二年(1108年)七月,诏曰:"蜀江之利,置堰溉田,旱则引灌,涝则疏导,故无水旱。然岁计修堰之费,敷调于民,工作之人,并缘为奸,滨江之民,困于骚动。自今如敢妄有检计,大为工费,所剩坐赃论,入己准自盗法,许人告。"④其中修堰的经费是向民众征调来的,负责官吏又贪污、妄征,致使沿江民众疲惫不堪。于是,徽宗下令今后不能随意多征调,剩下经费以贪赃论处,把经费纳入自己腰包以盗贼论处。六年之后的政和四年(1114年),"又因臣僚之请,检计修作不能如式以致决坏者,罚亦如之"⑤,即对岁修不合格造成堤堰损坏的有关人员进行惩处。

但是,这些政策并未得到很好的落实,到南宋孝宗时期,"永康军岁

---

① 《宋史》卷一七五《食货志上三》,第4260页。
② 《宋史》卷三九八《李䌹传》,第12118页。
③ 《宋史》卷九五《河渠五》,第2376页。
④ 《宋史》卷九五《河渠五》,第2376页。
⑤ 《宋史》卷九五《河渠五》,第2376页。

治都江堰，笼石蛇绝江遏水，以灌数郡田。吏盗金，减役夫，堰不固而圮，田失水，故岁屡饥"。① 这条材料清楚地谈到了在都江堰岁修时，管事官吏挪用资金、缩减役夫、所修堤堰因不牢固而坍塌，堰内储水流失，致使农田得不到及时灌溉等情况。"岁屡饥"道出了都江堰与四川饥荒发生的密切程度以及主事官吏人为原因造成的饥荒的频繁程度。

以上可见，宋代四川地区饥荒的发生，直接或表面上的原因主要是天灾，但间接或实际上的原因却与政府的政策、制度、官员的责任感等密切相关。而由这方面所造成的饥荒一般不被官方重视，它给民众带来的苦难更为严重，更具隐蔽性。

三 宋代官府对四川地区饥荒的应对

饥荒发生时，"道馑枕藉"，甚或"殍死者众"。走投无路的饥民，或者出现"多盗"，"盗贼间发"②；或者出外流徙，成为流民。如乾道四年（1168年）益州路爆发大范围饥荒时，"盗延八郡""盗贼蜂起"③，而"邛之安仁年饥，挺起为盗，害及旁郡"，知成都府的汪应辰采取"诛其渠魁，余悉抚定"④，才未酿成大乱。前表1所示，绍兴五年（1135年），兴元府饥荒时，"民流于果、阆"；淳熙九年（1182年），潼川路、利州路、夔州路饥荒时，"流徙者数千人"；绍熙三年（1192年），资、荣等州及富顺监饥荒，"民流成都府至千余人"。更有发生饥民抢夺仓廪甚或直接暴动的事件，如乾道四年（1168年），安仁县"饥民千百持锄棘大呼，响震邑市，令惧闭门"⑤，这些都使得社会生产停滞、治安秩序混乱、人心不稳，不仅严重影响人们正常的生产生活，而且对朝廷统治也造成了威胁。因此，采取措施应对饥荒就成了官府的首要任务。

这些措施主要有以下几方面。

---

① 《宋史》卷二四七《赵不意传》，第8758页。
② 《宋史》卷二九二《明镐传》，第9769页。
③ 《宋史》卷三九八《李蘩传》，第12118页。
④ 《宋史》卷三八七《汪应辰传》，第11881页。
⑤ 《宋史》卷四〇四《李舜臣传》，第12224页。

（一）赈济米粟

这是饥荒之时最直接和最有成效的赈济措施。"益州岁出官粟六万石，振粜贫民。是岁大旱，（韩）亿倍数出粟，先期予民，民坐是不饥。"① 说的是韩亿在仁宗初年任益州知州时，遇大旱，他预先发放十二万石粮食给民众，所以百姓没有因旱灾而发生饥荒。利州知州卢鉴，"会岁饥，以便宜发仓粟振民"②。绍兴九年至十三年（1139—1143年）任成都知府的张焘"当岁旱，大发积粟以赈饥民"③。这些都属无偿发给饥民米粟的赈济办法，以解饥民于倒悬。而平常时候用于平抑物价的常平仓，在灾荒时也用于赈济饥民，熙宁六年（1073年），神宗"诏司农寺体访西川艰食州县，如有灾伤，发常平仓减价赈济，诸路准此"④；乾道四年（1168年），绵州"旱甚"，知州李蘩："出义仓谷贱粜之，而以钱贷下户，又听民以茅秸易米，作粥及襦衣，亲衣食之，活十万人。"⑤

宝元二年（1039年），"乙卯，出内库银四万两，易粟赈益、梓、利、夔路饥民"⑥。绍兴年间，赵不意为成都路转运判官，"适岁饥，不意行抵泸南，贷官钱五万缗，遣吏分籴，富民争发粟，米价遂平"⑦，则是官府出钱买粮赈济饥民，或者激发富民出售粮食、平定米价的赈济方式。这些救民于水火、雪中送炭的赈济办法，使得饥民勉强度日，保全了性命。

（二）蠲减赋役

明道二年（1033年），梓州、资州、普州、遂州饥荒，仁宗下诏"免四等以下户今秋田税之半，三等以上十之三；果、合、渠三州，四等以下户十之二"⑧。这是以户等和饥荒严重程度为标准蠲减秋税的情况，梓、资、普、遂四州所有民户都得到蠲减，只是户等越低受蠲减幅度越大；而

---

① 《宋史》卷三一五《韩亿传》，第10298页。
② 《宋史》卷三二六《卢鉴传》，第10528页。
③ 《建炎以来系年要录》卷一五〇，第2412页。
④ 《长编》卷二四二，第5902页。
⑤ 《宋史》卷三九八《李蘩传》，第12118页。
⑥ 《宋史》卷一〇《仁宗二》，第206页。
⑦ 《宋史》卷二四七《赵不意传》，第8758页。
⑧ 《长编》卷一一三，第2643页。

果、合、渠三州则只有四、五等户得以蠲减十分之二，一、二、三等户则不得蠲减。宝元二年（1039年），益、利二路饥，"异时郡县督赋调繁急，市上供绮绣诸物不予直，（韩）琦为缓调蠲给之，逐贪残不职吏，汰冗役数百，活饥民百九十万"。① 韩琦时任体量安抚使，他一方面免掉了二路民户上供的绮绣诸物，另一方面，还驱逐了贪残渎职的吏人，裁汰不合理徭役，使近二百万饥民渡过了难关。熙宁九年（1076年），黔、施州等地因农作失时，夔州路转运副使董钺"乞尽免夏秋税"，中书省言"逐户税多少不等，若不概免，即为不均，欲令董钺裁定，务令均济"②。即中书省在审阅董钺的奏疏时，考虑到户等不同，税负也不同，只有不分户等地全免，才能均平，于是同意了董钺的请求。乾道四年（1168年），四川饥荒时，"续减四川科调"③。在旱歉最严重的利州路剑州，总领查籥上奏"欲蠲免本州今年民间科籴一料，又得利路转运判官王璠书云：差官检踏本州灾伤，俟见合减放数目即依条施行"④。这是蠲减受灾地居民的科籴负担。科籴是宋代名目众多的和籴制之一种，它或按户等，或依家业钱额等分摊，属于抑配征购性质，特点是随意征收、数量巨大，百姓深受其害而怨声载道。"全蜀饷道，岁大约以石计者一百五十余万，中六十余万科之边氓，量家业以定均敷之数，名和籴，实强取，民不堪命。"⑤"剑州夏秋正税不过米麦二万四百余石，而和籴乃加数倍"，"夏秋两料粮六万八千余石，马料二万六百余石，系以人户家业钱均敷"。⑥

前揭赵不忌任成都府路转运使判官时，黎州青羌发生叛乱，朝廷调兵镇压，并命成都府路承担粮饷供应及运输。按照惯例，"富人出粮，而下户以力致于边"，赵体恤饥民疾苦，"民饥，不可扰也"，于是"以籴余米发卒运之"。蠲减了民众在饥荒时的运输役使。

以上可见，饥荒时官府蠲减的既有民户负担的夏秋正税、上供物料，也有抑配给民户的杂税、徭役等名目，这不仅有利于减轻饥民的经济负担、缓解其生存压力，而且在一定程度上也减轻了饥荒给社会带来的不利影响。

---

① 《宋史》卷三一二《韩琦传》，第10222页。
② 《长编》卷二七七，第6775页。
③ 《宋史》卷三四《孝宗二》，第642页。
④ （宋）汪应辰《文定集》卷四《再奏蜀旱歉》，学林出版社2009年版，第29页。
⑤ （宋）洪咨夔《平斋文集》卷九《知心堂记》，上海书店出版社1985年版，第16页。
⑥ 《文定集》卷四《御札问蜀中旱歉画一回奏》，第32页。

(三) 劝诱富民救济

富民参与灾荒救济是宋代引人注目的新变化。他们不仅提供了大量救济物资，还在平抑物价、安置灾民等方面发挥了重要作用。[①] 天圣六年（1028年）八月，屯田员外郎陈贯徙为利州路转运使，"会岁饥，自以职田粟赈饥者，又率富民令计口占粟，悉发其余，所活几万余人"[②]。这是强制富民拿出余粮救济饥民。北宋神宗时的林概遇蜀饥荒时，"发常平粟贷民租，募富人轻粟价"[③]；前揭南宋初赵不意任成都路转运判官时，遇岁饥，"贷官钱五万缗，遣使分籴，比至，下令曰：'米至矣'。富民争发粟，米价遂平"。则是通过官府出现钱买粮的方式，诱使富民争相卖出粮食，从而保证了饥荒之时米价的稳定。

绵州每年支付屯军粮食五万余石，平常年份是由总领所支钱，再在本州收买粮食来供给。但乾道四年（1168年），"今岁诸县荒旱，自八月至今，绝无新米上市。官司虽追集牙人及卖米铺户，多支本钱勒令承买，例皆无米可卖，往往请钱而去。即便走窜上下，皇皇无以为计"。最后还是"总领所措置，召募土豪自籴绵州米五万石，更不于民间收籴"[④]。这里虽没明说招募的条件，但可能还是不至于让土豪的利益受很大损失。"至十二月初十日，知州白麟到任，制置司复令李繁通判绵州，劝诱富民：或籴米，或造饭，皆官为主之"。即救济的组织者是地方官，而救济物资则由富民出具。广安军"乡官亦以风谊敦劝大家巨室，不拘等第，止据见在物力，随其高下出备济助"[⑤]。"风谊敦劝"表明还不是强制要求，而是以道义相标榜，号召富民根据自家财产状况参与到救济中去。

无论富民以何种方式赈济饥荒，都表明宋代官府劝诱富民参与救济的确很有成效。在四川饥荒救济中，富民充当了非常重要的角色。

(四) 募民为兵

灾荒之年招募饥民或流民为兵，既是宋代募兵的来源之一，也是救济

---

① 林文勋：《宋代富民与灾荒救济》，《思想战线》2004年第6期。
② 《长编》卷一〇六，第2479页。
③ 《宋史》卷四三二《林概传》，第12839页。
④ 《文定集》卷四《再奏蜀旱歉》，第34页。
⑤ 《文定集》卷四《御札再问蜀中旱歉》，第38页。

灾荒的一种重要办法。四川饥荒发生时，也可见这一办法的运用。天禧四年（1020年），吕夷简任益州路安抚使，因秦、陇、利州等路饥民太多，上书"望令逐处募充本城诸军"①，得到朝廷允许。前揭明镐为益州路转运使时，当地因饥荒而盗贼间发，他体谅其被逼无奈的处境，"募民为兵，人赖以安"。募兵以缓解饥荒无疑是有效的，但同时也导致了冗兵的产生和朝廷财政的压力。不过，此非本文探讨的内容，故不赘述。

以上几种主要措施中，就我们所见史料来看，用常平仓米赈济、募饥民为兵的办法，更多地为北宋时期救济饥荒所采用；而蠲减科籴和徭役、富民救济的办法则南宋时期采取较多。此外，宋代官府应对四川地区饥荒的举措还有奖惩官员、给衣给药、防盗除盗、收养弃儿、掩埋尸体等，限于篇幅，不再详述。事实上，由于造成饥荒的原因的复杂性以及饥荒给社会和国家造成影响的严重性，官府对其处置自然十分重视。② 因此，在应对饥荒时，往往并非只采取单一的举措，而是多种手段并用，多管齐下，最终才既"活饥民多"，又使社会不至于动荡不安。

四 结语

宋代四川地区共发生饥荒共28次，占宋代180多次饥荒的16%，次数不多；平均11年发生一次饥荒，频率也不高。但波及范围广，造成影响大。所幸宋代官府对此十分重视，及时、积极地应对，办法多样，朝廷与民间力量相结合，使饥荒没有造成大的社会波动。这充分反映出了宋代灾荒救济思想的成熟与救济措施的得力，为后世提供了可资借鉴的经验。但北宋后期和南宋中后期对四川地区水利工程的修治不力，则应是影响该地区农业生产和导致饥荒的一个重要原因。

（本文原发表于《中华文化论坛》2014年第6期，与研究生徐瑶一同署名）

---

① 《长编》卷九五，第2192页。
② 从汪应辰《文定集》卷四给宋孝宗的五篇回奏中可见一斑。

附录一 "民思不忘":北宋为官地方的赵抃

赵抃(1008—1084年),衢州西安(今浙江省衢州市)人,北宋仁宗景祐元年(1034年)进士,历仕仁宗、英宗、神宗三朝,北宋中期名臣。学界对他担任京官时的尽职尽责、不避权贵的铁面形象已多有讨论,[①]而对他担任地方官时因俗施策、清简爱民的宽厚形象则关注不多,而且主要还是治蜀方面。[②]因此我们不揣浅陋,拟对赵抃为官地方时的经历、作为、品格等作一梳理和总结,以便追忆、纪念这一著名的历史人物,敬请学者批评。

一

景祐元年(1034年)27岁的赵抃进士及第后,离开家乡开始了他往来各地的仕宦生涯。他得到的第一份官职是武安军节度推官。[③]武安军当时属于荆湖南路的潭州(今湖南长沙),[④]节度推官只是一个帮助长官处理文书、参谋政事的幕职官,从八品。赵抃在此任上崭露头角。一年多后,被调去监潭州粮料院。这是个监当官。赵抃这次任官地点仍在潭州,而官职则由之前的幕职官进入了差遣官行列。岁满后,改著作佐郎知建州崇安

[①] 笔者所见有李传印《铁面御史赵抃》,周怀宇主编:《廉吏传》,河南人民出版社1989年版;张其凡、白效咏《"铁面御史"赵抃生平考述》,《暨南学报》(哲学社会科学版)2008年第5期;马军《铁面赵抃:夜必告天》,《传承》2009年第15期;白效咏《赵抃与熙宁政局》,《齐鲁学刊》2012年第4期。

[②] 目前仅见粟品孝《赵抃与四川》,《成都大学学报》(社会科学版)1994年第1期;张邦炜《关于赵抃治蜀》,北京大学中国古代研究中心编:《纪念邓广铭教授百年诞辰国际学术研讨会论文集》,中华书局2007年版。

[③] 《宋史》卷三一六《赵抃传》,第10322页。

[④] 《宋史》卷八八《地理四》,第2198页。

县（今福建武夷山市），总揽一县民政，成为名副其实的地方父母官。再改宜州通判。宜州，宋代属广南西路，① 通判为知府（州）副贰，与知府（州）同签书本府（州）公事。② 在短短几年时间里，赵抃的官职、事权都处在一个稳步上升的阶段。

不过，这种势头因其母亲徐氏的去世而打断了，即赵抃宜州通判任期未满，母亲去世，他坚决辞职"庐于墓三年，不宿于家"。③ 终丧后，赵抃先后知泰州海陵县和蜀州江原县（今四川崇庆县）。这是他第一次经历任官地点由东到西的变动，也是他第一次进入蜀地，从此与蜀地结下了深厚情缘。时间大致在庆历初年。

江原任满，赵抃被任为泗州通判，其间，濠州因长官克扣士卒粮饷，险些激起兵变，危难之际，赵抃被转运使派去救急。他从容镇静地化解了这场变乱，④ 展现了他沉静干练的处事能力，同时也使他声名远扬。翰林学士曾公亮闻知他的事迹，虽与他不相识，也举荐他为殿中侍御史。至和元年（1054年），赵抃在任地方官二十年后，第一次由地方进入都城，加入了中央统治集团的行列，这是他为官生涯的第一次高峰。他果然不负所望，尽忠为国，先后劾罢宰相陈执中、枢密使王德用、枢密副使陈升之、翰林学士李淑，又力阻王拱辰为宣徽使，"弹劾不避权倖，声称凛然，京师目为'铁面御史'"。⑤

但赵抃的刚直也使自己的仕途变得曲折。嘉祐元年（1056年），即他在中央为官两年后，赵抃出知睦州（今浙江省建德市），成为一州的长官。岁满，改为梓州路转运使，又改为益州路转运使。这是他继知江原县后第二次入蜀。由于他以身作则，治理有方，益州风气为之大变，朝廷再次召他回京任为右司谏。但他论人处事一如之前，所以很快又被外放知虔州（今江西省赣州市）。英宗治平元年（1064年），赵抃任河北都转运使，不久迁知成都府，第三次入蜀，"治迹尤异"，受到英宗的奖谕。⑥

---

① 《宋史》卷九〇《地理六》，第2239页。
② 《宋史》卷一六七《职官七》，第2974页。
③ （宋）苏轼：《赵清献公神道碑》，《苏轼文集》卷一七，第517页。
④ 《赵清献公神道碑》，《苏轼文集》卷一七，第517—518页。
⑤ 《宋史》卷三一六《赵抃传》，第10322页。
⑥ （宋）王珪：《华阳集》卷一九《赐龙图阁直学士知成都府赵抃治迹尤异奖谕诏》，四库本第1093册，第138页。

神宗即位，召还赵抃为知谏院，很快迁右谏议大夫、参知政事。这是他所任的最高官职。后因反对王安石变法，熙宁三年（1070年），赵抃出知杭州，不久又徙青州。熙宁五年（1072年），已经65岁高龄的赵抃第四次到蜀地再知成都府。两年后即熙宁七年（1074年）六月，改知越州，不久再移杭州，直到元丰二年（1079年）致仕，退居衢州。

赵抃一生从景祐元年（1034年）27岁开始仕宦生涯，到元丰二年（1079年）72岁致仕，除去中间为母亲守丧三年，他总共为官四十三年。任过两任通判，三任转运使，三任知县，八任知府、知州，最高至资政殿大学士、参知政事。其中，在京师为官的时间共计五六年，其余三十六七年都是在地方任职，或者说他80%以上的仕宦生涯是在地方度过的，足迹北至河北路，南至福建路、广南西路，东至两浙路、淮南路、江南西路，西至成都府路，两知杭州，四入蜀地。所到之处，百姓欢呼雀跃，他也积极有为。

二

赵抃为官地方，在以下方面表现突出。

（一）因俗施策，宽猛并用

"善因俗施设，猛宽不同"[①]是赵抃施政的重要特点之一。如：任虔州知州时，他了解到这里的民俗特点："虔州盗贼，号难治"；[②]"公得虔州，地远而民好讼"。[③] 即虔州多盗贼，民好讼，是有名的难治之地。事实上，宋代民风都好讼，只是江西地区更为突出罢了。[④] 而这种"好讼""难治"往往是站在官吏的角度来说的，一些有责任的官员却不这样看。早在宋真宗景德年间（1004—1007年），江西袁州知州杨侃就提出了"有不治吏，无难治民"，"在上者自紊其法"，"政不廉"，"法不平"[⑤]的观点，说的就

[①] 《宋史》卷三一六《赵抃传》，第10325页。
[②] （宋）王称：《东都事略》卷七三《赵抃传》，四库本第382册，第473页。
[③] （宋）张镃：《仕学规范》卷二二《涖官》，四库本第875册，第117页。
[④] 许怀林：《宋代民风好讼的成因分析》，《宜春学院学报》（社会科学版）2002年第1期；施由明：《宋代江西的好讼之风》，《文史知识》2008年第11期。
[⑤] （宋）杨侃：《增修袁州郡厅记》，（光绪）《江西一统志》卷六七《建置略·廨宇一》，转引自许怀林《宋代民风好讼的成因分析》，《宜春学院学报》（社会科学版）2002年第1期。

是官方的责任。赵抃对此十分熟悉，所以当虔州人都认为他会知难而退时，"公欣然过家上冢而去。既至，遇吏民简易，严而不苛。悉召诸县令，告之为令当自任事，勿以事委郡，苟事办而民悦，吾一无所问。令皆喜，争尽力，虔事为少，狱以屡空"。① 他采取放权、充分信任和发挥地方官主观积极性的宽松措施，使地方官们办事为"民悦"，目标明确。这样，既解决了官民对立的矛盾，也使得虔州由难治变成了少事、狱空之地。

任河北都转运使时，赵抃处理的第一件事是视察辖区府库，而当时判大名府的使相贾昌朝以之前没有一个转运使过问过大名府境内事物，因而是违法的为名予以回绝，"公欲按视府库，昌朝遣其属来告，曰：'前此，监司未有按视吾事者。公虽欲举职，恐事有不应法，奈何？'公曰：'舍大名，则列郡不服矣。'即往视之，昌朝初不悦也。"② 大名府是河北路的重要辖地，其府库自然应是都转运使视察的范围，所以，赵抃理直气壮、刚正不阿地回绝了贾昌朝，履行了自己的职责。这是他执政方式中"猛"一面的体现。

第二件事是处理官吏增兵问题。治平元年（1064年）夏四月，河北州县官吏没有完成补充义勇的任务，朝廷下诏转运使劾治。按照当时的法律，过期没补足的要处经办官吏两年徒刑。经查得知共有八百余人都将受此处罚。赵抃上奏曰："初受诏，官多已罢，吏多死徙。今官吏多新至，若皆治，则新至者被罪，请以岁尽为限，不足则劾治。"③ 赵抃认为这是前任官留下来的旧账，却要由后任来承担，有失公允。请求以新任官的年限为准来办理。又分析造成这种情况的原因："河朔频岁丰熟，故募不如数，请宽其罪，以俟农隙。从之。坐者得免，而募亦随足。昌朝乃愧服曰：'名不虚得矣。'"④ 凶年募饥民为兵，是宋太祖自以为得意可以利百代的传家大政，他曾说："可以利百代者惟养兵也。方凶年饥岁有叛民而无叛兵，不幸乐岁而变生，则有叛兵而无叛民。"⑤ 这一养兵政策为赵宋后世子孙始终奉行，"国初因之……或募饥民以补本城"。⑥ 而河北连年丰收，没有机

---

① 《仕学规范》卷二二《莅官》，四库本第875册，第117页。
② 《赵清献公神道碑》，《苏轼文集》卷一七，第519页。
③ 《长编》卷二〇一，第4861页。
④ 《赵清献公神道碑》，《苏轼文集》卷一七，第519—520页。
⑤ 《闻见后录》卷一，第1页。
⑥ 《宋史》卷一九三《兵七》，第4799页。

会招募士卒,所以才影响了河北补充义勇的进度。赵抃请求从宽处理河北官吏的罪过,等农闲时再行招募义勇。最后英宗采纳了他的建议,八百多官吏免罪,义勇也补上了,贾昌朝为他的才干所折服。

赵抃在河北一猛一宽的措施,就是据实而行,深得人心。

赵抃四次入蜀、五任蜀职,其中三次在成都,"以宽治蜀,蜀人安之"①是其治蜀的最大特点。粟品孝先生从"宽贷民力"和"宽治犯罪"两方面详细分析了这一施政举措;②张邦炜先生则从宽民力、不妄杀、重教化、按部内四方面论述了赵抃"以宽治蜀",③足资广论,此不赘述。

在杭州,"公素号宽厚,杭之无赖子弟以此逆公,皆骈聚为恶。公知其意,择重犯者率黥配他州,恶党相帅遁去"。④看来,赵抃宽厚的名声已成了杭州一些无赖行恶的理由,不得不逼其出"猛"拳,"至于治杭,诛锄强恶,奸民屏迹不敢犯"。⑤

在青州,"因其俗朴厚,临以清净",⑥即因俗行宽政治之。

可见,赵抃为官地方时,"为政视其俗之厚薄与事之多寡设施,为术不同",⑦该宽则宽,该猛则猛,宽猛并用,正如苏轼所言:"其在官守,不专于宽,时出猛政,严而不残。"⑧取得了良好的政绩,同时也赢得了民心。

(二)诚心爱人,减轻负担

赵抃为官,始终把他人的困难和利益放在心中,尽力加以解决和保护。任武安军节度推官时,"民有伪造印者,吏皆以为当死。公独曰:'造在赦前,而用在赦后。赦前不用,赦后不造,法皆不死。'遂以疑谳之,卒免死"。⑨对私自伪造印章的一介草民,在处置时竟细致到"造"与

---

① 《赵清献公神道碑》,《苏轼文集》卷一七,第520页。
② 粟品孝:《赵抃与四川》,《成都大学学报》(社会科学版)1994年第1期。
③ 张邦炜:《关于赵抃治蜀》,载《纪念邓广铭教授百年诞辰国际学术研讨会论文集》,中华书局2007年版。
④ 《赵清献公神道碑》,《苏轼文集》卷一七,第521页。
⑤ 《赵清献公神道碑》,《苏轼文集》卷一七,第523页。
⑥ 《赵清献公神道碑》,《苏轼文集》卷一七,第521页。
⑦ (宋)周淙:《乾道临安志》卷三《州刺史》,宋元方志丛刊本,中华书局1990年版,第3245页。
⑧ 《赵清献公神道碑》,《苏轼文集》卷一七,第523页。
⑨ 《赵清献公神道碑》,《苏轼文集》卷一七,第517页。

"用"的时间段中,最后得出依法不当处死的结论,保住了一条性命。在宜州通判任上,"卒有杀人当死者,方系狱,病痈,未溃,公使医疗之,得不瘐死。会赦以免"。① 一个在押、生疮的杀人犯也在赵抃心中装着。

北宋时期的岭南还是蛮荒之地,为官者多视为畏途。由于路途遥远,山路崎岖,加上费用不菲,许多为官岭南最终死在他乡的人,竟无力运回家乡安葬。在虔州任上,赵抃得知虔州是中原到岭南的必经之地,从岭南返回的官员要在虔州换船再北上,于是他利用一些工程余料,打造百余艘木船,并发文到两广诸郡,凡是死在岭南又无力安葬的官员,只要其家人向他申请,他就支助木船以及少量路费。这样,解决了许多岭南官员的后顾之忧。②

赵抃这种诚心爱人的为政情怀,不仅表现在以上对那些有"污点"的下层草民和边远地区官员的关心上,而且贯穿在他整个的仕宦生涯中,尤其是任地方官时对百姓负担的解决上。

泗州地方应上交的酒坊钱二万四千余贯,朝廷已于庆历五年(1045年)十一月下令免除。但到皇祐四年(1052年)知州陈式却仍在催纳,已交五千余贯,其余一万九千余贯还在催缴中。赵抃此时已离开泗州到朝廷任职,当他得知这一情况后,便上疏予以揭发,请求朝廷明降指挥:"下泗州所有人户,见欠上项酒坊钱,一依庆历五年内敕条,并与放免,所贵疲民渐苏,感召和气。"③ 他虽已经离开却仍然关心自己为过官地方百姓的负担,实属少见。

在睦州,赵抃为当地人民办了两件实事:"睦岁为杭市羊,公移文却之;民籍有茶税而无茶地,公为奏蠲之,民至今称焉。"④ 即一是免除了睦州为杭州买羊的负担;二是免除了睦州的茶税负担。睦州地方"贡白纻、簟",⑤ 既不产羊也不产茶,百姓负担这些,显然是科配。赵抃上奏朝廷,蠲免了苦了百姓很久的两项负担,赢得了百姓的称赞。

在益州,赵抃了解到民间科买混乱、烦冗,百姓负担沉重,便上奏

---

① 《赵清献公神道碑》,《苏轼文集》卷一七,第517页。
② 《赵清献公神道碑》,《苏轼文集》卷一七,第519页。
③ (宋)赵抃:《清献集》卷六《奏劄乞放泗州酒坊钱》,四库本第1094册,第828页。
④ 《赵清献公神道碑》,《苏轼文集》卷一七,第518页。
⑤ 《宋史》卷九四《地理四》,第2177页。

《乞减省益州路民间科买》，指出蜀地百姓有三大科买负担：一为科买官布。每匹实值"大钱八百至一贯文"，官府仅付"大钱三百至四百文"。二为科买"九璧大绫"。每匹工本费为"大钱六七贯文"，官府仅付"大钱二贯文上下"。三为苗米折纳。"每七八斗折纳官绢一匹。近岁米贱，每一斗只直大钱二百至一百三四十文以下，官绢每匹直大钱三贯以上。""民间大为骚扰……州县促限督责人户贱粜米，贵买绢输纳，艰阻弊苦，百端折纳，万数益多，民间转见贫窘。"请求仁宗"特赐矜恤，下本路钤辖转运司共同体量，于折变科配买织匹帛万数内减放一半以上，庶几宽远方之民"。① 又对四川地区"内臣入蜀""送遗节酒""鼓铸大钱"三大弊端进行了整顿。"东西两川，人稠土窄，赋敛数变，民已不易，岂宜遣中官频来久住，重为诛剥？"请求皇帝降旨只许宦官来川最多住十天，以免造成往年"道路嗟怪，公私骚动"② 的混乱局面，同时，制止节日期间役使百姓人夫往来荷担送酒的行为，"以安存远方，宽贷民力"③。

赵抃为官地方，心系百姓，诚心爱人，是其强烈的责任感使然。任益州路转运使时曾说："臣敢不冰霜其操，松柏乃心，澄清必自于身先，安身家为之顾？职业已充于己任，冀专国计之忠。"④ 以国计为己任，自身放其次。他的诗里也表达了同样的愿望，"欲去民忧同乐只，敢孤朝寄独恬然"⑤；"万里山川来陇蜀，十分风物类江乡；存心抚俗图归正，顾己临民敢不庄。"⑥ "离家詎谓虞私计，过阙尤欣觐帝颜。叱驭重行君莫讶，古人辞易不辞难。"⑦ 这在北宋中期百姓负担逐渐加重、朝廷内外危机逐渐加深的背景下，稳定了地方政局，也推动了地方经济文化的发展。

（三）正视灾情，赈灾济民

至和二年（1055年），京东、河北等地发生旱灾，麦苗焦死，物价踊贵，流民饿殍充满道路，疫病流行，人心惶惶。时为侍御史的赵抃也十分

---

① 《清献集》卷六《奏状乞减省益州路民间科买》，第832页。
② 《清献集》卷九《奏状乞降指挥内臣入蜀只许住益州十日》，第875页。
③ 《清献集》卷九《奏状乞止绝川路州军送遗节酒》，第878页。
④ 《清献集》卷一〇《益州路转运使到任谢上表》，第895页。
⑤ 《清献集》卷三《再经江原县有作》，第774页。
⑥ 《清献集》卷五《次韵杨鸿渐察判见赠》，第797页。
⑦ 《清献集》卷四《再有蜀命别王居卿》，第779页。

担心，他上奏仁宗，请求举行雩礼，①命臣僚祈祷天地、宗庙、社稷、五岳四渎，"下修人事，上应天心，庶几早降雨泽，变沴气为和风，则天下幸甚"。②他的请求得到了采纳，当年"夏四月甲午，遣官祈雨"。③表明他对灾情的正视，对灾区的关心。

知青州时，山东发生旱灾蝗灾，蝗虫自淄、齐飞到青州境内，"及境遇风，退飞堕水而尽"。④虽然有些神奇，但从"青独多麦"可推知，知州赵抃一定采取了切实的措施，才保住了这里独特的"多麦"景象。

知越州时，正遇上两浙遭受罕见的旱蝗灾害，接着发生饥疫。熙宁八年（1075年）夏，"吴越大饥疫，死者过半"，⑤"两浙饥馑，卒死五十万人"。⑥赵抃多方筹备，有条不紊地开展赈济，曾巩后来将其事迹写成《越州赵公救灾记》，⑦从中我们可见他主要采取以下措施。

首先，正视、调查灾情。当神宗得知滁州、和州百姓捕蝗虫充当粮食的情况后，说道："前此独赵抃为朕言之耳。"⑧即只有赵抃毫不隐瞒灾情，敢于正视灾情。赵抃叮嘱属吏调查灾情，摸清受灾地区、灾民人数、库钱仓粟、富人存粮等情况，以便制定下一步的救济办法。

其次，多方解决灾民粮食。一是发放官仓粮五万二千余石，平价给予灾民。二是发动富人出粮及僧道交出余粮共得四万八千余石，然后免费发放给不能自食的灾民，标准是成年人每人每天一升，小孩减半。三是放开粮价。当时米价踊贵，其他州郡都采取严令禁止擅增米价的办法，而赵抃却"独榜衢路，令有米者任增价粜之，于是诸州米商辐辏诣越，米价更贱，民无饿死者"。⑨四是以工代赈。下令雇民修缮城墙，记工给钱，给粟则加倍，让灾民自食其力。

---

① 雩礼是自周秦以来的求雨大祭，"宋制孟夏雩祀昊天上帝为大祀"，见马端临《文献通考》卷七七《郊社十》。
② 《清献集》卷七《奏状论久旱乞行雩祀》，第845页。
③ 《长编》卷一七九，第4329页。
④ 《赵清献公神道碑》，《苏轼文集》卷一七，第521页。
⑤ 《宋史》卷三一六《赵抃传》，第10324页。
⑥ 《长编》卷四五一，第10833页。
⑦ （宋）曾巩：《元丰类稿》卷一九，四库本第1098册，第539页；又见（宋）董煟《救荒活民书》卷三《赵抃救灾记》，珠丛别录本，百部丛书集成，台北艺文印书馆1966年版。
⑧ 《宋史》卷三三一《卢革传附其子秉传》，第10670页。
⑨ 《长编》卷二八二，第6906页。

再次，收养弃婴，设置病坊，安置无家可归又有疾病的人，掩埋死者。

他"蚤夜悉心力不少懈，事巨细必躬亲"，可谓全身心地投入。通过采取这些措施，最后使"生者得食，病者得药，死者得藏"，"故越人虽饥而不怨"，① 在历史上留下了浓墨重彩的一笔。

不久，赵抃再知杭州。杭州的旱蝗灾害不亚于越州，但前杭守未采取行之有效的救济措施，致使人民深受其害。当时朝廷有人提出修杭州城，以工代赈。但赵抃认为，杭州人民已经在饥饿中挣扎了很久，哪里还有力气修城？断然拒绝了这一提议。再次体现了他因势施政的理念。朱熹《名臣言行录》谓："赵清献再守杭，天下剧郡，清献从容为之，其政本于孝悌，然不严而肃，民莫敢犯。"②

另外，除了灾时的积极救济外，赵抃也很注意平常时候的水利兴修。知崇安县时，"尝出劝课，见南郊土旷废耕，询其故，曰无水利也。抃相地开渠，濬陈湾陂，引西郊水灌，邑治。又筑堤达于星洋，溉田数千顷"。③ 即筑坝开渠，疏浚旧有的陈湾陂塘，把县城西郊溪水引入，解决了南郊因地高水低而废耕的大片土地的灌溉问题，据说为了纪念并感谢他，后来把这条渠取名"清献河"。这条渠直到元末才因"岁久沟湮而田废"，但经过修整加固，"悉复抃遗迹，而田为常，民赖其利"。④ 在虔州时，"疏凿灘石，民赖其利"。⑤ 即对虔州境内的赣江进行清淤凿石的疏理，使其水流畅通，便利了百姓的生产和生活。

（四）崇学礼师，劝勉后进

赵抃自己是通过刻苦读书，考中进士进入仕途的，在为官过程中也深深体会到读书、重教的重要性，因此，"所至崇学校，礼师儒"。⑥ 当时的国史本传称他"所至必兴学校，劝奖后进"。⑦ 如第一次入蜀知江原县时，

---

① 《赵清献公神道碑》，《苏轼文集》卷一七，第521页。
② （宋）朱熹：《宋名臣言行录》后集卷五，四库本第449册，第193页。
③ （清）《福建通志》卷三一《名宦》，四库本第528册，第521页。
④ （明）宋濂等：《元史》卷一九二《邹伯颜传》，中华书局1976年版，第4373页。
⑤ 《赵清献公神道碑》，《苏轼文集》卷一七，第521页。
⑥ 《赵清献公神道碑》，《苏轼文集》卷一七，第523页。
⑦ 《乾道临安志》卷三《州刺史》，宋元方志丛刊本，中华书局1990年版，第3245页。

赵抃就大力提倡文教，亲自到县学去激励诸生，至今还留下有《劝学示江原诸生》一诗："古人名教自诗书，浅俗颓风好力扶。口诵圣贤皆进士，身为仁义始真儒。任从客笑原思病，莫管时讥孟子迂。通要设施穷要乐，不须随世问荣枯。"[1] 认为士子读书求学，不应仅仅为自己博取功名利禄，仅仅关注个人的荣辱兴枯，更为重要的是要"身行仁义"，改变"浅俗颓风"，要像原宪、孟子那样，"达则兼济天下，穷则独善其身"，只有这样才是"真儒"。表现出了赵抃的崇高境界以及他对社会新生力量的殷切希望。后知成都府时，也劝府学诸生一心求学，"学初心勿动华纷，须念文翁昔日勤"。[2] 不能一开始就想着享受纷繁的荣华，须知这一切只有靠勤奋才能拥有。

知青州时，尽管这里儒学基础深厚，民风淳朴，但赵抃仍然劝勉士子"学欲精勤志欲专，鲁门高第美渊骞。文章行业初由己，富贵荣华只自天。一篑为山先圣戒，寸阴轻璧古人贤。沂公庠序亲模范，今日诸生为勉旃"。[3] 只有勤奋才能使学问精深，个人尽己力，荣华交上天。

要之，赵抃为官地方，心中始终装着百姓，尽职尽责，为地方政治、经济、文化发展以及民风民俗的改进贡献了自己的力量，让千百年后的我们，依然对之肃然起敬，赞叹不已。这一切与其个人良好的品德密不可分。

三

赵抃的个人品德是传统社会中的优秀典范。其主要表现在以下几方面。

（一）孝悌

赵抃出身于一个下级官吏家庭，父亲去世早，《赵清献公神道碑》和《东都事略》本传都说他"少孤贫"，全赖母亲徐氏的哺育和兄长的扶养才得以成长。他在家族兄弟中排行第四，[4] 其中长兄赵振在其成长中作用最

---

[1] 《清献集》卷三《劝学示江原诸生》，第765页。
[2] 《清献集》卷四《劝成都府学诸生》，第783页。
[3] 《清献集》卷三《青州劝学》，第776页。
[4] 关于赵抃兄弟的情况，学界有五人说，六人说，十二人说等，参见詹亚园《〈清献集所见之赵抃兄弟事实〉》，《浙江海洋学院学报》（人文科学版）2004年第3期。

大。因此，赵抃对母亲和兄弟尤其是赵振的感情特别浓厚。当母亲去世后，他辞去宜州通判任，坚决要"庐于墓三年，不宿于家"，他对母亲的这种孝行是封建社会的传统美德，县里把他的居所题名"孝第"，士人孙处为他专门作《孝子传》，以示颂扬。①

对于抚育自己成长的长兄赵振，赵抃甚为敬重，后来自己为官后，一直念念不忘兄长的恩情，总是设法报答，其中最突出的事情就是在赵振亡故后为其争得功名：

> 臣昨任屯田员外郎通判泗州日，合该磨勘转官。臣为有故兄振，于臣教育之恩素厚，臣其时更不投下磨勘文字，两次具状恳奏，乞将合转官资回赠故兄振一命名目，未蒙俞允。间寻奉恩除授臣台官，后来更不敢再三烦渎朝廷。近睹敕命，今后京朝官磨勘，更不令本官投下文字，宜令审官院举行，本院一例告示供称家状去讫。窃恐审官院不久申奏与臣转官，载念臣幼失怙恃，生于孤寒，若兄之视臣，如父之亲子。欲报之德，义均罔极。况故兄本房并无子孙存在。臣今再欲乞将合转官资，回赠故兄振一文资名目恩泽，伏望圣慈哀矜，俯从人欲，特赐指挥施行。臣无任恳迫激切屏营之至。②

赵抃多次恳请朝廷用自己的"合转官资"换取"一命名目"来回赠给亡兄，从苏轼给他写的《神道碑》中看："振既没，（抃）思报其德，将迁侍御史，乞不迁，以赠振大理评事。"③朝廷最后答应了赵抃的请求，赠给其兄赵振大理评事官职。他们的兄弟情深跃然纸上。另外，赵抃《清献集》中留下了很多记录他与三兄、五弟、六弟、十二弟之间往来的诗歌，其中，仅从题目看，写三兄的有6首，写五弟的有4首，写六弟的有8首，写十二弟的有4首，表现了赵抃对兄弟的关爱之情。

（二）清廉

《宋史·赵抃传》说他"长厚清修，人不见其喜愠。平生不治产业，

---

① 《赵清献公神道碑》，《苏轼文集》卷一七，第517页。
② 《清献集》卷一〇《奏状乞将合转官资回赠兄》，第896—897页。
③ 《赵清献公神道碑》，《苏轼文集》卷一七，第522页。

不畜声伎";① 据说赵抃自己以"良田万顷，日食二升；大厦千间，夜卧八尺"为座右铭。② 清廉自律，是古今官员的楷模。

一是不治产业，以己钱助人。苏轼把赵抃为官与居乡期间所做的好事作了简单的总结："（抃）嫁兄弟之女以十数，皆如己女。在官，为人嫁孤女二十余人。居乡，葬暴骨及贫无以敛且葬者，施棺给薪，不知其数。"③ 这些笼统的数据绝非其所做善事的全部，但已把他在家、居官、居乡等各阶段的助人行为作了概括，其俸禄花费的去向也已清清楚楚。另外，他还在赈济灾民中自己掏腰包，如越州救灾时，"给病者药食，多出私钱"④。不仅自己这样做，赵抃还带领僚属们以己钱助人。北宋末南宋初张邦基的笔记《墨庄漫录》里记载了一则故事：

> 任梦臣任西川路提点刑狱，以廉节称。卧病不起，家四壁立，二女贤甚。赵清献公守成都，率僚属以俸助之，二女辞不受，力拒之，云："岂敢以此污先君之清德。"赵倅成伯笃意勉之，遂纳于公宇之东庑。既行，以元物若干榜于门壁，付之守御吏，无毫发所损。……后数年，清献皆以子侄妻女。⑤

赵抃敬佩西川提点刑狱官任梦臣的廉洁清德，在其困苦之际发动僚属一起去帮助他，然而被有其父品德的女儿拒绝，赵抃认准并欣赏这样的人，后来与之结成儿女亲家。

二是生活简朴，随遇而安。英宗时，赵抃知成都府，只身入蜀，治绩尤异，成为时论的热点人物，以至后来神宗皇帝也亲自向他证实对他的议论："闻卿匹马入蜀，以一琴一龟自随，为政简易，亦称是邪？"⑥ 从他给

---

① 《宋史》卷三一六《赵抃传》，第10325页。
② （元）陶宗仪：《说郛》卷七三下《赵清献公座右铭》，《说郛三种》，上海古籍出版社1988年版。
③ 《赵清献公神道碑》，《苏轼文集》卷一七，第522页。
④ 曾巩：《越州赵公救灾记》，见《元丰类稿》卷一九，又见（宋）董煟《救荒活民书》卷三《赵抃救灾记》。
⑤ 《墨庄漫录》卷二《任梦臣二女》，第68页。
⑥ 《东都事略》卷七三《赵抃传》。《宋史》本传作"一琴一鹤"，《宋名臣言行录》引《吕氏家塾记》作"一龟一鹤"，《涑水记闻》卷一四则说："（抃）知成都，独与一道人及大龟偕行。后知成都，并二侍者无矣。"

蜀卒长的话"吾以一身入蜀,为天子抚一方"① 中得到了确证,一直到南宋还有人记载:"赵清献帅蜀,乃独以一琴一鹤一龟自随,想其清致可知,及再帅蜀,纵鹤放龟,想又以此为累矣,此是渠清入妙处。"② 实际上,官员只身入蜀是宋初朝廷的特别规定,"国初,西蜀初定,成都帅例不许将家行,蜀土轻剽易为乱,中朝士大夫尤以险远不测为惮。……自庆历以来,天下又安,成都雄富,既甲诸帅府,复得与家俱行,无复曩时之患矣。"③ 起初朝廷出于对官员人身安全的考虑,不许到成都为官者携家前往。到庆历以后,天下安定,成都富甲一方,才解除这一禁令,允许成都帅府与家人一起前去。不过宇文绍奕的《考异》认为庆历以后依然没有放松这一禁令。④ 魏泰则明说:"自王均、李顺之乱后,凡官于蜀者,多不挈家以行,至今成都犹有此禁。"⑤ 然而,庆历以后的成都知府的确有带家人去的,如嘉祐元年(1056 年)至三年(1058 年)知益州的宋祁,在成都就过着十分享受的家庭生活,他"多内宠,后庭曳罗绮者甚众,尝宴于锦江,偶微寒,命取半臂,诸婢各送一枚,凡十余枚皆至。子京视之茫然,恐有厚薄之嫌,竟不敢服,忍冷而归"。⑥ 所以,赵抃在英宗和神宗时知成都,仍然坚持只身前往,又以宽治蜀,其清廉、随遇而安的作风,足可想见。⑦

赵抃致仕后,回到家乡衢州依山临溪建了一座不大的房屋,取名"高斋",作为他晚年的住处。他不与儿子同住,而是与三位侍者住在一起。后来家人想为他扩建房屋,为此还留下了一段体恤邻居的故事:"赵清献公家三衢,所居甚隘,弟侄有欲悦公意者,厚以直易邻翁之居以广公第。公闻不乐,曰:'吾与此翁三世为邻矣,忍弃之乎?'命亟还翁居,而不追其直,此皆人情之所难者。"⑧ 再次体现了赵抃随遇而安的崇高境界。

赵抃晚年崇佛,过着规律、简朴、恬然的生活,"不复与家人相接,

---

① 《宋史》卷三一六《赵抃传》,第 10324 页。
② 《仕学规范》卷二三《莅官》,四库本第 875 册,第 123 页。
③ (宋)叶梦得撰,宇文绍奕考异:《石林燕语》卷七,中华书局 1984 年版,第 100 页。
④ 《石林燕语》卷七,第 101 页。
⑤ 《东轩笔录》卷一〇,第 110 页。
⑥ 《东轩笔录》卷一五,第 171 页。
⑦ 前揭张邦炜先生文,对赵抃是否单身入蜀及携龟鹤入蜀之因作了辨析。认为赵抃携有家属在蜀;以龟鹤自随并非其廉洁表现,而是其好养生乃至生活奢侈的例证。
⑧ 佚名:《琴堂谕俗编》卷上《恤邻里》,景印文渊阁四库全书本第 865 册,第 232 页。

但子弟晨昏时至，以二净人、一老兵为役。早不茹荤，以一净人治膳于外，功德院，号'余庆'，时以佛惠师法泉主之，泉聪明高胜，禅林言'泉万卷'者是也。日轮一僧伴食，泉三五日一过之，晚乃略取肉鲊脯于家，盖不能终日食素，老兵供扫除之役，事已即去。唯一净人执事其旁，暮以一风鑪置大铁汤瓶，可贮斗水，及列盥漱之具，亦去。公燕坐至初夜就寝。鸡鸣，净人治佛室香火，三击磬，公乃起，自以瓶水頮面，趣佛室。暮年尚能日礼佛百拜，诵经至辰时。"① 朱熹也说他"居家清苦之甚"②。可以称得上享受的就是："（公）好焚香，尤喜熏衣。所居既去，辄数日香不灭。"③

（三）正直

赵抃参劾宰相陈执中时，蜀公范镇也在谏院任职，他不同意赵抃的意见，想方设法为陈执中辩解，赵抃便将范镇与陈执中一起参劾，说他结党营私。而范镇则反参赵抃捏造罪名，妄参重臣，奏请皇帝下诏将赵抃斩首示众。由此，赵抃与范镇结下了仇怨。熙宁初年，范镇以时论不合圣意，朝廷拟决定将其贬谪。此时赵抃不仅没有幸灾乐祸，反而力排众议，请求朝廷免除贬谪范镇的决定。有大臣不解地问：范镇不是曾经奏请过要斩你的头吗？你怎么还替他说好话呢？赵抃回答："我只论国事，哪有功夫计较私怨？"此言一出，每一个在场的人无不叹服。④ 司马光的记载与此有些不同："至和中，范景仁为谏官，赵阅道为御史，以论陈恭公事有隙。熙宁中，介甫执政，恨景仁，数诉之于上，且曰：'陛下问赵抃，即知其为人。'他日，上以问阅道，对曰：'忠臣。'上曰：'卿何以知其忠？'对曰：'嘉祐初，仁宗违豫，镇首请立皇嗣以安社稷，岂非忠乎？'既退，介甫谓阅道曰：'公不与景仁有隙乎？'阅道曰：'不敢以私害公。'"⑤ 王安石认为赵抃会在神宗面前诋毁范镇，但神宗从赵抃口中听到了却大出所料，表现了赵抃就事论事，绝不乘人之危、落井下石的正直品格。

---

① （宋）叶梦得撰，徐时仪整理：《避暑录话》卷上，《全宋笔记》，大象出版社2006年版，第2编第10册，第267—268页。
② （宋）黎靖德编：《朱子语类》卷一三〇，中华书局1986年版，第3106页。
③ 《避暑录话》卷上，第268页。
④ 《长编》卷一八三，第4437—4438页；《石林燕语》卷七，第103页。
⑤ 《涑水记闻》卷一四，第286页。

对待有恩于己的人，赵抃常思回报，但也绝不以权谋私。"赵清献公未第时，乡之户家陈氏延之教子，其母岁与新履。公乡荐，陈厚贶其行，随以家贫用而告乏，复贶之亦然，陈乃遣人赍行囊送入京，一举及第，仕寖显。陈之子后因人命系狱，或曰：'尔家昔作馆，赵秀才今显，官于朝，可以为援。'陈乃谋诸妇，妇曰：'翁当亲行，我仍制履送之。'翁至汴，阍人不为通，翁俟朝回，为揖于前。公命之人，即送其履。公持而入，良久乃濯足穿以出，叩其来意。翁言其故，公曰：'且留书院。'经旬余不答所言，乃申之，唯唯而已。'月余，告归，公曰：'且宽心。'两阅月，公以翁家问示之，其子已贷命矣。公但使亲仆至衢，日送饭狱中，主者闻之，得从末减。衢士至今言之。"① 对于在自己生活最困难、人生最关键的时候，给过自己帮助的陈翁，赵抃内心充满了感激，无奈他的儿子犯了杀人之罪，赵抃只能一边安慰陈翁，一边给狱中的犯人送去关心，从未主动提出过分的要求。后来主管狱吏得知此情况，才以末等减刑。其浩然正气，虽千百年后的今天，也具莫大的感染力。

赵抃一生的主要精力是在治理地方，他的所作所为，深得民心，所以当他离开一地时，百姓十分留念他。"吴蜀父老，语之流涕"②，"愿上书借公留"，③ "蜀人闻公来，男呼于道，女欢于灶。皆曰：我之七筋安于食而枕第乐于寝者，不图今日，复因于我公矣"。④ 赵抃致仕六年后，在其子赵屼陪同下重游杭州，"杭人德公，逆者如见父母"。⑤ 此类记载不绝于史，还是《宋史·论》元人最为恰当地总结和评价了他为官地方的作为："抃所至善治，民思不忘，犹古遗爱。"⑥ 这一切已是其留给后世的宝贵财富。

[原文发表于姜锡东主编《宋史研究论丛》（第十二辑），科学出版社2017年版]

---

① （元）盛如梓：《庶斋老学丛谈》卷下，四库本第866册，第556页。
② （宋）王十朋：《梅溪前集》卷一一《赵清献公》，四库本第1151册，第200页。
③ （明）杨慎编，刘琳、王晓波点校：《全蜀艺文志》卷二六《英宗赐赵抃父老借留奖谕诏序》，线装书局2003年版，第693页。
④ （宋）文同：《丹渊集》卷二六《送赵大资再任成都府诗序》，四库本第1096册，第708页。
⑤ 《赵清献公神道碑》，《苏轼文集》卷一七，第522页。
⑥ 《宋史》卷三一六，第10332页。

附录二　四川泸州合江县新发现《宋故侯居士墓志铭》释略

2013年4月4日清明节前，四川省泸州市合江县榕佑乡永安村十四社境内发现了规模庞大的宋代墓葬群，其中一墓穴出土了一方墓志铭《宋故侯居士墓志铭》。合江县文管所马上组织进行抢救性保护，在当地政府的配合下，这方墓志铭被迅速发掘并运往榕佑乡政府暂时存放。

经当地文管所专家鉴定，该墓志铭高1.20米，宽0.7米，宋体书竖行26行，满行46字，全文计1145字。由朝奉郎、前知雅州卢山县主管、劝农公事兼兵马都监黄皋撰文，开封进士孙宗孟篆额，泸川进士先自治书丹。

现就墓志铭的有关问题分析如下，如有不当，敬请方家指正。

一　标点及注释墓志铭全文

宋故侯居士墓志铭
　　朝奉郎①、前知雅州卢山县主管、劝农公事②兼兵马都监③黄皋撰。//④

---

①　朝奉郎"为文散官名，原为隋置散官朝议郎。唐贞观中列入文散官。宋因之，开宝九年十月改朝议郎为朝奉郎，属宋前期文散官二十九阶之第十四阶，正六品上"。参考龚延明编《宋代官制辞典》，中华书局1997年版，第572页。

②　"劝农公事"是宋代地方长官的加衔。通常转运使、提点刑狱、一定级别的知州带"劝农使"衔，通判等带"劝农事"衔，知县带"劝农公事"衔。带此职衔的任务是教化民众，不误耕时，察举官员，处理田讼，推广先进农业技术。这种制度的建立，在意识形态宣扬上的作用，远远超过了其在现实行政管理上的需要。参考耿元骊《宋代劝农职衔研究》，《中国社会经济史研究》2007年第1期。

③　"兵马都监"是地方军事职官名称，但宋代地方兵马都监无论是路级或州县级，一律由文官带职担任。

④　"//"符号为原墓志换行处，下同。

近世葬者必乞铭，□□①其墓，从古制也。而议者乃谓："官无显业，士乏著行，不如其已。"噫嘻，此言过矣。夫欲为是铭，盖将传斯名于不朽，其行□虽未能传远，亦或行一乡与一时，彼得以观其铭，则已心知善为可为，而恶为可避。故当矜慎自勉，以冀身后之名者有矣。后之人又能揄扬夸大，以为显亲之孝，则皆为善之人耳。人乐为善义，当共成其名，以助风教。岂宜抗责备之论以扼之哉？承节郎②侯时英泣谓皋曰："兄弟不天，遽失所怙念，终无以为罔极之报，独惟吾先人平生行事犹在，大惧其泯没不传。"丐予铭之，庶少赎时英兄弟不孝之罪。

皋既过前言之不恕，重以时英兄弟恳切，而所录行状有足嘉者，铭将何辞？

居士讳鸣，字信臣，姓侯氏。其先资中人，曾祖光，祖继迁，父贯，皆晦德不仕。继迁因游泸州，过安乐山，爱之，遂徙居为合江人。居士为儿时，常聚沙土以像佛塔为戏。其父遣从学，乃密取佛书读之，若有得者，徐谓人曰："世为五斗粟折腰，孰若了一性，悟自己本来进取，非吾计也。"事父母毕丧，以孝闻。季父母无子，事之愈于所生，奉其丧礼弥谨。善经画生事，区处家人如官府，凡利之入各有所专。故居士不劳，常操赢余以足用度。靖康初，//朝廷下劝诱助国之诏，居士曰："方时艰虞，智者献谋，勇者竭力，富者出财，其为忠义一也。私藏无益，孰若推之少资国计邪？赏则吾不觊也。"未几，命下，补其子时英右职。曰："汝以忠义得官，当思其名以□□□□。"识者重其言。乐于教子，储书满屋室，辟广宇，招名士教导。由门馆登第者三，数人诱训，诸子不严而服其教。处虚□□□□□饮尽欢，往往达旦，一日无客则不乐。喜酒健啖，至老不衰。能赒人之急，贫者随宜给济，病者奉药粥，死者具□□□□□葬，有求墓田者不取一钱与之。以故，亲旧、伎术、士人，愿舍于其侧者十七八。持释老戒甚严，每斋醮必精洁，寅奉云车风马，间有异应，见者服其至诚；市牒以度僧道，至名山胜刹，则舍财设供，皆本

---

① "□"符号为原墓志出土时缺失处，下同。
② 《宋代官制辞典》解释承节郎为"武阶名。属小使臣八阶列。北宋政和二年九月二十五日，由三班奉职改。绍兴厘定入品武阶五十二阶之第五十一阶，位次于保义郎。从九品"。

于好施然也。僧道得度，有诣谢者□□："释迦老子正宗具在，如水现月，如云出山，随取随得，学道及佛当精进以求，其心为明了人。吾虽不出家，未尝一日不□□□，好尚信向此。"绍兴元年夏，忽婴疾。诸子求医，不许。乃曰："修短，死生有命，就医求活，诚非达者。吾死汝等记□□□□□。"诸子□□召医，从之。对医者语如平时，但不进药耳。一日，或命长孙定国侍纸笔，亲书二偈①□□□□□□□烦恼。今朝撒手归家，流水落花依旧。又曰：一生兀兀岂曾闲，今日辞乡别世缘。泥牛绳断牧童去，伏□□□□□。□□，七月二十五日卒。

呜呼，居士学佛出于天性，童耄一如，终悟禅识。二偈虽不事辞律，而照了如此，所得□□□□□有六。生五子：长曰甸，早卒；次曰时英，承节郎；次曰时升、时敏、时用，皆业儒，有进望；一女适进士李兢厚，分予□□□□七人。诸孤卜以绍兴四年二月十七日奉其丧，葬于合江县龙子山震岗之下。

铭曰：形不离俗，而有佛心。俗未断缘，所作爱钦。照了知归，龙山之阴。一性去来，自无古今。

绍兴四年岁次甲寅二月□□□开封进士孙宗孟篆额

泸川进士先自治书丹

二 墓志铭的撰写者黄皋

黄皋，《宋史》无传，相关史料无考。由"朝奉郎、前知雅州卢山县主管、劝农公事兼兵马都监"可知，他担任过的实职是雅州卢山县知县，这是我们唯一能知道的关于他的信息。据《宋史》卷八十九《地理五》记载，雅州在宋代为成都府路所辖，而黄皋所撰写的墓志铭的主人是泸州合

---

① "'偈'，即'偈言'，佛经中的颂词，是梵语'偈佗'的简称。多用三言、四言、五言、六言、七言以至多言为句，四句合为一偈。《百论疏》卷上：'偈有二种，一者通偈，二者别偈，言别偈者，谓四言五言六言七言皆以四句而成，目之为偈，谓别偈也。二者通偈谓首卢偈，释道安云：盖是胡人数经法也，莫问长行与偈但令三十二字满即便名偈，谓通偈也。'"参考申士垚、傅美琳编《中国风俗大辞典》，中国和平出版社1991年版，第725页。

江县人，宋时这里属潼川府路管辖①，我们猜测，黄皋有可能是合江县人，因其任地方官，在当地人眼里颇受尊崇，邀请他撰写墓志铭对死者家属而言，自然是一件很体面的事情。同时，从该篇墓志铭中也可见，宋时合江县地方葬家乞请墓志铭已成风气，"近世葬者必乞铭，□□其墓，从古制也"。所谓古制，《皇明文横》卷五六，"墓碑、墓碣、墓表、墓志、墓记、埋铭"条云："碑铭所以论列德善、功烈，虽铭之义，称美弗称恶，以尽其孝子慈孙之心……"②即墓志铭是亡者家人怀念逝去者的一种表达方式。撰写者受人所请，难免隐恶扬善，但时人认为这并无大碍，既可使亡者之名声"行一乡与一时"，又可使生者观其铭，而"心知善为可为，恶为可避"。这是黄皋乐意撰写墓志铭，"共成其名，以助风教"的原因。

三 墓志铭的主要内容

志文记载了墓主人的家世、生平、子嗣、生前事迹等内容，这既是我们了解墓主人侯鸣居士的主要材料来源，也是探究当时、当地诸多历史问题不可多得的珍贵史料。其中主要内容如下。

（一）居家修行

志文述及墓主人身前事迹，大多围绕着"居士"这一身份而展开，即所谓的"录其大者"③。首先叙其幼时体现出的佛缘："为儿时常聚沙土以像佛塔为戏。其父遣从学，乃密取佛书读之，若有得者，徐谓人曰：'世为五斗粟折腰，孰若了一性，悟自己本来进取，非吾计也。'"即侯居士还是小儿时，在嬉戏玩耍中就偏爱佛塔佛像，说明其学佛具有天性；到读书识字后，更是迷上了佛书佛义，表示自己与一般人不同的尘世追求。然后述其居家的种种修为。如严守佛教戒律："每斋醮必精洁寅奉云车风马"，

---

① 《宋史》卷八九《地理五》，第2218页。
② （明）程敏政辑：《皇明文横》卷五六《墓碑 墓碣 墓表 墓志 墓记 埋铭》，四部丛刊初编本。
③ 柳立言：《宋代墓志铭的虚与实及其反映的历史变化——苏轼乳母任采莲墓志铭探微》，《北京论坛》2005年《文明的和谐与共同繁荣——全球化视野中亚洲的机遇与发展："历史变化：实际的、被表现的和想象的"历史分论坛论文或摘要集》（上）。

并已达到一定高度,以致"间有异应,见者服其至诚"。这与他持之以恒地虔心修行努力密切相关,正如他自己所说:"吾虽不出家,未尝一日不□□□好尚信向此";"一生兀兀岂曾闲"。撰者也感叹:"居士学佛出于天性,童耄一如,终悟禅识。"这里我们再次看到古往今来的真理:天才加上后天的努力等于成功。再如全心帮助寺庙僧人。"市牒以度僧道,至名山胜刹,则舍财设供,皆本于好施然也。"度牒,是宋朝官府颁发给出家为僧道者的身份凭证。出卖度牒已是宋仁宗以后官府获取机动资金的手段之一,广泛运用于弥补财政开支上各个方面的缺欠,学界已有很多论述[①]。侯居士一方面购买度牒来帮助那些贫困又想出家为僧道的人,另一方面也亲至寺庙僧院,布施设供,以此方式为他人解忧释困,也为自己广积福德。然而,他不求回报,只求精进,心中敞明,因此可以说他是宋代非官僚居士中的佼佼者,他的所为甚至与官僚士大夫居士所为相比毫不逊色[②]。

(二) 治生持家

志文载侯居士:"善经画生事,区处家人如官府,凡利之入各有所专,故居士不劳,常操赢余以足用度。"他是把家庭当作一个官府来管理,充分调动每个家庭成员的积极性,他们都有自己的位置与为家庭获利的任务,家庭的收入实行统一管理,专门支出。这样侯居士自己既不至于太操劳,又可轻松掌握家庭的经济大权,有计划地安排家庭的各种消费用度。可见他在养家、治家、管家方面都是一把好手。虽然我们不清楚他是靠何种营生获取养家之资,但他毕竟是靠"善经画"即智慧、计划的手段获得财富,而不是大发横财的贪官及官商[③];虽然我们也无法知道他到底有多富裕,但从他一生的主要消费支出中还是能知晓大致情况。这些支出包括:待客饮食,"饮尽欢,往往达旦,一日无客则不乐";助养季父母,"季父母无子,事之愈于所生,奉其丧礼弥谨";买书建屋,"储书满屋室,

---

[①] 史旺成:《宋代经济财政中的度牒》,《北京师范学院学报》(社会科学版)1984年第2期;傅琼:《南宋前期的财政亏空与度牒出卖述补》,《齐鲁学刊》1988年第3期;曹旅宁:《试论宋代的度牒制度》,《青海师大学报》(哲学社会科学版)1990年第1期;汪圣铎:《两宋财政史》,中华书局1995年版,第348—349页。

[②] 罗凌、王作新:《宋代居士文化特点探微》,《宁夏大学学报》(人文社会科学版)2007年第6期。

[③] 张邦炜:《宋代富民问题断想》,《四川师范大学学报》(社会科学版)2012年第4期。

辟广宇，招名士教导"；周济穷困及朝廷，"能赒人之急，贫者随宜给济，病者奉药粥，死者具□□□□葬，有求墓田者不取一钱，与之"；"资国计"；信佛助佛，"市牒以度僧道，至名山胜刹，则舍财设供"。其中每一项都不是小钱能够办到的，尤其是建房买田和捐资国用的花费。可见他家的经济实力远远超出"足用度"的水平，完全称得上家境殷实、小康之家的富民。

（三）济民助国

宋人张端义曾说："富家大室多是为富不仁"[①]，这虽然是整个古代社会的写照，但也没有包含所有的富家大室。事实上，宋代富民在社会救济方面起了十分重要的作用，越来越多地受到学界的关注[②]。侯居士就是这样一位富裕而有仁爱之心的人。首先，他对家族的周济："季父母无子，事之愈于所生，奉其丧礼弥谨"。即对于无儿子的季父母，侯居士在他们活着的时候侍奉他们超过了亲生的子女；在他们逝世之后，又谨遵丧礼，全然是一大孝子的角色。其次，对外人的救济："贫者随宜给济，病者奉药粥，死者具□□□□葬，有求墓田者不取一钱，与之。"短短一句话，概括了侯居士对贫、病、死者的同情、仁爱与关心，展现了他内心极善、无私的一面，甚至"求墓田者不取一钱与之"。要知道，"墓田"不是一般的土地，它是家族、祖先以另一种方式聚集的地方，是家族势力的表现。一般家庭"为了保证其（墓田）的专项用途，便要一代一代整体传继下去，不分割也不典卖"[③]。而侯居士居然能打破这样的惯例，足见其超凡的慈善与同情心。

如果说侍奉季父母、救济贫病者还只是侯居士的小慈善、小同情的话，那么，响应皇帝号召，助国于危难则是其关心国家命运的大境界，更是其人格升华的突出体现。"靖康初，朝廷下劝诱助国之诏，居士曰：'方时艰虞，智者献谋，勇者竭力，富者出财，其为忠义一也。私藏无益，孰若推之少资国计邪？赏则吾不觊也。'"话语朴实而真诚。

[①]（宋）张端义：《贵耳集》卷下，丛书集成初编，中华书局1985年版，第62页。
[②]林文勋：《宋代富民与灾荒救济》，《思想战线》2004年第6期；郭文佳：《民间力量与宋代社会救助》，《新乡学院学报》（社会科学版）2008年第3期。
[③]邢铁：《宋代的墓田》，《河北师范大学学报》（哲学社会科学版）2009年第5期。

《宋史》载，靖康元年（1126年），在金军渡河后步步逼近汴京并对宋方提出金银财物方面要求的情况下，三月，朝廷"括借金银，籍倡优家财"；四月癸丑，"减宰执俸给三之一及支赐之半"，五月丁卯，"诏天下有能以财谷佐军者，有司以名闻，推恩有差"①。志文中所说的"朝廷下劝诱助国之诏"当指此，而且从此志文来看，这个助国之诏的确发挥了作用。侯居士认识到：在战争年代、国家危难之时，全国人民应聪明者出谋划策、勇猛者竭尽全力、富有者捐钱献物，大家都是为国家献出忠心义胆。这时候如若还只顾及小家的利益，把钱财私藏起来，是十分愚蠢而可耻的行为，不如把自己哪怕很少的财物拿出来，为国家贡献自己微薄的力量，那也是理所应当，心安理得的，至于朝廷的赏赐则不是个人所可觊觎的。这种舍小家顾大家，急皇帝之所急的做法，难道不是其崇高境界、人格魅力的体现吗？当然，朝廷也践行了承诺："补其子时英职。"然而，居士告诫儿子的话再次表现了他的大局观：你是因忠义得到官职的，应当常常想想这一名声的含义，并寻求报效圣上的具体办法。这铿锵有力的话语使得"识者重其言"，在乡里之间再次树立了威信和表率，"以故亲旧伎术士人，愿舍于其侧者十七八"，也使其与宋代为数甚多入赀补官甚至买官的其他富民②具有了本质的区别。泸川地区正是因为有侯居士这样明理顾大局的富民，朝廷的"助国诏"才真正地落实了下去，当时因此受到"推恩"为右金吾卫上将军的六位节度使中，就有"泸川军节度使钱忱"。③

（四）平静对待疾病与死亡

"绍兴元年夏，忽婴疾。诸子求医，不许。乃曰：'修短，死生有命，就医求活，诚非达者。吾死汝等记□□□□□□□'。诸子□□召医，从之。对医者语如平时，但不进药耳。"可见侯居士是在绍兴元年（1131年）夏生病，儿子们为其求医问药，他却不允许。一般人家或是因为儿子不孝不为其看病，或是因为家庭贫困看不起病，显然这两者都不适合侯居士的情况。他是相信死生有命，达者可通过修炼长长的德行来延命。他也是以达者的标准来要求自己，所以当他生病时，他认为自己的修行还不够

---

① 《宋史》卷二三《宋钦宗纪》，第428页。
② 王曾瑜：《宋朝卖官述略》，《点滴编》，河北大学出版社2010年版，第41—89页。
③ 《宋史》卷二三《宋钦宗纪》，第428页。

长，通过求医问药的方式延长的寿命，不应为达者的所为。但儿子们坚持求医，他也不再坚持自己的意见，只是像平时与故人谈话一样的与医者交谈，而吃药治病则依然故我。

最能体现侯居士平静地对待死亡的是他在弥留之际，命长孙拿来纸笔，他写下的两首偈语，只是由于志文残缺，我们看不清全貌，但从剩下的清晰的字句中，依然为我们展现了他的佛法悟性以及对自己一生的中肯总结。如第一首的后两句："今朝撒手归家，流水落花依旧。"他十分明确地把自己的离世看成"归家"，而且把这一过程视为如同自然界中的流水和落花一样的平常，社会乃至自然界无时无刻不是在这样来来去去不停息地向前发展着。这是多么透彻的顿悟！说明他作为居士，已有相当深厚的佛法修行实践。又如第二首的前两句："一生兀兀岂曾闲，今日辞乡别世缘。"这可说是在总结他的人生，说明他对自己忙忙碌碌的一生很满意，该做的已经做到，不曾虚度，所以到要辞别世缘时自然坦荡而平静。对他的两首偈语，志文的撰写者黄皋的评价是"二偈虽不事辞律，而照了如此"，即偈语写得不怎样，说明侯居士的文学修养不太高，但中肯地描绘了自己的真实情况，足矣。

（五）家人与葬事

志文中记载侯居士的先祖本居住在资中，曾祖名侯光，祖父名侯继迁，父亲名侯贯，都重德行而不重做官。到他祖父时，曾路过泸州安乐山，被那里的山水深深地吸引，于是把全家搬迁到那里，从此，侯氏便成了泸州合江县人。

志文没有记下侯居士的妻室情况，但记载了其子女情况。他共有六个子女，其中五个儿子：长子名侯甸，早夭；老二侯时英，因侯居士在靖康元年捐资助国的义举，被朝廷补官奉节郎[①]；老三侯时升、老四侯时敏、老五侯时用，都读了书做了官，只是不知他们官做到哪一级，不过侯居士十分注重和乐于对诸子的教育。虽然他不是自己亲自执教，但他舍得花费为诸子购买图书、建造宽敞的读书室、延请名士大儒执鞭施教。这三个通过科

---

① 承节郎：武阶名，属小使臣八阶列。北宋政和二年九月二十五日，由三班奉职改。绍兴厘定入品武阶五十二阶之第五十一阶，位次于保义郎。从九品。参考《宋代官制辞典》，第596页。

举考试后做官的儿子，就是他的这番付出以后获得的丰厚回报。一个女儿，后来出嫁给进士李兢厚。从中可见，侯居士的子女除长子早夭以外，其余都很优秀，对他又颇孝顺，这与他平时的赋予与严格教育密不可分。

关于侯居士去世的日期，由于志文残缺，年份无法确知，但我们可以作些推测：他于绍兴元年夏生病，七月二十五日去世，绍兴四年（1134年）二月十七日下葬。所以他去世的日期只能是绍兴元年的七月二十五日、绍兴二年（1132年）的七月二十五日、绍兴三年（1133年）的七月二十五日这三个日子中的一个。又：从他的六个子女都已长大成家，还有了孙辈，且已能"侍纸笔"等信息来看，侯居士的享年应在中年（五十岁）以上，他在夏天突然生病，又拒绝服食药物，而从夏天到当年深秋（七月二十五日）已过了三个月。不过，考虑到他生病后还能与医者顺畅地交流，他家的经济状况，他作为居士的饮食习惯，以及他修行从善的精神追求等情况，他有可能会拖延一些时日，到绍兴二年（1132年）或三年（1133年）的七月二十五日去世。当然，这种推测纯粹是主观的分析而已。由于他去世日期无法确定，那么关于他的葬期自然也就无从确定。不过，即使他是在绍兴三年（1133年）七月二十五日去世，绍兴四年（1134年）二月十七日下葬，其葬期也有七个月时间了，而葬期过长是宋代常见的丧葬现象，对此学者已有论述[①]，其原因大致有：丧葬程序烦琐、操办丧事隆重、家贫无力治丧、卑者营葬要避尊长之吉凶等。对照侯氏的情况，其七个月以上的葬期，则很有可能是前两者的原因。

总之，该篇志文不仅具备墓志铭的所有要素，而且内容具体而丰富，为我们展现了宋代一位睿智、豁达、慈善、开明的庶民居士的形象。

四 结语

"居士"是指在家修行的佛教徒，其重要条件是家境富裕，足以为佛教提供经济上的支持。宋代居士文化已成为佛教文化的重要组成部分，不

[①] 雷玉华：《唐宋丧期考——兼论风水术对唐宋时期丧葬习俗的影响》，《四川文物》1999年第3期；吴敬：《试论宋代的葬期》，《华夏考古》2012年第1期。

仅居士队伍扩大，据清代彭绍升所编《居士传》的不完全统计，历代共有237位著名居士，其中隋以前41人，唐代37人，宋代81人，元、明、清三代78人①。宋代居士人数最多，超过了元、明、清三代的总和，而且还产生了一些新特点。学界关注的主要是官僚士大夫居士这一重要阶层，认为士大夫或文人居士成为居士林的主体，由此带来的是宋代居士文化的雅化，推动了儒、释融合进程，促成了宋代心性思想逐渐成熟及成长为护法的主导力量等②。几乎没有对庶民或非官僚士大夫居士的关注，这可能与史料记载大多集中于士大夫居士有很大关系。事实上，宋代庶民居士大有人在，就是彭绍升《居士传》中所统计的81名宋代居士中，也还有孙十二郎、王无功、吴十三、余放牛等十多位非官僚士大夫出身的居士，说明宋代这一阶层还是占到了百分之十几的比例，实际情况可能还要更高一些。只是由于详细资料的缺失，我们很难了解其具体情况。

而泸州合江县发现的保存较为完好、内容具体而丰富的《宋故侯居士墓志铭》，不仅墓主人的居士身份罕见，更为重要的他还是庶民居士，因此它为我们探讨宋代庶民居士（或非官僚士大夫居士）这一阶层本身、庶民居士与士大夫居士的异同以及宋代泸州地方风俗史等问题提供了真实可靠的原始资料，这是发现此墓志铭的最大价值。

[原文发表于《中华文化论坛》2015年第10期，与研究生任超共同署名。这是四川省哲学社会科学重点研究基地——地方文化资源保护与开发研究中心2014年重点项目"中国西南区域传统摩崖造像的艺术史研究：以四川泸州地区摩崖造像的文化传承、习俗及艺术价值为中心"（项目编号：14DFWH001）阶段性成果]

---

① 彭绍升：《居士传》，成都古籍书店2000年版，第98—176页。
② 潘桂明：《宋代居士佛教初探》，《复旦学报》（社会科学版）1990年第1期；张玉璞：《宋代文人居士情绪的社会文化阐释》，《山东社会科学》2002年第3期；罗凌、王作新：《宋代居士文化特点探微》，《宁夏大学学报》（人文社会科学版）2007年第6期。

附录二　四川泸州合江县新发现《宋故侯居士墓志铭》释略

《宋故侯居士墓志铭》拓片影印

后　　记

　　我这人对于研学，不仅天资愚钝，而且后天又不勤奋，还常以"得过且过"安慰自己，故难得动笔写文。本论文集最初是我院王川院长提议的，中途他调任学校科研处处长。但仍然关心本论文集的出版，时常问及工作进展情况。同时将这一情况及时告知主持我院工作的王晓焰书记。晓焰书记当即表示"要把王院关心科研的精神发扬光大"。他们身体力行搞科研，鼓励科研的行为令我十分佩服，也倍感温暖和力量。由于以前的电脑和优盘坏了，邮箱又被盗过，存在里面的文章完全没有了。现在要结集，只有从网上下载后再转成 Word 版，这样一来，格式的调整、文字的修改，尤其是史料的核对需要花费大量时间。每当我遇到难以查找的资料想以各种借口放弃时，是王院和晓焰书记关心和支持的目光让我重新打起精神，克服困难，坚持下来。在此，对他们由衷地说声："谢谢！"

　　丈夫老卢也如当初放弃上海公司总经理的职务和工作、回归家庭承担起照顾和教育儿子的重担、支持我的学业那样支持我的工作。他多次建议我写作出书，可都因我的懒散而未成行。感谢他的包容、关心和支持！

　　我院本科毕业顺利考上川大史学研究生的李双霞同学为本论文集在查找资料和核对史料方面帮了大忙。另外，研究生胡继林、郑舒；本科生刘蒙等同学都帮助查阅和核对过资料，在此特别感谢！

　　中国社会科学出版社的宋燕鹏师弟为该书的出版付出了努力和辛劳，向你致谢！

　　感谢曾经帮助、支持过我的所有尊师好友、家人亲朋！

2018 年 11 月于成都卓锦城